PLOETZ Staatengeschichte

FRANKREICH

PLOETZ

PLOETZ

FRANKREICH PLOETZ

Französische Geschichte
zum Nachschlagen

Von Wilfried Loth
unter Mitwirkung von
Hartmut Wolff, Friedrich Prinz, Walther Kienast,
Joachim Ehlers und Peter Hüttenberger

Mit Abbildungen, Karten, Graphiken
und Tabellen im Text

Verlag Ploetz Freiburg · Würzburg

Die Deutsche Bibliothek – CIP-Einheitsaufnahme

Frankreich-Ploetz : französische Geschichte zum Nachschlagen ; mit Tabellen / von Wilfried Loth unter Mitw. von Hartmut Wolff… – Nachdr. der 3. aktualisierten Aufl. – Freiburg (Breisgau) ; Würzburg : Ploetz, 1996
(Ploetz Staatengeschichte)
ISBN 3-87640-451-7
NE: Loth, Wilfried

Nachdruck der 3., aktualisierten Auflage

Einbandgestaltung: Neuffer Design, Freiburg
Foto: © Klaus Thiele, Warburg
OCR: R. Hartmann, Freiburg
Satz: Barbara Herrmann, Freiburg
Belichtung: Johannes Schimann, Ingolstadt
Druck und Einband: Freiburger Graphische Betriebe 1996
ISBN 3-876**40-451**-7

Inhalt

Einführung
(Prof. Dr. Wilfried Loth, Essen) 7

Gallien zur keltischen und römischen Zeit
(Prof. Dr. Hartmut Wolff, Passau) 22

Das Frankenreich (482 bis 987)
(Prof. Dr. Friedrich Prinz, München unter teilweiser Verwendung des Textes von Prof. Dr. Walther Kienast, Frankfurt a.M.) 39

Frankreich im Hochmittelalter (987 bis 1270)
(Prof. Dr. Joachim Ehlers, Braunschweig) 73

Frankreich im Spätmittelalter (1270 bis 1494)
(Prof. Dr. Joachim Ehlers, Braunschweig) 105

Frankreich von den Renaissancekönigen bis zur Krise der absolutistischen Herrschaft (1494 bis 1788)
(Prof. Dr. Wilfried Loth, Essen) 148

Von der Französischen Revolution bis zum Ende des Zweiten Kaiserreichs (1789 bis 1870)
(Prof. Dr. Wilfried Loth, Essen) 179

Die Dritte Republik und das Regime von Vichy (1870 bis 1944)
(Prof. Dr. Wilfried Loth, Essen) 223

Frankreich seit dem Zweiten Weltkrieg (1944 bis heute)
(Prof. Dr. Peter Hüttenberger, Düsseldorf und Prof. Dr. Wilfried Loth, Essen) 255

Weiterführende Literatur 275

Namen- und Sachregister 278

Verzeichnis der Karten

Das römische Gallien 29
Herrschaftsbereiche bei Chlodwigs Tod (511) 42
Frankreich zu Beginn des 11. Jahrhunderts 85
Frankreich zur Zeit Karls VII. 135
Europa zur Zeit der napoleonischen Kriege 197
Frankreich im Zweiten Weltkrieg 250

Verzeichnis der Graphiken, Stammtafeln und Tabellen

Die Karolinger 50
Genealogie der Kapetinger (direkte Linie) 77
Beginn der Organisation des Reiches seit Philipp II. Augustus 93
Die ältesten französischen Sprachdenkmäler 100
Die ältesten gotischen Kathedralen 103
Kapetinger – Valois – Orléans – Angoulême – Bourbon . . . 115
Genealogie der Valois und der Herzöge von Burgund 129
Häuser Bourbon ältere und jüngere Linie (Orléans) 165
Die obersten Staatsorgane nach der französischen Verfassung von 1799 194
Einwohnerzahlen 1801–1975 203
Bruttosozialprodukt und Bruttoinvestitionen 1781–1913 . . 217
Preisentwicklung in Frankreich 1781–1913 217
Die obersten Organe der Dritten Französischen Republik . 227
Veränderungen gesamtwirtschaftlicher Größen 1979–1981 . 270

Quellennachweis

Folgende Abbildungen oder Tabellen stammen nicht von den im Inhaltsverzeichnis genannten Autoren, sondern wurden freundlicherweise zur Verfügung gestellt von: Bertier de Sauvigny, Die Geschichte der Franzosen (Original: Histoire de France) © Hoffmann und Campe Verlag, Hamburg, 1980: 1, 3, 7, 15, 24, 33; Bildarchiv Preußischer Kulturbesitz, Berlin: 5, 13, 16, 17, 19, 20, 23, 28, 30, 31, 32; dpa, Stuttgart: 36, 38; Keystone Pressedienst GmbH, Bildarchiv, Hamburg: 2, 21, 34, 35; Prof. Dr. Walther Kienast, Frankfurt /M.: 12; T.J. Markovitch, L'industrie française de 1789 a 1964, IV (Economies et Sociétés), Paris (I.S.M.E.A., 11 rue Pierre et Marie Curie, 75005 Paris. – L'Institut de Sciences Mathématiques et Economiques Appliquées est un institut de recherche fondé en 1944 à Paris, par François Perroux, Professeur honoraire au Collège de France) 1966: 26, 27; Mitchell, Brian R.: European Historical Statistics 1750–1975, London (MacMillan) 1975, S. 29ff.: 25.

Einführung

Grundzüge der französischen Geschichte

Seit der Französischen Revolution von 1789 gilt uns Frankreich als das klassische Land des Nationalstaats, ein Land, in dem territoriale Abgrenzung, nationale Zugehörigkeit und politische Organisationsform stärker zur Deckung kommen als in den meisten anderen Staaten der gegenwärtigen Welt. Dennoch ist französische Geschichte mehr und anderes als die Geschichte des französischen Nationalstaats. Es dauerte viele Jahrhunderte – von der fränkischen Reichsteilung 843 über die Behauptung einer schwachen monarchischen Zentralgewalt im Mittelalter und die Durchsetzung des absolutistischen Königtums in der Frühen Neuzeit bis zur rationalistischen Zentralisation der Revolution –, ehe sich auf französischem Boden ein Staat im modernen Sinne herausbildete. Ebenso war es ein weiter Weg von den ersten Bekundungen eines kulturellen und mit der Person des Monarchen verbundenen Sonderbewußtseins bis zum Durchbruch eines Nationalgefühls, das kulturelle Zusammengehörigkeit und Volkssouveränität in eins setzte. Und so stark die Prägekraft der Revolution und des Kampfes um die Behauptung ihrer Errungenschaften im 19. Jahrhundert auch war: Es blieben in der französischen Geschichte auch weiterhin vornationale Elemente spürbar; seit dem Übergang zur industriell-kapitalistischen Wirtschaftsform flossen in zunehmendem Umfang auch transnationale Phänomene ein. Je näher man an die Gegenwart heranrückt, desto weniger reicht die nationalgeschichtliche Perspektive aus, um die französische Wirklichkeit zu beschreiben.

Griechen und Kelten, Römer und Germanen

Am Anfang des vielschichtigen Prozesses, der hier als französische Geschichte präsentiert wird, steht eine Folge von Eroberungen, die dem Land zwischen Pyrenäen und Rhein ein breites Spektrum zivilisatorischer Impulse vermitteln. Im 6. Jahrhundert vor Christus lassen sich griechische Siedler an der Mittelmeerküste nieder und beginnen mit dem Aufbau von Handelsverbindungen nach

Norden. Etwa zur gleichen Zeit wird das Landesinnere von den aus Mitteleuropa kommenden Kelten erobert, einem Kriegervolk rivalisierender Stämme, die das Land in permanente Unruhe versetzen, zugleich aber überall die gleiche aristokratische Herrschaftsordnung einführen. Ihnen folgen die Römer, die sich zunächst den Einzugsbereich der Griechen aneignen (gegen Ende des 2. Jahrhunderts) und dann mit den Feldzügen Caesars die übrigen Teile des nunmehr Gallien genannten Keltenlandes links des Rheins erobern. Unter ihrer Herrschaft wird das Land für die römische Hochkultur erschlossen und vom 3. Jahrhundert nach Christus an auch zunehmend christlich geprägt. Im 5. Jahrhundert brechen „barbarische" Völkerschaften, meist Germanen, erobernd in das römische Gallien ein; und nachdem über die Barbareneinfälle der Zusammenhalt des Römischen Reiches verlorengegangen ist, errichtet Chlodwig, ein König aus dem Stamm der Franken, an der Wende vom 5. zum 6. Jahrhundert ein neues Großreich, das nunmehr auf der Verschmelzung fränkischer und galloromischer Aristokratie beruht.

Das Frankenreich unter Merowingern und Karolingern

Trotz der Integration der Führungsschichten, die sich bald auch in einem neuartigen fränkischen Reichsbewußtsein ausdrückte, bleibt die Einheit dieses Merowingerreiches allerdings prekär. Nach dem Tode Chlodwigs wird das Reich fränkischer Tradition entsprechend unter seine vier Söhne aufgeteilt; und auf die bloße Verwaltungsteilung folgten bald Nachfolgekonflikte, ergänzt um Auseinandersetzungen der Könige mit immer mächtiger werdenden adligen Herren. Das Reich unter einem einzigen Souverän zu einigen, gelingt immer nur für wenige Jahre. Im 7. Jahrhundert löst sich zunächst Aquitanien de facto aus dem merowingischen Gesamtverband, später auch Burgund und die Provence, insgesamt die Gebiete, in denen sich das galloromische Element stärker behauptet hat. Zwischen den Führungsschichten Austriens und Neustriens, des östlichen und des westlichen Teils des Kernlandes, entbrennen heftige Kämpfe um die Führung des Gesamtreiches wie um die Macht in den Teilreichen. Die Könige verlieren über diese Kämpfe jede persönliche Macht.
Eine Stabilisierung des Fränkischen Reiches gelingt erst mit dem

Aufstieg der Karolinger. Vertreter dieser austrischen Adelsfamilie erkämpfen sich zunächst über das Hausmeieramt die faktische Macht in Austrien, dann, mit dem Sieg Pippins II. bei Tertry 687, die Kontrolle über das Gesamtreich; und durch militärische Erfolge Karl Martells gegen die spanischen Mauren gewinnen sie in den dreißiger Jahren des 8. Jahrhunderts auch die verlorengegangenen südlichen Reichsteile zum größeren Teil wieder zurück. Mit dem schrittweisen Aufbau einer Reichskirche und einer Reichsaristokratie festigt Karl Martell die Macht seines Hauses soweit, daß sein Sohn Pippin III. 751 auch formal die Königswürde übernehmen kann. Unter seinem Sohn Karl („dem Großen") kommt zur Stärkung der Königsgewalt auch noch die Expansion: Kriegszüge gegen Langobarden, Sachsen, Bayern, spanische Mauren, Awaren, Dänen und Slawen bringen fast das gesamte westliche Kontinentaleuropa unter fränkische Herrschaft. Mit der Kaiserkrönung Karls durch den Papst von Rom am Weihnachtsfest des Jahres 800 bekennt sich das fränkische Herrscherhaus schließlich zu einem universalen Ordnungsanspruch in der Nachfolge des Römischen Reiches; gleichzeitig bekräftigt die römisch-katholische Kirche ihre zentrale Rolle bei der Legitimation wie der faktischen Ausübung dieser Herrschaft.

Langfristig hat aber auch die karolingische Reichsordnung keinen Bestand. Schon unter Karls Sohn Ludwig („dem Frommen") kommt es zu Nachfolgekämpfen und erneuten Reichsteilungen; und über diese Kämpfe gewinnen die regionalen Gewalten – Grafen, Herzoge, Kirchenfürsten – wieder eigenständige Macht. Einfälle von Mauren, Ungarn und Normannen verstärken den Auflösungsprozeß. Mit der Zeit müssen auch die Territorialherren Kontrollbefugnisse nach unten abgeben, an Herren, Vizegrafen und Grafen; an die Stelle des monarchischen Zentralismus tritt ein lockerer Verbund von Vasallen und Untervasallen, die ihren jeweiligen Herren durch Treueid zu Diensten verpflichtet sind, auf dem als Gegengabe verwalteten Land aber ziemlich unabhängig walten können – das mittelalterliche Feudalsystem. Bis zum Beginn des 10. Jahrhunderts reduziert sich das unmittelbare Herrschaftsgebiet des Monarchen im westlichen Teil des Frankenreichs auf die „Krondomäne" um Paris und Orléans; die Territorialherren sind dem König nahezu gleichgestellt, aber auch ohne direkten Zugriff auf die Teile ihres Territoriums, die sie ihrerseits als Lehen ausgegeben haben.

Frankreich im Mittelalter

Gleichwohl werden gerade in der Zeit der Auflösung von Herrschaftsformen wichtige Grundlagen für die spätere Konstituierung der französischen Nation gelegt. Der westfränkische Reichsteil, der bei der Teilung unter Ludwigs Söhnen 843 entstanden ist, erweist sich über die nachfolgenden Kämpfe hinweg als stabil: Der Erbe dieses Westreiches, Karl II. („der Kahle"), versteht es, sich mit den Großen seines Erbteils zu arrangieren, so daß sich ein gewisses Sonderinteresse des Westens an Zusammenarbeit und gemeinsamer Selbstbehauptung herausbildet. Parallel dazu festigt sich das Ostreich; das durch die Kaisersitze Rom und Aachen sowie den Kaisertitel hervorgehobene Mittelreich aber (Lotharingen von der Rheinmündung bis zur Provence) zerfällt, die meisten seiner Territorien wie die Kaiserwürde können nach einigem Hin und Her von den ostfränkischen Herrschern behauptet werden.
In der Folge gelingt es den Territorialherren des Westens, effektivere Verwaltungsorganisationen aufzubauen als ihre merowingischen Vorgänger, und der König kann die Herrschaft wenigstens über einen Teil der Bischofssitze außerhalb seiner Domäne behalten. Der Aufstieg der westfränkischen Territorialherren führt 987, nach Jahren faktischer Machtlosigkeit der Karolingerkönige und heftiger Parteienkämpfe, zur Begründung eines neuen Herrscherhauses, das nach dem Beinamen seines ersten Repräsentanten Hugo Capet als Kapetinger-Dynastie bezeichnet wird. Eine Stärkung des Königstums ist mit der Ablösung der Karolinger jedoch noch nicht verbunden; über ein Jahrhundert lang können die Kapetinger ihre Position als Könige von Frankreich gegenüber rivalisierenden Großen nur mit Mühe behaupten. Neues Ansehen erwirbt das Königtum erst im 12. Jahrhundert, als Fortschritte in der Landbebauung und Bevölkerungswachstum zu einer neuen kulturellen Blüte führen. Ludwig VI. („der Dicke", 1108–1137) versteht es, den Adel der Krondomäne zu zähmen und königliche Rechte in den Territorien zur Geltung zu bringen. Unter seinem Sohn Ludwig VII. stellt der Aufstieg der Plantagenets den königlichen Machtzuwachs noch einmal in Frage, doch dann beschert der Sieg seines Enkels Philipp II. Augustus bei Bouvines 1214 der Krone eine Vervierfachung ihres unmittelbaren Herrschaftsgebiets. Die Nachfolger Ludwig VIII. und Ludwig IX. (der „Heilige", 1226–1270) dehnen die unmittelbare Herrschaft der Kapetinger im grau-

samen Albigenserkreuzzug (1209–1229) bis ans Mittelmeer aus und nehmen den in England regierenden Plantagenets weitere Besitzungen auf dem Festland ab; daneben bauen sie die königliche Verwaltung weiter aus. Ihr Reich entwickelt sich zum geistigen Zentrum der Christenheit, und auch politisch können sie einen führenden Rang unter den christlichen Herrschern einnehmen.

Dem Aufblühen des französischen Königtums folgt im 14. Jahrhundert eine Periode erneuter Bedrohung und wirtschaftlichen Niedergangs. Hungersnöte und Pestkatastrophen dezimieren die Bevölkerung; und dann sorgt ein langwieriger Krieg zwischen englischen und französischen Monarchen für fortwährende Verheerungen. Im Laufe dieses Krieges, der 1339 beginnt, nachdem die französische Krone auf die Nebenlinie der Valois übergegangen ist und der englische König Eduard III. Erbansprüche angemeldet hat, gehen dem Königshaus wiederholt weite Gebiete verloren; rivalisierende Fürstencliquen streiten sich um die Macht im Reich; Bauern und Stadtbürger erheben sich gegen die Kriegslasten. Mit Unterbrechungen dauern die Auseinandersetzungen über 100 Jahre; erst dann kann die Autorität des Königshauses wiederhergestellt werden, vor allem dank der Uneinigkeit seiner Gegner und wachsenden Hasses auf die englischen Besatzer. Der schließliche Sieg Karls VII. (definitiv 1453) bedeutet zugleich eine wesentliche Etappe auf dem Weg zum nationalen Staat: Der englische Monarch muß seine festländischen Besitzungen bis auf das Gebiet um Calais aufgeben; die Abwehr der Fremdherrschaft läßt das Volk näher an den französischen König heranrücken; und dieser gewinnt mit der Einrichtung einer Berufsarmee und einer direkten Steuer zusätzliche Machtmittel.

Eine letzte Bedrohung erlebt das Königtum unter Karls VIII. Sohn Ludwig XI. (1461–1483): Als dieser die Rechte des Adels weiter einzuschränken versucht, findet sich eine Rebellenkoalition um Karl den Kühnen zusammen, den Herzog von Burgund, der unterdessen die Franche-Comté und weite Gebiete im Nordosten von Frankreich erworben hat und sich anschickt, ein neues Mittelreich zu errichten. Zeitweise gerät der König in die Gefangenschaft seines burgundischen Rivalen, und es landen noch einmal englische Truppen auf dem Kontinent. Aber dann versteht es Ludwig XI., seine Gegner nacheinander auszuschalten und seine Macht über die adligen Herren sogar noch zu erweitern. Nach dem Tode Karls des Kühnen (1477) kann er darüber hinaus die südlichen Teile des burgundischen Gesamtstaats mit dem Herzogtum Burgund und der Franche-Comté sowie die Picardie für das Königshaus erwerben, ebenso das Erbe des Hauses Anjou mit der Provence und dem Anspruch auf Neapel; und schließlich annektiert Ludwig auch noch das Roussillon. Damit sind etwa zwei Drittel des Königreiches in unmittelbarem Besitz der Krone, und der König hat eindeutig das Übergewicht über seine Vasallen erlangt.

Renaissancekönige, Religionskriege und absolute Monarchie

Die Renaissance-Könige setzen im 16. Jahrhundert den inneren Ausbau der Königsmacht fort, gestützt auf das nunmehr wirtschaftlich aufsteigende Bürgertum, das im Königtum einen Bundesgenossen gegen die Macht der Feudalherren sieht. Der Adel verarmt, wird in seinen lokalen Funktionen mehr und mehr durch königliche Beamte ersetzt und verliert damit definitiv die Fähigkeit zu eigenständigen Aktionen. Gleichzeitig entwickelt sich im Kontakt mit der italienischen Renaissance eine erstmals national akzentuierte Kultur und zeigen sich in der Außenpolitik erstmals nationalstaatliche Zuge: Franz I. (1515–1547) schreckt im Kampf gegen die zeitweilige Übermacht Kaiser Karls V. nicht mehr vor Bündnissen mit Türken und Protestanten zurück. Darüber hinaus gelingen den Renaissance-Königen Gebietserwerbungen, die der Herausbildung nationaler Identität zugute kommen. Ihre Erwerbungen in Italien gehen wieder verloren; aber die Bretagne können sie dauerhaft für die Krone sichern, und dann gehen auch noch die Bistümer Toul, Metz und Verdun (zunächst in Form des Reichsvikariats) sowie der englische Brückenkopf Calais in ihren Besitz über.
Die damit begonnene Entwicklung zum absolutistisch regierten Territorialstaat wird in der zweiten Hälfte des 16. Jahrhunderts durch erbitterte Religionskriege zwischen Protestanten und Katholiken unterbrochen. In diesem Bürgerkrieg geht es zugleich um die Revision beziehungsweise die Bestätigung der unterdessen erreichten inneren Machtverhältnisse und – nach dem Aussterben der Valois – auch um die Königskrone. Langfristig erweist sich allerdings das nationale Zusammengehörigkeitsgefühl als stärker im Vergleich zu den konfessionellen und sozialen Gegensätzen: Während das katholische Spanien eine Hegemonie über Frank-

reich zu errichten droht, verbindet sich ein Teil der französischen Katholiken mit dem Führer der protestantischen Partei, der dann zum Katholizismus übertritt und als Heinrich IV. die Königswürde der Bourbonen begründet. Sein Sieg bildet den Auftakt zu einer systematischen Rekonstruktionspolitik im Geist neuzeitlicher Staatsräson, die die Erschließung des Landes vorantreibt und das Bürgertum weiter stärkt. Der Feudaladel geht nicht ganz unter, aber er verschmilzt mit den Spitzen des Bürgertums zu einer neuen, auf den Erwerb von Ämtern und Pfründen des Königreiches gerichteten Führungsschicht.

Im 17. Jahrhundert wird das obrigheitliche Gewaltmonopol des modernen Staates endgültig gegen die überkommenen Feudalrechte durchgesetzt. Die Opfer der Zentralisierungstendenzen suchen sich die Unmündigkeit der Thronerben zunutze zu machen; ihre Aufstände werden aber von den Kardinälen Richelieu und Mazarin im Namen der Krone niedergeschlagen. Danach verliert der Adel nahezu alle Vorrechte; er muß sich fortan damit begnügen, sich in ein weitverzweigtes System von Staats- und Hofämtern einzufügen. Religiöses, kulturelles und wirtschaftliches Leben geraten zunehmend in den Einflußbereich des Staates, und auch dessen äußere Macht wächst: Frankreich wird in Abwehr der Überlegenheit Habsburgs zur europäischen Großmacht, die ihrerseits eine expansive Dynamik entwickelt. Unter Ludwig XIV. (1643–1715) steuert beides, innere Machtentfaltung und Hegemonialpolitik, seinem Höhepunkt zu. Die in Europa beispiellose Macht des „Sonnenkönigs" spiegelt sich in der Pracht des königlichen Hofstaates in Versailles.

Die übersteigerte, insbesondere auf den Erwerb der Rheingrenze zielende Expansionspolitik Ludwigs XIV. führt freilich nicht zu den gewünschten Ergebnissen; sie leitet vielmehr schließlich eine Phase der Erschöpfung des französischen Königtums ein, die es daran hindert, auf das weitere Vordringen der bürgerlichen Kräfte angemessen zu reagieren, und die damit einen gewaltsamen Bruch des Regimes vorbereitet. Im Laufe des 18. Jahrhunderts wird die finanzielle Lage des Königshauses zusehends prekärer, und es verspielt zugleich seinen moralischen Kredit; notwendige Reformen werden entweder nicht in Angriff genommen oder scheitern am Widerstand der bislang Privilegierten. Entsprechend wächst die Spannung zwischen den zahlreicher werdenden bürgerlichen Kräften, die nun nicht mehr in die Hofämter aufsteigen können, und dem Adel, der wirtschaftlich nicht mehr mit dem Bürgertum Schritt halten kann und gerade darum zumeist erbittert an seinen ererbten Vorrechten festhält. Eine denkbar ungerechte Verteilung der Früchte des wirtschaftlichen Aufschwungs, der mit der zunehmend kapitalistischen Wirtschaftsweise einhergeht, schafft zusätzliches Protestpotential, insbesondere unter den kleinen Landpächtern und den zahlenmäßig wachsenden städtischen Unterschichten. Im Konflikt um die überfällige Einführung neuer Steuern versuchen schließlich sowohl die Krone als auch die adlige Opposition, den „Dritten Stand" als Trumpfkarte auszuspielen; tatsächlich verlieren sie mit der Einberufung der Generalstände zum Mai 1789 aber beide die Kontrolle über das Regime.

Das Zeitalter der Revolution und Napoleons

In der Revolution, die nach dem Zusammentritt der Generalstände ausbricht, dominieren zunächst die Eliten, die dem Gedankengut der Aufklärung verpflichtet sind und eine parlamentarische Monarchie auf der Grundlage der freien Entfaltung der Besitzenden und Gebildeten schaffen wollen. Unter ihrer Führung werden alle feudalen Privilegien und Verpflichtungen abgeschafft; es wird das Prinzip staatsbürgerlicher Gleichheit eingeführt; und es wird ein einheitliches Verwaltungssystem geschaffen. Infolge der Weigerung Ludwigs XVI., die Entwicklung zum bürgerlichen Verfassungsstaat zu sanktionieren, gewinnen jedoch bald radikalere Kräfte an Boden, die die Monarchie beseitigen, die Kirche verstaatlichen und eine egalitäre Demokratie etablieren. Diese wiederum degeneriert angesichts der Gefahr eines reaktionären Gegenschlages rasch zur Diktatur, die das Land 1793/94 mit zunehmendem Terror überzieht. Gleichzeitig bildet sich in der Abwehr auswärtiger Monarchenheere und konterrevolutionärer Aufstände ein revolutionäres Nationalbewußtsein heraus. Allgemeines Wahlrecht, Massenaktionen auf den Straßen und die Einführung der allgemeinen Wehrpflicht führen zu politischer Mobilisierung und Uniformisierung in bislang ungekanntem Ausmaß. Als sich die militärische Lage entspannt, bricht auch der Terror zusammen und kommt wieder ein bürgerliches Regime zum Vorschein - das Direktorium, getragen von der breiten Schicht all derer, die durch die Revolution zu Besitz oder Amt gelangt sind.

Dieses muß sich freilich zur Legitimation bei den Massen immer mehr auf die Armee und ihre Erfolge stützen; es bereitet damit der Machtergreifung durch einen siegreichen Armeeführer geradezu den Weg. Am Ende der Revolution steht darum 1799 der Staatsstreich des Napoleon Bonaparte.
Napoleons Herrschaft nimmt der Spaltung zwischen Nutznießern und Opfern der Revolution viel von ihrer Schärfe. Der Gegensatz zur Kirche wird aufgegeben, die Verfolgung der adligen Emigranten eingestellt, die Revolution für beendet erklärt. Die sozialen und rechtlichen Errungenschaften der Revolution bleiben jedoch erhalten, und sie werden im Zuge der Siege des Revolutionsheere sogar noch über die bisherigen Grenzen Frankreichs hinaus exportiert. Die militärischen Erfolge, die nach und nach fast den gesamten europäischen Kontinent unter französische Vorherrschaft bringen, stärken das Prestige Napoleons soweit, daß er 1804 ein neues Kaisertum etablieren kann, gestützt auf die Macht der Armee und die plebiszitäre Zustimmung breiter Bevölkerungsmassen. Freilich scheitert Napoleon bei dem Versuch, sein Imperium auf Dauer zu stabilisieren: er kann den englischen Einfluß auf den Kontinent nicht ausschalten und leitet mit einem Feldzug gegen das abtrünnige Rußland 1812 den Aufstand der unterdrückten Länder ein.
Die Niederlage kostet Napoleon auch seine innere Machtstellung. Unter dem Schutz der gegnerischen Besatzung erklären die Senatoren den Kaiser 1814 für abgesetzt und berufen den Bruder des letzten Königs auf den Thron eines konstitutionellen Monarchen. Die Unzufriedenheit breiter Kreise mit dieser Entwicklung erlaubt Napoleon noch einmal die Rückkehr zur Macht, aber dann setzt der erneute Sieg der Alliierten über die kaiserliche Armee (Waterloo 1815) dem Ersten Empire ein unwiderrufliches Ende. Frankreich muß sich mit den Vorkriegs-Grenzen begnügen und die Rückkehr der Bourbonen akzeptieren.

Konstitutionelle Monarchie und Zweites Empire

Mit der Etablierung der konstitutionellen Monarchie setzt ein zähes Ringen zwischen Royalisten und Liberalen ein; jene wollen die vorrevolutionären Verhältnisse wiederherstellen, diese die sozialen und rechtlichen Errungenschaften der Revolution erhalten und zum Teil noch ausbauen. Dabei wächst zunächst der Einfluß der

Rechten, besonders seit dem Regierungsantritt Karls X. im Jahr 1824; aber dann bringt die Verschärfung des reaktionären Kurses der liberalen Opposition wachsenden Zulauf. Als die Pariser Kleinbürger im Juli 1830 gegen ihre wirtschaftliche Misere revoltieren, setzen die liberalen Führer der Abgeordnetenkammer einen neuen Monarchen ein (Louis Philippe von Orléans, aus einer Seitenlinie der Bourbonen), der die Rückkehr zur konstitutionellen Regierungsform garantiert. Damit geraten die Royalisten in die Isolation; und die politische Auseinandersetzung verschiebt sich auf die Frage, ob man das bestehende Honoratiorenregime konservieren oder dem Parlament und den Bevölkerungsmassen größere Mitwirkungsrechte zugestehen soll. Die Spitze des Regimes entwickelt sich erneut in konservative Richtung; im Land aber, das durch die allmählich einsetzende Industrialisierung in Bewegung gerät, macht sich zunehmende Unruhe breit. Im Februar 1848 vertreiben radikale Republikaner den König aus seinem Palast und verkünden den Übergang zur Republik.

Die Träger der Revolution sind sich freilich auch diesmal nicht in ihren Zielsetzungen einig. Das mittlere Bürgertum und die bäuerlichen Kleinbesitzer werden alsbald von der Furcht vor einer sozialen Revolution der Arbeitermassen erfaßt und kommen darum dem in seiner Macht erschütterten Großbürgertum zu Hilfe. Als die Arbeiter die Revolution weitertreiben wollen, werden sie von der bürgerlichen Regierung mit Gewalt zurückgeschlagen; danach siegt in den Präsidentschaftswahlen vom Dezember 1848 ein Kandidat, der die Eindämmung der Revolution auf seine Fahnen geschrieben hat: Louis Napoleon Bonaparte, ein Neffe des Imperators. Wie seinem Onkel gelingt es auch ihm, die Gegensätze zwischen den feindlichen Lagern zu entschärfen, freilich um den Preis weitgehender Entmündigung nicht nur der Massen, sondern auch des Bürgertums. Die Kirche wird wieder in ihre traditionelle Rolle als Ordnungsmacht eingesetzt und die Machtansprüche bürgerlicher Politiker werden durch die erneute Mobilisierung breiter Bevölkerungsmassen mattgesetzt. Drei Jahre nach seinem Regierungsantritt kann Louis Napoleon seine Macht durch einen Staatsstreich gegen die Parlamentsrechte konsolidieren; ein weiteres Jahr später führt er das Kaisertum wieder ein und besteigt als Napoleon III. den Thron.

Unter dem Zweiten Empire macht die Industrialisierung beträchtliche Fortschritte; der Wohlstand wächst, und die relative Besserung der materiellen Lage der Arbeiter nimmt der republikanischen Opposition die radikale Spitze. Napoleons Machtstellung bleibt gleichwohl prekär, da er den unterschiedlichsten Interessen Rechnung tragen muß und die Emanzipationsansprüche nicht ständig durch den Verweis auf außenpolitische Erfolge abwehren kann. Seit dem Ende der 1850er Jahre werden den oppositionellen Gruppen daher eine Reihe von Zugeständnissen gemacht, bis hin zur Verfassungsreform von 1869, die das Kaiserreich zu einem halbparlamentarischen Regime werden läßt. Wenig später treibt der selbstgesetzte Zwang zu außenpolitischen Erfolgen den Kaiser in einen Krieg gegen Preußen und die deutsche Einigungsbewegung; als dieser Krieg für Napoleon III. unglücklich ausgeht, ist auch seine Herrschaft zu Ende. Im September 1870 wird in Paris erneut – nach 1792 und 1848 zum dritten Mal – die Republik ausgerufen.

Frankreichs Dritte Republik

Welche Staatsform tatsächlich auf das Kaiserreich folgen soll, ist damit aber noch nicht entschieden. Die neue Nationalversammlung tendiert in ihrer Mehrheit zur Berufung eines Monarchen an die Staatsspitze und läßt die halbrevolutionäre „Kommune“, die die Radikalen in Paris errichtet haben, gewaltsam niederschlagen. Nur allmählich, durch ungeschicktes Auftreten des in Aussicht genommenen Thronanwärters begünstigt, bildet sich eine Mehrheit für das Festhalten an der parlamentarischen Regierungsform und am Prinzip des allgemeinen Wahlrechts heraus; an der Spitze des Staates steht aber vorerst weiter ein antirepublikanisch eingestellter Präsident (General MacMahon). Erst als dieser 1879 zum Rücktritt gezwungen wird, kann sich die republikanische Staatsform definitiv durchsetzen. Das mittlere Bürgertum, das infolge der langsam fortschreitenden Industrialisierung unterdessen beträchtlich an Gewicht gewonnen hat, sieht in der neuen politischen Ordnung die beste Garantie gegen einen Durchbruch der sozialen Revolution; und da die Republik diese Funktion tatsächlich erfüllt, ist sie letztlich auch für das mächtige Großbürgertum akzeptabel. Die geringe Dynamik des französischen Industrialisierungsprozesses verleiht dieser Konstellation Dauer und ermöglicht damit zugleich eine Festigung des republikanischen Regimes.

Die bürgerliche Republik ist durch eine relative Durchlässigkeit der Klassen und Betonung der individuellen Freiheit gekennzeichnet; nur ganz allmählich nimmt Frankreich die Züge einer industriellen Massengesellschaft an. Das politisch führende mittlere Bürgertum konzentriert sich, um den Bestand seiner Macht zu sichern, auf den Kampf gegen die katholische Kirche sowie auf den Erwerb eines Kolonialreiches im Anschluß an die überseeischen Unternehmungen Ludwigs XIV. und Napoleons III. Antirepublikanische und radikale Kräfte, die mit der Entwicklung unzufrieden sind, sammeln sich Ende der 1880er Jahre zunächst um den General Boulanger, der einen Staatsstreich vorbereitet; nach seinem Scheitern bilden sich radikale Bewegungen der Rechten und der Linken heraus. Der rechte Antirepublikanismus wird gegen Ende des Jahrhunderts so stark, daß sich die Regierung zur Verteidigung der Republik an die Sozialisten anlehnt. Der Klassengegensatz zwischen Bürgern und Arbeitern treibt sie aber bald wieder nach rechts: Im Jahrzehnt vor dem Ersten Weltkrieg signalisieren große Streikbewegungen die Unzufriedenheit und die Isolation der Arbeiterklasse.

Auf den deutschen Angriff 1914 reagieren die Franzosen mit der Bildung einer Allparteienkoalition. Eine wirkliche Integration der Arbeiter in die politisch-gesellschaftliche Ordnung bleibt jedoch aus; und so droht im dritten Jahr der Kriegsleiden ein Zusammenbruch der inneren Front. Nur unter großen Mühen kann Georges Clemenceau, der in dieser Situation die Regierung übernimmt, den inneren Frieden wiederherstellen und die Nation 1918 zum Sieg führen. Das Verhältnis der bürgerlichen Republik zur Arbeiterklasse bleibt freilich weiterhin gespannt; 1920 bildet sich nach einem gescheiterten Generalstreik die Kommunistische Partei. Im übrigen setzt sich der Wechsel zwischen rechten und linken Mehrheitsbildungen fort. Die Kriegslasten werden nach langem Hin und Her einigermaßen gerecht verteilt. Ansonsten bleibt es aber bei den sozialen Ungerechtigkeiten, die der Liberalismus produziert hat; die bürgerliche Gesellschaft weigert sich, staatliche Eingriffe in das Wirtschaftsleben zuzulassen und die Integration der Arbeiter durch durchgreifende sozialstaatliche Maßnahmen zu fördern.

Die Weltwirtschaftskriese von 1929 trifft Frankreich als weniger industrialisiertes Land nicht so stark wie etwa die USA oder Deutschland; sie wird aber auch nicht so schnell überwunden, so daß die Wirtschaft deutlich gegenüber der auswärtigen Konkurrenz zurückfällt. Zu der wirtschaftlichen Schwäche kommt die strategische: Es ist der französischen Außenpolitik nach dem Ersten Weltkrieg nicht gelungen, dauerhafte Barrieren gegen einen Wiederaufstieg Deutschlands zu errichten; sie steht daher der Expansionspolitik Hitlers ziemlich hilflos gegenüber. Und schließlich offenbart sich angesichts der nationalsozialistischen Bedrohung auch eine moralische Schwäche: Die inneren Gegensätze zwischen Rechts und Links spitzen sich derart zu, daß das Land nicht mehr in der Lage ist, sich auf auswärtige Bündnispartner zu einigen und die militärische Verteidigung gezielt vorzubereiten. Ein Teil der Rechten sympathisiert mit dem Nationalsozialismus; die Linke aber, die sich angesichts der faschistischen Gefahr 1935 zu einem Regierungsbündnis zusammenfindet (der „Volksfront"), wird von der Geschäfts- und Finanzwelt schon 1938 aus der Regierungsverantwortung abgedrängt. Zwar ist die Mehrheit nicht bereit, sich der deutschen Hegemonie kampflos unterzuordnen; doch geht das Land, als darum der Krieg im September 1939 unvermeidbar wird, denkbar unvorbereitet in diesen Kampf.

Frankreich seit dem Zweiten Weltkrieg

Mit der Niederlage im Juni 1940 beginnt eine Periode tiefgreifender Umbrüche: Zunächst die deutsche Besatzung, verbunden mit der Bereitschaft weiter Kreise zur Kollaboration und erst allmählich wachsendem Widerstand, der von innen und außen (General de Gaulle) vorgetragen wird; dann die Befreiung (1944), die einen neuen, nach links verschobenen nationalen Konsens ermöglicht; weiter 1947 die Wende zum Kalten Krieg, die die Kommunisten in die absolute Isolation treibt und das Pendel wieder nach rechts, in liberalkonservative Richtung, ausschlagen läßt; die Integration in den Verbund westlicher Staaten unter amerikanischer Führung; schließlich der Aufbruch der kolonisierten Völker, der das französische Kolonialreich erschüttert. Die Vierte Republik, die nach dem Zweiten Weltkrieg errichtet wird, kann unter diesen Umständen keine große Stabilität entwickeln. Es gelingt ihr aber immerhin, die politischen Gegensätze zu entschärfen, die Arbeiter stärker zu integrieren und in der Hinwendung zur Europäischen Integration einen Ersatz für die gescheiterten Großmacht-Träume zu finden.

Mit der Aufgabe, sich vom französischen Kolonialreich zu lösen, sind die Politiker der Vierten Republik aber überfordert. Als sich die Regierung 1958 anschickt, sich auf einen Rückzug aus Algerien einzulassen, drohen Generäle und Algerienfranzosen mit einem Staatsstreich; um ihn abzuwehren, übertragen die Regierungsparteien die Verantwortung an General de Gaulle. Dieser setzt eine neue Verfassung durch (die Fünfte Republik), welche die Rechte der Exekutive stark erweitert und damit an die bonapartistische Tradition anknüpft. Auf wachsende Zustimmung in der Bevölkerung gestützt, gelingt es de Gaulle bis 1962, den Rückzug aus Algerien durchzusetzen; danach verwendet er beträchtliche Energien auf die Erweiterung des französischen Handlungsspielraums im Ost-West-Konflikt. 1968 wird das gaullistische Regime durch Arbeiter- und Studentenunruhen erschüttert; mangels glaubwürdiger Alternativen gelingt es den bürgerlichen Kräften aber bald wieder, das Heft in die Hand zu bekommen und die Früchte der unterdessen in Gang gekommenen wirtschaftlichen Modernisierung einzusammeln. Unter der Präsidentschaft Pompidous (1969–1974) rückt ein modernes Großbürgertum in das Zentrum der Macht.
Eine Alternative zur bürgerlichen Mehrheit zeichnet sich erst wieder ab, nachdem sich Sozialisten und Kommunisten (und ein Teil der Linksliberalen) 1972 auf ein Regierungsprogramm verständigt haben, das den Bruch von 1947 rückgängig macht. Die Linksunion bricht zwar wieder auseinander; dennoch gelingt es schließlich (1981) dem sozialistischen Kandidaten Mitterrand, den bürgerlichen Präsidenten Giscard d'Estaing abzulösen. Dem Machtwechsel folgen Anstrengungen zur Durchsetzung eines sozialistischen Reformprogramms, die freilich in der generellen Krise des Industrie- und Wohlfahrtsstaates steckenbleiben. Auf mittlere Sicht überwiegt daher die Kontinuität über Parteigrenzen hinweg. Die Zustimmung zur Grundordnung der Fünften Republik nimmt zu; dagegen läßt die Fähigkeit zur Bewältigung neuer Probleme allgemein nach.

Französische Geschichte und Gegenwart

Die Spuren dieser vielschichtigen Vergangenheit sind im heutigen Frankreich allenthalben auszumachen. Das Selbstbewußtsein der Kernbevölkerung von Marseille, die Sonderrolle des bretonischen

Kulturkreises, der Glaube an die zivilisatorische Mission Frankreichs, der Zentralismus im Staatsaufbau, die Neigung zu ideologischer Polarisierung oder die Fähigkeit zur Erneuerung des nationalen Konsenses – all das sind, um nur einige wenige Beispiele zu nennen, Züge des gegenwärtigen Frankreichs, die sich aus der Vergangenheit erklären lassen. Die Beschäftigung mit dieser Vergangenheit führt daher zu einem besseren Verständnis der französischen Gegenwart. Sie zu erleichtern ist das Anliegen des vorliegenden Bandes: Er will ein Gespür dafür vermitteln, hinter den Problemen der Gegenwart die Spuren der Vergangenheit zu sehen, und er will zugleich die Antworten auf die Fragen nach der Vergangenheit, die die historische Forschung in detaillierter Einzelarbeit zusammengetragen hat, in knapper, doch detailreicher Form zugänglich machen.

Gallien zur keltischen und römischen Zeit

Die Region zwischen Alpen, Pyrenäen, Rhein und oberer Donau wird Jahrhunderte vor der römischen Eroberung vorwiegend von Kelten besiedelt. Die Gascogne bewohnen iberische Aquitanier, die Seealpen Ligurer; von Nordosten sickern vereinzelte Stämme und Gruppen von Germanen ein: Die kulturelle Einheitlichkeit des Gebietes ist davon kaum berührt. Neben intensiver Landwirtschaft, die auf adliger Großgrundherrschaft basiert, sind der Bergbau und in den großen befestigten Zentralorten *(oppida)* das Handwerk (Metallarbeiten, Keramik u. a.) hoch entwickelt. Der Handel führt schon früh, besonders über Massilia, zu regem Güteraustausch mit dem Mittelmeerraum. Die Münzprägung scheint stammesweise organisiert zu sein. Die Macht des Adels, der das soziale, politische, wirtschaftliche Geschehen bestimmt, beruht auf Gefolgschaften aus halbfreien Hintersassen und wird durch Bündnisse zwischen ungleich angesehenen und mächtigen Adligen politisch umgesetzt. Die Oppida bilden keine selbständigen Körperschaften, sondern Organisationsgrundlage sind „Gau" *(pagus)* und Stammesgemeinde *(civitas)*. Im 1. Jahrhundert v. Chr. sind die wohl ursprünglichen Königtümer großenteils abgelöst von einer regelmäßig monarchischen Jahresmagistratur (Vergobret), die mit Adelsrat und Volks- bzw. Heeresversammlung, in der ebenfalls die Adligen das Wort führen, zusammenwirkt. Gewichtigen Einfluß besitzen ferner die aus dem Adel rekrutierten Druiden.

4. Jh. v. Chr. Rom steht seit Anfang des Jahrhunderts in ständiger Auseinandersetzung mit der keltischen Welt („Galliertrauma" seit Niederlage an der Allia).

Das erste dauerhafte Interesse Roms an Südgallien (Provence, Languedoc) entsteht seit dem 2. Punischen Krieg aufgrund des Landweges nach Spanien; wichtigster Verbündeter ist Massilia (*foedus* spätestens seit dem 2. Punischem Krieg; großes Territorium besonders östlich der Rhônemündung).

125–122 Nach längeren Kämpfen zum Schutz Massilias (M. Fulvius Flaccus 125/123, C. Sextius Calvinus 123/122 [Aquae Sextiae/Aix-en-Provence]) pazifiziert Cn.

Domitius Ahenobarbus (Konsul 122, Prokonsul 121–119?) das Rhônetal (bis zum Genfer See), Savoyen, Dauphiné, Provence und Languedoc, baut die via Domitia aus und begründet endgültig hier die römische Herrschaft (selbständige Provinz spätestens seit Sulla um 80). – Lokale Aufstände um 90, 85–83, 78/77, 74–72, 61.

59 Die Eroberung des übrigen Gallien bis zum Rhein wird Caesar durch Wanderzug der Helvetier (mit Klientelstämmen) ermöglicht, die beschließen, vor anhaltenden germanischen Raubzügen nach Aquitanien auszuwandern, um dort eine Hegemoniestellung zu begründen:

58 Das starke Stammesaufgebot (angeblich etwa 92 000 Waffenfähige unter 368 000 Auswanderern) wird bei Bibracte mit Unterstützung der Haeduer so vernichtend geschlagen, daß (nach Caesar) nur insgesamt 110 000 nach Helvetien zurückkehren. Um verbündete Haeduer vor Ariovist und dessen Sueben zu beschützen, kann Caesar diesen angreifen; nördlich Vesontio werden Sueben geschlagen (September 58) und über den Rhein zurückgeworfen.

57–53 Die übrigen belgischen, gallischen und aquitanischen Stämme, die teilweise wiederholt rebellieren, werden unterworfen (57 Nervier bei Maubeuge [Sambre], 56 Veneter, Aquitanier, 55 Ausrottung der Usipeter und Tenkterer, erster Rheinübergang, erster Britannienzug, 54 Treverer, zweiter Britannienzug, 54/53 Ambiorix-Aufstand, Vernichtung der Eburonen, Sieg über Treverer, 53 zweiter Rheinübergang).

52 Gemeingallischer Aufstand unter Arvernerkönig Vercingetorix niedergerungen (Niederlage Caesars bei Gergovia, entscheidender Sieg bei Alesia).

52/51 Die restlichen Unruheherde werden befriedet.

Caesars Ordnung beläßt unterschiedliche Stellung der *civitates* zueinander (u. a. Klientelen der Haeduer) und gegenüber Rom (*foedus* behalten Haeduer, Remer, Lingonen u. a.), fordert die prorömischen Adligen, sichert Herrschaft durch Geisel- und Truppengestellung; sehr maßvoller Jahrestribut von 40

Millionen Sesterzen und Erschöpfung des Landes sichern über Jahrzehnte die Ruhe. Lokale Aufstände sind aber wiederholt zu bekämpfen: 46 Bellovaces, 38 und 28 Aquitanier, 30 Morini, 29 Treverer.

44 Prokonsul L. Munatius Plancus wehrt Räterangriff ab.

39/38 (oder 19?) Agrippa siedelt zum Schutz der Rheingrenze die germanischen Ubier (um Köln) und vielleicht auch schon die Vangionen (um Worms), Nemeter (um Speyer), Triboker (um Brumath) an.

16–14 Ein Sugambrereinfall (16 *clades Lolliana*) und die Eroberung der Alpen und des rätischen Alpenvorlandes unter Drusus und Tiberius (16–14) führen zur Neukonzeption der gallischen Ostgrenze.

12–8 Nach der abgeschlossenen Neuordnung Galliens unterwerfen Drusus (12–9) und Tiberius (8–7) in jährlichen Sommerfeldzügen von Rhein (Hauptbasen: Mogontiacum/Mainz, oppidum Ubiorum/Köln, Vetera/ bei Xanten) und Alpenvorland aus (Legionslager Dangstetten und Augsburg-Oberhausen [?]) die Germanenstämme bis zur Elbe der römischen Vorherrschaft.

8 v. Chr. Umsiedlung von 40 000 Sugambrern westlich des Rheins.

7 v.– 6 n. Chr. In den folgenden Jahren wird diese Herrschaft durch jährlichen Einmarsch der römischen Rheinarmee gefestigt bzw. gegen Rebellionen durchgesetzt, besonders unter Tiberius.

6–9 Dessen Plan, das Reich des Markomannenkönigs Maroboduus (mit Kern in Böhmen) zu unterwerfen, scheitert am Ausbruch des Pannonischen Aufstandes.

7–9 Der Versuch des P. Quinctilius Varus (Kommandeur des Rheinheeres), die römische Herrschaft zu institutionalisieren, scheitert an dem in seinen Ursachen um-
Sept. 9 strittenen Aufstand des Cheruskerkönigs (?) Arminius, der Varus' Armee (XVII., XVIII. und XIX. Legion mit Auxilien) im „Teutoburgischen Bergwald" („*Teutoburgiensis saltus*", nicht lokalisierbar) aus dem Hinterhalt überfällt und völlig vernichtet.

10–12 Nach Konsolidierung der Rheingrenze und Neuordnung des germanischen Kommandos durch Tiberius (Teilung in Militärbezirke Unter- und Obergerma-
13–16 nien) stellt Germanicus in erfolgreichen Feldzügen gegen Arminius und die Germanenstämme in Nordwestdeutschland und durch Rückgewinnung von zwei Legionsadlern (der dritte wird 42 von Gabinius Secundus den Chauken entwunden) das römische Ansehen wieder her (Triumph 26. Mai 17). Tiberius begnügt sich mit indirekter Herrschaft über die (im Innern noch wenig konsolidierten) Germanenstämme östlich des Rheins als Klientelrandvölker.

Die Rheingrenze unterhalb der Neckarmündung bleibt im 1. Jahrhundert unruhig (28 und 57 Friesen, 39 und 50 Chatten, 41/42 und 47 Chauken, 77 Brukterer). Während im Innern Galliens der lokale Aufstand (im Jahre 21: Haeduer und Treverer unter Iulius Sacrovir und Iulius Florus) ebenso schnell niedergeworfen ist wie der verfrühte Putsch des Legaten der Lugdunensis Iulius Vindex (68) gegen Nero (unterstützt von Vienna, Sequanern und Haeduern), kann (69/70) der vom Bürgerkrieg begünstigte Aufstand der Bataver unter Iulius Civilis, Treverer unter Iulius Classicus und Iulius Tutor, Lingonen unter Iulius Sabinus und kleinerer Stämme (wohlwollende Neutralität der colonia Agrippinensium) erst nach Vespasians Sieg von Q. Petillius Cerialis in wenigen Monaten erstickt werden. (Ganz unrealistisch das „gallische Kaisertum" des Classicus.)

83–85 Nach dem Chattenkrieg Domitians *(„Germania capta")* und der Umwandlung der zwei germanischen Heeresbezirke in Provinzen Germania Inferior und Superior (eingegliedert: Wetterau, Odenwald, Neckartal [seit Drusus von Süden und Westen aus von Galliern neu besiedelt: *agri decumates*?], Schwäbische
Jan. 89 Alb) putscht der Legat Obergermaniens, L. Antonius Saturninus, trotz Unterstützung durch die Chatten erfolglos. Nachdem bereits Claudius eine Kastellkette entlang der Donau und im Oberrheintal, Vespasian im unteren und oberen Neckartal (Arae Flaviae/Rott-

weil: Straßenbau von Argentorate/Straßburg zur Do-
nau durch Cn. Pinarius Clemens), Domitian entlang
des späteren Pfahl, im Odenwald, mittleren Neckar-
tal, auf der Schwäbischen Alb und an der Altmühl
errichtet haben, befestigen Hadrian und Antoninus
Pius unter Auflassung der rückwärtigen Auxiliarlager
den obergermanisch-rätischen LIMES (obergermani-
scher Pfahlgraben und rätische Mauer) und schiebt
Pius denselben vor auf die Miltenberg-Lorch-Linie.

2. Jh. Die Rheingrenze bleibt im 2. Jahrhundert im wesent-
lichen ruhig (172 Chaukeneinfall in die Belgica). Die
rätische Donaufront wird durch die Markomannen-
kriege unter Marcus Aurelius gefährdet (166/167–
180).

213 Caracalla wendet sich in einem Präventivkrieg gegen
die Alamannen.

233 Wohl nach lokalen Attacken (ca. 230/232?) überren-
nen die Alamannen den Limes, vor allem in der Wet-
terau, und zerstören diesen teilweise.

235 Nach Alexander Severus' Tod werden sie von Maxi-
minus Thrax zurückgeschlagen.

um Die Alamannen zerstören den gesamten obergerma-
259/260 nisch-rätischen Limes und sein Hinterland, so daß
das Gebiet jenseits von Rhein, Iller und Donau auf-
gegeben wird; die Alamannen besiedeln Neckartal
und (vorher siedlungsleeren) Schwarzwald. Das
Schicksal der gallo-römischen Bevölkerung der
um 260 rechtsrheinischen Gebiete ist unklar. Der Bedro-
–274 hung Galliens leisten die wohl von der einheimi-
schen Aristokratie gestützten Kaiser des Gallischen
Sonderreiches erfolgreich Widerstand.
Erneute tiefe Einfälle von Franken, Alamannen, Jut-
hungen u. a. nach Gallien und Rätien (268, 270/271,
275/276, 288, 298).

353–357 Nach Stabilisierung der Grenze unter Diokletian/
Maximinian und Konstantin schwere Verwüstungen
durch Franken und Alamannen (Siege Julians bei
Köln 356 und Straßburg 357); das Gebiet zwischen
Waal, Maas und Schelde wird fränkisches Födera-
tenland.

Die umfassende Befestigung der Grenzen an Maas, Rhein und oberer Donau durch Valentinian I. (365–374 in Gallien und Rätien) kann wiederholte germa-

368–389 nische Raubzüge nicht verhindern (368 und 388/389 Franken, 378 Alamannen; 383 Alamannen und Juthungen nach Raetia II).

um 406 Im ersten Jahrzehnt des 5. Jahrhundert zerfällt die Rhein-Donau-Grenze (406/409 Alanen, Vandalen, Quaden, Burgunder, Alamannen gehen auf Dauer über den Oberrhein bis weit ins Innere; 405/406 Radagaesus durch Raetia nach Italien).

Die 22 v. Chr. von der GALLIA COMATA abgetrennte Provinz GALLIA NARBONENSIS (Hauptstadt: Narbo Martius, seit Vespasian auch Sitz des Landtages und provinzialen Kaiserkults) entspricht einer erweiterten GALLIA ULTERIOR; das stark romanisierte und urbanisierte Gebiet wird von prätorischen Prokonsuln mit einem prätorischen Legaten und einem Quästor regiert (ferner ein ducenarer Prokurator). Von 16 bis 12 erhält das von Caesar eroberte Gallien seine endgültige Organisationsform von Augustus und Drusus: drei prätorische Kaiserprovinzen GALLIA BELGICA (Statthaltersitz: Durocortorum/Reims), GALLIA LUGDUNENSIS (Statthaltersitz: Lugdunum/Lyon) und GALLIA AQUITANI(C)A (Statthaltersitz im 1./2. Jahrhundert unklar, im 3./4. Jahrhundert Burdigala/Bordeaux), allgemeiner Census (im 1.–3. Jahrhundert in unregelmäßigen Abständen wiederholt), zu dessen Abschluß im August 12 v. Chr. erster Landtag der Tres Galliae in Confluentes (pagus Condate) bei Lugdunum (im Rahmen des Kaiserkultes unter auf 1 Jahr gewählten *„sacerdos Romae et Augusti“* [bzw. *„Augustorum“*] am 1. August jährlich wiederholt), Einsetzung zweier ducenarer Finanzprokuratoren (Galliae Belgicae [nach 85 mit Zusatz: *„et duarum Germaniarum“*] mit Sitz in Trier [anfangs in Reims?], Galliarum Lugdunensis et Aquitani[c]ae mit Sitz in Lyon). In den ALPEN bleibt ein Teil des ehemaligen Königreiches des Cottius unter dessen Verwaltung als *„praefectus civitatium“* (neben einem Prokurator; Hauptort: Segusio/Susa; sein Sohn Donnus [13–44] und Enkel Cottius II. [*rex* 44–63] erben diese Stellung; seit 63 regiert die PROVINCIA ALPIUM COTTIARUM ein centenarer Prokurator). Die ALPES MARITIMAE (Hauptort: Cemenelum/Cimiez) und die ALPES GRAIAE (= Alpes Atrectinae?; Hauptort Axima [= Forum Claudii]/

Aime) stehen seit Augustus unter ritterlichen „*praefecti*“, wohl seit 69 unter centenaren Prokuratoren. Die ALPES POENINAE (Wallis; Hauptort: Octodurus/Martigny), spätestens seit Mitte 2. Jahrhundert mit Alpes Graiae vereint, gehören bis Claudius zu dem von einem „*praefectus*“ verwalteten Gebiet der Vindelici und Raeti, die dann die Provinz RAETIA unter einem ducenaren Prokurator bilden (Statthaltersitz: Augusta Vindelicum/Augsburg; Grenzen: Alpenkamm, Inn, Donau [bzw. Schwäbische Alb], Bodensee [Untersee], Hochrheintal). Die Grenzen der drei westlichen Alpenprovinzen verschieben sich wiederholt geringfügig. 85–90 werden die zwei germanischen Militärbezirke (seit 12/13) in Provinzen umgewandelt (GERMANIA INFERIOR [Statthaltersitz: Köln] und SUPERIOR [Statthaltersitz: Mainz]; Grenze: Vinxtbach bei Brohl, im Westen [Zugehörigkeit der Frisavonen und Tungrer bzw. der Lingonen und Sequaner] umstritten, Aquae Granni [Aachen] aber wohl zu Niedergermanien gehörig). 175 wird Raetia prätorische Kaiserprovinz („legio III Italica“ in Reginum/Regensburg). Wohl seit Anfang des 3. Jahrhunderts ist die iberische Novempopulana als eigene Provinz aus der sonst keltischen Gallia Aquitani(c)a ausgegliedert (Statthaltersitz: Elusa/Eauze). Im DIOKLETIANISCH-KONSTANTINISCHEN SYSTEM gehört das gesamte Gebiet außer Raetia I (um Chur) und II (um Augsburg), die zur Präfektur Italien-Africa zählen, zur Prätorianerpräfektur Galliae (Sitz: Trier, seit Ende 4. Jahrhundert Arelate/Arles) mit den Diözesen Viennensis (Aquitania I, II [unter Konstantin wieder miteinander vereint]; Novempopulana [um Eauze, später Auch]; Narbonensis I [um Narbonne], II [um Aix-en-Provence], Viennensis [um Vienne; zwischen Konstantin und Valentinian I. vereint mit Narbonensis II]; Alpes Maritimae [mit Südteil der Alpes Cottiae; um Embrun]; Sitz des Vikars: Vienna) und Galliae (Lugdunensis I [um Lyon], II [um Rouen]. III [383/8 aus Lugdunensis II; um Tours], IV = Maxima Senonia [383/8 aus Lugdunensis I; um Sens]; Belgica I [um Trier], II [um Reims], Germania II [um Köln]; I [um Mainz], Maxima Sequanorum [um Besançon]; Alpes Graiae et Poeninae; Sitz des Vikars: Trier, seit Ende des 4. Jahrhunderts vereint mit Vikariat der Viennensis). Die „*notitia Galliarum*“ zählt Ende des 4. Jahrhunderts in beiden Diözesen 118 *civitates* (korrigiert). Die Provinzen und Diözesen bilden im 4. Jahrhundert eigene Landtage. (Das „*concilium Trium Galliarum*“ in Lyon löst Diokletian auf.) Die übrigen Zentralämter (besonders „*sacrae largitiones*“ und „*res privata*“) residieren zumeist

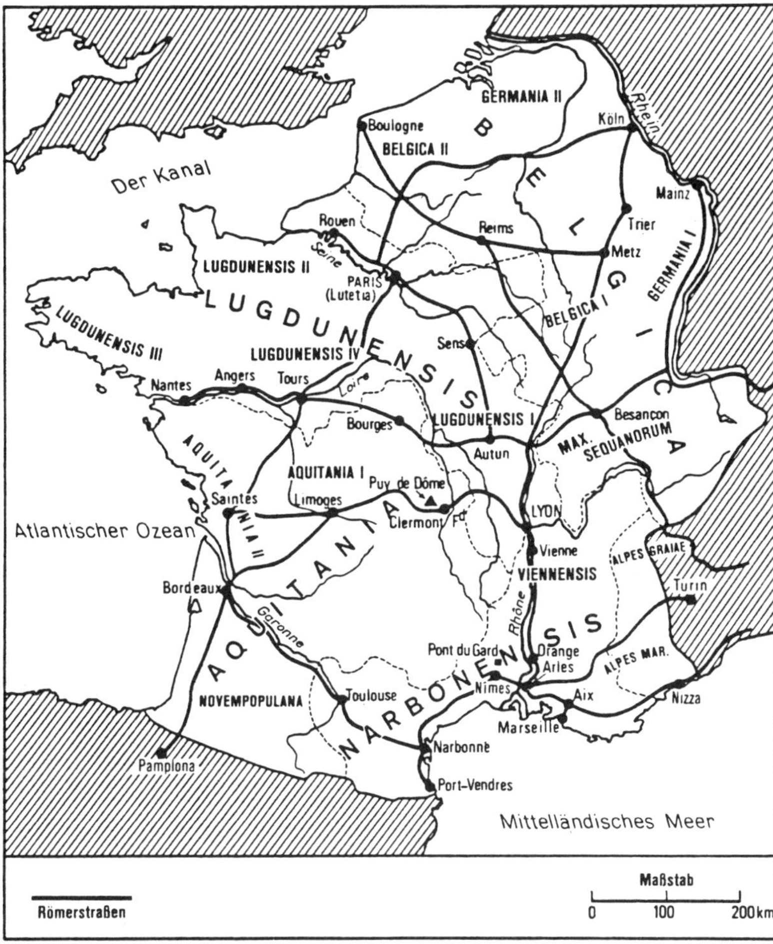

Abb. 1: Das römische Gallien

in den Vororten der Provinzen und Diözesen. – Eine Münzstätte prägt von Augustus bis 69, 193–197 und 274–423 in Lyon, Ende 256–273 in Köln, 269–273 und ab 293 auch in Trier (um 395 nach Mailand), 324–476 in Arles. Lokale städtische Prägung (einflußreich Nemausus) endet unter Caligula. Die Besatzungsarmee ist bis in das 2. Jahrzehnt v. Chr. auf das innere, besonders nördliche Gallien verteilt, wird dann an den Rhein verlegt (Mogontiacum,

Köln [ab ca. 35 nach Bonna/Bonn und bis um 100 Novaesium/Neuß], Vetera, seit Anfang Tiberius Argentorate [außer 43–70] und bis ca. 101 Vindonissa/Windisch, 70 bis Anfang Hadrian Noviomagus/Nimwegen): bis 9 wohl sieben Legionen, 9–43: acht, 43–70: sieben, 70–86: acht, 86–92: sieben, 92–ca. 101: sechs, um 101 bis Anfang Hadrian: fünf, danach ständig vier Legionen (bis 175 „legio III Italica" in Reginum stationiert) in Argentorate (VIII Augusta, Mogontiacum (XXII Primigenia), Bonna (I Minervia), Vetera (XXX Ulpia Victrix). Die Hilfstruppen, die im Laufe des 1./2. Jahrhunderts in Niedergermanien verringert, in Obergermanien vermehrt werden, stehen im 2./3. Jahrhundert in Einzelkastellen entlang des Limes (im 2. Jahrhundert in Niedergermanien: 5–6 Alen, 13 Kohorten [1 *milliaria*], bis zu vier Numeri, also um 10000/10800 Mann; in Obergermanien: drei Alen [1 *milliaria*], ca. 22 Kohorten [1 *milliaria*], 15–17 Numeri [besonders Brittonen, die seit Anfang des 2. Jahrhunderts aus Britannien rekrutiert werden, und *explorationes*], d.h. um 16500 Mann; in Raetia: 3–4 Alen [1 *milliaria*], 13 Kohorten, keine Numeri, rund 8500–9000 Mann). Viele Einheiten der beiden germanischen Heere werden zwischen Claudius und Hadrian nach Britannien und an die mittlere und untere Donau verlegt. Bis in flavische Zeit werden (irreguläre) Stammesaufgebote nach Bedarf einberufen (berühmt die acht Bataverkohorten). In den Binnenprovinzen stehen nur einzelne Kohorten (wie z.B. in Cemenelum die „cohors Ligurum" und „cohors Gaetulorum" im 1. Jahrhundert). In Lyon versieht die „cohors I" bzw. „XIII urbana", nach 197 eine Legionsvexillation Polizeiaufgaben. Den Rhein sichert die „classis Augusta Germanica" (Haupthafen Köln-Bayenthal), die Überfahrt nach Britannien die „classis Britannica" (Haupthafen Gesoriacum/Boulogne). Seit Ende des 3. Jahrhunderts lagern unter dem Befehl eines „*dux*" in jeder Grenzprovinz zwei Legionen (Sollstärke vielleicht wesentlich unter der des 1.–3. Jahrhunderts) und eine wechselnde Anzahl kleinerer Hilfstruppen. Auch im Innern Galliens und an der Atlantikküste werden nun Truppen stationiert (zumeist comitatensische).

Die Legionen werden im 1. Jahrhundert überwiegend noch in (Nord-)Italien rekrutiert, seit Mitte des 2. Jahrhunderts vornehmlich aus dem gallischen Raum, woher auch nicht spezialisierte Auxilien seit Augustus zumeist ergänzt werden. Im 4. Jahrhundert überwiegt bei weitem das germanische Element. – Die Infrastruktur wird durch STRASSENBAUTEN besonders unter militärischen Ge-

sichtspunkten wesentlich verbessert; Hauptknotenpunkte sind Arelate (via Domitia), Lugdunum, Durocortorum, Augusta Treverorum, Augusta Vindelicum (via Claudia). Die wichtigsten Alpenpässe sind Mont-Genèvre (Alpis Cottia), Kleiner und Großer St. Bernhard (Alpis Graia, Summus Poeninus), Septimer-Julier, Reschenscheideck, Brenner. KANALBAUTEN: Fossa Mariana an der Rhônemündung (103 v. Chr.), fossae Drusinae (Rhein-Zuidersee, 12 v. Chr.), fossa Corbulonis (Altrhein-Maas, 47 n. Chr.); offenbar verhindert Kompetenzstreit 63 Verbindung von Saône und Maas.
Die RÖMISCHE KOLONISATION beschränkt sich auf Ostgallien (Narbo Martius 118 v. Chr. [Nachdeduktion unter Caesar]; cäsarisch: Arelate [durch Ti. Claudius Nero], Valentia, Equestris [Nyon], Lugdunum [44 v. Chr. durch L. Munatius Plancus], Raurica [44/43 durch Plancus, augusteische Nachdeduktion]; augusteisch: Forum Iulii [Fréjus; Flottenstation vor allem der frühaugusteischen Zeit], Arausio [Orange], Baeterrae [Béziers]; claudisch: Vienna [Vienne; 37–46; titular], colonia Claudia Ara Agrippinensium [Köln; 50]; Aventicum/colonia Pia Flavia Constans Emerita Helvetiorum Foederata [Avenches; 70/73]; colonia Ulpia Traiana [Xanten; um 100]; zumeist sind militärische Gründe für die Koloniededuktionen maßgebend. In den Germaniae und Raetia werden auch römische (?) Municipien gegründet (Arae Flaviae [vor 186: traianisch?], municipium Batavorum/um Nimwegen? [traianisch?], municipium Cananefatum/um Voorburg [hadrianisch?]; Augusta Vindelicum [hadrianisch]. Das LATINISCHE RECHT erhalten in den drei Alpenprovinzen und der Narbonensis anscheinend alle *civitates*, im übrigen Gallien sehr viele, darunter die civitates Treverorum, Arvernorum, Haeduorum, Lingonum, Sequanorum, Segusiavorum, Viducassium; diese Gemeinden führen in den Alpen den Titel *municipium*, im gallischen Raum *colonia* (oder *civitas*). Römische Neugründungen traianischer und aurelischer Zeit sind die acht (zumeist wohl peregrinen) *civitates* zwischen Rhein und Limes (Ulpia Sueborum Nicretum [um Lopodunum/Ladenburg], Ulpia [?] Mattiacorum [um Aquae Mattiacorum/Wiesbaden], Ulpia [?] Taunensium [um Nida/Frankfurt-Heddernheim], Auderiensium [um vicus V.V./Dieburg], Alisin … [um Bad Wimpfen i. T.], Aurelia G … [östlich des Neckars], Sumelocennensis [um Sumelocenna/ Rottenburg], Aurelia Aquensium [um Aquae/Baden-Baden]). Erstaunlicherweise ist Raetia wohl nicht in ähnlicher Weise in *civitates* unterteilt worden: Neben Augsburg sind im 2.–3. Jahrhundert nur

Cambodunum/ Kempten (Estiones und Licantii?) und Brigantium/ Bregenz (Brigantii und Venones?) als Civitas-Zentren wahrscheinlich; zu erwägen ist ferner Curia/Chur. Ein civitasfreies Gebiet war anscheinend das ehemals treverische Umland von Mogontiacum, das Ende des 3. Jahrhunderts eine *civitas* wird.

Die GALLISCHEN STAMMESGEMEINDEN sind prinzipiell nicht verändert; 21 gibt es in den Tres Galliae insgesamt 64 *civitates* mit einem durchschnittlichen Territorium von ca. 8300 km². (In der Narbonensis sind die Gemeinden regelmäßig kleiner [vergleichbar aber Vienna, die einstige civitas Allobrogum, oder Nemausus], ebenso im 2./3. Jahrhundert in Obergermanien [außer Lingonen und Sequanern].) Das ländliche Territorium behält daher oft bis in das 4. Jahrhundert das Übergewicht gegenüber dem Vorort. In augusteischer Zeit werden viele Hauptorte mit rechtwinkligem Straßensystem neu angelegt (Augustobona/Troyes; Augustonemetum/ Clermont-Ferrand; Augusta Treverorum/ Trier; Augusta Viromanduorum/St-Quentin; Bagacum/Bavay; Lutetia/Paris; Samarobriva/ Amiens u. v. a.). Der Einfluß der grundbesitzenden, oft sehr reichen land- und stadtsässigen Aristokratie wird verstärkt; Dekurionenrat und Ämter werden den römischen Prinzipien angeglichen. Der Civitas-Vorort, oft mit der körperschaftlichen Organisation eines *vicus*, besitzt nur beschränkte Zentralität für die gesamte Gemeinde und steht zumeist in Konkurrenz mit anderen städtischen Siedlungen *(vici)*. In Mittelgallien werden ländliche Zentren mit Theater, Basilica, Thermen, Forum und Tempeln bei anscheinend geringer Wohnbesiedlung und Vicus-Verfassung durch private Stiftungen geschaffen. Das Wachstum anderer *vici* neben dem Vorort führt, zumeist auf der Basis alter *pagi*, besonders seit Diokletian zu Teilungen großer Stammesgemeinden (etwa Haedui Ende des 4. Jahrhunderts: „civitas Haeduorum" [um Augustodunum/Autun] und „civitas Cabillonum" [um Cabillo/Châlon-sur-Saône] und „civitas Autissiodurum" [um Auxerre]). Schon im 1. Jahrhundert v. und n. Chr. wird das Helvetiergebiet durch Koloniededuktionen zumindest dreigeteilt; als vermutliches Relikt des einstigen Stammes bleibt ein *„conventus Helveticus"* bestehen. – Alte Unterorganisationen des Stammes *(pagi, curiae)* bleiben oft erhalten.

Der wichtigste und für den Reichtum Galliens grundlegende Wirtschaftszweig ist die LANDWIRTSCHAFT, die überwiegend, gegen äußere Unruhen störanfällig, in Großgrundbesitz *(fundi)* von

Gutshöfen aus (*villae rusticae*; mit je ca. 1 km^2 Land) vielseitig betrieben wird (Getreide, Wein, Öl, Viehzucht). Pächter und Landarbeiter scheinen gewöhnlich auf dem Gutshof zu leben; Bauerndörfer sind bisher selten nachzuweisen. Ebenso ist die Centuriation (wie in Arausio durch inschriftliche Pläne überliefert) nur selten sicher zu belegen. In den großen Städten und stadtähnlichen Siedlungen (*vici*; die alten keltischen *oppida* werden bis Ende des 1. Jahrhunderts n.Chr. verlassen) sowie in zahlreichen kleinen Straßendörfern (oft auch als *vici* verfaßt) werden in kleinen (?) Betriebsformen viele, z.T. hochdifferenzierte GEWERBE (Metallarbeiten, Holz, Bein u.a.) ausgeübt, die hauptsächlich den lokalen Markt bedienen; Stadt und Land sind daher wirtschaftlich aufeinander angewiesen. Freie Arbeitskräfte scheinen zu überwiegen, stehen als Landarbeiter jedoch in starker Abhängigkeit vom Grundherrn. Die Eigentumsformen der Gewerbetriebe sind bisher unklar. BERGBAU und ERZGEWINNUNG werden in ganz Gallien im kleinen Maßstab betrieben (Gruben und Raseneisenabbau). Kaiserliche Minen bauen Silber (im Rutenerland) und besonders Eisen (organisiert unter centenarem „*procurator ferrariarum Galliarum*") ab; vor allem im 4. Jahrhundert lassen sich über ganz Gallien verstreut zahlreiche kaiserliche Betriebe *(fabricae)* feststellen.
Überregionale Bedeutung erlangt die KERAMIKPRODUKTION vor allem von Condatomagus/La Graufesenque (Rutenergebiet), Ledosus/Lesoux (Arvernerland), Tabernae/Rheinzabern, ferner GLASPRODUKTION im Loiregebiet und besonders in Köln (Diatretgläser, Schlangenfasergläser u. a.) und TEXTILHERSTELLUNG in ganz Gallien (Wolle und Leinen). Eigene Wirtschaftsniederlassungen entstehen bei den Legions- und Auxiliarlagern (*canabae* und *vici*). Fernhandel spielt nicht nur in den bedeutenden Häfen (Massilia, Arelate, Narbo Martius, Burdigala, Rheinmündung) eine große Rolle, sondern auch entlang Rhône, Saône, Loire, Seine, Maas, Mosel, Rhein u. a. Flüssen (*collegia nautarum* in Arelate, Lugdunum, Portus Namnetum/Nantes, Lutetia u.a.). Zentrum sind Lugdunum (besonders Wein) und beschränkt Arelate (Öl); bescheidenes Wirtschaftszentrum Rätiens ist Augsburg. An den gallischen Außengrenzen und im Binnenland wird die „*quadragesima Galliarum*" als Zoll zu 2,5 Prozent erhoben; Raetia gehört zumindest teilweise zum „*publicum portorium Illyrici*". Kleinhandel und Transportunternehmen florieren in den *vici* verschiedenster Größe. Auch der Fremdenverkehr blüht im 2./3. Jahrhundert (Badeorte, Heiligtümer).

Über die im Imperium allgemeine Rechtsgliederung hinaus ist von der SOZIALSTRUKTUR im gallischen Raum wenig bekannt. Die Stellung im Wirtschaftsprozeß scheint besonders stark bestimmend und hierin Land und Stadt wesentlich verschieden zu sein; das römische Personenrecht und die Urbanisierung lockern die Abhängigkeit vom grundbesitzenden Adel, jedoch wird ein städtisches „Bürgertum" nur in der Narbonensis und einigen Großstädten, wie Lugdunum, Augustodunum, Burdigala, Augusta Treverorum, CCAA u. a., zur vorherrschenden Schicht, obgleich der Adel schon früh rechtlich und kulturell romanisiert ist (im Laufe des 1. Jahrhunderts n. Chr. in den Tres Galliae). Soziale Mobilität trifft man wohl vornehmlich in größeren Stadtsiedlungen. In Ostgallien, beiden Germanien und Rätien spielt das Heer nicht nur als Wirtschaftsfaktor und Männeransammlung, sondern auch für sozialen Aufstieg eine zentrale Rolle. – Viele Angehörige der Oberschicht der Narbonensis gelangen schon im 1. Jahrhundert n. Chr. in Senat und ritterlichen Kaiserdienst (z. B. D. Valerius Asiaticus, *„consul iterum"* 46, aus Vienna, Cn. Iulius Agricola, Konsul 76, aus Forum Iulii, Sex. Afranius Burrus, Prätorianerpräfekt unter Nero, aus Vasio Vocontiorum). Aber nur sehr wenige Gallier der „Drei Gallien" sind ähnlich aufgestiegen, als erster Senator 48 ein Haeduer, ferner C. Iulius Vindex, aus einem aquitanischen Fürstengeschlecht stammend; seit den Flaviern setzt sich die von Claudius forcierte Förderung dieser Gallier nicht fort: Noch im 3. Jahrhundert ist ihr Anteil gering (ein Prokurator aus CCAA [C. Titius Similis]; beste, aber folgenlose Beziehungen hat T. Sennius Sollemnis aus der colonia Viducassium); er nimmt erst im 4. Jahrhundert zu. Die Ursachen sind unbekannt. Ebenso sind nur wenige Gallier in die Richterdekurien aufgenommen worden, vornehmlich aus der Narbonensis und den Kolonien Lugdunum und Equestris. – Der einzige in Prokuraturen aufgestiegene Vindeliker (Claudius Paternus Clementianus, Ende des 1. nachchristlichen Jahrhunderts) stammt aus Abudiacum/Epfach.

Die ASSIMILATION AN DIE RÖMISCHE KULTUR UND ZIVILISATION findet vor allem in und über die städtischen Siedlungen *(vici)* statt, am frühesten in der Narbonensis, die Plinius d. Ä. um 75 „treffender Italien als eine Provinz" zu sein scheint und die seit Ende 2. Jahrhundert v. Chr. einer intensiven Einwanderung unterliegt. Nur in Germanien und Rätien wird die Akkulturation vom Heer stark gefördert. Keltische Sprache, Religion und Brauchtum halten sich auf dem flachen Land noch weit ins 4. Jahrhundert, so daß die Verzögerung der Romanisierung den irreführenden Eindruck einer „keltischen Renaissance" im 3. und 4. Jahrhundert erweckt. Kontinuität zeigt sich allgemeiner auf religiösem Gebiet, obwohl schon Augustus den Druidenkult Römern, Claudius ihn allen verbietet und obwohl die sehr zahlreichen, oft nur eng lokal verehrten Götter zumeist römisch benannt werden (Taranis-Jupiter, Teutates-Mars, Esus-Merkur, Grannus-Apollo, Sirona-Diana u. v. a.; Matronenkulte [germanisch] und Iupiter-Giganten-Säulen im Rheinland; Rosmertakult, Eponakult; „Viereckschanzen" [Fruchtbarkeitskult?] im Seinegebiet und Alpenvorland; gallische Umgangstempel u. a.). – SOZIALE UNRUHEN sind wohl erst eine Folge der Germaneneinfälle: Bagauden 283–286 („Bagaudenkrieg" Maximians) und besonders seit ca. 380 und im 5. Jahrhundert in Alpen, Bretagne und Normandie zeitweise selbständige „Staatsbildung"; keine sozialrevolutionäre Bewegung). – Seit Ende des 3. Jahrhunderts werden Reichsfremde (Laeti, germanische [zumeist fränkische] *foederati*) in Nordgallien wiederholt angesiedelt, aber in die gallo-römische BEVÖLKERUNG kaum integriert. Die Germaneneinfälle führen zu Verarmung, Flucht, Verschleppung und Bevölkerungsverlusten, die seit etwa der 2. Hälfte des 4. Jahrhunderts nicht mehr ausgeglichen werden können; am härtesten betroffen sind die nord- und nordostgallischen Provinzen. Auch die germanische Landnahme des 5. Jahrhunderts kann den starken Bevölkerungsrückgang hier nicht aufhalten; die städtischen Siedlungen schrumpfen erheblich (teilweise wegen Rückgangs öffentlicher Gebäude und des Bauluxus der Oberschicht) und bleiben lange romanische Inseln im germanischen Umland. Der regional verschiedene, in Mittel- und Südgallien leichtere, im Nordosten schwere zivilisatorische Rückschritt primitivisiert entsprechend die Wirtschafts- und Sozialstruktur.

Die KULTURELLE BLÜTE fällt, abgesehen von der früh entwickelten Narbonensis, in das 2.–4. Jahrhundert. Besonders die lateinische Redekunst wird intensiv gepflegt (z. B. M. Aper und Iulius Secundus in Tacitus' „*Dialogus*"); berühmt wird die Redeschule von Augustodunum (faßbar in den „*Panegyrici Latini*"). Aus der Narbonensis stammen die Historiker Pompeius Trogus (schreibt unter Augustus „Weltgeschichte") und vielleicht Cornelius Tacitus (Konsul 97). Im 4. Jahrhundert treten der Dichter D. Magnus Ausonius aus Burdigala (um 370: „*Mosella*") und der Agrarschrift-

Abb. 2: Der abgebildete Tempel („Maison Carrée") von Nemausus (Nîmes) ist eines der am besten erhaltenen Bauwerke des römischen Gallien.

steller Palladius hervor, im 5. Jahrhundert die Dichter Rutilius Namatianus (416: *de reditu suo*) und C. Sollius Modestus Apollinaris Sidonius (aus Lugdunum), der Redner Ennodius und der Historiker Gregor von Tours. Eine Blüte erlebt die christliche Literatur seit dem 4. Jahrhundert (Hilarius von Poitiers, Alcimus Ecdicius Avitus u. a.). Einen wesentlichen Einfluß hat diese späte Literatur auf das Reich nicht mehr ausüben können, wohl aber auf das Abendland. – Die Ausbreitung des Christentums verläuft über die städtischen Zentralorte; die wohl ältesten bedeutsamen Gemeinden sind Lugdunum (Christenverfolgung 177) und Vienna. Im 3. Jahrhundert beherbergen auch die südliche Narbonensis, Trier, Köln, Paris u. a. Städte größere Christengemeinden; den Durchbruch hat erst das 3. und frühe 4. Jahrhundert gebracht. 314 Syn-

ode von Arles. Die Gliederung der Kirche folgt im wesentlichen der politisch-administrativen Raumordnung. Im 5. Jahrhundert wird Arles schrittweise (417, 462) zum päpstlichen Vikariat erhoben. – Die RELIGIOSITÄT ist auch in heidnischer Zeit sehr stark ausgeprägt und äußert sich u. a. in zahllosen Weihgaben in den vielen ländlichen und städtischen Heiligtümern. Außer den römischen und zahlreichen gallischen Kulten finden auch orientalische Religionen (Cybele-Attis [Dendrophoren], Mithras, Iupiter Dolichenus, Isis-Serapis, Bacchus/Liber Pater u. a.) besonders im Rheinland Verbreitung. Die landnehmenden Germanen stehen im 5. Jahrhundert noch zumeist in religiösem Gegensatz (Heiden, z.T. Arianer) zu den christianisierten, romanischen Stadtsiedlungen (bzw. deren Resten).
Die MATERIELLE KULTUR zeigt sehr unterschiedliche künstlerische Qualität; Spitzenleistungen finden sich in den großen Städten besonders der Narbonensis. Einen repräsentativen Eindruck von Zivilisation und Prunk der großen *vici* und Zentralorte bieten die noch erhaltenen Theater von Arausio, Vienna oder Augusta Raurica, Amphitheater von Nemausus, Arelate oder Aventicum, Tempel von Vienna oder Nemausus, Stadttore von Reims, Besançon oder Trier (Porta Nigra), Aquädukte (Pont-du-Gard), Brücken, Grabbauten (Iulierdenkmal von Glanum/Saint-Rémy oder Publiciusdenkmal von Köln) u. a.m. Die Zahl prächtiger Villen mit hervorragenden Mosaiken (wie z. B. Nennig) läßt sich nicht mehr schätzen. Unzählige, oft recht qualitätsvolle Weihdenkmäler, Statuen, Schmuck- und Gebrauchsgegenstände, Wandmalereien, Mosaiken befinden sich in Heiligtümern, Plätzen und privaten Anwesen – ein in den barbarischen Raubzügen nur langsam erschöpfter, breitgestreuter Wohlstand. In Germanien und Rätien ist zumeist das Heer der entscheidende Akkulturationsfaktor, im übrigen Gallien neben den Einwanderern (vor allem aus Italien) die einheimische Oberschicht; daher schließen hervorragende Werke oft unmittelbar an italische oder stadtrömische Vorbilder an. Das italische Kunstempfinden hat – regional verschieden intensiv – spätestens im 2. Jahrhundert feste Wurzeln gefaßt.

Im 5. Jahrhundert zieht Rom sich langsam aus Gallien zurück, nachdem das Alpenvorland schon 405 verlorengeht. Seit 406/409 verweilen Germanenscharen dauerhaft in Gallien.

418 Als erstes förmlich anerkanntes Germanenreich bildet sich das westgotische im weiteren Aquitanien (443 das der von den Hunnen 436 geschlagenen Burgunder in Savoyen).

442 Alanen werden im Territorium der „civitas Aurelianorum"/Orléans angesiedelt. Die aremorikanischen Bagauden tun es den Germanen nach (435–37; um 445).

Eine geregelte Reichsverwaltung wird in weiten Tei-
451 len der Prätorianerpräfektur unmöglich; trotz der siegreichen Abwehr der Hunnen auf den Katalauni-
454 schen Feldern zerfällt nach der Ermordung des Aëtius die Reichsgewalt in Gallien (gelegentlicher Widerstand des gallischen Adels, besonders Apollinaris Sidonius in der „civitas Arvernorum").

nach 470 Reich des Syagrius.

Die schon im 4. Jahrhundert nach Nordostgallien als Foederaten eingedrungenen Franken bilden unter ihrem König Childerich (†482) ein eigenständiges Reich. Während auch die administrative Ordnung der *civitates* zugrunde geht und sehr rudimentär nur in der Organisation der Kirche überdauert, wird die Kontinuität von Städten (im sozio-ökonomischen Sinne) und Adel nur in den Gebieten intensiver germanischer Landnahme gefährdet; wo sie abbricht, werden später oft die gallo-römischen Ruinenstädte zu neuen Siedlungszentren.

Abgesehen von der Narbonensis, ist die Bedeutung Galliens für das Römische Reich relativ gering, der Einfluß des Imperiums auf Gallien und Rätien jedoch enorm. Einerseits ist es ein Schutzglacis gegen die nördlichen Barbaren bis in das 5. Jahrhundert hinein, andererseits in herausragender Weise römisches Kulturland: Die zivilisatorische und sprachliche ROMANISIERUNG und deren durch die Urbanisierung ermöglichtes Fortwirken ins Mittelalter sowie die Christianisierung haben weltgeschichtlich höchst relevante Folgen.

Das Frankenreich (482–987)

Das fränkische Großreich ist das Ergebnis eines Bündnisses und bald auch der Verschmelzung des fränkischen Stammes mit der Gallien verwaltenden gallorömischen Aristokratie. Die Politik des Frankenkönigs Chlodwig und der Katalysator des (römisch-)katholischen Glaubens, dem sich die Franken im Unterschied zu anderen germanischen Erobervölkern von Anfang an zuwandten, werden die Voraussetzungen einer raschen Integration und politisch-sozialen Homogenisierung der gallorömischen wie der fränkischen Oberschichten. Die Franken sind schon seit Chlodwig niemals nur „Okkupanten“, die Machtstrukturen des Merowingerreiches vertiefen daher kaum jemals die Unterschiede der ethnischen Struktur, sondern treiben die Verschmelzung zu einer neuen politischen Einheit und zu einem „REICHSFRÄNKISCHEN BEWUSSTSEIN“ voran. Die Integration der fränkischen und gallorömisch-senatorischen Oberschicht vollzieht sich allerdings nicht glatt und reibungslos, denn letztere, die großgrundbesitzenden *possessores Romani*, haben in der Provence und in Gebieten südlich der Loire noch starke Machtpositionen inne, vor allem auch in der Form bischöflicher Stadtherrschaft. Man hat sogar von „Civitasrepubliken“ gesprochen, die nur lose der merowingischen Gesamtherrschaft integriert sind.
Die sogenannten „Säkularisationen“ Karl Martells am Beginn des 8. Jahrhunderts bieten dem karolingischen Hausmeier und seinen Nachkommen die Chance, Stück für Stück diese Herrschaftsstruktur abzubauen, teils durch geschickte Personalpolitik bei der Besetzung der Bistümer, teils durch militärische Mittel. Auf diese Weise entsteht seit Karl Martell und bis zum Tode Karls d. Gr. (814) die fränkische REICHSKIRCHE als das sicherste und effektivste Herrschaftsinstrument der Karolinger: Die Kirche wird seit den monastisch-kirchlichen Reformern Willibrord (†739), Bonifatius (†754) und Chrodegang von Metz (†766) sowohl innerlich erneuert als auch gleichzeitig für politisch-administrative Zwecke des Herrschers „instrumentalisiert“ und in ihren wirtschaftlichen und personellen Ressourcen sogar für militärische Aufgaben (Heeresfolgepflicht der Bischöfe und Reichsäbte) mobilisiert. Das Bündnis der Karolinger mit dem Papsttum und ebenso seit 800 die KAI-

SERWÜRDE sichern diesen Prozeß der durchgreifenden Reichsreform von päpstlicher Seite her ab und leiten gleichzeitig den Dualismus von weltlicher und geistlicher Gewalt ein, der für das gesamte europäische Mittelalter von entscheidender Bedeutung wird. Die Stabilisierung der karolingischen Herrschaft im Innern ermöglicht dann unter Karl d. Gr. (768–814) eine gewaltige EXPANSION des Reiches, die einerseits mit dem Sieg über das langobardische Italien, mit der Herrschaft über Papsttum und Kirchenstaat abgeschlossen wird und andererseits alle germanischen Völker zwischen den Pyrenäen und der Elbe vereint.

Damit tritt auch die sich formierende westslawische Völkerwelt in den Gesichtskreis des Karolingerreiches. Die Kirche und die seit Karl Martell (714–741) neu entstandene „FRÄNKISCHE REICHSARISTOKRATIE" sind die beiden Säulen, auf denen Verwaltung und Organisation des fränkischen Großreichs im wesentlichen beruhen.

Die alten merowingischen Rand-Dukate Aquitanien, Sachsen, Alamannien und Bayern werden erst unter Karl d. Gr. endgültig dem Frankenreich einverleibt und der Verwaltung durch fränkische Amtsträger aus den Reihen der Reichsaristokratie unterworfen; doch steht außer Zweifel, daß autochthone Adelsfamilien dabei berücksichtigt, in die Reihen der Reichsaristokratie aufgenommen werden und mit derselben verwandtschaftlich verschmelzen. Diese staatstragende Schicht, aus der seit dem 10. Jahrhundert in Frankreich das französische Fürstentum und in Deutschland die Träger der „jüngeren Stammesherzogtümer" hervorgehen, bewahrt auch in den karolingischen Bruderkriegen des 9. Jahrhunderts und während der jahrzehntelangen normannischen Invasion das Bewußtsein der politischen Einheit des Karolingerreiches.

Die Merowingerzeit (482–714)

482–511 KÖNIG CHLODWIG (Chlodowech = Ludwig, französisch: Clovis), Sohn des Königs der salischen Franken Childerich († 482), beseitigt die übrigen fränkischen Teilherrscher.

486 Chlodwig BESIEGT bei Soissons den römischen *dux* SYAGRIUS (Ende der noch nominell römischen Restherrschaft).

Um oder vor 500 Sieg über die Alamannen (Ort unbekannt). Das nördliche Alamannenland wird fränkisch besiedelt, das übrige (außer dem ostgotischen Teil) fränkisch beherrscht.

Chlodwig tritt nach der Schlacht zum (römisch-katholischen) Christentum über, was die Integration von Gallorömern und Franken wesentlich erleichtert.

500 Krieg gegen das Burgunderreich an der Rhône, Sieg über König Gundobad († 516) bei Dijon, der aber mit Unterstützung der Westgoten seine Herrschaft behält.

507 Mit burgundischer Hilfe bei Vouglé (Vouillé nördlich von Poitiers) Sieg über die Westgoten, deren König Alarich II. fällt. Ganz Aquitanien (zwischen Loire und Garonne) wird dem Frankenreich einverleibt.

511 Erstes fränkisches Nationalkonzil unter Chlodwig in Orléans; Beginn einer einheitlichen kirchlichen Gesetzgebung des Frankenreiches.

Chlodwig stirbt in seiner Residenz Paris. Seine vier Söhne Theuderich, Chlodomer, Childebert und Chlothar TEILEN DAS REICH als gleichberechtigte Herrscher, jeder als „*rex Francorum*"; Hofhaltungen in Reims, Orléans, Paris, Soissons; Theuderich als ältester erhält die Champagne mit Reims und den Osten; jeder bekommt einen Teil Aquitaniens.

523–524 Erfolgloser Krieg gegen das Burgunderreich.

531 Schlacht in der Nähe der Unstrut: Theuderich und Chlothar unterwerfen das Reich der Thüringer unter König Erminfried, der (534) ermordet wird.

Der Nordteil des Thüringerreichs bis zur Unstrut mit dem Harz kommt an die Sachsen. Die slawische Besiedlung kann sich jetzt bis zur Saale vorschieben. Das Maingebiet wird jetzt fränkisch besiedelt (Ost- oder Mainfranken).

532 Niederlage des letzten Burgunderkönigs Godomar bei Autun.

bis 534 Es folgt die fränkische Eroberung des Burgunderreichs.

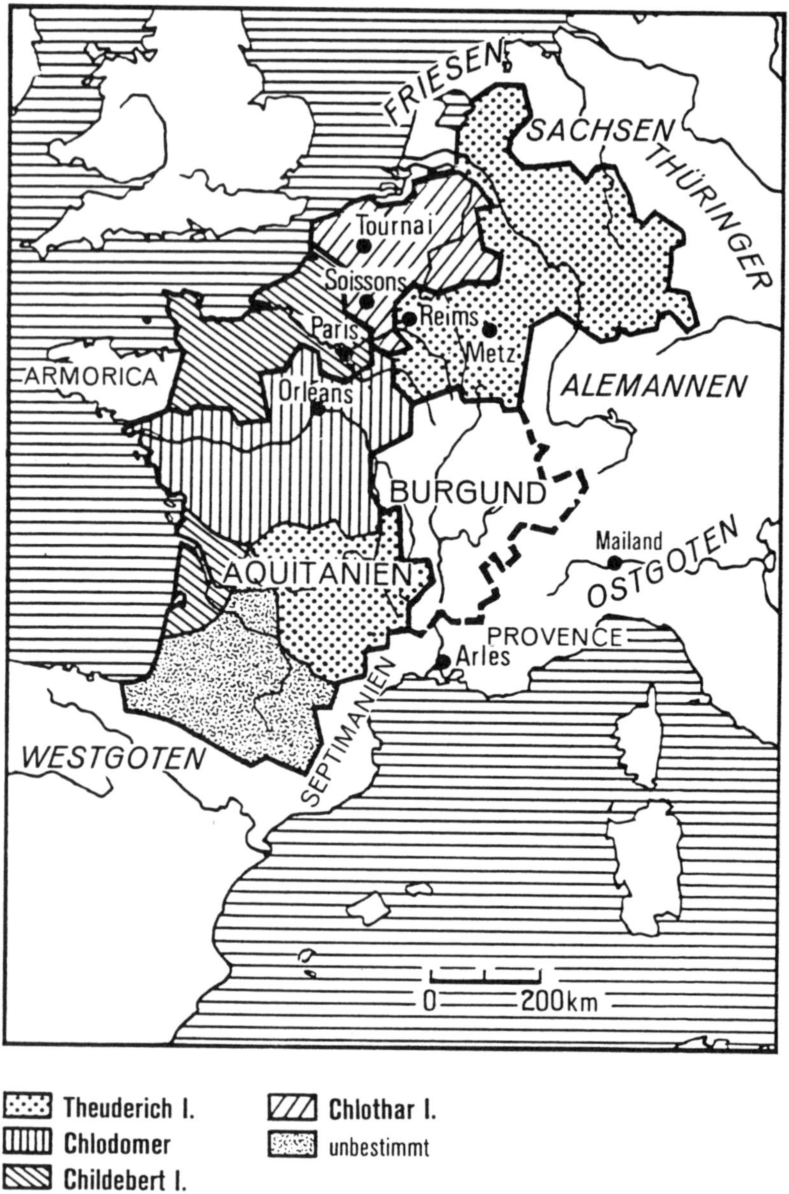

Abb. 3: Herrschaftsbereiche bei Chlodwigs Tod (511)

ab 534 Theuderichs Sohn, König Theudebert, regiert bis 547/548. Er läßt unter seinem eigenen Namen Goldmünzen prägen (bisher Vorrecht des Kaisers).

537 Der durch den Krieg gegen Byzanz in Anspruch genommene Ostgotenkönig Witichis tritt z.T. alamannisch besiedelte Gebiete in Rätien (in der Nordschweiz und am Rhein) und die Provence ab.

539 Theudebert besiegt Ostgoten und Byzantiner in Italien, erobert zeitweilig Venetien und einen Teil von Ligurien.

558–561 VEREINIGTES FRANKENREICH unter KÖNIG CHLOTHAR I. Nach Chlothars Tod wird das Reich unter vier, dann drei Söhne geteilt. Herausbildung der drei REICHSTEILE AUSTRIEN (oder Austrasien: Champagne, Maas- und Moselland mit den fränkisch beherrschten Stämmen, Hauptstadt: Reims, später Metz), NEUSTRIEN (der romanische Westen zwischen Schelde und Loire, Hauptstadt: Paris); BURGUND (oberes und mittleres Loire- und Rhônegebiet, Hauptstadt: Orléans, später Lyon und Chalon-sur-Saône). Aquitanien ist unter die Teilreiche aufgeteilt.

Die weitere Entwicklung wird bestimmt von dem doppelten Gegensatz zwischen Königtum und Großen sowie zwischen Neustrien und Austrien, wo sich unter Führung der Arnulfinger und Pippiniden eine starke Adelsopposition formiert, welche bis zuletzt die Interessen der merowingischen Gesamtherrschaft vertritt. Die westgotische Königstochter Brunhild veranlaßt ihren Gemahl, König Sigibert (von Austrien), zum Krieg gegen seinen Bruder Chilperich (von Neustrien), der Brunhilds (dann ermordete) Schwester verstoßen und seine frühere Geliebte Fredegunde geheiratet hat.

575 Sigibert wird ermordet.

584 Chilperich wird ermordet.

vor 590 Bischof Gregor von Tours schreibt seine Frankengeschichte, die wertvollste historische Quelle des 6. Jahrhunderts.

593 Die Reichsteile Burgund und Austrien werden miteinander vereinigt.

Ende des 6. Jh.s	Die Gascogne (zwischen Garonne und Pyrenäen, seit 568 z.T. von Basken besiedelt) kommt an das Frankenreich.
613	Abermalige Reichseinigung, König Chlothar II.; Brunhild wird gefangen und zu Tode gefoltert.
614	Das *Edictum Chlotharii*, in Paris als Kompromiß zwischen Königtum und Adel abgeschlossen, läßt die drei Teilreiche (Neustrien, Austrien, Burgund) unter der Verwaltung von Hausmeiern fortbestehen und festigt den Einfluß der Aristokratie.
623	Chlothar II. muß seinem Sohn Dagobert I. Austrien überlassen.
629	Chlothar II. stirbt.
629–639	KÖNIG DAGOBERT I., letzter tatkräftig regierender Merowinger (Paris), reorganisiert erfolgreich die fränkische Herrschaft östlich des Rheins.
631/32	Niederlage Dagoberts gegen den Franken Samo, der ein westslawisches Reich an der fränkischen Ostgrenze beherrscht.
633	Dagoberts dreijähriger Sohn Sigibert (III.) wird Unterkönig für Austrien (Hauptstadt Metz statt Reims): Reichseinheit kann nicht im bisherigen Umfang aufrechterhalten werden. Auch unter Dagoberts Nachkommen erfolgen Teilungen zwischen Neustrien-Burgund und Austrien unter zunehmendem Einfluß der Hausmeier, die in Neustrien-Burgund ihrerseits im Konflikt mit dem mächtigen Adel stehen.
nach 639	Nach Dagoberts Tod wird Grimoald, Sohn Pippins I. (†640), Hausmeier von Austrien; stärkere politische Rolle der Maasgegend.
656	Tod Sigiberts III., Grimoald setzt seinen eigenen Sohn auf den Königsthron, fällt aber der austrischen Adelsopposition zum Opfer.
662	Trotz zeitweiligem Verlust der Hausmeierstellung starker Einfluß der Pippiniden aufgrund großen Güterbesitzes. Schließlich Erblichkeit des Hausmeieramts in Austrien.
um 672	Aquitanien (zwischen Loire und Pyrenäen) wird unter eigenen Herzögen selbständig.
673	Der mächtige, mit den Pippiniden rivalisierende

	Hausmeier (seit 658) Ebroin von Neustrien-Burgund gestürzt.
673–675	Mit König Childerich II. regiert letztmalig ein Merowinger das Gesamtreich.
um 677 –680	Ebroin, erneut Hausmeier von Neustrien-Burgund, erstrebt die Herrschaft über das Gesamtreich, wird aber ermordet.
687	Pippin II. („der Mittlere"), Enkel Pippins I. („des Älteren"), besiegt bei Tertry den Hausmeier von Neustrien-Burgund, regiert fortan als Majordomus (Hausmeier) von seinen Stammlanden an Maas und Mosel aus das ganze Reich.
714	Pippin II. stirbt.

Grundstrukturen des Merowingerreichs

Bevölkerung: Anders als im Tolosanischen Westgotenreich und im ostgotischen Italien trägt die fränkische Herrschaft in Gallien keinen durch das *ius hospitalitatis* bzw. durch die *tertia* fixierten Okkupationscharakter, d. h. die gallorömischen Grundbesitzer verlieren nicht ein Drittel bzw. zwei Drittel ihres Besitzes und ihrer abhängigen Bevölkerung an die germanischen Eroberer. Zwischen Rhein und Loire läßt sich im 5. und 6. Jahrhundert eine starke Zunahme des fränkisch-germanischen Bevölkerungselements durch Siedlung nachweisen, wenn es auch kaum zu einer agrarischen Massenbesiedlung kommt. Die spätere deutsch-französische Sprachgrenze erweist sich als Ergebnis langwieriger ethnisch-sozialstruktureller Ausgleichsvorgänge bis ins Hochmittelalter hinein. Auch nördlich der Loire bleibt das galloromanische Element zahlenmäßig im Übergewicht. Vor allem das Umland der alten, nunmehr unter bischöflicher Stadtherrschaft stehenden *civitates* stellt sich nach siedlungsgeschichtlichen und archäologischen Befunden zumeist als intakte Insel der Romania dar, so in den kirchlichen und administrativen Zentren Trier, Metz, Verdun. Stärker noch als im frankisierten Nordosten bleibt südlich der Loire die alte ethnisch-politische wie die Besitzstruktur erhalten und damit die Macht und Herrschaft der gallorömischen Aristokratie, die mit dem politisch-administrativ ungemein aufgewerteten Bischofsamt eine zentrale Position im merowingischen Staatsaufbau behält und durch ihre Schriftkultur für die Verwaltung des Gesamtreichs rasch unentbehrlich wird.

KULTUR: Die römisch-katholische Christianisierung der Franken verhindert politisch-religiöse Konfrontationen mit den Romanen, wie sie in den anderen Germanenreichen auf römischem Boden gang und gäbe sind, und befördert die Entstehung eines frühen gesamtfränkischen Bewußtseins, wie es sich im Geschichtswerk Gregors von Tours (vor 590) manifestiert. Das mittelmeerische Mönchtum wirkt von Lérins (Iles de Lérins bei Cannes), Marseille, Burgund, der Touraine und Aquitanien aus als neue geistige Kraft auch auf die fränkische Bevölkerung, besonders auf das Königtum, ein und fördert seinerseits die kulturelle Integration.

Neben dem Christentum übernehmen die Franken auch eine Reihe wichtiger Kulturgüter, so etwa die Schrift, den Steinbau und Elemente der spätantiken Kunst, die sich mit germanischer Tradition im 6./7. Jahrhundert zu einem neuartigen, merowingischen Reichsstil verbinden. Ebenso eignen sich die Franken die weiterlebenden, rudimentären Traditionen römischer Rechts-, Steuer- und Verwaltungspraxis an. Schließlich übernehmen sie auch die Sprache, und zwar in doppelter Weise, nämlich die spätlateinische Volkssprache Galliens, die sich als „Latein in reichsfränkischem Munde“ zum Altfranzösischen entwickelt, ebenso aber auch das geschriebene Latein, das als lebendige Kirchen- und Gelehrtensprache für das gesamte Mittelalter wichtig wird. Der sprachlichen Romanisierung der Franken steht die geistig-staatsideologische Frankisierung der Galloromanen zumindest bis zur Kulturscheide der Loire gegenüber. (Aquitanien-Septimanien hat bis weit in die Karolingerzeit hinein und darüber hinaus seine eigene politisch-kulturelle Physiognomie bewahrt, ebenso die Provence.)

FRÄNKISCH-ROMANISCHE INTEGRATION: Entscheidend und prägend ist ein neues reichsfränkisches „Staatsbewußtsein“. Die Franken werden im Westen rasch, im Osten langsamer romanisiert, geben aber dem Kernland ihrer Reichsbildung den Namen: Francia (gewöhnlich auf das Land nördlich der Loire beschränkt). Frankisierung insgesamt ist vor allem Ausbreitung der politischen Herrschaft, teilweise Ausbreitung fränkischen Rechtes und fränkischer Siedlung sowie Entwicklung einer neuen Agrarverfassung mit der fränkischen Grundherrschaft. Frankisierung ist aber zugleich Rezeption und Assimilierung der vorgefundenen galloromischen, christlich-spätantiken Zivilisation. In Ergänzung früherer Auffassungen, wonach die Hauptakzente der fränkischen Epoche bei der Reichsgründung Chlodwigs (482–511) und beim Übergang der Herrschaft von den Merowingern an die Karolinger im 8. Jahrhundert zu setzen seien, wird man neuerdings der ersten Hälfte des 7. Jahrhunderts dieselbe Bedeutung für die Gesamtentwicklung beimessen können. In diesem Zeitraum vollzieht sich die gesellschaftliche und politische Integration der aus Franken, Burgundern und Romanen gebildeten Führungsspflichten im *regnum Francorum.*

Ort dieser politisch so wichtigen Verschmelzung sind, neben den rudimentären Zentralverwaltungsorganen in den Königsresidenzen Paris, Metz, Soissons, Orléans, Autun etc., vor allem die zahlreichen neuen Königs- und Adelsabteien des 7. Jahrhunderts, allen voran das um 590 am Westrand der Vogesen entstandene irofränkische Musterkloster Luxeuil und seine vielen Tochtergründungen sowie die Hofkreise um Chlothar II. († 629) und Dagobert I. (629–639), die als Stifter, Äbte und fördernde Bischöfe maßgeblich an der Aufwärtsentwicklung des fränkischen Klosterwesens Anteil haben. Durch die in Luxeuil geknüpfte enge Verbindung mit dem reichsfränkischen Adel gewinnt das Mönchtum weitreichende Wirkungsmöglichkeiten, dringt, oft an führender Stelle, in die von Franken neubesiedelten oder politisch neu erschlossenen Räume im Norden und Osten vor und nimmt aktiv an der Urbarmachung weiter Sumpf- und Waldgebiete in Belgien, den Ardennen und Vogesen teil. Die Klöster haben sich nun meist aus dem Bannkreis städtischer Zivilisation entfernt, das Mönchtum insgesamt breitet sich im Gefolge der Ostexpansion des Frankenreiches weiter aus, erreicht und überschreitet noch im 7. Jahrhundert den Rhein und gewinnt durch den schrittweisen Sieg der Benediktinerregel über die älteren, orientalischen und irischen Klosterordnungen an innerer Kraft und organisatorischer Straffheit. Gleichzeitig überformt diese neue, irofränkische Klosterkultur das ältere, südgallische Mönchtum der Provence und Aquitaniens.

Die Verschmelzung von Oberschichten fränkischer und burgundischer, alamannischer und bajuwarischer Herkunft mit der galloromischen Führungs- und Bildungsschicht, die vornehmlich im Wirkungsbereich der irofränkischen Klosterkultur stattfindet, geht Hand in Hand mit einer Verchristlichung des reichsfränkischen Adels. Gleichzeitig dringt die fränkisch-burgundische Oberschicht, vielfach über den monastischen Bildungsweg, in den merowingischen Episkopat ein, der bis zum 6. Jahrhundert eine Art Reservat der gallorömischen Aristokratie gewesen ist.

RECHT: Aus Personalverbandsbezeichnungen werden geographisch-politische Begriffe, die *Romani* verschwinden in den Quellen nicht nur der Francia, sondern auch der Burgundia. Die sogenannten germanischen Stammesrechte des Frankenreiches (*Lex Salica* – vielleicht schon zwischen 508 und 511 –, *Pactus* und *Lex Alamannorum, Lex Baiuvariorum, Lex Ribuaria* etc.) sind als königliche Rechtskodifikationen erlassen und, wie die *Lex Baiuvariorum*, in mehreren Zeitstufen zwischen dem 6. und 8. Jahrhundert entstanden. In ihnen verbinden sich germanische Rechtstraditionen mit Normen des spätrömischen Vulgarrechts. Umstritten ist freilich, inwiefern in diesen Rechtsaufzeichnungen tatsächlich die gesellschaftliche Wirklichkeit und Verfassungsstruktur des Frankenreichs aufscheinen.

VERFASSUNG: Ob das Frankenreich eine durchgehende, auf den König bezogene Verwaltungsorganisation in Form einer gleichmäßig ausgebildeten Grafschaftsverfassung besitzt oder ob das Grafenamt neben allgemeiner Interessenwahrung für den König (z.B. beim Heeresaufgebot) vor allem der Verwaltung des Königsguts dient, ist umstritten. Ebenso herrscht Unklarheit über die Standesqualität der in den Quellen auftauchenden *liberi* (= Freien), doch handelt es sich dabei weder um germanische „Gemeinfreie“ im Sinne der älteren Rechtsgeschichte noch ausschließlich um die vom König mit Sonderstatus versehenen, auf Königsgut sitzenden und mit militärisch-administrativen Spezialaufgaben betreuten „Königsfreien“. Da der Begriff des „Freien“ sehr differenziert ist, vermag man auch nicht exakt zu sagen, welcher Teil der Gesamtbevölkerung damals zum Kriegsdienst verpflichtet ist (Heerbann). Der umfangreiche, an die Kirche geschenkte Grundbesitz mit Hintersassen erlangt allmählich Immunität und wird dadurch dem Eingriff der königlichen Beamten entzogen. Fraglich ist, ob die aus den Rechtsquellen erschlossenen Verfassungs- und Standesverhältnisse auch für die Räume der intakt gebliebenen Stadtkultur südlich der Loire Bedeutung haben, in denen der großgrundbesitzende gallorömische Adel mit der Bischofsherrschaft und dem rudimentär auftretenden Grafenamt nach wie vor die *civitates* und ihr Umland beherrscht.

Als königliche Hofämter finden sich bereits im Merowingerreich Marschall, Schenk und Kämmerer; die *schola palatii*, aus der die

referendarii hervorgingen, ist Ausbildungsstätte junger Adliger für zentrale Verwaltungsaufgaben am Hofe, gleichzeitig Königskanzlei. Der Majordomus (Hausmeier), ursprünglich lediglich Vorsteher der königlichen Hofhaltung, wird zum Führer der Antrustionen, der berittenen königlichen Gefolgschaft, ebenso zum Leiter merowingischer Domänenverwaltung. Schließlich steigt er in den Kämpfen der Teilreiche am Ende des 6. Jahrhunderts zum Anführer des Adels im jeweiligen Reichsteil auf. Auch nach der Wiedervereinigung des Frankenreichs unter Chlothar II. und Dagobert I. (613–623 bzw. 629–633) behalten Neustrien, Austrien und Burgund ihre Hausmeier; mit dem Erblichwerden des Hausmeieramtes in Austrien unter den Arnulfingern bzw. Pippiniden beginnt der bedeutsame Aufstieg der Karolinger und ihrer adligen Mitstreiter im Maas-Mosel-Raum (= karolingische Reichsaristokratie).
Wenn auch im Merowingerreich feste Königsresidenzen vorhanden sind (Paris, Soissons, Reims, Metz, Autun, Orléans), spielen dennoch die Pfalzen als Zentren der Königsgutsverwaltung für das Reisekönigtum dieser Epoche eine ebenso wichtige Rolle; desgleichen haben Bischofsstädte und große Abteien als zeitweilige Aufenthaltsorte des fränkischen Herrschers vielfach Pfalzcharakter.

Die Karolingerzeit (714–843)

714–741 Hausmeier Karl Martell (Hammer), Sohn Pippins II. aus einer Friedelehe; er hat sich die Stellung als Majordomus gegen die Neustrier und Pippins Witwe Plektrudis erkämpft.

732 Zwischen Tours und Poitiers siegt Karl über Abd ar-Rachman, den Statthalter des Kalifen in Spanien. Burgund wird wieder stärker ans Reich gebunden.

ab 737 Karl regiert ohne (Merowinger-)König.

741 Vor seinem Tod teilt er das Reich unter seine Söhne Karlmann, der den Osten, und Pippin III., „den Jüngeren“ (†768), der den Westen bekommt.

743 Wegen des Widerstands der merowingischen Großdukate gegen den Aufstieg der karolingischen Hausmeier zur Gesamtherrschaft wird noch einmal ein merowingischer Schattenkönig (Childerich III.) eingesetzt.

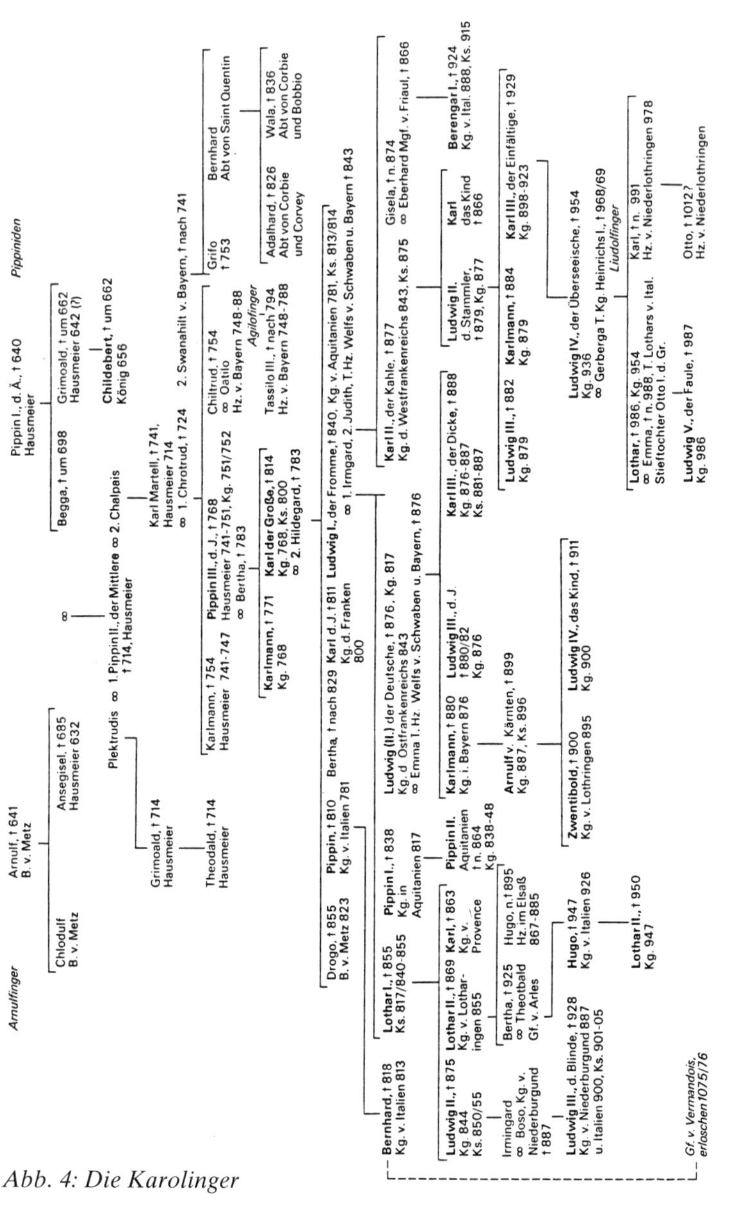

Abb. 4: Die Karolinger

746 Die alamannische Adelsopposition wird im Gerichtstag von Cannstatt niedergeworfen.

747 Karlmann geht ins Kloster (später nach Monte Cassino); es beginnt die Alleinherrschaft Pippins d. J.

751/52 –768 Nach erfolgreichen Verhandlungen mit Papst Zacharias wird Pippin der Jüngere in Soissons von einer Reichsversammlung zum König erhoben und vom Legaten Bonifatius gesalbt; die geistliche Salbung soll das fehlende Geblütsrecht ersetzen. Childerich muß ins Kloster. König Pippin I. regiert bis 768.

754 Papst Stephan II., der Unterstützung gegen den Langobardenkönig Aistulf erbittet, erhält von Pippin ein Schutzversprechen, salbt ihn in Saint-Denis neuerlich, überträgt ihm und seinen Söhnen die Würde eines „*patricius Romanorum*“ (ohne Amtsbefugnis, aber von den Franken als Auftrag zur Schutzherrschaft über Rom und das Papsttum aufgefaßt). In der Pippinischen Schenkung gibt der König dem Papst territoriale Zusagen in Italien.

754, 756 Zwei Langobardenfeldzüge; Pippin veranlaßt Aistulf zur Wiederanerkennung der fränkischen Oberhoheit, zur Herausgabe des Exarchats und der Pentapolis an den Papst (zusammen mit dem Dukat von Rom Grundlage der Herausbildung des Kirchenstaats).

757 Herzog Tassilo III. von Bayern huldigt Pippin als Vasall.

759 Mit der Einnahme von Narbonne wird die 752 begonnene Eroberung des bisher arabischen (vorher westgotischen) Septimanien (Gotien) vollendet.

760–768 Feldzüge gegen Aquitanien enden mit der Ermordung des letzten Herzogs Waifar; Ende des Herzogtums, Eingliederung Aquitaniens ins fränkische Reich.

763 Herzog Tassilo III. von Bayern verläßt auf dem Feldzug gegen Aquitanien das Heer Pippins *(„harisliz“)* und regiert in relativer Unabhängigkeit (bis 781).

768–814 Karl I., d. Gr. (*742?), Sohn König Pippins, regiert anfangs zusammen mit seinem Bruder Karlmann, der über den Süden (von Alamannien bis Septimanien) herrscht.

771 Karlmann stirbt, Karl wird Alleinherrscher.

772 Beginn der SACHSENKRIEGE: Zug gegen die Engern, Eroberung der Eresburg (Aeresburgum) an der Diemel; die Irminsul, ein Kultgegenstand (Holzstamm), wird zerstört.

773/774 Eroberung des LANGOBARDENREICHS. Um den vom Langobardenkönig Desiderius angegriffenen Papst Hadrian I. zu unterstützen, zieht Karl über die Alpen, erreicht nach langer Belagerung die Übergabe Pavias, zwingt Desiderius zum Eintritt ins Kloster und erneuert in Rom als *„protector ac defensor"* das Schenkungsversprechen seines Vaters Pippin an die Kirche, vereinigt als *„rex Francorum et Langobardorum"* das Langobardische Reich mit dem Fränkischen.

775–780 Sachsenkrieg, Eroberung der Sigiburg (Hohensyburg) an der Ruhr und mehrfache Wiederherstellung der von Sachsen zerstörten Eresburg (wohl im heutigen Obermarsberg).

777 Reichstag in Paderborn.

778 Auf Aufforderung des Emirs von Barcelona (der sich gegen den omaijadischen Emir von Córdoba erhoben hat) unternimmt Karl einen SPANIENFELDZUG: Eroberung von Pamplona, aber vergebliche Belagerung von Zaragoza und Niederlage durch die Waskonen (Basken oder Gascogner) im Tal Roncesvalles (nordöstlich Pamplonas); Hruodland (Roland), Graf der Bretonischen Mark, fällt *(Chanson de Roland)*; dadurch Verlust der spanischen Eroberungen.

779/780 In Sachsen wird der AUFSTAND des Westfalen WIDUKIND durch neue Feldzüge niedergeworfen.

781 Karl bestätigt in Rom Papst Hadrian I. das Exarchat und die Pentapolis; der fränkische Schutz wird immer mehr zur Herrschaft. – In Worms erneute Anerkennung des Vasallitätsverhältnisses zum Frankenreich durch Herzog Tassilo von Bayern.
Karls Söhne Ludwig und Pippin werden Unterkönige von Aquitanien bzw. Italien.

782 Einführung der Grafschaftsverfassung in Sachsen, Karl ernennt sächsische Adlige zu Grafen. Aufstand unter Widukind gegen die Frankenherrschaft, Ver-

nichtung eines fränkischen Heeres am Süntel. Widukind flieht zu den Dänen; fränkisches STRAFGERICHT von Verden an der Aller.

783–785 Neuer Aufstand, Niederlagen der Sachsen bei Detmold und an der Hase. Kriegszüge Karls bis zur Elbe.

785 Widukind wird getauft.

787 Feldzug gegen Herzog Arichis von Benevent (Schwiegersohn des Langobarden Desiderius), der nun zeitweilig die fränkische Oberhoheit anerkennt.

um 788 Das (byzantinische) Istrien fällt unter fränkische Herrschaft.

788 Herzog Tassilo von BAYERN (Schwiegersohn des Desiderius), der noch 787 seine Vasallität bekräftigt, bald darauf aber erneut verletzt hat, wird auf einer Reichsversammlung in Ingelheim abgesetzt und mit seiner Familie in Klöster verbannt: Ende des letzten Stammesherzogtums.

789 Feldzug bis an die Peene gegen die in Brandenburg und Vorpommern siedelnden slawischen Wilzen, die mit den (mit Karl verbündeten) Abodriten (in Mecklenburg) verfeindet sind.

790 Die auf Karls Veranlassung wohl von Theodulf von Orléans verfaßten *Libri Carolini* lehnen die (von Papst Hadrian I. gebilligten) Beschlüsse des 2. Konzils von Nikaia (787) zugunsten der Bilderverehrung ab und erheben den Führungsanspruch des Frankenreichs in der Gesamtkirche.

791 Von Regensburg donauabwärts und von Italien ausgehender Feldzug gegen die Awaren bis an die Raab.

792–799 Unter Mitwirkung der Abodriten werden Kämpfe gegen aufständische Sachsen, v. a. Nordalbinger, geführt: Umsiedlung zahlreicher Sachsen in andere Reichsgebiete.

793 Niederlage des Grafen Wilhelm von Toulouse gegen die Sarazenen am Orbieu.

794 Die Frankfurter Synode unter Karls Vorsitz verurteilt die Beschlüsse des Konzils von Nikaia (787).

795–796 Erfolgreiche Feldzüge des Markgrafen Erich von Friaul und Karls Sohn König Pippin von Italien gegen die Awaren, deren „Ring“ (Hauptlager, zwischen

Donau und Theiß; Erbeutung ungeheurer Schätze) erobert wird. Die von den Awaren eroberten, bayrisch besiedelten Gebiete östlich der Enns fallen ans Reich zurück (bayrische Ostmark).

797 Das *Capitulare Saxonicum*, unter sächsischer Mitwirkung erlassen, soll der Befriedung des eroberten Sachsen dienen.

seit 797 (Aus arabischen Quellen nicht belegte) zeitweilige gesandtschaftliche Verbindung mit dem abbasidischen Kalifen Harun ar-Raschid.

798 Die Nordalbinger werden von den (mit Karl verbündeten) Abodriten an der Schwentine geschlagen.
Das Bistum Salzburg wird als Haupt der bayrischen Kirchenprovinz Erzbistum; erster Metropolit Karls Freund Arn.

799 Der von einer Gegenpartei vertriebene Papst Leo III. flieht zu Karl nach Paderborn.

800 Karl zieht nach Rom.

25. Dez. KAISERKRÖNUNG KARLS D. GR. in der Peterskirche durch Papst Leo III. (gleichzeitig Königskrönung von Karls gleichnamigem Sohn). Byzanz betrachtet die Erhebung zum Kaiser als Usurpation. Karl erhält als Rechtsnachfolger des byzantinischen Kaisers auch förmlich die Hoheit über den Kirchenstaat. Die Krönung Karls ist nicht mit einer Salbung verbunden, entbehrt also des sakramentalen Charakters. Durch den Vorgang in der Peterskirche wird die bereits kaisergleiche Stellung Karls durch den Kaisertitel förmlich anerkannt. Kaisersiegel Karls mit der Umschrift „*Renovatio Romani Imperii*“ (nämlich Konstantins).

803 Fränkische Eroberung von Barcelona. – Beginn des Kriegs mit Byzanz.

804 Letzter Sachsenfeldzug. Nordalbingien wird den Abodriten überlassen.

805/06 Feldzüge nach Böhmen, das tributpflichtig wird.

806 König Karl, des Kaisers Sohn, unterwirft die Sorben zwischen Elbe und Saale. – Venedig und Dalmatien huldigen dem Kaiser. – Erbfolgeordnung von Diedenhofen: Die Gebiete der Unterkönige Ludwig (Aquitanien) und Pippin (Italien) werden erweitert,

dem ältesten Sohn Karl wird der Kern des Reichs mit der Francia zugesprochen.

808 Der mit den slawischen Wilzen verbündete Dänenkönig Göttrik (Gottfried) überfällt die Abodriten in Nordalbingien; ein Dänenzug des Königs Karl bleibt ohne Erfolg.

810 Anlage einer gegen Gottrik gerichteten Burg an der Stör (nahe Itzehoe). Friesland wird von einer dänischen Flotte geplündert und teilweise tributpflichtig gemacht. Ermordung Göttriks.

811 Friedensschluß mit Göttriks Nachfolger Hemming auf der Grundlage der Eidergrenze. – Fränkische Eroberung von Tortosa. – Der venezianische Doge verlegt seinen Sitz nach dem Rialto; rascher Aufschwung Venedigs.

812 Der byzantinische Kaiser Michael I. erkennt im VERTRAG VON AACHEN gegen fränkischen Verzicht auf Venedig und das dalmatinische Küstenland die Kaiserwürde Karls an. Ihrerseits erweitern die byzantinischen Kaiser den Titel Basileus durch den Zusatz „*ton Rhomaion*". (Karls Nachfolger Ludwig der Fromme und die späteren Kaiser bis zu Otto II. [†983] nennen sich nur „*imperator augustus*" ohne Beziehung auf Rom im Titel.)

813 Karl krönt in Aachen seinen Sohn Ludwig zum Mitkaiser und designiert ihn so zum Nachfolger im ungeteilten König- und Kaisertum.

814 Karl d. Gr. stirbt in Aachen (begraben in dem von ihm erbauten Münster).

814–840 KAISER LUDWIG DER FROMME.

816 Ludwig wird von Papst Stephan IV. in Reims nochmals gekrönt (sog. Festkrönung).

816/17 Klosterreform auf Betreiben des Goten Benedikt (Witiza) von Aniane (†821; Oberaufseher aller Klöster).

817 *Ordinatio imperii*: Ludwigs ältester Sohn Lothar (†855), Mitkaiser und präsumtiver Nachfolger, wird von Ludwig gekrönt. Ludwigs jüngere Söhne Pippin und Ludwig der Deutsche werden Unterkönige über Aquitanien bzw. Bayern.

824 *Constitutio Romana* (Regelung der kaiserlichen Rechte im Kirchenstaat): Gerichtsaufsicht durch ständigen kaiserlichen *missus*, Treueid des neugewählten Papstes vor der Weihe.

826 Der dänische Thronprätendent Harald in Mainz getauft. Als sein Begleiter geht Ansgar, der „Apostel des Nordens", nach Dänemark, missioniert dort (827) und in Schweden (830/31).

829 Ludwig gesteht dem von seiner zweiten, welfischen Gemahlin Judith geborenen Sohn Karl („dem Kahlen") einen neu gebildeten Dukat aus Alamannien, Rätien, Elsaß zu.

830 Mit einer EMPÖRUNG DER DREI ÄLTEREN SÖHNE, Lothar, Pippin und Ludwig, die formell die Wiederherstellung der *Ordinatio* von 817 zum Ziele hat, beginnt ein langandauernder, wechselvoller Machtkampf, der die Gesamtreichsidee nachhaltig schwächt.

831 Errichtung des Erzbistums Hamburg (für die Missionierung Nordeuropas), erster Erzbischof Ansgar (ab 832, †865)); 864 Verlegung nach Bremen.
Erbteilung unter Lothar, Pippin, Ludwig und Karl.

833 Die zweite Empörung der älteren Söhne, als der Vater die Erbteilung von 831 beiseite schiebt, endet auf dem „LÜGENFELD" BEI COLMAR, wo Papst Gregor IV. und andere geistliche Verfechter der Reichseinheit Lothar unterstützen, das Heer Ludwigs des Frommen zu seinen Söhnen übergeht, der alte Kaiser gefangen wird und als abgesetzt gilt.

834 Wiedereinsetzung Kaiser Ludwigs durch seine Söhne Pippin und Ludwig wegen der wachsenden Macht Lothars, der sich schließlich unterwerfen muß, aber Italien behält.
Die Normannen plündern im Loiregebiet (Noirmoutier) und in Friesland.

838 Tod von Ludwigs des Frommen Sohn Pippin. – Neue REICHSTEILUNG zwischen Karl dem Kahlen und Lothar, gegen die sich Ludwig der Deutsche empört.

840 Kaiser Ludwig der Fromme stirbt bei Ingelheim. Krieg Ludwigs des Deutschen und Karls des Kahlen

gegen Lothar, der aufgrund der *Ordinatio* von 817 die volle Kaisergewalt beansprucht.

841 Niederlage Lothars bei Fontenay (südwestlich von Auxerre).

842 STRASSBURGER EIDE: Feierliche Bekräftigung des Bündnisses von Ludwig und Karl vor ihren Heeren zu Straßburg (wichtige Sprachdenkmäler des Altfranzösischen und Althochdeutschen).

843 VERTRAG VON VERDUN: Teilung des Reichs unter die drei Brüder Kaiser Lothar I., Ludwig den Deutschen und Karl den Kahlen.

GRUNDSTRUKTUREN DES KAROLINGERREICHS

DIE VERFASSUNG

KÖNIGTUM UND REGIERUNG: Als sich die Karolinger anschicken, dem Königtum seinen früheren Platz zurückzuerobern, stehen sie in den rechtsrheinischen Gebieten, wo die römischen Einrichtungen fehlen und der Adel das Heft in der Hand hält, vor einer fast unlösbaren Aufgabe. Durch ihre riesigen Haus- und Krongüter, großenteils Besitz der ausgeschalteten alamannischen und bayrischen Herzogsfamilien, und durch planmäßige Staatskolonisation (z. B. im heutigen Franken) gelingt es den Karolingern, gegen die Adelsherrschaften, in denen der König keine Gewalt hat, ein Gegengewicht zu schaffen. Diese Adelsherrschaften erscheinen mit dem Durchdringen der karolingischen Verwaltungsorganisation als von königlicher Gewalt freie *immunitates* (Immunitäten, vergleichbar denen der Kirchengüter), doch beruhen sie nicht oder erst nachträglich auf königlicher Privilegierung, sind vielmehr autogene Gebilde. Die königlichen Beamten sind aus diesen Gebieten ausgeschlossen, in denen den Herren die Gerichtsbarkeit zusteht. Mit dem Instrument der seit König Pippin (751/52–768) und Karl d. Gr. (768–814) entstandenen „Hofkapelle" schaffen sich die Karolinger ein, wenn auch rudimentäres, Zentralverwaltungsorgan, mit dem sowohl die Reichskirche beherrscht wie auch die Grafschaftsverwaltung und die Institution der *missi dominici* (Königsboten, bevollmächtigte Abgesandte zur unmittelbaren Wahrung königlicher Gewalt) gelenkt werden.

ADEL, HERRSCHAFT, VERWALTUNG: Die Herzogtümer werden beseitigt. Anstelle der Herzöge übernehmen Grafen aus den Reihen der

karolingischen Reichsaristokratie die Regierungsgewalt. Die Grafschaftsverfassung wird weiter ausgedehnt. Doch hat sie niemals, besonders nicht im germanischen Norden und Osten, das ganze Reich mit einem geschlossenen Verwaltungsnetz überzogen. Grafschaft und germanischer Gau *(pagus)* decken sich häufig nicht.
Eine urgermanische Hundertschaft hat es nie gegeben. Der *centenarius* ist im rechtsrheinischen Deutschland ein aus der militärischen Organisation hervorgegangener Königsbeamter und Gehilfe des Grafen. Er ist etwa seit 750 in Alamannien, Bayern, Sachsen und besonders Ostfranken nachweisbar, doch scheinen *centenae* als Unterbezirke der Grafschaft nur in Ostfranken bestanden zu haben.
In spätkarolingischer Zeit beginnt eine rückläufige Bewegung: Grafschaften und Zentenen werden feudalisiert und allodialisiert (Tendenz zur Umwandlung in erbliche Lehen bzw. erblichen Privatbesitz), die fränkischen Königsbeamten verschmelzen mit dem eingesessenen Adel. Sie üben ihre Ämter zu eigenem Recht aus, das von ihnen verwaltete Königsland fällt der Adelsherrschaft anheim. Mit Hilfe der gräflichen Amtsgewalt steigen einzelne Adelsfamilien (Luitpoldinger, Bertholde, Unruochinger) zur Führung der sog. „jüngeren Stammesherzogtümer" im 10. Jahrhundert auf.
Zum Grenzschutz sind die Marken (z.B. Bretonische, Awarische, Friaulische) eingerichtet, in denen mehrere Grafschaften unter dem Befehl eines dieser Grafen, der Markgraf, *dux* usw. betitelt wird, vereinigt sind. Das Amt der Königsboten (*missi dominici*, seit spätmerowingischer Zeit) erlebt seinen Höhepunkt unter Karl d.Gr. (768–814); sie werden jährlich zur Beaufsichtigung der örtlichen Beamten und Bischöfe entsandt. Die geistlichen und weltlichen Großen werden im Frühjahr und Herbst zu Hoftagen *(conventus)* versammelt. Es erwächst eine in den verschiedenen Reichsteilen begüterte Reichsaristokratie meist fränkischen, daneben alamannischen, bayrischen und sächsischen Stammes, die, solange es möglich ist (neben dem hohen Klerus, der ebenfalls fast durchwegs der Reichsaristokratie entstammt), für die Einheit des Reichs wirkt und im 9. Jahrhundert die maßgebende Rolle spielt.
Recht: Die Gerichtsversammlungen werden als „echte" (= regelmäßige) Dinge vom Grafen gehalten. Als (je nach Bedarf) „gebotene" Dinge hält sie der *centenarius* oder *iudex* ab. Karl d.Gr. beschränkt die Zahl der echten Dinge, zu deren Besuch die ganze Gerichtsgemeinde verpflichtet ist, auf jährlich drei, um die Last

der Gerichtsfolge zu erleichtern. Urteiler sind fortan die Schöffen anstelle der gesamten Versammlung. Diese Gerichtsreform ist bei Sachsen und Oberdeutschen nicht durchgedrungen. Karl läßt, soweit noch nicht geschehen, die Volksrechte aufzeichnen, z. B. die *lex Saxonum.* Umfassende Gesetzgebung durch *Capitularia*, schriftlich ergangene Gesetze, die die alten Volksrechte ergänzen und neues Reichs- oder Landesrecht setzen; fraglich bleibt jedoch die praktische Wirksamkeit der *Capitularia.*

Die Gesellschaft

Neben dem Herrscher und der ihn stützenden, teilweise mit ihm versippten Reichsaristokratie, der Reichsverwaltung durch Grafen und der Hofkapelle sind die wichtigsten Strukturelemente der karolingischen Gesellschaft die Grundherrschaft, das Lehnswesen und die Reichskirche, letztere als Adels- und Mönchskirche mit staatlichen Funktionen in der Reichsverwaltung und in der Mission östlich des Rheins wohl die stärkste Stütze der karolingischen Herrschaft.

Die Grundherrschaft im Sinne einer Zusammenfassung politischer, rechtlicher und wirtschaftlicher Funktionen stellt eine das gesamte Mittelalter bestimmende, neue Organisationsform dar. König und Adel entwickeln die Grundherrschaft und ihre Fronhofsverfassung (Abhängigkeitsverhältnis der – vom Grundherrn zu Lehen ausgegebenen – Bauerngüter und Ländereien des Fronhofsverbands zum Fronhof) sowohl in jenen Gebieten, in denen noch römische Einrichtungen bestehen, als auch außerhalb derselben in Austrien und rechts des Rheins. Die weltliche und geistliche Grundherrschaft entsteht aus der Hausherrschaft über alle zum Haus gehörigen Personen samt den Knechten (Leibherrschaft), aus der Schutzherrschaft über Gefolgsleute und aus der Inbesitznahme von Grund und Boden, der an freie und unfreie Bauern zur Leihe gegeben wird.

Es handelt sich also um Herrschaft über Land und Leute, die sich von der Latifundienwirtschaft der Antike in mehrfacher Hinsicht unterscheidet. Erstens ist sie in einer überwiegend naturalwirtschaftlichen Epoche nicht ein rentebringendes (Einkünfte abwerfendes) Besitztum neben anderen, sondern die einzige Grundlage der Adels- und Königsherrschaft schlechthin. (Nur die aus der Spätantike stammenden Bischofsstädte links des Rheins und vor allem die im System der mittelmeerischen Stadtkulturen verbleibenden Gebiete südlich der Loire bewahren eine eigene, ältere Sozialstruktur.) Ferner leben die Grundherren, vornehmlich die Adligen, auf ihren Herrenhöfen. Auch die königlichen Pfalzorte (Ingelheim, Worms, Nimwegen, Heristal, Diedenhofen, Attigny usw.) sind Mittelpunkte grundherrschaftlich organisierten Reichsguts; der Herrscher besucht sie reihum und verzehrt mit seinem Gefolge die dort angesammelten Nahrungsmittelvorräte; erst in der Spätzeit Karls d. Gr. entwickelt sich die Aachener Pfalz zu einer Art Dauerresidenz.

Große Teile der adligen Grundherrschaften sind nicht ererbtes Eigengut (Allod), sondern Lehen des Herrschers aus Königsgut oder Kirchenbesitz (z. B. den Säkularisationen Karl Martells). Soweit das Land nicht in Eigenbetrieben bewirtschaftet wird (Herrenhof, Fronhof, *villa*), ist es zur Erbleihe ausgegeben. Der Bauer, der eine Hufe *(mansus)*, die übliche Einheit, die ihm die Existenz sichert, in Erbleihe besitzt, zahlt keinen Pachtzins, sondern erbringt Leistungen (Arbeitsleistungen und Naturalabgaben; er ist „Grundholde“, der dem Grundherrn zu „Rat und Hilfe“ verpflichtet bleibt, wie dieser ihm zu „Schutz und Schirm“). Der Eigenbetrieb des Herrn wird meist von einem Verwalter geleitet, der in der Regel ein Unfreier ist. Auf dem Hof arbeiten Knechte und Mägde *(servi, mancipia)*, die z.T. in Gesindehäusern untergebracht sind, z.T. aber auch als „behauste“ Unfreie familienweise außerhalb des Herrenhofs in kleinen Häusern wohnen. Das zum Herrenhof gehörige Salland wird nicht nur von diesen Unfreien bestellt, sondern auch die Hufenbauern arbeiten auf dem Salland. Die Bauern, die auf Freienhufen sitzen *(mansi ingenuiles)*, sind verpflichtet, mit ihren Tieren und Arbeitsgeräten bei der Feldarbeit zu helfen. Die unfreien Hübner (auf *mansi serviles*) müssen wöchentlich drei Tage auf dem Herrenhof arbeiten. Die arbeitsteilige Organisationsform der Grundherrschaft, die mehrere tausend Bauernstellen zusammenfassen und auf Jahre hinaus Arbeitskräfte für Sonderaufgaben (z. B. Rodung) freistellen kann, und ebenso die in ihrem Bereich entwickelten technischen Innovationen (Übergang von der Feld-Gras-Wirtschaft zur Dreifelderwirtschaft, tiefpflügender Radpflug mit Sech und Streichbrett) sind eine Grundvoraussetzung für das große Werk des früh- und hochmittelalterlichen Landesausbaus seit dem 8. Jahrhundert, in dessen Gefolge sich durch Rodung und Melioration die Anbauflächen und damit die

Bevölkerung Europas vervielfachen. Schon in den Kapitularien Karls d. Gr. und Ludwigs des Frommen wird allerdings Klage darüber geführt, daß Grafen und Äbte durch ständige übermäßige Inanspruchnahme freier Bauern für die Kriegszüge des Herrschers versuchen, dieselben zur Aufgabe ihres Eigens und zum Eintritt als unfreie Hintersassen in den eigenen Fronhofsverband zu zwingen; dafür bleibt ihnen die fast jedes Jahr fällige Heeresfolge erspart, die jetzt für sie von Knechten des Herrenhofs übernommen wird. Die Maßnahmen Karls d. Gr. und Ludwigs des Frommen gegen diesen Mißbrauch sind anscheinend wirkungslos.

Das LEHNSWESEN, das der Feudalgesellschaft den Namen gibt (*feudum* = Lehen), bildet sich aus, als die karolingischen Hausmeier und Könige, vor allem zur Abwehr der Araber, aber auch im Kampf gegen innere Feinde, immer mehr Panzerreiter *(loricati)* brauchen, also möglichst viele Vasallen besitzmäßig so ausstatten und an sich binden müssen, daß sie regelmäßig Kriegsdienst leisten können. Dabei greifen die Herrscher auf Kirchengut zurück, das den Vasallen nicht einfach übereignet, sondern zinslos auf Lebenszeit als *beneficium* (= Lehen) geliehen wird. Seit dem 9. Jahrhundert kommt, gleichbedeutend mit *beneficium*, das Wort *feudum* in Gebrauch. Durch das Lehnswesen entsteht eine „Lehenspyramide“, an deren Spitze der Herrscher steht und die eine überregionale Organisationsform bildet, die Menschen von oben nach unten und umgekehrt aneinander bindet. So wie der karolingische König an seine Vasallen Lehen vergibt, geben die großen Vasallen wiederum Teile ihrer Lehen gegen ständige Dienstleistungen an Untervasallen weiter. Den „Staat“, der auf diese Weise organisiert ist und der sonst kaum öffentliche Organe besitzt, weder ein stehendes Heer noch eine Polizei oder ein Beamtentum, kann man als Personenverbandsstaat bezeichnen.

Die fränkische KIRCHE und besonders die durch Willibrord (†739), Bonifatius (†754), Chrodegang von Metz (†766), Fulrad von St. Denis (†784) u. a. erneuerte karolingische Reichskirche ist sowohl Trägerin politischer Funktionen wie auch die fast ausschließliche Vermittlerin geistigen Lebens. Durch die kirchliche Organisation und die mit ihr verbundene missionarische Durchdringung der vom Frankenreich neu hinzugewonnenen Gebiete, zu denen auch Alamannien, Bayern, Thüringen und Sachsen gehören, werden aus den merowingischen und karolingischen Eroberungen feste Bestandteile des fränkischen Imperiums. Ebenso gibt die Kirche der

Karolingerherrschaft die religiöse Legitimation, die den Herrscher weit über den Adel hinaushebt.
Entwicklungsgeschichtlich geht mit der Ausdehnung des Frankenreichs schon seit dem 6. Jahrhundert der Neuaufbau und die Erweiterung des Netzes der Kirchenorganisation Hand in Hand, die Könige statten ihre Bischofskirchen mit Königsgut aus, gleichzeitig werden die Bischöfe als Träger schriftlicher Kultur und römischer Verwaltungspraxis für den Aufbau der Reichsverwaltung unentbehrlich. Aus den von der Völkerwanderung relativ unberührt gebliebenen Räumen Südgalliens gehen Priester und Bischöfe zu Mission und kirchlichem Aufbau nach Norden und Osten in die noch heidnischen Randzonen des Frankenreichs (z. B. Amandus [Apostel der Belgier, †679?], Remaclus [Klosterbischof von Stablo und Malmédy, †um 675]). Infolge der engen Verbindung kirchlicher und staatlicher Aufgaben wird die Kirche fränkische Reichskirche, ihre Bischöfe wirken oft im Königsdienst als Berater und Verwaltungsbeamte, so etwa Arnulf von Metz (†641, Ahnherr der Karolinger). Mit der am Ende des 7. Jahrhunderts und v. a. im 8. Jahrhundert einsetzenden angelsächsischen Mission (Willibrord, Bonifatius, Willibald u. a.) und mit dem Bündnis zwischen Papsttum und Karolingern (750/51) beginnt eine Phase von Bistumsgründungen östlich des Rheins (Utrecht, Würzburg, Eichstätt, Büraburg, Erfurt). Bonifatius organisiert 739 mit Hilfe Herzog Odilos die romverbundene bayrische Kirche, wie er dann auch in den vierziger Jahren die fränkische Kirche mit Unterstützung von Karl Martells Söhnen Karlmann und Pippin (dem späteren König) als romverbundene fränkische Reichskirche reorganisiert.

Kultur

Da bis zum 10. Jahrhundert, als die Domschulen gegenüber den Klosterschulen an Bedeutung gewinnen und diese teilweise überflügeln, das Mönchtum der wichtigste Träger und Vermittler einer religiös geprägten schriftlichen Kultur wird und mit einer innovationsfreudigen klösterlichen Grundherrschaft auch wesentlich an der Entwicklung der materiellen Kultur beteiligt ist, kommt dem fränkischen Klosterwesen als dem dynamischen Teil der Reichskirche entscheidende Bedeutung zu. Die nach 530 verfaßte Ordensregel des Benedikt von Nursia setzt sich bis zum 8./9. Jahrhundert in ganz West- und Mitteleuropa durch. Bis zur Zeit Karls des Großen werden im Frankenreich mehr als 1 000 Klöster gegründet; sie bilden, vor allem nördlich der Alpen, sowohl die Zentren der christlichen Mission wie auch die Mittelpunkte der frühmittelalterlichen Gesellschaft.

Die landbesitzende grundherrliche Oberschicht (König, Herzog, Adel) überträgt den Mönchen Land und Leute, so daß aus vorübergehenden Missionsplätzen festorganisierte Klöster entstehen, deren Existenz durch eine klösterliche Grundherrschaft gesichert wird. Die Klostergrundherrschaft, zu der oft Tausende von Bauern und Hintersassen (z. B. in St-Germain-des-Prés bei Paris im 9. Jahrhundert 24 Herrenhöfe und 1 646 Bauernstellen) gehören, die dem Kloster Dienste und feste Abgaben zu leisten haben, ermöglicht nicht nur die materielle Freistellung von Mönchen für Mission, Gottesdienst und Schule, sondern sie ist gleichzeitig die Voraussetzung dafür, daß die Klöster auch zu kulturellen Mittelpunkten werden. Hier entstehen wertvolle und künstlerisch bedeutende Handschriften und – u. a. durch gegenseitigen Bücheraustausch – Bibliotheken (St. Gallen, Fulda, Lorsch, Tours, Corbie [an der Somme], Fleury-sur-Loire, Saint-Denis [bei Paris] u. a.), hier wird Wissenschaft (z. B. Theologie, Mathematik, Medizin, Sprachen, Kirchenrecht) gepflegt und gelehrt, hier schaffen Mönche große Werke der bildenden Kunst (Klosterbauten, Miniaturen, kostbare Altargeräte aus Goldschmiedearbeit), und hier – etwa in St. Gallen, Fulda, Reichenau, Lorsch, Murbach, Corvey, Benediktbeuren, St. Emmeram [Regensburg]) – bildet sich aus der Kenntnis der internationalen Kirchen- und Gelehrtensprache, des Lateins, auch die erste am Latein geschmeidig gemachte deutsche Schriftsprache: das Althochdeutsche.

Die Rolle der Klöster als Zentren der Gesamtgesellschaft zeigt z. B. der St. Galler Klosterplan (um 820), der idealtypisch darstellt, was alles zu einem karolingischen Reichskloster gehören sollte: Es ist religiös-kultisches Zentrum, Grablege und meist Eigentum einer Adelsfamilie oder des Herrschers, es ist Wirtschaftszentrum mit Landwirtschaft, Viehzucht und Handwerkern. Es ist aber mit einem repräsentativen Wohntrakt für den weltlichen Klosterherrn zugleich eine Art „Pfalzort“ und damit politischer Stützpunkt, ferner ist es mit seiner seit Karl Martell (714–741) üblich gewordenen Verpflichtung, dem Herrscher Truppen und Geld zu stellen, militärisch wichtig; es bildet mit Klosterschule, Musik- und Schreibschu-

le sowie durch seine Kunsthandwerker einen kulturellen Schwerpunkt, und es stellt schließlich als ein Vorratszentrum mit Krankenhaus, Apotheke und Armenversorgung zugleich die erste Entwicklungsstufe der Sozialfürsorge dar.
Karl d. Gr. nutzt als erster Herrscher planmäßig die vielfältigen Funktionen von Kirche und Mönchtum für seinen Staatsaufbau, verbessert nach Kräften die Ausbildung und das geistige Niveau von Klerikern und Mönchen, vereinheitlicht mit Hilfe Benedikts von Aniane (779 Gründer des Klosters Aniane bei Montpellier, †821) und einer generellen monastischen Gesetzgebung das gesamte Klosterwesen (worin ihm später Ludwig der Fromme folgt) und fügt durch die Metropolitanverfassung sowie die intensive Nutzung von Kirchen- und Klosterbesitz den Organismus der erneuten Reichskirche in sein politisch-administratives Gesamtsystem ein.
Literatur: Entscheidende geistig-kulturelle Impulse gehen unmittelbar vom Herrscher aus oder werden von ihm auf Anregung geistlicher Berater in der fränkischen Kirche verwirklicht. Karl selbst besitzt einen großen Bildungshunger, er kann lesen und schreiben, spricht Latein und versteht Griechisch, die allgemeine kulturelle Erneuerng fördert er durch Heranziehung berühmter Gelehrter. Zu dieser „Hofakademie" gehören u. a.: der Grammatiker Petrus von Pisa, Paulinus von Aquileja (ab 787 Patriarch von Aquileja, †802?) und der Westgote Theodulf von Orléans (ab 798 Bischof von Orléans und Abt von Fleury, †821), beide Theologen und Dichter; der Langobarde Paulus Diaconus (†799?), der Geschichtsschreiber seines Volkes *(„Historia Langobardorum")*; der Angelsachse Alkuin (Alchvine), Abt von St. Martin in Tours, Theologe, Dichter, Verfasser von Lehrbüchern, Leiter der Hofschule in Aachen und Berater des Kaisers in geistlichen Angelegenheiten, seit 781 in Karls Dienst (†804). Es entsteht am Hofe und in den großen Reichsklöstern eine offiziöse Reichsannalistik: Einhard (Eginhard; 828 Gründer des Klosters Seligenstadt, Abt mehrerer Klöster, †840), Verfasser der wohl zwischen 817 und 830 abgefaßten *„Vita Caroli Magni"*, dann Karls Enkel Nithard (†844) (für die Jahre 814–843). Weltchronik des Regino von Prüm (wurde 892 Abt des Klosters Prüm in der Eifel, †915). Politische Denkschriften Hincmars von Reims (Erzbischof seit 845, †882). Den humanistischen Austausch zeigen die durch klassisches Latein ausgezeichneten Briefe des Baiern Servatus Lupus, Abt von Ferrierès (†862).

Durch bewußtes Zurückgreifen auf die Werke der heidnischen und christlichen Antike belebt Karl die Kenntnis des Klassischen („KAROLINGISCHE RENAISSANCE“), ebenso hält er sich in seiner Baukunst an die antiken Vorbilder. Daneben steht aber auch die Sorge für die heimische Volkskultur: Versuch einer deutschen Grammatik, Sammlung gerrnanischer Heldenlieder, Übersetzungen aus dem Lateinischen im Kloster Reichenau (Benediktinerregel u. a.); wohl gegen Ende des 9. Jahrhunderts entsteht das Heldenepos des Waltharius (Verfasser unbekannt); das altsächsische Stabreim-Epos des Heliand (Heiland, vor 840) stellt die Heilsgeschichte mit den Ausdrucksmitteln germanischer Heldendichtung dar; zwischen 863 und 871 dichtet der Mönch Otfried von Weißenburg in fünf Büchern seine große althochdeutsche Evangelienharmonie in Endreimversen, die seitdem die europäische Literatur beherrschen; in St. Gallen wirkt Notker Balbulus (der Stammler, †912), der eigentliche Schöpfer der Sequenzenliteratur (Sequenz = lateinisches Kirchenlied mit ungleichen Strophen und wechselnder Melodie).
Alkuins Schuler Hrabanus (Magnentius) Maurus, Leiter der Klosterschule, dann Abt von Fulda und Erzbischof von Mainz (†856), Praeceptor Germaniae, fruchtbarer Schriftsteller, bemüht sich um die philosophische und theologische Bildung des Klerus. Sein Schüler Walahfrid Strabo (†849), Abt von Reichenau, ist Dichter. Der (bis zu den Scholastikern) tiefste und selbständigste Philosoph der in Irland geborene Johannes Scotus Eriugena (†877), wird von Karl dem Kahlen an die Hofschule berufen und mit der Übersetzung der (um 500 in Syrien entstandenen) Schriften des sogenannten Dionysius Areopagita beauftragt, welche den neuplatonischen Gedankenkreis mit der christlichen Lehre zu verschmelzen suchen („Vorscholastik“).
KUNST: Seit König Pippin I. (751/52–768) erscheint der stadtrömische konstantinische Typ der T-förmigen Basilika mit durchlaufendem Querhaus wieder (Neubau der königlichen Grabes- und Abteikirche in Saint-Denis 754–775), der in karolingischer Zeit an repräsentativer Stelle, vor allem bei Reichsklöstern, wiederbelebt wird (Fulda 790–810, Hersfeld 831–840). Die Aachener Pfalzkapelle Karls d. Gr. (um 785–805, 798 im Rohbau fertig) setzt dagegen eine Tradition der germanischen Teilreiche fort und veranschaulicht mit der Blickrichtung auf Byzanz die Unabhängigkeit vom Papsttum. Die Aachener wurde nicht nur Vorbild für einige Pfalzkapellen im Maasgebiet (z. B. Nimwegen, St. Donatus in Brügge), sondern auch für

Abb. 5: Karolingische Buchmalerei (Evangeliar von Stavelot, 9. Jh.)

zahlreiche doppelgeschossige Herrschaftskapellen vom 11.–13. Jahrhundert, die sich in dieser Form fast nur in Deutschland finden. Auch die sogenannten Westwerke, den Basiliken der Reichsklöster angefügte Zentralbauten, die wahrscheinlich als Gastkirchen für den Herrscher während seiner Residenz im Kloster dienten, gehen auf das Aachener Vorbild zurück (Corvey 873–885, Werden 875–943). Die Verbindung und Gleichsetzung kirchlicher und herrscherlicher Gewalt kommt auch darin zum Ausdruck, daß der Bischofsdom in den Städten in die Nachbarschaft der Grafenburg gelegt wird (Köln). In gleicher Richtung sind auch die (untergegangenen) Wandmosaiken zu verstehen, auf denen Karl d. Gr. neben Papst Leo III. in gleicher Rangordnung dargestellt wird (Triclinium des Laterans, Basilika Santa Susanna in Rom).
Nach Vorstufen im merowingischen Großkloster Corbie (an der Somme) entwickelt sich in den karolingischen Reichsklöstern im 8. Jahrhundert die karolingische Minuskel als internationale Verkehrsschrift des europäischen Mittelalters, die auch in Italien ältere Schriftformen verdrängt. Karolingische Bilbelgelehrsamkeit schafft mit der sog. „Alkuin-Bibel“ eine philologisch verbesserte neue Edition der Hl. Schrift, die für ganz Europa richtungweisend wird.
In Buchmalerei, Elfenbein- und Goldschmiedekunst bildet sich eine Hofschule aus, die die insular geprägte Kunst der älteren Klo-

sterschulen mit der antiken Überlieferung verschmilzt. Ein Hauptwerk ist das zu den Reichskleinodien gehörige Krönungsevangeliar (heute in Wien), das angeblich von Otto III. im Jahre 1000 im Grabe Karls gefunden wurde. Insgesamt ist durch die Impulse des Hofes, die Wiederaufnahme antiker Traditionen und die Wirksamkeit der Klöster eine Kulturhöhe erreicht, die nach dem Zerfall des Karolingerreichs frühestens seit dem ausgehenden 10. Jahrhundert wieder zu vergleichbaren Leistungen führt.

Das Westfrankenreich (843–987)

Karl II., der Kahle, dem im Vertrag von Verdun (843) das westliche Reichsgebiet zugesprochen wird, versteht es, diesen Herrschaftsanspruch durchzusetzen und im Vertrag von Coulaines (843) durch ein festes Übereinkommen mit dem Adel und der Geistlichkeit das westfränkische (Teil-)Reich zu konsolidieren. Klerus und Adel treten dem König hier korporativ in einem *„foedus concordiae salubris"* gegenüber, wodurch fortan das Westfrankenreich nicht allein auf dem Königtum Karls, sondern ebenso auch auf der Gesamtheit seiner Fideles, die ihm als Partner gegenüberstehen, beruht. Auf diese Weise entsteht erstmals ein Verbundsystem des Westreiches, das zwar infolge der divergierenden Interessen von König, Adel und Klerus nur auf dem kleinsten gemeinsamen Nenner aufgebaut ist, sich aber dennoch in den schweren Belastungen der Folgezeit (Normannen, Kriege der Teilreiche untereinander, fortschreitende Feudalisierung der Lehen und des Kirchenbesitzes einschließlich der Bistümer) als zwar dünnes, aber elastisches Netz erweist. Seit Coulaines zeigt sich auch die führende politische Rolle der Geistlichkeit im Westfrankenreich, vor allem im korporativen Handeln der Prälaten.
Entgegen früheren Auffassungen bildet die trotz mancher Rückschläge erfolgreiche Herrschaft Karls des Kahlen einen Markstein in der Entwicklung zur Einheit der französischen Nation. Wenn allerdings schon seit Karl dem Kahlen und mehr noch unter dessen Nachfolgern in großem Maße Kirchengut, besonders ertragreiche Abteien, an die großen westfränkischen Adelsfamilien (Welfen, Robertiner, Rorgoniden u. a.) vergeben wird (teilweise als Belohnung für Beistand im Kampf gegen die normannischen Invasionen), dann kündigt sich hier sehr deutlich der Verfall der Königsmacht und der karolingischen Kirchenherrschaft an. Man kann

von einer Re-Regionalisierung der bischöflichen Herrschaft sprechen. Was einst Karl Martell für etwa hundert Jahre erreicht und Karl d. Gr. in festen Formen institutionalisiert hat: die Zentralisierung der fränkischen Kirche im Dienste der Königsherrschaft, wird mit der Vergabe von Abteien an eine sich regional und strukturell verfestigende Aristokratie rückgängig gemacht. Gleichzeitig geraten auch die Bistümer mehr und mehr in die Hände eines machtvollen Regionaladels, womit derselbe in seinem Bereich politische und Kirchenherrschaft erfolgreich verbinden kann. So entsteht das französische Fürstentum des 10. Jahrhunderts.

843–877 Regierungszeit Karls II., des Kahlen, dem der Vertrag von Verdun (843) das westliche Teilreich zugesprochen hat.

843 Vertrag von Coulaines (bei Le Mans): Interessenausgleich zwischen dem Königtum einerseits, Adel und Kirche andererseits.
Der von Ludwig dem Frommen 826 zum Grafen der Bretonischen Mark eingesetzte Bretone Nominoe empört sich.

845 Er schlägt Karl den Kahlen bei Ballon, läßt sich zum König salben und trennt durch Gründung des Erzbistums Dol die bretonische Kirche von der Kirchenprovinz Tours. Sein Staat ist nach fränkischem Vorbild organisiert. Er erobert die fränkischen Grafschaften Rennes, Vannes und Nantes sowie das Land Retz südlich der Loire.

848 Karl muß die Herrschaft Pippins II. von Aquitanien anerkennen (er wird aber zum König der Aquitanier gesalbt).

851 Nach dem Tod des Bretonen Nominoe bestätigt Karl der Kahle dem Sohn Erispoe diesen Besitz und sendet ihm die königlichen Insignien gegen Anerkennung der Lehnshoheit. Die Bretagne bleibt nun als Grafschaft oder Herzogtum jahrhundertelang von Frankreich tatsächlich unabhängig.

855 Der Königssohn Karl das Kind wird als Unterkönig
856 in Aquitanien (†866), sein Bruder Ludwig der Stammler in Neustrien eingesetzt (†879).

nach 864 Beseitigung Pippins II. von Aquitanien.

870 Karl schließt mit seinem Bruder Ludwig dem Deutschen den VERTRAG VON MEERSSEN: Zweiteilung des Reichs nördlich der Alpen an der Maas-Saône-Grenze auf Kosten von Kaiser Ludwig II., dem Sohn Lothars I. († 855).

875 Nach dem Tod Kaiser Ludwigs II. Romzug und KAISERKRÖNUNG Karls des Kahlen (durch den Papst – von nun an konstitutiv für die Kaiserwürde).

876 In der Schlacht von Andernach Niederlage des Kaisers gegen Ludwig d. J., den Sohn Ludwigs des Deutschen († 876).

877 Das Kapitular von Quierzy-sur-Oise setzt die aus Billigkeit übliche Erblichkeit der Lehen voraus, ordnet sie aber nicht als Rechtssatz an.

Karls Hauptberater ist Erzbischof (845–882) Hincmar von Reims, Verfechter der Metropolitangewalt gegen die Suffragane, bedeutender Theologe und Kirchenrechtler.

Tod Karls des Kahlen auf einem gescheiterten Italienzug.

877–879 Regierungszeit von Karls Sohn, KÖNIG LUDWIGS II., DES STAMMLERS.

879 Beginn neuer, schwerer Verwüstungen durch die zum „Großen Heer" vereinigten Normannen.

880–882 Die Söhne Ludwigs II., Ludwig III. (879–882) und Karlmann (879–884), regieren zeitweilig nur im Süden (Burgund, Aquitanien) bzw. Norden (Francia, Neustrien).

880 Verlust des westlichen Lotharingien durch den VERTRAG VON RIBEMONT an das Ostreich.

881 Ludwig III. besiegt die Normannen bei Saucourt, trotzdem weitere Einfälle.

885–887 KAISER KARL III. wird auch in Westfranken als Herrscher anerkannt, womit das Reich Karls d. Gr. für kurze Zeit noch einmal vereinigt ist.

888–898 ODO, Graf von Paris wird nach der Absetzung von Kaiser Karl III. zum König gewählt. Der Sohn Roberts des Tapferen von Franzien ist der erste nichtkarolingische König des Westfrankenreichs.

898–923 Der Karolinger KARL III., DER EINFÄLTIGE, der letzte

Sohns Ludwigs des Stammlers, wird 893 zum Gegenkönig gewählt und 896/97 von Odo als Nachfolger anerkannt. Karls direkte Herrschaft ist jedoch auf eine stark zusammengeschrumpfte Krondomäne (Eigenterritorium des Königs; Laon als Mittelpunkt) beschränkt.

911 Nach entscheidendem Sieg über die NORMANNEN schließt Karl der Einfältige in Saint-Clair-sur-Epte einen Vertrag mit einem Teil von ihnen unter Rollo, wodurch sie im Besitz der Normandie (ursprünglich wohl nur der Haute Normandie, Dep. Seine-Inférieure und Eure) anerkannt werden (später Ausdehnung nach Westen bis zur Bretagne und zeitweise Lehnshoheit über diese; die tatsächliche Ansiedlung in dem wüstliegenden Land hat bereits etwa zwanzig Jahre vor 911 begonnen).

Nach dem Tod des letzten ostfränkischen Karolingers, Ludwigs des Kindes, erobert Karl der Einfältige Lothringen (bis 923/25).

922 Der Bruder von König Karls Vorgänger, Robert von Franzien, wird von den Großen zum König (ROBERT I.) erhoben.

923 Robert fällt aber im Kampf; daraufhin erheben die Großen Roberts I. Schwiegersohn RUDOLF (923–936) von Burgund zum König. Karl wird verraten und gefangengenommen.

929 Karl endet im Kerker.

936 König Rudolf stirbt kinderlos.

936–954 KÖNIG LUDWIG IV., DER ÜBERSEEISCHE *(Transmarinus)*. Der Sohn Karls des Einfältigen ist in England aufgewachsen.

Sein Gegenspieler wird der schon unter König Rudolf sehr mächtige Sohn König Roberts I., Hugo Magnus, Herzog von Franzien, dessen Herrschaftsgebiet sich von der Loire bis zur Seine und von Paris bis Orléans erstreckt. Wechselvoller Konflikt mit Eingreifen Ottos des Großen.

954–986 Ludwigs unmündiger Sohn KÖNIG LOTHAR, wird gegen bedeutende Zugeständnisse mit Unterstützung Hugos von Franzien erhoben.

956 Herzog Hugo stirbt.
978 Feldzug gegen Otto II., schließlich Verzicht auf Lothringen.
986–987 Lothars Sohn LUDWIG V., letzter karolingischer König.
991 Die Karolinger sterben als Herzöge von Niederlothringen aus mit Karl, der gefangengenommen wird
1012? (Todesjahr unbekannt), Lothars Bruder, und Karls Sohn Otto.

DIE GROSSEN HERZOGTÜMER UND GRAFSCHAFTEN

Die spätkarolingischen großen Adelsherrschaften und die „Territorien" der Kronvasallen der früheren Kapetingerzeit sind in ihrer Bedeutung mit dem geläufigen Begriff der „Adelsanarchie" nicht zu fassen. Vielmehr stellen sie vermöge ihrer modernen, effektiveren Verwaltungsorganisation Bausteine für den künftigen Königsstaat dar. Für den Aufstieg der Kapetinger ist es bedeutsam, daß sie immerhin gewichtige Reste der karolingischen Kirchenherrschaft im gesamten Westfrankenreich (14 Bistümer z. Z. Hugo Capets [König 987 bis 996]) behalten und schrittweise vermehren, also auch im Herrschaftsbereich der Kronvasallen ausbaufähige Stützpunkte und königliche Rechte aus karolingischem Erbe besitzen. Durch die in Frankreich viel früher als in Deutschland einsetzende Feudalisierung werden die großen Territorien (Herzogtum Aquitanien, Herzogtum Gascogne, Grafschaft Toulouse, Herzogtum Burgund, Herzogtum Franzien, Grafschaft Flandern, Bretagne) jedoch geschwächt (wie sie vorher das Königtum ausgehöhlt haben), so daß die Grafen oder Herzöge in den Territorien nur einen Teil ihres Gebiets unmittelbar beherrschen, während im Rest *seignieurs, chatelains, vicomtes* oder *comtes* als ihre Vasallen das Heft in die Hand bekommen. Die feudale Landkarte Frankreichs weist so schon im 10. Jahrhundert ein so buntes Getäfel auf wie die deutsche erst im 13. Jahrhundert.
Eine Sonderrolle spielen Aquitanien und vor allem (Hoch- und Nieder-) Burgund.
AQUITANIEN, von der Loire bis zu den Pyrenäen: Die romanische Sprache lebt ungebrochen von germanischem Einfluß fort. Altfranzösisch und Occitanisch (auch „Provenzalisch", da man seit ca. 1080 die Südfranzosen Provinciales nennt) stehen sich als zwei Sprachen gegenüber. Stärkstes Widerstreben gegen die fränkische

Herrschaft zwingt die Karolinger von Karl d. Gr. († 814) bis zu Karl dem Kahlen († 877) zur Einsetzung von Unterkönigen.

BURGUND: In Nieder- oder Südburgund (meist Provence genannt) hat die Abtrennung bereits begonnen, als Boso, der Schwager Karls des Kahlen, 879 in Mantille bei Vienne von den Bischöfen des Landes zum König gewählt wird. Es ist die erste Usurpation einer selbständigen Königsherrschaft durch einen Nichtkarolinger. Nach dem Tod Bosos von Vienne wird zunächst Kaiser Karl III. auch in der Provence als Herrscher anerkannt. Bosos junger Sohn Ludwig wird erst 890 in Valence zum König gewählt, nachdem er dem ostfränkischen Karolinger Arnulf von Kärnten als Oberherrn gehuldigt hat. Ludwig der Blinde († 928) wird König von Italien und Kaiser.

Hoch-(Nord)-Burgund oder juranisches Burgund: In Saint-Maurice im Wallis wird 888 der Welfe Rudolf I. († 912) von Bischöfen und weltlichen Großen zum König gewählt. Sein Reich umfaßt die Schweiz von Basel bis zum Wallis, Waadt und Genf, ferner die Gebiete von Lyon, Besançon und Aosta. Rudolf II. (912–937) erhält von Herzog Burchard II. von Schwaben als Mitgift seiner Tochter Bertha den Aargau, so daß die Grenze 922 von der Aare zur Reuß verschoben wird, und ist 922–926 König von Italien.

In Niederburgund übt unter Ludwig dem Blinden Graf Hugo von Vienne die tatsächliche Herrschaft aus; 926 nach Italien als König; 945 wieder nach Niederburgund vertrieben; gestorben 947. Das Land fällt an Konrad von Hochburgund (937–993), der also die nördliche und die südliche Reichshälfte vereinigt. Nach Rudolfs III. (993–1032) Tod fällt das Königreich Burgund an Deutschland. Später tritt als Hauptstadt des burgundischen Königreichs Arles hervor, daher auch Arelatisches Reich. Seit dem 11. Jahrhundert bildet sich links der Saône im Königreich Burgund, aber über den Fluß ins französische Herzogtum Burgund hinüberreichend, die Frei- oder Pfalzgrafschaft Burgund, Hauptorte Dôle und Vesoul. Das Erzbistum Besançon liegt innerhalb der Grafschaft, untersteht aber direkt dem deutschen König. Begründer der Freigrafschaft ist Otto Wilhelm († 1026), Sohn Adalberts von Ivrea, Königs von Italien, der als Flüchtling 971/72 in Autun gestorben ist; er hatte Gerberga, die Nichte des letzten Grafen von Mâcon, geheiratet. Sie hinterließ ihrem Sohn diesen Komitat, nämlich Mâcon, mit der seitdem so genannten „Grafschaft Burgund", vier königlich-burgundischen Gauen zwischen Saône und Jura.

Frankreich im Hochmittelalter (987–1270)

In der Anfangszeit der kapetingischen Monarchie beherrscht der König nur etwa 10 Prozent des alten westfränkischen Reichsgebietes unmittelbar (KRONDOMÄNE), der weitere Auflösungsprozeß der königlichen Machtstellung wird aber im Laufe weniger Generationen zum Stehen gebracht. Neben der Krondomäne und strukturell mit ihr vergleichbar stehen mehrere bedeutende FÜRSTENTÜMER, deren Inhaber sich im Kampf gegen weniger mächtige Lokalgewalten schließlich ebenso durchsetzen wie der König im Kronland. Die älteren vasallitischen Bindungen zwischen diesen Fürstentümern und der Monarchie lösen sich zwar mehr und mehr auf, eine prinzipielle Anerkennung des Königtums bleibt aber erhalten. Seit dem 12. Jahrhundert übernimmt die Krone diese in sich gefestigten Fürstentümer, deren wirtschaftlicher und kultureller Aufstieg sich seit langem vollzogen hat. Dem entspricht eine personale Kontinuität der Führungsschicht, deren Vertreter vielfach auf Adelsfamilien der Karolingerzeit zurückführbar sind. Die gesamte adlige Gesellschaft der Epoche ist durch Lehnsbande miteinander verknüpft, was zugleich ein tiefgreifendes soziales Phänomen darstellt. Die Beziehung zwischen Herr und Vasall ist gegenseitig, somit auch ethisch aufzufassen und in hohem Maße kulturfähig.
Es entsteht unter diesen politischen und sozialen, von der Kirchenreform beeinflußten Voraussetzungen das RITTERTUM, dessen ständische Abschließung ab etwa 1150 zu beobachten ist. Materielle Grundlagen dafür sind der Bevölkerungszuwachs, die Verbesserung landwirtschaftlicher Techniken, der Landesausbau und der Aufschwung des Handels seit der zweiten Hälfte des 11. Jahrhunderts.
Damit einhergehend vollzieht sich die rasche Entwicklung des STÄDTEWESENS und die Ausbildung der Munizipalverfassung, wobei Flandern eine besondere, auf die französischen Nachbarregionen ausstrahlende Bedeutung zufällt. Seit Ludwig VI. (1108–1137) nutzt das Königtum diese kommunale Bewegung für seine Zwecke aus. Gleichzeitig kommt es zu engen Beziehungen zwischen der französischen Monarchie und einer KIRCHE, die im Zuge der gregorianischen Reform spiritualisiert, intellektualisiert und auf das Papsttum als universale Macht gerichtet ist. Die europäische Geltung, ja Autorität der französischen Schulen und des französischen

Bildungswesens mit Paris als Zentrum sind teilweise aus diesen Zusammenhängen zu erklären und haben ihre Entsprechung in der neuen bürgerlichen Laienbildung ebenso wie in den älteren Traditionen höfischer Kultur.
Auf diesem Boden gedeiht auch ein gelehrtes RECHT mit Glossatoren und Kommentatoren; die Legisten in der Umgebung des Königs nutzen das römische Recht zur Stärkung der königlichen Prärogative, ohne freilich das regional unterschiedlich gehandhabte überkommene Gewohnheitsrecht *(Coutumes)* schon zu beseitigen.
Aus schwachen Anfängen ist bis 1270 eine Monarchie erwachsen, die mit langen Regierungszeiten der einzelnen Herrscher und nie unterbrochener Sohnesfolge Dynastiewechsel nicht kannte und deshalb, anders als in Deutschland, das Wahlprinzip bei der Königserhebung zugunsten des Erbrechtes immer weiter in den Hintergrund treten ließ.

Der Sieg des Lehnswesens und die Zersplitterung Frankreichs (987–1108)

987–1328 Regierungszeit der Kapetinger (direkte Linie).

987–996 KÖNIG HUGO CAPET.

Da Ludwig V. (†987) keinen Erben hinterläßt, werden Herzog Hugo Capet (Beiname abgeleitet von *cappa* = Umhang, Mantel) von Franzien und Erzbischof Adal-
987 bero von Reims auf einer Wahlversammlung in Senlis zu Stimmführern einer nordfranzösischen Adelsgruppe. Herzog Karl von Niederlothringen, der Oheim Ludwigs V., wird mit seinem Anspruch abgewiesen, Hugo wird von den Großen der Francia unter Mitwirkung der Normandie und Burgunds zum König gewählt und anschließend in Noyon gekrönt.

Zur karolingischen Partei gehören vor allem der Erzbischof von Sens, die Grafen von Vermandois, Troyes und Blois; gegen Angriffe von dieser Seite will König Hugo sein Haus fürs erste durch die Erhebung seines Sohnes Robert zum Mitkönig noch im gleichen Jahr sichern und zieht durch die Verheiratung Roberts mit der Witwe des Grafen Arnulf II. von Flandern auch dessen Nachfolger Balduin IV. (988–1035) auf die kapetingische Seite.

988 Im folgenden Jahr erobert Karl von Niederlothringen den alten karolingischen Stützpunkt Laon und weist ein königliches Belagerungsheer erfolgreich ab.

989 Durch Verrat des von Hugo eingesetzten Erzbischofs Arnulf, eines Neffen Karls, gewinnt er auch noch Reims.

Zwei Jahre lang behauptet der Karolinger diese Position, ohne jedoch seine eigene Königswahl zu betreiben, bis er schließlich durch den bis dahin eidlich an die karolingische Partei gebundenen Bischof Adalbe-
991 ro von Laon in dieser Stadt an König Hugo ausgeliefert wird. Die ganze karolingische Familie läßt Hugo in Orléans einkerkern; sie kommt in der Gefangenschaft um, bis auf den in Lothringen gebliebenen ältesten Sohn Karls, Otto, der vor 1031 erbenlos als Herzog von Niederlothringen stirbt. Die direkte Nachkommenschaft Karls des Großen endet mit ihm. Eine neue Auffassung vom Reich im Sinne einer entstehenden französischen Nation gegen die ältere karolingische Universalreichsidee hat der Dynastiewechsel nicht gebracht, er beendet aber die zerstörerische Rivalität zweier Familien mit wechselnden adligen Gefolgschaften um das Königtum und retardiert damit den Aufstieg der Regionalgewalten. Den Rückstand gegenüber dem ostfränkisch-deutschen Königtum, das erheblich früher die politische Reichseinheit erreicht hat, vermag die kapetingische Monarchie freilich zunächst nicht aufzuholen und muß noch für Jahrzehnte mit dieser außenpolitischen Lage rechnen.

991–997 Das zeigt sich sogleich nach dem kapetingischen Sieg im Kampf um die Königsherrschaft, als das von Hugo und Robert betriebene Verfahren gegen den verräterischen Bischof Arnulf zum Reimser Bistumsstreit führt. Sowohl vom Papst wie auch vom deutschen Episkopat werden Bedenken gegen einen königlichen Eingriff in die kirchliche Jurisdiktion in politische Widerstände umgesetzt, die eine schwere Bedrohung der neuen Dynastie insofern darstellen, als von der Oberhoheit über einen Teil der Bistümer die Existenz des Königtums abhängt. Nur wenige ehemals karolingische Ländereien haben die schwache kapetingische Hausmacht vermehrt, die Kronvasallen erwarten für ihre Unterstützung dauernde Förderung, nur das Kirchengut (etwa 20 von insgesamt 77 Bistümern) kann als verläßliche Stütze gelten.

991 Um seinen Durchsetzungswillen zu demonstrieren, läßt König Hugo auf einer von ihm einberufenen Synode in St-Basle/Verzy nahe Reims Arnulf als Hochverräter absetzen und an seiner Statt den wissenschaftlich herausragend gebildeten Reimser Kathedralscholaster Gerbert von Aurillac (Auvergne) zum Erzbischof erheben.

Gegen diese Entscheidung arbeitet vor allem Abt Abbo von Fleury als einflußreicher Vertreter des auf Rom verpflichteten cluniazensischen Reformmönchtums; aber der Kronepiskopat unter Führung des Bischofs Arnulf von Orléans setzt sich in so betont königstreuer Haltung durch, daß Papst Johannes XV. mit Revisionsabsichten eine Synode nach Aachen einberuft, an der freilich kein französischer Bischof teilnimmt.

992 Noch die Synode von Chelles sieht den Kronepiskopat in seiner bekannten Position, aber mit dem wach-
994 senden Einfluß Abbos von Fleury kommt es zu Veränderungen.

995 So wird Gerbert auf der Synode von Mouzon suspendiert.

996 Hugo Capet stirbt am 24. Oktober.

996–1031 König Robert II., der Fromme.

Mit ihm kommt ein entschiedener Förderer des Reformmönchtums auf den Thron, der nach einer Legation Abbos von Fleury an Papst Gregor V. Arnulf wieder als Erzbischof von Reims amtieren läßt (997–1021). Gerbert folgt einem Ruf Ottos III. als politischer Berater des Kaisers.

Der Reimser Bistumsstreit führt zwar zum Einlenken der Könige Hugo und Robert gegenüber dem

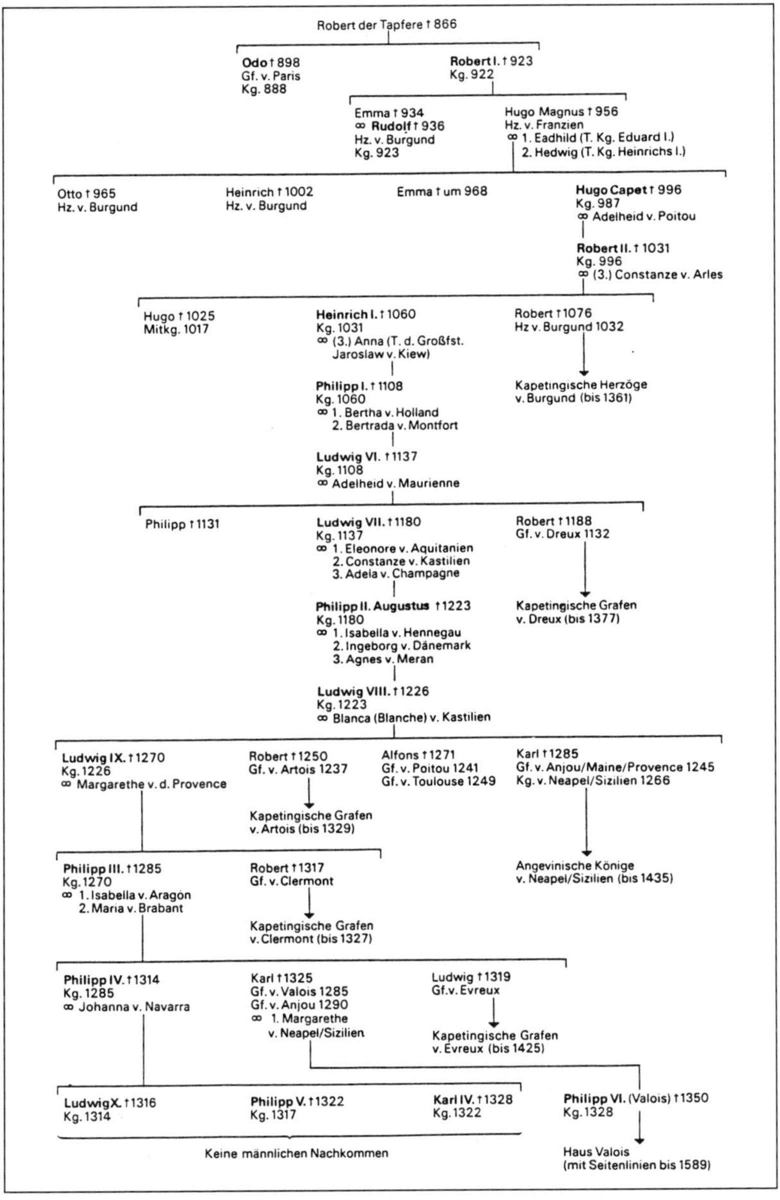

Abb. 6: Genealogie der Kapetinger (direkte Linie)

Papsttum, er zeigt aber ein neues Autonomiebewußtsein der französischen Kirche gegenüber dem deutschen Reich: Es ist hinfort nicht mehr möglich, kirchliche Angelegenheiten Frankreichs auf deutschem Boden synodal zu regeln. Letzte Reste gesamtfränkischer Reichsgedanken verschwinden.

Robert II. gerät nach dem Ende des Reimser Bistumsstreites in einen weiteren KONFLIKT MIT DEM PAPSTTUM, weil seine Ehe mit Bertha, der Witwe des Grafen Odo I. von Blois-Chartres († 996) und Tochter König Konrads von Burgund, wegen zu naher Verwandtschaft gegen geltendes Kirchenrecht verstößt. Diese Spannungen überschatten einen großen Teil der Regierungszeit Roberts und führen zu unerträglichen Wirren, obwohl der König zunächst Erfolge aufweisen kann.

1002 Sein Oheim, der Herzog Odo-Heinrich von Burgund, stirbt ohne Erben. Damit erscheint die Eingliederung dieser Region in die Krondomäne möglich.

Mit Unterstützung Clunys und vor allem des Bischofs Hugo von Auxerre übt der König auf den mächtigsten burgundischen Konkurrenten, den Grafen Odo-Wilhelm von Mâcon, militärischen Druck aus, so daß er schon nach wenigen Jahren dessen Verzicht auf die Herzogswürde durchsetzt.

1004/05 Dennoch hält der Widerstand gegen die königliche
1015 Herrschaft in Burgund unter Führung des Bischofs Brun von Langres bis zu dessen Tod (1016) an, obwohl Robert II. seinen zweiten Sohn Heinrich als burgundischen Herzog einsetzt und mit dieser Geste dem Adel eine gewisse Autonomie zugesteht. Die tatsächliche Macht bleibt aber bei der Krone.

Kurz nach Beginn dieser Kämpfe beugt Robert sich dem zähen päpstlichen Widerstand und vollzieht die Trennung von Bertha (um 1003/04). Er heiratet nun Constanze, die Tochter des Grafen Wilhelm I. von der Provence.

1017 Aus dieser Ehe stammt auch Roberts Sohn Hugo, der zum Mitkönig erhoben wird.

Das politisch unerträgliche Schwanken des Königs

zwischen den beiden Frauen und damit zwischen den Adelsgruppen um die Häuser Blois-Chartres und Anjou schwächt die Monarchie.

1019 Ein erneuter Versuch, beim erbenlosen Abgang eines Vasallen dessen Gebiet einzuziehen, mißlingt in Troyes/Meaux/Provins, wo Graf Odo II. von Blois (996–1037) seit 1023 als Inhaber sämtlicher Herrschaftsrechte bekannt ist.

Das führt Robert II. an die Seite Kaiser Heinrich II.: Die französische Krondomäne ist durch Herrschaftsrechte Odos eingeschnürt, die bis nach Lothringen reichen und hier deutsche Interessen berühren. Bei
1023 einem Treffen beider Monarchen in Ivois an der Maas scheint der Kaiser noch einmal Schiedsrichter zwischen verfeindeten westfränkischen Parteien zu werden, bringt aber den Ausgleich zwischen Robert und Odo nicht zustande.

Eine gemeinsame Synode der Könige und des Episkopats beider Reiche mit Beteiligung des Papstes wird für den Tagungsort Pavia vorbereitet, um die großen Probleme der Christenheit zu beraten, tritt aber wegen des überraschenden Todes Heinrich II. (1024) nicht zusammen.

In klarer Einschätzung seiner politischen Möglichkeiten lehnt Robert II. für sich und seinen Sohn Hugo das Angebot einer starken italienischen Fürstenpartei ab, aus ihren Händen die Königskrone anzunehmen.

1027 König Robert II. läßt als Nachfolger seines 1025 verstorbenen Sohnes Hugo dessen Bruder Heinrich zum Mitkönig erheben, der sich aber gegen den Vater mit Odo II. von Blois verständigt und dadurch die Position der Krone entscheidend schwächt.

Nur mit Hilfe der Erzbischöfe von Reims, Sens, Tours und Bourges kann sich der König bis zu seinem Tode mühsam gegen diese Koalition seiner Gegner behaupten.

DIE WENDE DES BEGINNENDEN 11. JAHRHUNDERTS

Die kapetingische Dynastie wird seit Robert II. (996–1031) grundsätzlich als Königshaus anerkannt. Verfassungsgeschichtlich äußerst bedeutsam ist aber die Tatsache, daß der Zusammenhalt des Reiches nicht auf der Lehnsverbindung zwischen dem König und einer Vielzahl von kleinen und größeren Kronvasallen beruht: Immer weniger Adlige huldigen persönlich dem König, sondern sie werden durch Herzöge oder Markgrafen vertreten, die dann in ihrem Herrschaftsgebiet königliche Rechte wahrnehmen. Außer diesen GROSSVASALLEN leisten nur noch der Adel der Krondomäne und der Kronepiskopat die persönliche Huldigung. Die Oberhoheit des Königs wird formal auch von solchen großen Regionalgewalten anerkannt, die nicht gehuldigt haben.
In diesen Gebieten können sich Grafen und Burgherren gegen die Inhaber der regionalen Vormacht *(principes)* nicht durchsetzen. So entstehen die französischen Fürstentümer: Eine Auflösung des Reiches in kleine und kleinste Einheiten wird vermieden. Vor allem nördlich der Loire sind diese FÜRSTENTÜMER neben Krondomäne und Königtum die wichtigsten Verfassungselemente.
Dynastische Kontinuität der Monarchie und Unteilbarkeit des Reiches sind dadurch gesichert, daß der jeweilige Sohn des Königs noch während der Regierungszeit des Vaters zum (MIT-)KÖNIG gewählt wird.
Das besondere Verhältnis des Königs zur Kirche stärkt seine Stellung. Meist spendet der Erzbischof von Reims die sakramentalen Weihen, Reims beginnt seinen Aufstieg zur Krönungsstadt.
Bischöfe werden (anders als in Deutschland) jetzt erstmals auch aus anderen Gruppen als dem Hochadel genommen. Entsprechend bildet sich um den König ein Rat, in dem der hohe Adel, die Grafen und Bischöfe allmählich durch niederadlige königliche Vasallen aus der Île-de-France ersetzt werden.
Der LANDESAUSBAU erlebt eine erste Aufschwungsphase in den Fürstentümern wie in der Krondomäne. Über Flandern und die Normandie finden Handel und Gewerbe Frankreichs Anschluß an die großen wikingerzeitlichen Verkehrswege Europas.
Die von Cluny seit 910 ausgegangene MONASTISCHE REFORM breitet sich aus, überwindet mit päpstlicher und teilweise königlicher (Robert II.) Unterstützung allmählich den Widerstand der Bischöfe und kann sich deren weltlicher und geistlicher Gewalt entziehen

(Exemtion). Besonders wichtige Abteien neben Cluny sind Fleury (bei Orléans), St-Benigne/Dijon und St-Victor/Marseille.

1031–1060 König Heinrich I. kann die Nachfolge seines Vaters ohne Schwierigkeiten antreten und in Burgund seinen Bruder Robert als Herzog einsetzen.

1032 Schon im nächsten Jahr aber erreicht Odo II. von Blois in Sens die Wahl eines ihm ergebenen Kandidaten zum Erzbischof und besetzt die Stadt. Als Heinrichs Mutter Constanze wenig später selbst die Regentschaft erstrebt, um anschließend die Erhebung ihres Lieblingssohnes Robert auf den Thron betreiben zu können, wird Heinrich I. nur dadurch gerettet, daß Odo die Nachfolge des 1032 verstorbenen Königs Rudolf III. von Burgund antritt und seinen bisherigen Kampfplatz verläßt. Kaiser Konrad II. beansprucht indessen das Erbe des Königreichs Burgund aufgrund einer Zusage Rudolfs an Kaiser Heinrich II.

1033 Er trifft sich in Deville an der Maas mit Heinrich I. und verabredet ein Bündnis gegen Odo.

1034 Im folgenden Jahr erobert Konrad II. das Königreich Burgund (zu unterscheiden vom Herzogtum und der Grafschaft Burgund!) und verbindet es mit dem Reich, wodurch für die französischen Herrscher die Verbindung nach Italien unterbrochen wird.

1037 Als Odo II. nach seinem burgundischen Mißerfolg den Kampf gegen Konrad II. fortsetzt, fällt er bei Bar-le-Duc und entlastet durch ein nunmehr geteiltes Erbe des Hauses Blois-Champagne den französischen König.

1044 Dem königstreuen Vasallen Graf Gottfried Martell von Anjou gelingt die Eroberung der Grafschaft Tours.

Dies ist zugleich für mehrere Jahre die letzte gemeinsame Aktion, denn durch die Ehe Heinrichs III. mit Gottfrieds Stieftochter Agnes von Poitou verbinden sich Anjous und Salier, wobei die neue Gefahr für den französischen König darin liegt, daß Gottfried Martell eine mächtige Stellung im Westen Frankreichs besitzt (Anjou, Touraine, Aquitanien). Infolgedessen werden neue Bündnisse notwendig, die nunmehr europäische Ausmaße erreichen, indem auf der Seite Heinrichs I. von Frankreich Graf Balduin V. von Flandern und Herzog Wilhelm II. („der Eroberer“) von der Normandie Heinrich III. gegenüberstehen, der seinerseits mit dem Grafen Gottfried von Anjou, König Svend Estridsson von Dänemark und König Eduard („der Bekenner“) von England rechnen kann.

1048 Ein Treffen Heinrichs I. mit Heinrich III. in Ivois an der Maas bleibt erfolglos.

Nun greift auf seiten des reformfreundlichen Kaisers Papst Leo IX. in die Auseinandersetzung ein.

1049 Er verbietet auf einer Reformsynode in Reims die geplante Heirat zwischen Herzog Wilhelm und der Tochter Balduins von Flandern.

Außerdem versucht er durch seinen Einfluß im Zusammenhang mit der Kirchenreform, den französischen Kronepiskopat vom König zu trennen, was aber mit einer Ausnahme (Langres) nicht gelingt.

1052 Zu einer diplomatischen Wende kommt es wenig später, als Gottfried von Anjou die kaiserliche Partei verläßt, sich mit Heinrich I. aussöhnt und damit das gemeinsame Interesse bekundet, eine weitere Konsolidierung der normannischen Macht zu verhindern.

1059 Der Erfolg dieser Verbindung ist freilich gering, die Krone sieht sich dem normannischen Herzogtum gegenüber in der schwächeren Position. Im gleichen Jahr wird dem König aus seiner dritten Ehe (Anna, Tochter des Großfürsten Jaroslaw von Kiew) der Thronfolger Philipp geboren, für dessen Erhebung zum Mitkönig er noch Sorge trägt.

Mit großer Beharrlichkeit und, im Gegensatz zu Robert II., persönlicher Stetigkeit ist es ihm gelungen, seinem Nachfolger eine gefestigtere Krondomäne und das verläßliche Bündnis mit Balduin V. von Flandern zu hinterlassen.

1060–1108 KÖNIG PHILIPP I. übernimmt eine bewährte, zukunftsträchtige politische Konzeption: Festhalten am Kronepiskopat, Einsetzen militärischer Mittel nur im Notfall und gegen einzelne innere Gegner, außenpolitischer Spielraum.

1060–1067 Zunächst führt Balduin V. die Regentschaft für den siebenjährigen König. Die Landung Herzog Wilhelms II. von der Normandie in England kann schon aus diesem Grunde nicht verhindert werden, aber auch nach der Regierungsübernahme durch Philipp I. bleiben Erfolge der Krone aus.

1071 Die Niederlage des Königs bei Cassel (östlich St-Omer) gegen Robert den Friesen zeigt die machtpolitischen Grenzen.

Dazu kommen die Auseinandersetzungen mit dem Reformpapsttum, durch Gregor VII. mit scharfen Simonie-Vorwürfen eröffnet.

1073 Philipp entzieht sich deshalb einem Hilfeersuchen Heinrichs IV. und strebt daneben einen Ausgleich mit König Wilhelm I. von England an. Gleichwohl unterstützt er dessen Sohn Robert („Kurzhose“, 1087–1106 Herzog der Normandie), da Wilhelm die gesamte Grafschaft Vexin beansprucht.

1092 Als Philipp I. Bertrada von Montfort, die Gemahlin des Grafen Fulko von Anjou, entführt und die Königin Bertha verstößt, belastet er das Land zusätzlich zur Investiturkontroverse. Trotz Einsegnung der neuen Verbindung durch den Bischof von Senlis versagt

1094 Papst Urban II. die Anerkennung und läßt den König durch den päpstlichen Legaten Hugo von Die exkommunizieren.

1095 Auf dem Konzil von Clermont predigt Urban II. nicht nur den Kreuzzug, sondern erneuert auch die Bannsentenz.

1096 Schon im folgenden Jahr aber müssen die französischen Bischöfe zur Unterstützung der päpstlichen Politik aufgefordert werden, und Philipp erlangt die Absolution.

1098 Erst nach einem bald darauf neu und diesmal über ganz Frankreich verhängten Interdikt sagt Philipp die Trennung von Bertrada zu, wird absolviert, ohne aber das Versprechen einzulösen, so daß er zwei Jahre später wieder dem Bann verfällt.

1101 Der Thronfolger Ludwig (VI.) wird offiziell an der Reichsregierung beteiligt und führt die Kämpfe gegen den widerspenstigen Adel der Île-de-France.

1107 In St-Denis treffen Philipp I. und Ludwig mit Paschalis II. zusammen; dort wird die folgenreiche VERBINDUNG FRANKREICHS MIT DEM PAPSTTUM in feierlicher Form begründet und die Regelung der französischen Investiturfrage auf dem Konzil von Troyes im gleichen Jahr ermöglicht: Die königliche Bewilligung *(concessio)* der Temporalien ohne Lehnseid nach kanonischer Bischofswahl ersetzt die bisherige Investitur mit Ring und Stab; als „kanonisch" gelten auch vom König bestätigte oder im Einvernehmen mit dem König durchgeführte Wahlhandlungen.

DIE AUSBILDUNG DER GROSSEN TERRITORIEN

FLANDERN: Zur Grafschaft Flandern (Hauptstadt Brügge) gehören seit dem 10. Jahrhundert die Grafschaften Waesland, Gent, Courtrai, Mempisc, Carabant, Mélentois, Tournai, Ostrebant, Arras. Untergrafen in Boulogne und Thérouanne. Lehnsherr ist der König von Frankreich (Kronflandern). 1002–1056 Erweiterung um niederlothringische Grafschaften Alost und Hennegau, Landschaften Overschelde und Vier Ambachten, fünf seeländische Inseln (darunter Walcheren): Reichsflandern. 1180 geht durch Ehe Isabellas von Hennegau mit Philipp II. August ganz Südflandern (ab dem 13. Jahrhundert: „Artois") an die Krone.
NORMANDIE: Seit dem 10. Jahrhundert Ausgangsgebiet um Rouen, dazu westliche Grafschaften Sées, Hiémois, Bayeux, Avranches, Cotentin. Personalunion mit England (seit 1066) umstritten, mit Heinrich II. (1154) gefestigt. Ungewöhnlich starke Herzogsgewalt: Hochgerichtsbarkeit, unmittelbares Aufgebotsrecht, Besetzungsrecht für Bistümer, herzögliche Vormundschaft über alle minderjährigen Adligen. Modell nicht lehnrechtlich begründeter Zentralverwaltung für die französische Monarchie nach Eroberung 1204 durch Philipp II. August.
BRETAGNE: Ethnische Sonderstellung (besiedelt von keltischen Flüchtlingen von den britischen Inseln, daher Name Britannia). Erneuerung des Herzogtums durch Conan I. von Rennes (990), dennoch lehnrechtliche Aufsplitterung. Normannischer Druck

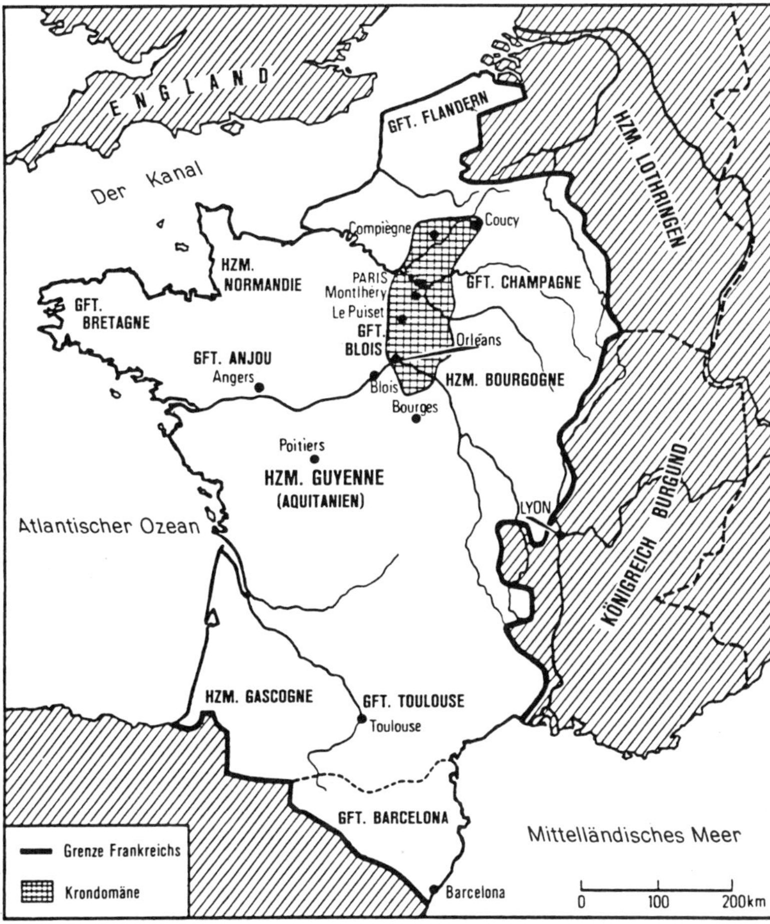

Abb. 7: Frankreich zu Beginn des 11. Jahrhunderts

führt 1113 zum Verzicht Ludwigs VI. auf die Lehnshoheit; seit 1166 englische Verwaltung durch Verlobung Gottfrieds (Sohn Heinrichs II.) mit der Tochter Herzog Conans IV. Beider Sohn Arthur 1203 auf Veranlassung Johanns I. (Ohneland) ermordet, daraufhin Vormundschaft Philipps II. über die „Regentin" Alix, die 1213 einen kapetingischen Prinzen heiratet.
ANJOU: Fulco III. Nerra († 1040) entzieht sich der Lehnsverpflichtung gegenüber dem König; Begründung des angevinischen Fürstentums und weitere Expansion (1044 Touraine, 1110 Maine). Straffe lehnsstaatliche Verwaltung (Gottfried V. Plantagenet, seit 1144 auch Herzog der Normandie). 1152 Erwerb des Herzogtums Guyenne, 1154 Personalunion Anjou/Normandie/England (Heinrich II.). 1214 Niederlage Johanns I. (Ohneland) bei Angers gegen Ludwig (VIII.) von Frankreich. 1258 Vertrag von Paris. Anjou, Maine, Touraine zur Krondomäne.
BLOIS-CHAMPAGNE: Odo II. († 1037) vereinigt Blois/Chartres/Champagne, aber schon 1152 endgültige Teilung mit deutlichem Übergewicht der Champagne. 1160 enge Verbindung zum Königshaus durch Ehe Ludwigs VII. mit Adela von Champagne. 1234 Theobald IV. König von Navarra; kapetingische Schutzherrschaft während seiner Abwesenheit, aber erst die Ehe Philipps IV. mit Johanna von Navarra bringt die Grafschaft an die Krondomäne.
BURGUND: Das Herzogtum umfaßt den Raum Autun/Auxerre/Langres/Troyes und geht 956 durch Heirat an Otto (Bruder Hugo Capets), 1002 durch Erbfall an König Robert II. Seit 1032 (Robert, Bruder König Heinrichs I.) kapetingische Herzöge in schwacher Position gegenüber dem König, ihren Vasallen und der reich ausgestatteten Kirche. Hauptstadt Dijon.
AQUITANIEN: Gegenüber der älteren Bedeutung (alles Land südlich der Loire) auf das Poitou reduzierte Herzogsgewalt, behauptet Lehnsherrschaft über Anjou, Angoulême, La Marche, Périgord.
1137 heiratet die Erbtochter Eleonore Ludwig VII., 1152 (nach Scheidung) Heinrich von Anjou/Normandie (seit 1154 König Heinrich II. von England). 1224 erobert Ludwig VIII. das Poitou, Bezeichnung Guyenne seit dem 13. Jahrhundert für die südfranzösischen Besitzungen Englands (Gascogne, Agenais).
TOULOUSE: Die Grafschaft bildet mit Albi und Cahors eine Einheit; seit 1112 von der mittleren Garonne bis zur Rhônemündung erweitert. 1125 Teilungsvertrag mit den Grafen von Barcelona. Erwerb der Markgrafschaft Provence. Vertrag von Paris 1229 (Folge der

Albigenserkriege): Raimund VII. tritt Herzogtum Narbonne, Albigeois zwischen Tarn und Agout, südliches Quercy an die Krone ab. Durch kinderlose Ehe (1249) der Erbtochter Johanna mit Alfons (Sohn Ludwigs VIII.) 1271 Erbfall für das restliche Gebiet.

Der König von Frankreich

987 bringt das Wahlrecht die Kapetinger auf den Thron, sie erreichen aber durch Erhebung des jeweiligen Thronfolgers zum Mitkönig Anerkennung des Erbrechts (1137). Das Krönungsrecht wird zwischen 1054 und 1089 dem Erzbischof von Reims zugesprochen, dessen Kathedralkirche seit 1129 ständiger Krönungsort ist. 1131 erstmals Gleichsetzung des bei der Königsweihe verwendeten Öls mit dem „Himmelsöl" des heiligen Remigius; 1223 erkennt das Krönungszeremoniell diese Legende an. Damit behauptet der König von Frankreich eine Sonderstellung unter den europäischen Monarchen, zumal er mit Chrisma an Kopf, Brust, Armgelenken, zwischen und auf den Schultern gesalbt wird (Hauptsalbung mit Chrisma seit 1204 sonst nur bei Priesterweihe). Die Kommunion in beiderlei Gestalt wird seit dem 13. Jahrhundert zur Besonderheit, als der Laienkelch außer Brauch kommt; Skrofelheilung am Krönungstag ist seit Philipp I. Amtsmerkmal. Die karolingische Tradition als wichtiges Element des französischen Königsgedankens haftet besonders an der Abtei St-Denis bei Paris; sie ist Grablege der Könige, erhält häufig die Insignien als Weihegaben und verwahrt seit 1260 stets den Krönungsornat. Abt Suger von St-Denis (1122–1151) sieht in Ludwig VI. den Lehnsmann des heiligen Dionysius und Träger seiner Fahne *(„Oriflamme")*, die seit 1184 als Banner Karls des Großen verstanden und 1214 bei Bouvines mitgeführt wird. Der Karlskult erinnert an das großfränkische Reich und ist insoweit politisches Programm: Unabhängigkeit von jedem auswärtigen hegemonialen Anspruch. Der Krönungsordo von Reims (1260/74) faßt die bisherigen Stufen zusammen und legt den Krönungsbrauch für die Zukunft fest.

Die Erneuerung der Königsmacht (1108–1270)

1108–1137 König Ludwig VI. (der Dicke).
Er setzt die Kirchenpolitik seines Vaters fort und bekämpft weiterhin den Adel in der Krondomäne, wobei der Episkopat ihn vielfach unterstützt. Seine Erfolge bilden die wichtigste Voraussetzung für die Ausbildung einer starken französischen Monarchie von der zweiten Hälfte des 12. Jahrhunderts an. Gleichzeitig behauptet er sich trotz gelegentlicher Rückschläge gegen die anglo-normannische Macht und dehnt die königliche Gerichtsgewalt aus.

1111–1113 Krieg zwischen Heinrich I. von England und Ludwig VI. Im Frieden von Gisors (Departement Eure) tritt Ludwig die Lehnshoheit über die Grafschaft Maine und Bretagne an Heinrich I. ab.

1116 Die Feindseligkeiten flammen drei Jahre später erneut auf; Schwerpunkt der Operationen ist das Vexin.

1119 Niederlage Ludwigs bei Bremule (Departement Eure) gegen Heinrich I.

1121 Friedensschluß nach Vermittlung Papst Calixts II. Für das Herzogtum Normandie empfängt Ludwig die Huldigung durch Wilhelm, den Sohn Heinrichs II.

1122 Der König besteht auf seiner Kirchenhoheit und wahrt diese Rechte auch gegenüber dem ihm von Jugend an befreundeten Suger, dessen Wahl zum Abt von St-Denis nur unter erheblichen Schwierigkeiten bestätigt wird, weil Ludwig nicht vorher konsultiert worden war.

1124 Im August bereitet Kaiser Heinrich V. einen Vorstoß gegen Reims vor, um eine Bündnisabsprache mit seinem Schwiegervater Heinrich I. von England zu erfüllen. Angesichts dieser doppelten Bedrohung eilt Ludwig VI. nach St-Denis, läßt die Reliquien der Heiligen auf den Hauptaltar erheben, von dem er die „Fahne des heiligen Dionysius“ nimmt (in Wahrheit die Lehnsfahne der Grafschaft Vexin, später als *„Oriflamme“* mit dem Banner Karls des Großen gleichgesetzt), und geht an der Spitze des bislang größten

Heeres unter einem kapetingischen König dem Angreifer entgegen. Der bedeutende Zuzug (Aufgebote der Kirchen von Reims, Châlons, Laon, Soissons, Orléans, Étampes, Paris, St-Denis; der Grafen von Blois, Champagne, Nevers, Vermandois und Flandern; des Herzogs von Burgund) veranlaßt Heinrich V. zu kampfloser Umkehr bei Metz.

In Frankreich führen diese Ereignisse zur ersten deutlich faßbaren Welle nationalen Bewußtseins, das vom auswärtigen Gegner erregt und durch Abt Suger von St-Denis maßgeblich beeinflußt wird.

1126 Ein Vorstoß Ludwigs VI. in die Auvergne zum Schutz des Bischofs von Clermont sieht den König wieder an der Spitze eines großen und vielfältig zusammengesetzten Heeres (Grafen von Flandern, Anjou, Bretagne; normannische, von Heinrich I. abgeordnete Truppen; zahlreiche Kronvasallen).

Nach militärischen Erfolgen des Königs vermittelt Herzog Wilhelm IX. von Aquitanien den Waffenstillstand.

1130 Auf dem Konzil von Étampes, das Ludwig VI. einberufen hat, entscheidet sich die französische Kirche unter ausschlaggebender Mitwirkung Bernhards von Clairvaux im Schisma gegen Anaklet für Innozenz II. England und das deutsche Reich folgen.

Ludwig VI. hat die Krondomäne vergrößert und durch zielstrebige Politik unter wohlabgewogenem Einsatz militärischer Kräfte das Ansehen des Königtums bedeutend erhöht.

Die Gottesfriedensbewegung

Ende des 10. Jahrhunderts beginnt in Südfrankreich der hohe Klerus den Friedensschutz zu organisieren und handhabt auch die geistlichen Strafen zu seiner Durchsetzung. Erste Friedensgelübde 975 in der Diözese Le Puy, 989 in der Erzdiözese Bordeaux; später über ganz Frankreich verbreitet. Ziel ist die Unterbindung von Adelsfehden, charakteristisch die Einheit Klerus/Landbevölkerung/Reliquienkult, Durchsetzungsmittel das Interdikt (erstmals 1030 in Aquitanien) gegen Friedensbrecher, theoretische Grundlage die Sorgepflicht des Bischofs für Arme, Kleriker, ungestörten

Gottesdienst. Die ältere Form des Friedensbundes schützt bestimmte Personengruppen (waffenlose Kleriker, Bauern) und Sachen (Kirchen, Häuser, Vieh, Feldfrüchte), die jüngere bringt allgemeine Waffenruhe für bestimmte Tage (= *Treuga Dei*; zuerst 1033 in den Konzilsakten von Vich). 1041/42 Konzil von St-Gilles: *pax et treva Domini*; daraus Begriffsbildung *pax Dei* = Gottesfrieden, seit 1080/90 verbreitet. Friedenstage zunächst von Sonnabend nachmittag bis Montag morgen; bald erweitert auf Mittwoch abend bis Montag morgen; die Wochen vom 1. Advent bis Epiphaniasoktav, Sonntag vor Aschermittwoch bis Osteroktav, Rogationstage bis Pfingstoktav und zahlreiche Heiligenfeste. Cluny ist an den Anfängen nicht beteiligt. Seit Urban II. (1088–1099; Franzose!) wird die Gottesfriedenbewegung vom Papsttum gefördert: 1095 Konzil von Clermont mit Sonderfrieden für Kreuzfahrer; von späteren Konzilien bekräftigt. Ludwig VI. beendet durch eigenen Kampf gegen den fehdeführenden Adel in der Domäne die ältere Friedensbewegung, im 13. Jahrhundert läuft sie allgemein aus.

1137–1180 König Ludwig VII.
Er übernimmt zu einer Zeit die Regierung, als auch die großen Fürstentümer Frankreichs an innerer Festigkeit gewonnen haben und den König von Bevölkerung und Adel außerhalb der Domäne trennen. Normandie, Anjou, Blois-Champagne, Flandern stecken nicht nur die Grenzen königlicher Territorialgewalt ab, sondern sind auch ihre gefährlichsten Konkurrenten. Durch seine Ehe mit Eleonore, der Erbtochter Wilhelms X., ist Ludwig VII. aber in Personalunion Herzog von Aquitanien und hat damit südlich der Loire eine zweite Basis. Bei Bischofserhebungen geht der König zunächst schroff gegen Domkapitel und Episkopat vor (Reims, Poitiers, Bourges), fördert die kommunale Bewegung gegen den örtlichen Klerus (Reims, Sens) und gerät dadurch in Gegensatz zum Papst.

1144 In der Normandie triumphiert Graf Gottfried Plantagenet von Anjou über den von Ludwig VII. gestützten Stephan von Blois. Ludwig wechselt die Fronten, erkennt die Herrschaft Gottfrieds über die Normandie an und erhält seinerseits die Lehnsoberhoheit bestätigt.

1145 Aus persönlicher Frömmigkeit entscheidet sich Ludwig VII. für einen bewaffneten Zug ins Heilige Land.

1146 Erst der päpstliche Auftrag und die Kreuzzugspredigt Bernhards von Clairvaux in Vézelay bringen aber ein genügend großes Heer zusammen.

1147–1149 ZWEITER KREUZZUG. Das französische Kontingent geht auf dem Landweg über Konstantinopel und Nikaia, erleidet bei Laodikaia eine schwere Niederlage und beteiligt sich an der vergeblichen Belagerung von Damaskus. Während dieser Zeit ist Abt Suger von St-Denis († 1151) Regent des Reiches.

1152 Scheidung des Königs von Eleonore, der Aquitanien zurückgegeben werden muß. Sie heiratet Heinrich Plantagenet, seit zwei Jahren Herzog der Normandie und Graf von Anjou, der als Heinrich II. König von England wird (1154). Sein kontinentaler Besitz reicht vom Kanal zu den Pyrenäen und droht bei weiterer Expansion, Ludwig VII. auf das Pariser Becken zu beschränken.

1156 Um sich die Neutralität des französischen Königs während des Konfliktes mit seinem eigenen Bruder Gottfried zu sichern, huldigt Heinrich II. Ludwig VII. für die Normandie, Aquitanien, Anjou, Maine, die Touraine.

1159 Ausbruch des SCHISMAS.
Während Kaiser Friedrich I. sich für Papst Viktor IV. entscheidet, sind der englische und der französische Klerus auf seiten Papst Alexanders III.; Heinrich II. und Ludwig VII. ergreifen folglich seine Partei.

1162 Alexander III. flieht nach Frankreich. Ein Treffen Ludwigs VII. mit dem Kaiser bei St-Jean-de-Losne (Saône) kommt nicht zustande.
Während seines dreieinhalbjährigen Aufenthaltes unterstützt der Papst den französischen König bei dessen Kirchenpolitik. Ludwig ist darauf angewiesen, weil er den seit zwei Jahren offen ausgebrochenen Konflikt mit Heinrich II. nicht militärisch gewinnen, sondern nur gestützt auf eine gefestigte Krondomäne überstehen kann.

1164 Thomas Becket, Erzbischof von Canterbury, geht ins französische Exil.

1167–1172 Krieg zwischen Ludwig VII. und Heinrich II., Hauptschauplatz ist das Vexin.

1173 Graf Raimund V. von Toulouse huldigt Richard, einem Sohn Heinrichs II., wodurch das Languedoc an Aquitanien fällt.
Ludwig unterstützt daraufhin den erfolglosen Aufstand Heinrichs des Jüngeren von England gegen seinen Vater.

1177 Nur unter päpstlichem Druck versteht sich Heinrich II. zum Ausgleich mit Ludwig.
Dem Verlust Aquitaniens und der Unterlegenheit gegenüber Heinrich II. entspricht positiv eine sehr gut verwaltete Domäne. Die Autorität des Königtums hat in Frankreich weiter zugenommen, der innere Zusammenhalt unter der kapetingischen Dynastie ist größer als 1137.

1180–1223 König Philipp II. Augustus.
Er hat in den Anfängen seiner Regierung mit drei Mächtegruppierungen zu rechnen: Heinrich II., Flandern und Champagne. Die Ehe mit Isabella von Hennegau bringt das Artois an die Krone.

1185 Die militärisch und politisch glücklose Koalition von Flandern/Champagne muß im Vertrag von Boves (südöstlich Amiens) 65 Burgen im Vermandois und die Stadt Amiens dem König ausliefern. Philipp II. nutzt Spannungen im englischen Königshaus und sein Bündnis mit dem Kaiser zur Teilung der angevinischen Macht:

1188 Richard Löwenherz huldigt ihm für Normandie, Poitou, Anjou, Maine, Berry und Toulousain.

1191 Landung Philipps II. und Richards im 3. Kreuzzug vor Akkon; die Stadt fällt nach kurzer Belagerung. Im gleichen Jahr kehrt der französische König in sein Reich zurück.

1194–1199 Englisch-französischer Krieg, der für Philipp II. verlustreich endet: Außer Gisors gehen alle Positionen in der Normandie und im Vexin verloren; die Rechte im Erzbistum Tours fallen an Richard Löwenherz, der aber kurz nach Friedensschluß an den Folgen einer Verwundung stirbt.

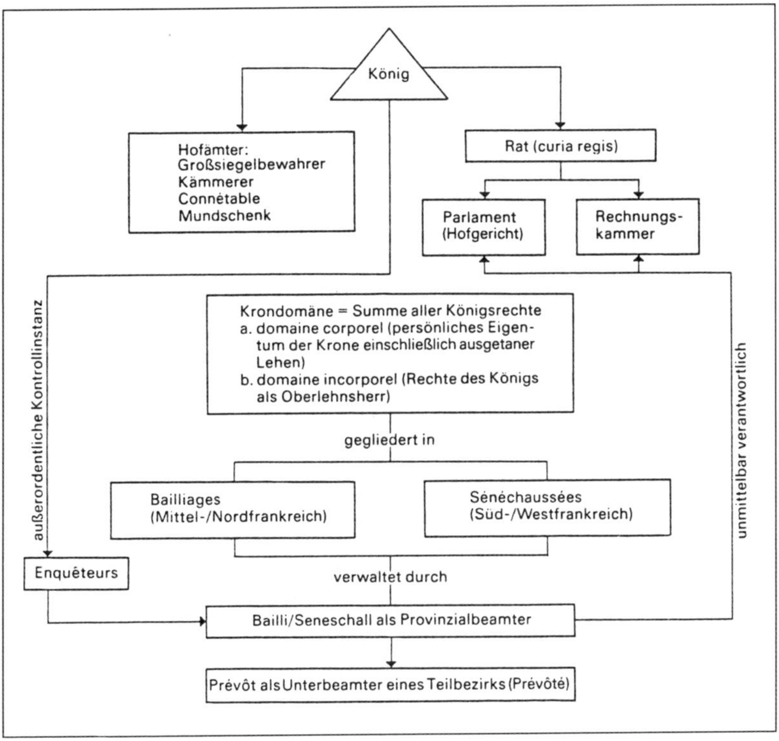

Abb. 8: Beginn der Organisation des Reiches seit Philipp II. Augustus

1199 Die Nachfolge seines Bruders Johann (Ohneland) wird durch dessen Neffen Arthur von Bretagne bestritten, den Philipp unterstützt.

1200 Die Bewegungsfreiheit des französischen Königs wird aber durch das Interdikt eingeschränkt, mit dem Papst Innozenz III. ihn zwingt, die verstoßene zweite Gemahlin Ingeborg von Dänemark wieder aufzunehmen.

1202 Klage der mächtigen poitevinischen Familie der Lusignan gegen Johann vor dem Hofgericht Philipps II. als dem Oberlehnsherrn. Da Johann keiner Ladung folgt, werden ihm alle französischen Lehen aberkannt: Kriegserklärung in Form des Lehnsprozesses.

Einen Vermittlungsversuch Innozenz' III. lehnt Philipp mit Hinweis auf die Grenzen päpstlicher Jurisdiktionsgewalt ab, die Lehnssachen nicht einschließe. Zum ersten Mai stützt ein französischer König seinen Widerstand gegen die Kurie auf das Lehnsrecht. Während der folgenden Kämpfe wird Arthur von Johann gefangengenommen und bald darauf ermordet.

1204 Mit der Eroberung des stark befestigten Château Gaillard (Les Andelys/Seine) bricht Philipp II. das Tor zur Normandie, während Johann in England bleibt. Im Juni kapituliert Rouen. Mit dem Einzug des Königs in Poitiers beginnt zwei Monate später die Eroberung des Poitou.

Seit der Doppelwahl von 1198 im deutschen Reich hat sich eine Annäherung Philipps II. an die staufische Partei ergeben, um die englisch-welfische Allianz zu verhindern.

1208 Nach der Ermordung Philipps von Schwaben fördert der französische König die deutsche Thronkandidatur Heinrichs von Brabant, wobei erstmals eine Bestechung der Wähler versucht wird. Der Mißerfolg nötigt zur Wiederbelebung des staufisch-kapetingischen Bündnisses.

1213 Philipp bereitet eine Landung in England vor, um den Konflikt Johanns mit Innozenz III. wegen der Kirchenpolitik des englischen Königs zu nutzen, scheitert aber an Johanns Unterwerfung, die das päpstliche Verbot französischer Kriegshandlungen gegen England nach sich zieht, und am Widerstand des Grafen Ferrand von Flandern-Hennegau. Der daraufhin unternommene Feldzug gegen Flandern ist militärisch erfolgreich, aber politisch ohne Ergebnis. Die französische Flotte wird in Damme (Hafen Brügges) von den Engländern vernichtet.

1214 Johann landet in La Rochelle und bereitet mit seinen militärischen Erfolgen den englisch-welfischen Feldzug vor. Beide Heere treffen sich in Valenciennes unter Führung von Johanns Halbbruder Wilhelm von Salisbury und des Kaisers, der die Herzöge von Brabant, Limburg, Oberlothringen, die Grafen von Flandern und von Holland als Verbündete hat, während sein eigenes Aufgebot nur westfälisch-niederrheinische Kontingente ohne geistliche Beteiligung umfaßt. Kriegsziel ist die Auflösung der kapetingischen Monarchie.

27. Juli Es kommt bei BOUVINES (nahe Lille) zur entscheidenden Schlacht, in der Philipp II. einen glänzenden Sieg erringt und seither den Zunamen „Augustus" erhält. Das angevinische Reich ist vernichtet, der deutsche Thronstreit entschieden, die europäischen Machtverhältnisse sind zugunsten Frankreichs gründlich verändert. Johann von England schließt in Chinon einen Frieden auf fünf Jahre und anerkennt den Verlust aller englischen Besitzungen nördlich der Loire.

Ansehen und politische Möglichkeiten der Krone gegenüber den Regionalgewalten erfahren in Frankreich eine erhebliche Stärkung und erlauben in den folgenden Jahren den Aufbau einer zentralisierten Verwaltung.

1216 Die gegen Johann rebellierenden Barone rufen den französischen Thronfolger Ludwig (VIII.) nach England, der trotz päpstlichen Verbots geht, um die Krone zu erlangen. Der Tod Johanns entzieht dem Aufstand die Grundlage und zwingt Ludwig zum Verzicht.

ALBIGENSERKRIEGE IN SÜDFRANKREICH (1209–1229)

Zuerst in den Rheinlanden tritt 1143 eine organisierte Sekte auf, die seit den sechziger Jahren des 12. Jahrhunderts in ganz Mittel- und Westeuropa verbreitet ist. Die Mitglieder nennen sich selbst KATHARER (von griechisch *katharoi* = die Reinen; daraus wahrscheinlich das deutsche Wort „Ketzer"), kennen eine Priesterhierarchie *(electi, perfecti)* über einfachen *auditores* oder *credentes* und besondere Grundsätze: tägliches Brotbrechen statt Messe und Kommunion, Handauflegung statt Taufe, Ablehnung von Fleischgenuß, Eid und Ehe. Ursprungsgebiet der Sekte ist der byzantinische Balkanraum, wo in der Mitte des 10. Jahrhunderts der bulgarische Priester Bogumil urchristliche Ideale predigt. Um 1160/70 bringt der bogumilische Bischof Niketas aus Konstantinopel das radikal dualistische Weltbild in den Westen: Die sichtbare Welt sei nicht von Gott erschaffen, sondern vom Teufel; das Alte Testament sei als böser Widerpart des Neuen verwerflich. Damit wird die Sekte zur Gegenkirche mit spekulativer Dogmatik; am stärksten ist sie im Languedoc, wo es sechs Katharerbistümer gibt: Nach dem Hauptort Albi wird der Name ALBIGENSER gebildet. Die Wirkung beruht auf apostelhafter Agitation und dem dualistischen Mythos, der mit klarer Scheidung von Gut und Böse dem weniger Gebildeten einleuchtende Erklärungsmodelle für irdische Mißstände liefert. Städte sind günstiger Nährboden, weil Armut breiter Bevölkerungsteile und schlechtes Gewissen vermögender Bürger gleichermaßen angesprochen werden. Deshalb wird das Languedoc zur wichtigsten katharischen Region: Von der Kirchenreform kaum berührt, steht spirituelle Leere neben großer Wirtschaftskraft. Die Amtskirche überzeugt im Vergleich zur katharischen Lebensführung nicht, so daß seit 1165 Toulouse, Albi, Agen, Pamiers, Carcassonne ihrer Kontrolle entgleiten.

Der päpstliche Legat Peter von Castelnau versucht eine Reform des Episkopats im Languedoc (1204). Drei Jahre später bannt Innozenz III. den unbeugsamen Grafen Raimund VI. von Toulouse, worauf einer seiner Pagen den Legaten tötet. Der Papst sucht Hilfe beim König von Frankreich, der aber seines Krieges mit England wegen ablehnt. Dem Kreuzzugsaufruf folgen aber so zahlreiche Krieger vor allem aus Burgund, der Île-de-France und der Normandie, daß im Juli 1209 Béziers erobert werden kann. Die Ermordung der gesamten Einwohnerschaft verbreitet solchen Schrecken, daß viele Städte und feste Plätze kampflos übergeben werden. Simon von Montfort, ein Kleinadliger aus der Île, durch seine Mutter Graf von Leicester, will sich eine Eigenherrschaft im Süden aufbauen; damit ist der erste Schritt vom Kreuzzug zum Krieg zwischen dem Norden und dem Süden Frankreichs getan. Simon schlägt 1213 Raimund VI. und dessen Schwager Peter II. von Aragón bei Muret; Toulouse wird genommen, Simon fällt aber 1218 beim Belagern der von Raimund im Handstreich zurückeroberten Stadt. Die gesamte Grafschaft wird wieder von Raimund VI. beherrscht. Im Albigenserkreuzzug 1226 erobert König Ludwig VIII. das gesamte Languedoc außer Toulouse und das arelatische Avignon. Mit dem Vertrag von Paris werden die Albigenserkriege 1229 beendet. Die Macht der Albigenser ist gebrochen, aber auch die provenzalische Kultur zerstört.

1223–1226 KÖNIG LUDWIG VIII.
Er tritt als erster kapetingischer König die Nachfolge seines Vaters ohne Wahl zu dessen Lebzeiten an: Das Erbrecht hat sich endgültig durchgesetzt. Die Politik Philipps II. gegenüber dem englischen Festlandbesitz wird konsequent weitergeführt:

1224 Ludwig erobert das Poitou und die Saintonge (zwischen Loire und Dordogne).

1226 Entscheidende Tat ist aber der ALBINGENSERKREUZZUG. Auf dem Rückweg nach Paris stirbt der König unerwartet an den Folgen einer Ruhrerkrankung.

1226–1270 KÖNIG LUDWIG IX., DER HEILIGE, tritt zwölfjährig die Nachfolge an. Zunächst steht er unter der Regentschaft seiner energischen und politisch begabten Mutter Blanca (Blanche) von Kastilien (Tochter Alfons' VIII.), die zwischen 1227 und 1236 mehrere Versuche der Adelsopposition zur Schwächung der Krongewalt scheitern läßt.

1229 Blanca schließt den VERTRAG VON PARIS mit Graf Raimund VIII. von Toulouse: Herzogtum Narbonne (etwa im Raum der heutigen Departements Gard, Hérault, Aude), Albigeois zwischen Tarn und Agout, Landgebiet des Bistums Cahors mit der Lehnshoheit über den Adel dieser Gebiete an die Krone; Grafschaft Venaissin (östlich der Rhône) an den Papst. Raimunds Erbtochter heiratet Ludwigs IX. Bruder Alfons von Poitiers; die Ehe bleibt kinderlos, so daß nach beider Tod (1271) auch der restliche Besitz an die Krone fällt: Toulousain, Albigeois nördlich des Tarn, Agenais, Grafschaft Rodez, südliches Quercy.
Nunmehr ist dem französischen Königtum nach militärischer Unterwerfung des Languedoc der Vorstoß zum Mittelmeer gelungen. Der damit verbundene Untergang einer blühenden provenzalischen Kultur belastet auf Jahrhunderte die Beziehungen zwischen Norden und Süden des Reiches.

1242 Im Bündnis mit einer aufständischen französischen Adelskoalition unter Führung des Grafen von Marche versucht Heinrich III. eine Rückeroberung der

englischen Lehen, wird aber bei Saintes von Ludwig IX. geschlagen.
In der Auseinandersetzung zwischen Papst und Kaiser ist Frankreich eine von beiden Seiten umworbene Macht. Ludwig IX. verhält sich neutral und vermittelnd, wodurch den Interessen Frankreichs am besten gedient ist, zumal die antikirchliche Publizistik Friedrichs II. Resonanz im französischen Adel findet.

1248–1254 6. KREUZZUG. Ludwig nimmt das Kreuz und geht von Aigues-Mortes aus über Zypern nach Damiette (1249), wird nach vernichtender Niederlage (1250) gegen hohes Lösegeld freigelassen und wendet sich dann in das Heilige Land, wo er als unbestrittener Regent vier Jahre lang wirkt.

1258 11. Mai Im VERTRAG VON CORBEIL verzichtet Aragon auf die Lehnshoheit im Languedoc, Ludwig auf die seine über Katalonien.

28. Mai Wenig später schließen Heinrich III. und Ludwig IX. den FRIEDEN ZU PARIS: Heinrich gibt Normandie, Anjou, Touraine, Maine, Poitou auf und erkennt die französische Lehnshoheit über geringfügigen Besitz im Raum Limoges, Cahors, Périgueux sowie über Reste der Guyenne an.
Damit ist Frankreich zur Großmacht geworden, die seit dem Zusammenbruch der staufischen Herrschaft keine ernsthaften Rivalen mehr hat. Persönlich von tiefer Frömmigkeit mit asketischen Zügen geprägt, ist Ludwig IX. als Herrscher klug, beharrlich, gerechtigkeitsliebend; 27 Jahre nach seinem Tode wird er heiliggesprochen. Unter seinen Rechtsreformen sind besonders wichtig das Verbot des gerichtlichen Zweikampfes, die Appellationsmöglichkeit von baronialen Gerichten an das Pariser Parlament (Hofgericht), die Einschränkung des Fehderechts. Die Krongewalt wird im Innern durch weitere Maßnahmen gestärkt: ständiger Sitz des mit Juristen besetzten Hofgerichts in Paris, Aufzeichnung seiner Urteile, Einzug heimgefallener Lehen zugunsten des Königs, Ausnutzung der städtischen Finanzen. Die kommunale Bewegung wird in der Krondomäne unterdrückt, außerhalb ge-

fördert, um die Regionalgewalten weiter zu schwächen.

1270 7. KREUZZUG. Ludwig IX. zieht nach Tunis, wo er mit einem großen Teil des Heeres einer Seuche erliegt.

DIE LITERATUR UND DIE BILDENDEN KÜNSTE

LITERATUR: Vom 9. Jahrhundert an zeigen verstreute Zeugnisse das Entstehen einer nichtlateinischen Literatur, deren Autoren gleichwohl Kleriker sind. Als verloren gelten mündlich überlieferte Stücke volkstümlicher Lieddichtung, die karolingerzeitliche Stoffe in die hochmittelalterliche Literatur bringen. Lateinische Oster- und Weihnachtsspiele (zuerst im 10./11. Jahrhundert in St-Martial/Limoges und in Fleury-sur-Loire) als Beginn einer liturgisch bestimmten szenischen Kultur werden allmählich mit volkssprachlichen Partien durchsetzt (frühestes Zeugnis eine Handschrift aus St-Martial, um 1100), das erste französische Spiel entsteht um die Mitte des 12. Jahrhunderts (Adamsspiel).
Besonders Aquitanien und die Normandie bringen volkssprachliche Texte hervor: Heiligenlieder und -viten, im Süden Troubadour-Lyrik (von *trobar* = ein Lied verfassen; aus lateinisch *tropus* = Melodie, Gesang, Lied), die seit 1100 an aquitanischen Höfen gefördert wird. Innerhalb von zwei Generationen entwickelt sich eine Kunst, die das Provenzalische zur vorbildlichen lyrischen Dichtersprache werden läßt (Höhepunkt 1175–1200: Bertran de Born, Giraut de Bornelh, Arnaut Daniel).
Die weltliche Epik *(chanson de geste)* beginnt um 1100 mit der „*Chanson de Roland*" und bezieht ältere Traditionen aktualisierend auf die eigenen Zeitumstände; ritterliche Tugend als höchster Wert, Auseinandersetzung mit dem Islam beliebtes Thema. Am kulturell führenden anglo-normannischen Hof ist das Französische seit Anfang des 12. Jahrhunderts Gesellschaftssprache, in der auch Geschichtswerke geschrieben werden: Geoffroi Gaimar, „*Histoire des Anglais*" (um 1140).
Neue Literaturgattung ist von der zweiten Hälfte des 12. Jahrhunderts an der Roman: detailfreudig, psychologisch erklärend, inhaltliche Zusammenhänge stärker einsetzend als formale Bande. Antike Stoffe (Theben, Troja) werden rasch durch byzantinische ergänzt *(Floire et Blancheflor)* und ab etwa 1170 von den bretonisch-keltischen Themen (Tristan, Gral, Arthus) verdrängt, die

842	*Straßburger Eide*
10. Jh.	*Vie de saint Léger*
1075/1100	*Chanson de saint Alexis*
vor 1109	*Chanson de Roland*
um 1125	*Gormond et Isembart*
vor 1126	Dichterisches Werk Graf Wilhelms IX. von Poitiers, Herzog von Aquitanien („erster Troubadour")
gegen 1120	Benedeit, *Voyage de saint Brendan*
vor 1130	Phillippe de Thaon, *Bestiaire*
1155	Wace, *Roman de Brut*
um 1160	*Eneas*
1170	Chrétien de Troyes, *Erec*
	Erstfassung von *Floire et Blancheflor*
1160/1170	Marie de France, *Lais*
nach 1161	Wace, *Roman de Rou*
um 1170	Thomas d'Angleterre, *Tristan*
1174	Garnier de Pont-Sainte-Maxence, *Vie de saint Thomas Becket*
um 1175	Erste Teile des *Roman de Renart*
um 1176	Chrétien de Troyes, *Cligès*
vor 1178	Étienne de Fougères, *Livre des manières*
um 1180	Chrétien, *Lancelot (Le chevalier de la charrette)*
	Chrétien, *Yvain (Le chevalier au lion)*
nach 1181	Chrétien, *Conte del Graal (Perceval)*
nach 1191	Béroul, *Tristan*
um 1200	Jean Bodel, *Le jeu de saint Nicolas*
vor 1200	Robert de Boron, *Estoire du saint Graal*
Anf. 13. Jh.	*Aucassin et Nicolette*
1213	Guilhem de Tudela, *Chanson de la croisade contre les Albigeois* (fortgesetzt 1228)
vor 1218	Gottfried I. von Villehardouin, *Conquète de Constantinoble*
um 1220	*Huon de Bordeaux*
1235	Guillaume de Lorris, *Roman de la Rose* (fortgesetzt wohl 1275 durch Jean de Meung)
vor 1236	Gautier de Coinci, *Les miracles de Notre-Dame*
um 1240	Henri d'Andeli, *Lai d'Aristote*
um 1250	Rutebeuf, Werke (bis um 1285)
vor 1285	Adam de la Halle, *Le jeu de la feuillée*
	Adam de la Halle, *Le jeu de Robin et Marion*

Abb. 9: Die ältesten französischen Sprachdenkmäler

Marie de France literarisch bekanntmacht, Chrétien de Troyes (vielleicht Kanoniker in Troyes) zur großen Form bringt. Satirisch, belehrend oder komisch, von Erzählfreude getragen ist das Tierepos (*„Roman de Renart“*). Nur wenig später entwickelt sich das *fabliau*: eine kurze, schwankhaft-parodistische Verserzählung, überwiegend in Nordfrankreich verbreitet.

KUNST: Mit der Ausbildung neuer architektonischer Formen um das Jahr 1000 entsteht eine regional unterschiedliche ROMANIK (Normandie, Poitou, Burgund, Aquitanien, Auvergne, Provence), die im Süden stärker durch antike Traditionen bestimmt wird. Wichtige Anregungen kommen aus Burgund (Abteikirche Cluny II, 981 geweiht, mit Staffelchor und westlicher Doppelturmfassade), Tours (Abteikirche St-Martin mit jetzt nicht mehr erhaltenem Chorumgang von 997ff.) und Reims (Abteikirche St-Rémi, 1005–1049; durch Emporengeschoß aufgegliederte Wand des Langhauses), bevor die Normandie eine Spitzenstellung erreicht: Die Abteikirche Jumièges (1040–1067) gruppiert Arkaden, Emporen und Fenster linear und betont durch halbrunde Pfeilervorlagen vom Boden zur Decke die senkrechte Ausrichtung des Raumes. Die Abteikirchen des Mont-St-Michel (2. Hälfte des 11. Jahrhunderts) und in Caen (St-Étienne, um 1065–1081; St-Trinité, 1059ff.) schließen hier an. Charakteristisch für das Poitou sind dreischiffige Hallenkirchen mit Querhaus, Chorumgang, Kapellenkranz und tonnengewölbtem Mittelschiff (St-Savin-sur-Gartempé spätes 11. Jahrhundert; Notre-Dame-la-Grande/Poitiers, 2. Viertel des 12. Jahrhunderts), während Aquitanien einschiffige Kuppelkirchen hervorbringt (Kathedrale St-Front/Périgueux, nach 1120ff.). Gewölbte Hallenkirchen mit Emporen und Vierungskuppel kennzeichnen die Auvergne, einschiffige Saalkirchen und dreischiffige Basiliken die Provence. Der Raumeindruck wird hier durch die geschlossene Wand bestimmt; antike Elemente zeigen besonders St-Trophime/Arles und St-Gilles-du-Gard (beide Mitte 12. Jahrhundert).

Ab 1100 ist Burgund führend, nicht nur in Frankreich, sondern in der europäischen Architektur überhaupt. Die Abteikirche Cluny III (1088ff.), der größte mittelalterliche Kirchenbau, hatte einen hochaufragenden Innenraum mit Triforien, Spitztonnengewölbe, Chorumgang und Kapellenkranz. Ein Nachfolgebau dieser nach 1789 größtenteils vernichteten Kirche ist die Kathedrale St-Lazare/Autun (um 1120ff.), andere Einflüsse zeigen Ancy-le-Duc (um 1100ff.), St-Lazare/Avallon (12. Jahrhundert) und Vezelay (um 1120ff.).

Abb. 10: Abteikirche von Cluny (3. Anlage), Rekonstruktion des romanischen Bauwerks, das in der Französischen Revolution zerstört wurde.

Die romanische Plastik ist vor allem Bauplastik. Für die Malerei zeugen neben geringen Resten von Wandbemalung illuminierte Handschriften; wichtig vor allem Limoges (Bibel von St-Martial, Ende des 11. Jahrhunderts), Burgund (Bibel von Cîteaux, 1109), St-Amand, Valenciennes.
Die Gotik breitet sich von der Île-de-France her aus und ist eine weitergeführte Synthese regionaler Bauelemente (Kreuzrippengewölbe: Normandie; Spitzbogen, Triforium: Burgund; Dreiportalfassade: Provence) zu einer in sich folgerichtig entwickelten Struktur: Auflösung der Wand, Raumerhellung durch große Glasfenster, einheitliches Raumgefüge statt Addition von Einzelräumen, sichtbare Funktion der Bauteile; durch Umgang und Kapellenkranz wird der Chor breiter als das Mittelschiff und erreicht schließlich dessen Länge, keine Emporen über den Arkaden. Da die Maßwerkfenster im Obergaden gleiche Abmessungen wie die Arkadenöffnungen haben, kann sich die Glasmalerei in bisher ungeahnter Weise entfalten (Chartres, Bourges); Frankreich ist im 12./13. Jahrhundert auf diesem Gebiet führend. Vom 13. Jahrhundert an wird auch die Profanarchitektur bedeutender (Stadtbefestigung von Carcassonne).
Die Plastik bleibt weiterhin ein Teil der Baukunst, die Figuren lösen sich aber von der Wand und werden immer selbständig-frei-

er; ausgehend von der Portalzone, verteilen sie sich besonders über den Außenbau. In der MALEREI verlieren die Klöster ab 1150 ihre führende Stellung an städtische Zentren, vor allem Paris (Evangeliar der Ste-Chapelle, um 1260/67; Psalter König Ludwigs IX., des Heiligen, 1253/70).

Abb. 11: Die ältesten gotischen Kathedralen

1140	Sens		
		1164	Weihe des Hauptaltars
		1230	(Nach Brand) Langhaus, Chorumbau
		1267	Einsturz des Südturms
		ab 1289	Neu- und Umbau der Westteile
1150	Noyon		
		1185	Chor, Querhaus
		1200	Langhaus
1153	Senlis		
		vor 1180	Chor
		1191	Weihe
		1240	Querhaus
1150/1155	Laon		
		Ende 12. Jh.	Langhaus
		1200	Westfassade
		1220	Chorausbau
1163	Paris		
		1182	Chorweihe
		1200	Langhaus
		1250	Westfassade
1194	Chartres		
		1220	Langhaus
		1221	Chorweihe
		1245	Querhaus
		1260	Weihe

1195	Bourges		
		1195–1214	Apsiden, Chor, Chorumgang
		1225–1250	Langhaus
Ende 12. Jh.	Meaux		
	Zweite Hälfte 13. Jh. weitgehend erneuert		
1201/1202	Rouen		
		nach 1214	Chor
		nach 1250	Langhaus
		nach 1275	Querhaus
1208	Troyes		
		1223	Chorumgang
		1240	Chor
		vor 1298	Querhaus
1211	Reims		
		1225/40	älteste Skulpturen (Nordfassade)
		1241	Chor
		nach 1250	Chorfenster
1215	Auxerre		
		vor 1234	Chor
		vor 1300	Chorfenster
1220	Amiens		
		1236	Langhaus, Teile der Westfassade
		1269	Chor
nach 1225	Beauvais		
		1284	Einsturz der Chorgewölbe

Die vorangestellte Jahreszahl bezeichnet den Baubeginn, nachgeordnete Daten beziehen sich auf die Vollendung einzelner Bauteile bzw. wichtige Baunachrichten.

Frankreich im Spätmittelalter (1270–1494)

Während der Regierungszeit Philipps IV. (1285–1314) erreicht die Königsmacht einen Höhepunkt. Von seinen Vorgängern gelegte Fundamente baut dieser Herrscher zielstrebig aus und verpflichtet seine Ratgeber auf die politischen Ziele der Krone als den höchsten Wert. Durch ihn berufene Juristen in der weiter differenzierten Verwaltung arbeiten erfolgreich an der Überwindung des Lehnrechts; Konstante der französischen Politik bleibt der Kampf gegen England. Während die Expansion gegenüber Deutschland nur geringfügig sein kann, spürt Italien die Hegemonie Frankreichs immer deutlicher. Philipp überfordert aber die Kräfte seines Reiches, indem er sie auf zu viele Ziele gleichzeitig lenkt: Vergrößerung des Staatsgebietes, Eingliederung der Kronvasallen, Unterwerfung der französischen Kirche und damit verbundene Auseinandersetzung mit dem Papsttum, so daß häufig nur Teilerfolge möglich sind. Die hier schon angelegten Schwierigkeiten wachsen, als der englische König nach dem Übergang der Monarchie auf das Haus Valois (1328) seine Politik durch eigenen Anspruch auf die französische Krone wirksam legitimiert. Der Hundertjährige Krieg (1339–1453) wirft Frankreich politisch und wirtschaftlich zurück, einer reduzierten Zentralgewalt entspricht die Verelendung des ganzen Landes und seiner Bevölkerung. Die westlichen Grenzgebiete des deutschen Reiches werden damit vom Druck der französischen Expansionspolitik entlastet, Italien bleibt unabhängig. Seit dem Aufstieg Burgunds in der ersten Hälfte des 15. Jahrhunderts ist der Hundertjährige Krieg zugleich Bürgerkrieg und nimmt damit an Schärfe zu.

Der wirtschaftliche Niedergang Frankreichs und die dauernden finanziellen Schwierigkeiten der Krone führen seit der Mitte des 14. Jahrhunderts zur Einberufung von Ständeversammlungen, die Finanzkontrolle ausüben wollen, aber auch um politische Mitsprache kämpfen. Trotz dieser Hindernisse kann das Königtum den Lehnsadel und die Nutznießer der großen Apanagen wieder zurückdrängen und am Ende des 15. Jahrhunderts die territoriale Einheit des Reiches herstellen: Der König übt im gesamten Gebiet der Monarchie die uneingeschränkte Herrschaft aus, ohne aber regionales Eigenleben ganz zu nivellieren. Hier wie schon unter

den direkten Kapetingern ist die dynastische Kontinuität von großer Bedeutung: Ohne sie hätte die Krongewalt nicht erreichen können, was ihr seit Ludwig XI. (1461–1483) zu Gebote steht.
Während der für das europäische Spätmittelalter charakteristischen, wirtschafts- und sozialgeschichtlich faßbaren Umbrüche verliert auch in Frankreich das Land im Vergleich zur Stadt an Bedeutung, wird das BÜRGERTUM allmählich zur führenden sozialen Schicht. Produktion und Verbrauch sind nicht mehr so eng verbunden wie früher, auch auf dem Land wird das Gewinnstreben zum Wirtschaftsmotiv und fördert die Ausbreitung von Spezialkulturen (Wald, Gemüse, Obst, besondere Rebsorten). Die GELDWIRTSCHAFT erreicht alle Bevölkerungsschichten und führt durch ständige Münzverschlechterungen zur Verarmung derer, die feste Einkünfte beziehen (Arbeitslöhne; Grundzinse der ländlichen Aristokratie). Das damit verbundene Krisenbewußtsein nährt sich weiter durch Krieg und Gewalt, Seuchen und Hungersnöte. Die im Großen Schisma (1378–1417) korrumpierte Kirche ist in Traditionen und Institutionen erstarrt, von ihr gehen kaum noch spirituelle Anregungen aus. Dagegen nehmen die Universitäten an Bedeutung zu, weil bürgerliche Rationalität und politische Mächte den Gelehrten als Ratgeber suchen. Das persönliche Interesse des unter vielfältiger Bedrohung wirtschaftenden Menschen weckt den Sinn für die Individualität, für die Besonderheit des Einzelschicksals. SOZIALE SPANNUNGEN gewinnen damit an Schärfe, weil statt älterer Vorstellungen vom unabänderlichen Geburtsstand die Möglichkeit zur Besserung der persönlichen Lage immer deutlicher in den Blick tritt. Durch Koordination partikularer und allgemeiner Interessen hat die Monarchie Voraussetzungen für den neuzeitlichen französischen Einheitsstaat geschaffen und erhalten.

Der Ausbau der Königsmacht (1270–1339)

Nach dem Tod Ludwigs IX. vor Tunis tritt sein Sohn die Nachfolge an:

1270–1285 KÖNIG PHILIPP III. (*1245).

1272 Den starken Einfluß seiner Umgebung auf die königliche Regierung zeigt der Plan seiner deutschen Thronkandidatur, der durch Philipps Onkel Karl von Anjou (*1220, †1285) angeregt und von Philipp

wohlwollend aufgenommen wird, aber an Papst Gregor X. scheitert.
Bemerkenswert groß ist auch das politische Gewicht seiner Mutter, Margarete von der Provence (*1221, †1295), und seiner Gemahlin, Maria von Brabant (*1254, †1321).

1282–1285 Karl von Anjou ist auch die treibende Kraft für Philipps III. „Kreuzzug“ gegen Aragón: Nachdem Papst Martin IV. Peter III. von Aragón (1276–1285) für abgesetzt erklärt hat, soll der König von Frankreich die päpstlichen Beschlusse militärisch verwirklichen helfen und dafür seinem zweiten Sohn Karl von Valois (*1270, †1325) die aragonesische Krone gewinnen. Auf dem Feldzug, der in einer Reihe katastrophaler Niederlagen endet, stirbt Philipp III.

1285–1314 König Philipp IV. der Schöne (*1268).
Er hat schon als Thronfolger Bedenken gegen die väterliche Politik erhoben und betreibt zielstrebig den Ausbau einer zentralistischen, expansiven Königsmacht.

1294–1297 Krieg mit England, der das Herzogtum Guyenne an die Krone bringen soll. Nach großen Erfolgen wird das Kriegsziel ausgeweitet und eine Flotte zum Angriff auf die englischen Häfen gebaut. Eduard I. hat in seiner unmittelbaren Nachbarschaft die mit Frankreich verbündeten Schotten als Gegner und bemüht sich um Unterstützung: Das deutsche Reich hält zu England, deutsche Grenzfürsten stehen in beiden Lagern; der Graf von Flandern wendet sich gegen seinen Lehnsherrn, König Philipp, um größere Unabhängigkeit zu erreichen. Die militärischen Erfolge Frankreichs führen zum vorläufigen Waffenstillstand.

1296 Noch während des Krieges kommt es zum Konflikt Philipps IV. mit Papst Bonifaz VIII., der in seiner Bulle „*Clericis laicos*“ jede Sonderbesteuerung des Klerus ohne Zustimmung des Papstes verbietet und damit in Frankreich eine erste Welle antikurialer Publizistik heraufbeschwört.

1298 Bonifaz gibt nach und vermittelt einen Frieden zwischen Frankreich und England: Flandern bleibt französisches Lehen, über Schottland und Guyenne wird nicht entschieden.

1299 Treffen Philipps IV. mit König Albrecht I. in der Nähe von Quatrevaux zwischen Vaucouleurs und Toul: Der Heiratsvertrag von 1295 wird bestätigt, mit dem Pfalzgraf Otto IV. von Burgund (Franche-Comté) das Land als Mitgift seiner Tochter für den französischen Prinzen Philipp (V.) (* 1293) vergeben hat. Ein Jahr später unterwirft sich die Stadt Toul dem König.

1301 Der Graf von Bar nimmt sein links der Maas gelegenes Land *(„Barrois mouvant")* von der Krone Frankreich zu Lehen. Philipps IV. Bruder Karl von Valois geht mit einem französischen Heer auf Wunsch des Papstes nach Italien, um das aragonesische Sizilien zu unterwerfen. Vorher wird Florenz für die päpstliche Partei genommen (Verbannung Dantes). Gleichzeitig ist Philipp IV. durch die Auseinandersetzung mit Flandern und durch den zweiten Konflikt mit Bonifaz VIII. in Anspruch genommen. Für das neu geschaffene Bistum Pamiers (Departement Ariège) hat der Papst Bernard Saisset ernannt, einen Südfranzosen voll offen gezeigter Abneigung gegen die zentrale Monarchie. Diese seine Haltung führt zum Vorwurf des Hochverrats und zur Absetzung des Bischofs. Bonifaz verlangt die Überstellung Saissets nach Rom und formuliert gegen die klar erkannte Absicht Philipps zur Unterwerfung aller nicht monarchischen Gewalten in seinem Reich in der Bulle *„Salvator mundi"*, daß allein die Kurie in der französischen Kirche die letzte Entscheidung haben soll. Die päpstliche Bulle *„Ausculta fili"* stellt den Papst über Könige und Reiche und beruft ein französisches Reformkonzil nach Rom.

1302 Der König antwortet mit einer Versammlung der Generalstände (Klerus, Adel, Bürger) in Notre-Dame/Paris, auf der sich Adel und Städtevertreter entschieden für die Unabhängigkeit der Monarchie aussprechen. Der Klerus steht dem wohlwollend zur Seite, so daß der Papst, bestärkt durch die Nachricht von der französischen Niederlage bei Kortrijk, vor

dem römischen Konzil im November mit der Bulle „*Unam sanctam*" die schärfste mittelalterliche Formulierung des theokratischen Gedankens gegen Philipp richtet.
Die Nachricht von der verlorenen Schlacht bei Kortrijk zwingt außerdem Karl von Valois zum Abbruch des Feldzuges gegen Sizilien; im Frieden von Caltabellotta (Provinz Agrigent) wird Sizilien für die Lebenszeit Friedrichs II. (1296–1337) Aragón zugesprochen.

Der Kampf gegen Flandern

Durch Flandern wird die bislang ungebrochene Aufstiegslinie der französischen Großmachtpolitik erstmals empfindlich gestört. Die Wirtschaftskraft ihrer Städte macht diese Landschaft zu einem mächtigen Faktor der europäischen Politik. Durch scharfe Abschließung der Kaufmannsgilden und des Schöffenkollegs führt die Herrschaft weniger Familien zu Spannungen, die sich um 1280 in allen flandrischen Städten gewaltsam entladen. Der Graf von Flandern nimmt gegen die Geschlechter Partei und hat infolgedessen die übrige Bevölkerung auf seiner Seite, so daß die Oligarchie beim französischen König Rückhalt sucht („*leliaerts*" = Anhänger des französischen Lilienwappens), ohne jedoch die Eingliederung Flanderns in die Krondomäne zu erstreben. Die Herrschaft des Grafen ist damit bedroht, seine Verwaltung wird von französischen Beamten kontrolliert, die das Patriziat von Gent, Brügge und Douai bereitwillig aufnimmt. England stützt den Grafen, weil Flandern seit dem Verlust der Normandie Landeplatz der Flotte sein muß (Brügge), sperrt die Ausfuhr englischer Wolle, um die städtische Tuchindustrie lahmzulegen und erzwingt dadurch das Bündnis. Im Januar 1300 wird Flandern französisch besetzt und Graf Guy von Dampierre (*1225, †1305) gefangengenommen. Im folgenden Jahr bereist Philipp mit dem ganzen Hof das Land, Burgen werden angelegt, eine königliche Verwaltung entsteht. Dagegen erheben sich die Zünfte: Bei der „Morgenfeier von Brügge" wird die französische Besatzung getötet (18. Mai), wenig später (11. Juli) scheitert in der Schlacht bei Kortrijk (Westflandern) der Versuch, die gefährdete Stellung zu sichern: Das französische Ritterheer unterliegt mit hohen Verlusten den zu Fuß kämpfenden Zunftaufgeboten (1302). Damit bleibt Flandern unabhängig und vermag als Brückenkopf Englands eine Schlüsselposition gegen den mächtigen Nachbarn zu behaupten.

1303 Durch die päpstliche Anerkennung Albrechts I. wird Frankreich zum Bündnis mit England gezwungen, was nur gegen Rückgabe der Guyenne zu erlangen ist. Philipp überträgt jetzt seinem Großsiegelbewahrer Wilhelm von Nogaret (*zwischen 1260 und 1270, †1313) Sondervollmachten zum Kampf gegen den Papst. Auf einer Ständeversammlung klagt Nogaret in Gegenwart des Königs Bonifaz der Simonie und Gotteslästerung an, verlangt seine Absetzung und ein allgemeines Konzil für den Urteilsspruch. Daraufhin wird das Interdikt über Frankreich verhängt; nicht nur das kirchliche, auch das Universitätsleben soll ruhen. Nogaret reist in die Toskana und sammelt Gegner des Papstes und seiner Familie (Caetani).

7. Sept. Er überfällt mit einer kleinen Streitmacht Bonifaz VIII. Dieses ATTENTAT VON ANAGNI soll der Verkündung päpstlicher Kirchenstrafen gegen Philipp IV. zuvorkommen, dem Gefangenen will man in Frankreich den Prozeß machen. Die Bürger von

11. Okt. Anagni und eine römische Rittertruppe befreien den Papst zwar rasch, doch stirbt der Greis als gebrochener Mann in Rom.

Die öffentliche Meinung der Christenheit ist nun gegen Frankreich aufgebracht. Dennoch strebt Benedikt XI. (1303–1304) unter dem Druck römischer Parteiungen den Ausgleich an und löst Philipp IV. unaufgefordert vom Bann. Sein Nachfolger ist als Clemens V. (1305–1314) Bertrand de Got, Erzbischof von Bordeaux. Er hebt die Bulle „*Clericis laicos*" auf, sieht in der Bulle „*Unam sanctam*" keine Rechtsminderung für den König von Frankreich und geht selbst nicht nach Rom. Als er 1309 Avignon zur Residenz wählt, beginnt die bis 1377 währende „Babylonische Gefangenschaft der Kirche".

Gerüchte über Sittenverfall, Häresie und unerhörte Geheimrituale im TEMPLERORDEN werden für Philipp IV. zum Anlaß für eine großangelegte Verfolgung. Der König strebt nach dem Ordensvermögen, Nogaret möglicherweise nach persönlicher Rache, da sein Großvater, durch Templer als Ketzer denunziert, auf dem Scheiterhaufen gestorben sein soll.

1307 An einem einzigen Tag werden in ganz Frankreich alle Templer festgenommen und der Besitz des Ordens beschlagnahmt. In einem genau vorbereiteten Untersuchungsverfahren, das die Kompetenzen der weltlichen Gewalt überschreitet, werden Geständnisse unter der Folter erpreßt und Hinrichtungen vollzogen, ohne daß der Papst einzuschreiten wagt. Die Universität Paris erstattet der Krone ein wenig entschiedenes Gutachten, die Reichsstände billigen die königlichen Maßnahmen.

1311–1312 Das KONZIL VON VIENNE (ein Drittel seiner Mitglieder sind Franzosen) erklärt die bisherige Untersuchung zunächst für mangelhaft und will die Angeklagten hören, so daß erst persönliche Drohungen des Königs die kleinmütige Versammlung einer sofortigen Aufhebung des Ordens durch den Papst zustimmen lassen. Das Vermögen wird den Johannitern zugesprochen, denen die Krone aber gewaltige Entschädigungen für angebliche Kosten bei der fiskalischen Verwaltung des Templerbesitzes abfordert.

1314 Der Großmeister Jacques de Molay (*um 1243, †1314) und drei andere Ordenshäupter werden nach einem zwei Jahre verschleppten Prozeß ohne entsprechendes Urteil in Paris öffentlich verbrannt.

Die große JUDENVERTREIBUNG des Jahres 1306 dient ebenfalls der königlichen Kasse, der hinterlassene Güter zufallen. Auch norditalienische Bankiers in Frankreich, die sogenannten Lombarden, sind von Enteignungen betroffen (1311). Beides sind kurzsichtige Maßnahmen, gleichermaßen schädlich für die Finanzvervaltung und die Wirtschaftskraft des Reiches.

Die Verwaltung Frankreichs und das Finanzwesen

Die königliche Verwaltung zieht bürgerliche Kenner des römischen Rechts (Legisten) immer häufiger in ihren Dienst, so daß diese seit Philipp IV. (1285–1314) die Mehrheit im Rat haben. Wilhelm von Nogaret gehört zu jener dem Königtum ergebenen Gruppe, mit deren Hilfe gegen das Lehnsrecht ein vorabsolutistischer Staatsgedanke zum Sieg geführt wird.
Unter den großen Ämtern bleibt der Großsiegelbewahrer faktisch Haupt der Kanzlei, seit 1320 heißt er wieder Kanzler mit Befugnissen auch im Parlament (Hofgericht) und als einflußreichster Berater des Königs. Für die Finanzverwaltung untersteht dem König direkt der *grand chambellan*, dessen Funktion im Laufe des 14. Jahrhunderts vier der Rechnungskammer unterstellte *trésoriers* übernehmen. Als Kommandierender des Heeres fungiert der *connétable*, der im 14. Jahrhundert alle anderen Zuständigkeiten abgibt und nächst dem Kanzler wichtigster Minister der Krone ist. Er wird im 15. Jahrhundert vom französischen Staatsrat gewählt.
Mit dem Anwachsen des Kronlandes wird die ältere Organisation der *bailliages* erweitert (23 zu Beginn des 14. Jahrhunderts), Lehnsfürstentümer und Apanagen stehen unter der Kontrolle des ihnen benachbarten *bailli*, der seinerseits jederzeit abgesetzt werden kann und in seinen Aufgaben mehr und mehr beschränkt wird: *lieutenants* (Gerichtsbarkeit), *receveurs* (Steuerverwaltung), *maîtres des forêts* (Gewässer und Forsten) treten ihm selbständig zur Seite.
Nach Ausgliederung von Parlament und Rechnungskammer bleibt von der älteren *curia regis* (Königshof) der Staatsrat *(grand conseil)*: In wechselnder Zusammensetzung unregelmäßig vom König an verschiedene Orte berufen, kann er zur Reichsversammlung erweitert werden oder, falls alle Lehnsfürsten, Kronvasallen und Städte vertreten sind, als Generalständetag *(états généraux)* auftreten (erstmals 1302).
Die Finanzverwaltung unterscheidet zwischen ordentlichen Einnahmen des Königs aus dessen Grundherrschaften, Lehen und Gerichten einerseits, den außerordentlichen Einnahmen aus Steuern andererseits. Naturalleistungen mit Verkauf der Überschußproduktion, Einziehung herrenlosen Gutes, Gebühr bei Beurkundungen und Bewilligung neuer Rechte (Gütererwerb durch die tote Hand, Erwerb adliger Lehen durch Nichtadlige, Erhebung in den

Adel, Legitimierung unehelich Geborener), Ablösung des Herbergsrechts durch Geldzahlung gehören ebenso wie Zölle zu den ordentlichen Einnahmen. Zölle werden auf Waren und an den Grenzen erhoben, an Märkten, Brücken oder Wegen und entwikkeln sich immer mehr zur Geldquelle bei akuter Bedürftigkeit des Fiskus. Damit rücken sie in die Nähe der Steuern, die, weil frühmittelalterlichem Rechtsdenken fremd, auch später noch als außerordentliche Einnahmen verstanden werden. Der Ursprung des Steuerwesens liegt in den Sonderbeihilfen *(aides)*, die der Lehnsherr bei bestimmten Gelegenheiten fordern darf; sie werden zur allgemeinen Kriegsabgabe erweitert, die als Kopfsteuer ausgeschrieben jeden mit Ausnahme des Adels trifft und vom König direkt unter Umgehung seiner Vasallen erhoben wird. Direkte Steuer *(taille)*, Zölle *(traites)* und Verbrauchssteuer auf Salz *(gabelle)* sind seit Anfang des 14. Jahrhunderts die wichtigsten außerordentlichen Einnahmequellen der Krone.
Die Erträge werden nach normannischem Vorbild von der Rechnungskammer *(chambre des comptes)* in Paris verwaltet; sie entscheidet auch Steuerprozesse. Seit 1320 besteht die Kammer aus vier geistlichen und drei (wenig später vier) weltlichen Beamten unter zwei Präsidenten, deren Amtsführung vom *contrôleur des finances* überwacht wird. Ursprünglich vom König ernannt, werden die Mitglieder der Rechnungskammer seit der zweiten Hälfte des 14. Jahrhunderts gewählt.
Für die außerordentlichen Einnahmen sind seit dem 14. Jahrhundert besondere Beamte *(généraux des finances)* zuständig, die seit Karl V. (1364–1380) sämtlich vom König ernannt werden.

1314–1328 Frankreich gerät nach dem Tod Philipps IV. in eine schwierige Lage, weil seine Söhne LUDWIG X. (1314–1316, *1289), PHILIPP V. (1316–1322, *1293) und KARL IV. (1322–1328, *1294) nach jeweils kurzer Regierungszeit ohne männliche Nachkommen sterben.

1317 Philipp V. läßt nach seiner Krönung durch einen erweiterten Staatsrat die weibliche Thronfolge für ausgeschlossen erklären, um sein eigenes Königtum zu legitimieren. Seit Mitte des 14. Jahrhunderts wird als Grundlage dieser Entscheidung auf die „*Lex Salica*“ verwiesen. Sie regelt aber nur Erbfragen bei Immobilien und gilt längst nicht mehr.

1328–1498 Haus Valois (kapetingische Nebenlinie).
Nach dem Tode Karls IV. spitzt sich die Frage nach dem nächsten Verwandten zu. Eduard III. von England beansprucht die französische Krone, weil seine Mutter Isabella (*1292, †1357) als Tochter Philipps IV. ihm ihre Rechte übertragen habe. Die französischen Kronjuristen antworten: Wer keine Rechte hat, kann sie nicht vergeben.

1328–1350 König Philipp VI. (*1293)

1328 Der Sohn Karls von Valois, des Bruders Philipps IV., wird von einer Versammlung der Großen Frankreichs zum König gewählt.
Gräfin Johanna von Évreux, Tochter Ludwigs X., erhält das Königreich Navarra, für das die weibliche Erbfolge anerkannt wird; die Champagne soll an die Krone fallen. Eduard III. erkennt die französische Thronregelung nicht an und führt seit 1337 den Titel „König von Frankreich". Daraus entsteht ein über 100 Jahre andauernder zerstörerischer Konflikt zwischen beiden Ländern, der militärisch auf französischem Boden ausgetragen wird.

Erneuter Kampf gegen Flandern

In Flandern herrscht seit 1322 Graf Ludwig von Nevers (*um 1304, †1346), der am Pariser Hof erzogen und mit einer Prinzessin königlichen Geblüts verheiratet ist. Er stützt sich im Lande selbst auf Aristokratie und städtisches Patriziat, hat aber vor allem Zünfte und nicht an der Oligarchie beteiligte Kaufmannschaft gegen sich. 1323 kommt es im westflandrischen Landgebiet von Brügge zum Aufstand der selbstbewußten, wirtschaftlich starken Bauern mit dem Ziel vollständiger Beseitigung von Adelsherrschaft und Bodenrenten. Die Unruhen erweitern sich zu einem von beiden Seiten mit besonderer Grausamkeit geführten Krieg, an dem die städtische Opposition mit Ausnahme Gents auf seiten der Bauern teilnimmt. Da die Bewegung auch gegen die französische Krone gerichtet ist und der Bürgermeister von Brügge die Anerkennung des englischen Thronanspruchs gegen militärische Leistungen in Aussicht stellt, muß König Philipp VI. eingreifen. 1328 siegt er bei

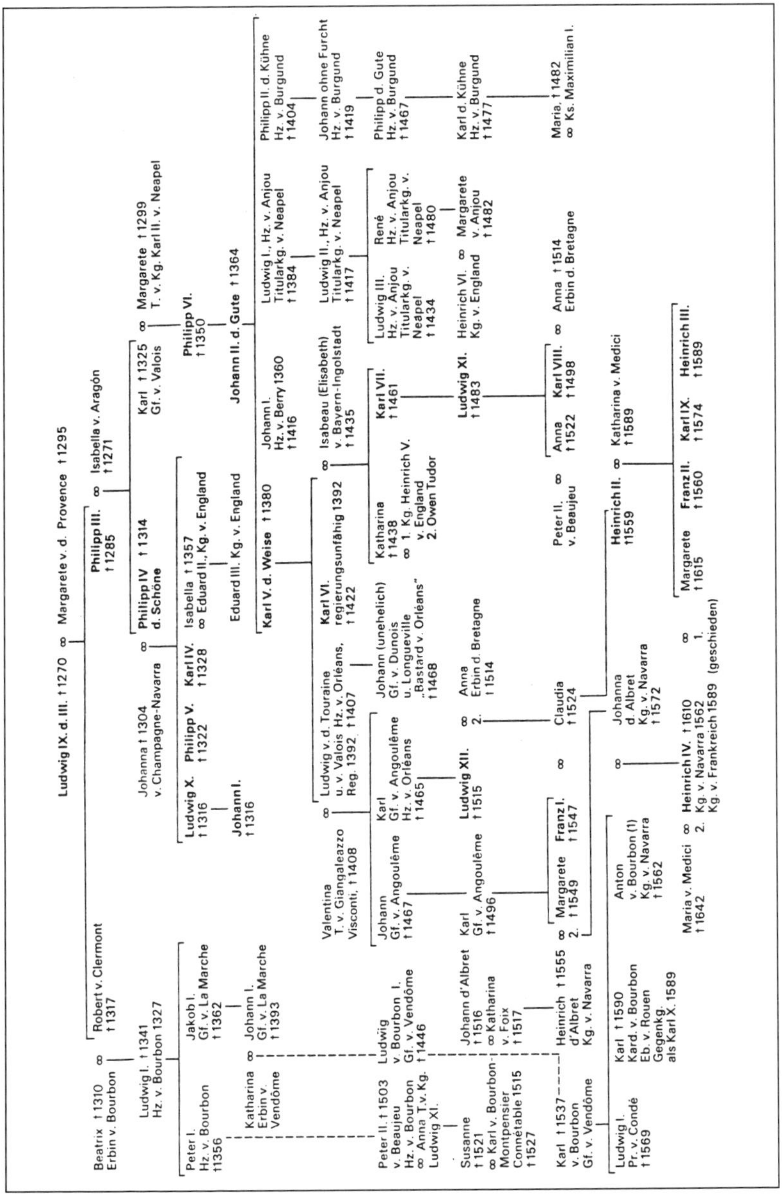

Abb. 12: Kapetinger – Valois – Orléans – Angoulême – Bourbon

Cassel (nordöstlich von St-Omer) und wirft damit den Aufstand nieder, gibt aber der Volksbewegung ihren künftig verhängnisvollen antifranzösischen Zug. Die englische Bündnispolitik gewinnt in den folgenden Jahren an Boden: Außer den Grafen von Geldern, Looz, Jülich und Mark tritt Herzog Johann von Brabant ins antifranzösische Lager, das durch Hennegau-Holland, Nassau, Österreich und den Erzbischof von Trier noch verstärkt wird. Der Bischof von Lüttich und Ludwig von Nevers zögern, worauf Eduard III. nach bewährtem Muster 1336 die eigene Wollausfuhr untersagt und den Import ausländischer Tuche nach England sperrt. Damit ist die flandrische Industrie gelähmt und wird durch Einwanderungsprivilegien für Handwerker nach England weiter geschwächt; in diesen Jahren bildet sich die Grundlage einer englischen Tuchmanufaktur, die fünf Jahrzehnte später als gefährliche Konkurrenz auftritt. Gegen Lockerung der Blockade durch Annäherung an England sperrt sich der Graf von Flandern, so daß zuerst Gent seine Interessen den französischen geopfert sieht. Ende Dezember 1337 wird die Stadt Schauplatz eines Aufstandes, der unter Führung des reichen Tuchhändlers Jakob van Artevelde (*um 1290, †1345) der Herrschaft Brügges in Flandern ein Ende setzt. Weber, Walker und kleine Gewerke sind unter dem Stadtoberhaupt Artevelde an einer Regierung beteiligt, die sich der englischen Sache verschreibt und nach Aufhebung der Handelssperre ganz Flandern hinter sich weiß. Eduard III. glaubt sich im Juli 1337 außerdem durch einen Beistandspakt und hohe Zahlungen der Hilfe Kaiser Ludwigs des Bayern versichern zu können, wird aber dann so schwach unterstützt, daß er 1339 einen Herbstfeldzug in die Picardie kampflos abbrechen muß. Unter Führung Arteveldes, der die Grafschaft nach der Flucht Ludwigs von Nevers an den französischen Hof allein regiert, schließt Flandern 1340 ein Bündnis mit England. Daraufhin kann Eduard III. als „Erbe Ludwigs des Heiligen“ in Gent einen Hoftag halten, auf dem er die Huldigung der Städte entgegennimmt, die er freilich durch große Zugeständnisse erkauft hat. Am 24. Juni wird die französische Flotte im Hafen von Sluis (in der Bucht des Zwyn, heute verlandet) von englischen Schiffen mit flämischer Unterstützung nahezu völlig zerstört.

Der Hundertjährige Krieg (1339–1453)

Materieller Anlaß zum Krieg ist für England das ständige Ausgreifen der französischen Verwaltung nach Guyenne, der englische Besitz ist dort auf den Küstenstrich zwischen Bordeaux und Bayonne beschränkt.

1341 Nach der Rückkehr aus dem flandrischen Krieg stirbt Herzog Johann III. von der Bretagne (*1286) ohne legitimen Erben.
Seine Nichte Johanna (*1319, †1384) ist mit Karl von Blois (*1319, †1364) verheiratet, einem Neffen des Königs von Frankreich; sie erhebt Erbansprüche, die durch Johann von Montfort, den Bruder des verstorbenen Herzogs, bestritten werden. Der französische Teil der Bretagne (Diözesen Rennes, Nantes, Dol, St-Malo, teilweise St-Brieuc) hält zu Karl von Blois, der keltische Teil (Diözesen Tréguier, Léon, Cornouaille-Quimper, Vannes) zu Johann von Montfort. Naturgemäß steht Philipp VI. auf seiten seines Neffen, Eduard III. unterstützt Johann von Montfort.

1343 Die folgenden Kämpfe finden im Vertrag von Malestroit (Departement Morbihan) einen vorläufigen Abschluß: Karl von Blois beherrscht mit Rennes und Nantes die Hochbretagne, die Familie Montfort fast die gesamte Niederbretagne; Johann von Montfort muß ins Exil. In Flandern verstärkt sich die Opposition gegen die Vorherrschaft Gents, das den weniger mächtigen Orten die Selbstverwaltung nimmt. Die städtische Zunftherrschaft führt überdies zu blutigen Machtkämpfen zwischen Webern und Walkern; in Gent siegen die Weber, deren Zunftältester in Konkurrenz zu Jakob van Artevelde tritt. Das mühsam hergestellte Gleichgewicht zwischen den Bevölkerungsgruppen ist aufgehoben. Eduard III. greift nicht ein.

1345 Artevelde wird in Gent von den Webern erschlagen.

1346 Eduard III. landet bei St-Vaast-la-Hougue (Departement Manche) und wendet sich zunächst gegen Caen, das nach kurzem Kampf genommen wird.

In Eilmärschen sucht das englische Heer den flandrischen Bundesgenossen Hilfe zu bringen, muß sich aber bei Crécy (Departement Somme) vor den nach-
26. Aug. rückenden Franzosen verschanzen. Philipp VI. trifft vor den englischen Feldbefestigungen ein und läßt sich zum Sturm verleiten, obwohl die ermüdeten Angreifer durch Regenfälle behindert sind. Die Bogenschützen Eduards III. haben entscheidenden Anteil an der vernichtenden Niederlage des französischen Ritterheeres, in dessen Reihen auch der blinde König Johann von Böhmen (1310–1346; *1296), der Herzog von Lothringen, die Grafen von Alençon und von Flandern den Tod finden. Wenige Tage später stehen die Engländer vor CALAIS und beginnen eine Belagerung, die sich bis in den Sommer des folgenden Jahres hinzieht.

1347 Als Philipp VI. keinen Entsatz zu bringen wagt, kapi-
4. Aug. tuliert die Stadt zu harten Bedingungen (Gang der sechs „Bürger von Calais"): Vertreibung der Einwohner, Ansiedlung von Engländern.

Bis 1559 bleibt Calais englisch, weil seine geographische Lage dem Ort unvergleichlichen strategischen Wert gibt. Der Papst vermittelt einen Waffenstillstand, der bis 1351 zweimal erneuert wird.

1349 Philipp VI. kauft die Stadt Montpellier von einer Seitenlinie des Hauses Aragón. Auf gleiche Weise geht die Dauphiné von ihrem letzten, kinderlosen Dauphin (aus dem lateinischen Beinamen „Delphinus" gebildetes Prädikat) Humbert II. an den König, der das Land als Reichslehen dem jeweiligen französischen Thronfolger bestimmt. Dessen Titel „Dauphin" rührt daher.

Die letzten Regierungsjahre Philipps VI. sind von der großen Pestepidemie überschattet, die im Laufe des Jahres 1347 ganz Frankreich ergreift. Ihre Folgewirkung (Bevölkerungsrückgang, Unterproduktion,
1350–1364 Preis- und Lohnschere) erlebt erst KÖNIG JOHANN II. DER GUTE (*1319).

Er ist der Lage nicht gewachsen: unfähig zum persönlichen Regiment wie zur Auswahl geeigneter Berater, verschwenderisch im Aufwand für erlesene höfische Feste und Turniere, Gründer des Sternenordens zur Pflege eines versinkenden ritterlichen Ideals. Um trotz der Krise noch Geld für den wieder beginnenden Krieg gegen England aufzubringen, werden die STÄNDEVERSAMMLUNGEN von Languedoc und Languedoïl sowie verschiedene Provinziallandtage um Hilfe gebeten; gleichzeitig kommt es zur Münzverschlechterung. Die Stände bewilligen zwar neue Steuern, fordern aber Mitsprache und Finanzaufsicht, verbunden mit dem königlichen Versprechen zur Wiederberufung: Die erste große Einschränkung der monarchischen Gewalt im Innern, erwachsen aus dem berechtigten Mißtrauen gegenüber der zentralen Finanzverwaltung.

1355 Trotz der Unterstützung muß die Krone alle Zahlungen für sechs Monate einstellen und kann nur mittels einer Sonderbewilligung *(aide)* der Languedoïl wenigstens das Heer unterhalten.

Sprecher des Bürgertums ist der Vorsteher der Pariser Kaufmannschaft *(prévôt des marchands)* Étienne Marcel (†1358), Tuchhändler aus einer der reichsten Familien dieser Stadt.

seit 1355 Der Süden Frankreichs wird vom Krieg besonders heimgesucht, nachdem Eduard (*1330, †1376), der Schwarze Prinz (Beiname seit dem 16. Jahrhundert, wohl wegen der Farbe seiner Rüstung), Sohn König Eduards III., bei Bordeaux gelandet ist und als Vertreter seines Vaters amtet.

1356 Nach schweren Verwüstungen im französischen Languedoc tritt Eduard von Bordeaux aus den Marsch durch Périgord, Limousin, Berry und Touraine nach Norden an; bei Amboise erreicht er die Loire. Von Johann II. bedrängt, ziehen sich die Engländer südwärts zurück und besetzen einige Kilometer südöstlich von Poitiers eine günstige und stark befestigte Stellung bei MAUPERTUIS.

19. Sept. Das zahlenmäßig weit überlegene französische Heer greift besonnener Warnung zum Trotz nach oberflächlicher Erkundung an und wird vollständig vernichtet.

König Johann ergibt sich, er muß fast vier Jahre als angesehener Staatsgefangener in England verbringen.
Im Volk wird die Niederlage als gerechte Strafe für Übermut und Korruption des Adels verstanden. Der Dauphin Karl (V.) (*1337) hat als Vertreter seines Vaters mit dieser Mißstimmung breiter Kreise zu rechnen und kann sich auch nicht auf die in sich gespaltene Bürgerschaft der Hauptstadt verlassen: Neben die Kritik an der königlichen Verwaltung tritt Bewunderung für das oppositionelle flandrische Bürgertum. Étienne Marcel wirft sich nach dem Vorbild Jakobs van Artevelde zum Führer dieser Bewegung auf und reißt nach der Schlacht von Maupertuis die Stadtregierung an sich. Eine weitere Gefahr droht von den alten Gegnern des Hauses Valois; an ihrer Spitze steht jetzt Karl der Böse, König von Navarra und Sohn Johannas von Évreux, der Tochter Ludwigs X. Er strebt im Einvernehmen mit England nach der Krone Frankreichs und ist für die Pariser Bürgerbewegung der natürliche Bundesgenosse. – Ständeversammlungen fordern vom Dauphin die Annahme dauernder Ratgeber aus Klerus, Adel und Bürgertum, dieser Kreis soll vor allem die Reichsbeamten auswählen und ernennen.

1358 Trotz englisch-navarresischer Truppenbewegungen in der Umgebung von Paris betritt der Dauphin mit kleinem Gefolge die Stadt, aus der Karl von Navarra erst vor kurzem abgezogen ist. Der Thronfolger spricht mit großer Wirkung auf mehreren Bürgerversammlungen, aber während eines von Marcel geführten Aufruhrs dringt eine wütende Menge in den Palast und ermordet unter den Augen des Dauphins zwei seiner Marschälle. Als Karl der Böse auf Ersuchen Marcels wenige Tage später in Paris erscheint, verläßt der Dauphin die Stadt und beruft die Stände nach Compiègne.
Das in der ersten Hälfte des 14. Jahrhunderts noch blühende Land ist von Krieg und Seuche schwer getroffen. Die Bauern sind durch streifende Banden

um ihre Existenz gebracht und richten ihren ganzen Zorn gegen den Adel, der weder sie noch das Reich schützen kann, in wichtigen Schlachten versagt hat. Weil der Dauphin den Bauern Selbstschutz empfohlen hat, bewaffnen sie sich.

Mai Im Beauvaisis bricht ein Aufstand los, der rasch ganz Nordfrankreich erfaßt.

Die Jacquerie (nach dem Spottnamen „Jacques Bonhomme" für das niedere Volk) wird zentral von dem Bauern Guillaume Karle geführt, der, rhetorisch begabt und waffentüchtig sein eigenes Siegel führt und mit dem Aufbau einer Kanzlei beginnt. Die erzählenden Quellen berichten dramatisch und durchweg voreingenommen von Mord und Plünderung bisher unbekannten Ausmaßes. Étienne Marcel glaubt die Jacquerie für seine Zwecke nutzen zu können und läßt sich auf gemeinsame Unternehmungen ein, Karl von Navarra steht dagegen auf seiten des Adels und lockt den Führer der Bauern in einen Hinterhalt; Karle wird in Clermont enthauptet. Während auf dem Lande Massenexekutionen der führerlosen „Jacques" stattfinden, beginnt der Dauphin die Belagerung von Paris. Marcel fühlt die nun von antienglischen Stimmungen geleitete Stadtbevölkerung seinem Einfluß entgleiten.

31. Juli Er wird an der Bastille-St.-Antoine bei einem Volksauflauf erschlagen, als man ihn verdächtigt, Truppen Karls des Bösen in die Stadt lassen zu wollen.

Zwei Tage später zieht der Dauphin als Sieger in Paris ein.

1360 Englisch-französischer FRIEDE VON BRÉTIGNY bei
8. Mai Chartres: Außer Guyenne fallen Poitou, Gascogne, Guines, Calais an England zum gleichen Recht, das die Krone Frankreich bisher innehatte, d.h. ohne Lehnsverpflichtung. Eduard III. verzichtet auf seinen französischen Thronanspruch und erhält ein hohes Lösegeld für Johann II.

24. Okt. Nach dessen Freilassung wird der Friedensvertrag in Calais ratifiziert.

1363 Nach dem Aussterben der kapetingischen Seitenlinie in Burgund (1361) gibt König Johann II. das Herzogtum an seinen Sohn Philipp den Kühnen (*1342, †1404). Damit wird der Grundstein zu einer Macht gelegt, die wenige Jahrzehnte später der Krone selbst gefährlich wird.

1364–1380 König Karl V. der Weise (*1337).

Merkmale der Regierung Karls V.

Karl entspricht mit seiner schwachen, zeitlebens von Neuralgien heimgesuchten Konstitution nicht dem späten Ritterideal seiner Zeit. Er meidet weite Reisen und kommt in der gesamten Regierungszeit nicht über Rouen im Westen, Orléans im Süden hinaus. Gleichwohl neigt auch er zu prächtiger Hofhaltung, die im jetzt neu ausgebauten Louvre ihren angemessenen Ort findet. Der König liebt gelehrte Gespräche, konsultiert häufig die Universität Paris und stellt eine bedeutende Büchersammlung zusammen, Grundstock der königlichen Bibliotheken späterer Zeit. Wichtige französische Übersetzungen (Institutionen Justinians; Digesten; Hauptschriften des Aristoteles, von denen ihm Ethik, Politik und Ökonomik am wertvollsten sind) regt er persönlich an und ist wegen seiner juristisch fundierten, mitunter spitzfindigen politischen Schachzüge gefürchtet. Die bedeutendsten Ratgeber kommen aus dem Parlament (Jean und Guillaume de Dormans, Pierre d'Orgemont) und aus der Reichsverwaltung (Hugues Aubriot); sein vertrauter Freund und an allen wichtigen Regierungshandlungen beteiligt ist Bureau de la Rivière aus adliger Familie im Nivernais. Mit Raoul de Presles, Philippe de Mézières, Nicolas Oresme (*1320, †1382) hat er fähige Mitarbeiter am neuen Konzept der *bonne policie*: methodische Anstrengung zur umfassenden und gleichmäßigen Ordnung aller öffentlichen Angelegenheiten durch die monarchische Gewalt, die ihrerseits im aristotelischen Sinne gesetzmäßig sein will und der Ratgeber bedarf. Der „*Traité de la première invention des monnaies*“ des Nicolas Oresme gibt eine frühe geldtheoretische Abhandlung auf volkswirtschaftlicher Grundlage.

Karl V. zeigt sich in der Verteidigung königlicher Rechte gegenüber der Kirche unnachgiebig und bekämpft das adlige Fehdewe-

Abb. 13: Krönung Karls V. in Reims (Miniatur aus der Froissart-Chronik; Paris, Nationalbibliothek)

sen mit dem Ziel seiner vollständigen Aufhebung. Die vorsichtige Erhebung mählich steigender Sondersteuern verbindet er mit Subventionen für Burgenbau in den großen Lehnsgebieten, leitet aber daraus ein regelmäßiges Inspektionsrecht der Krone ab in dem Bestreben, den Adel ins königliche Heer einzugliedern. Den Städten gegenüber verhält er sich wohlwollend, fördert aber nicht kommunale Regungen, sondern das schrittweise Eindringen königlicher Beamten in die Stadtverwaltungen. Die seit dem Frieden von Brétigny verkleinerte Domäne wird konsolidiert, dennoch bestätigt und vergrößert der König die von seinem Vater gewährten großen Apanagen seiner Brüder Philipp (*1342, †1404) (Burgund), Ludwig (*1339, †1384) (Anjou-Touraine) und Johann (*1340, †1416) (Berry). Deren Eigeninteressen sind nicht nur eine Belastung für Karl V., sondern zusammen mit den übrigen Prinzen von Geblüt bilden die Brüder des Königs als *deuxième féodalité* (die erste hatte in den mittlerweile meist ausgestorbenen regionalen Dynastien bestanden) ein Hindernis auf dem Weg zum Einheitsstaat.

Eine der ersten Regierungshandlungen Karls V. ist der Einzug der Güter Karls von Navarra (*1332, †1387), weil dieser die burgundische Nachfolge für sich gefordert hat.

1364 16. Mai Held des daraus entstehenden Krieges ist der bretonische Ritter Bertrand du Guesclin (*1315 oder 1320, †1380), der das navarresische Heer bei Cocherel (Departement Eure) besiegt.

29. Sept. In der Bretagne kommt es nicht zu einem dauerhaften Ausgleich der Erbansprüche, so daß Johann von Montfort bei Auray (Departement Morbihan) die militärische Entscheidung gegen Karl von Blois sucht, der eine Niederlage erleidet und im Kampf fällt.

Johann von Montfort wird Herzog der Bretagne und erkennt die königliche Lehnshoheit an, neigt aber traditionell der englischen Seite zu.

Nach dem Friedensschluß leidet Frankreich unter den Raubzügen beschäftigungsloser Soldbanden *(compagnies)*, mit denen du Guesclin schließlich nach Spanien zieht und Heinrich von Trastámara (1369–1379) gegen dessen von England unterstützten Halbbruder Peter I. den Grausamen zur Krone des Königreichs Kastilien verhilft. Seither gibt es für mehr als ein Jahrhundert ein festes französisch-kastilisches Bündnis.

Karl V. sucht seit Beginn seiner Regierung eine Gelegenheit, den Vertrag von Brétigny aufzuheben und findet sie in einer Appellation adliger Herren aus der Gascogne an das Pariser Parlament gegen außerordentliche Steuererhebungen des Schwarzen Prinzen: Weil der König von Frankreich nicht ausdrücklich auf seine Lehnshoheit über den englischen Besitz verzichtet habe, könne er Beschwerden der Stände entgegennehmen. Zahlreiche Herren und Städte des Südens erkennen Karls Argumente an.

1369 England und Frankreich befinden sich wieder im KRIEG. Karl V. gibt im Verfolg einer weitgreifenden Bündnispolitik dem Grafen von Flandern (Ludwig von Maele, 1346–1384) Orchies, Douai und Lille zurück, damit die flandrische Erbtochter Margarete statt des Grafen von Cambridge (Sohn Eduards III.) den Bruder des Königs, Philipp von Burgund (1363–1404, *1342; als Herzog von Burgund Philipp II., der Kühne), heiratet. Am 19. Juni wird diese Ehe geschlossen und damit die burgundische Herrschaft in den Niederlanden begründet. Kastilien und Portugal stehen ebenfalls auf französischer Seite, die Neutralität des Kaisers gilt als sicher.
Du Guesclin ist Connétable der Krone und führt mit Soldtruppen einen systematischen Kleinkrieg, in dessen Verlauf er das Poitou erobert.

1372 Eine englische Flotte wird bei La Rochelle (Departement Charente) von kastilischen Galeeren vernichtet. Herzog Johann von der Bretagne steht im offenen Bündnis mit England.

1375 Als bis auf Calais, Guines, Bayonne, Dax, St-Sever und das Bordelais alle englischen Besitzungen in französischer Hand sind, wird in Brügge ein Waffenstillstand vereinbart, der aber nur zwei Jahre besteht. Seit langem verhandelt Karl von Navarra mit England, so daß Karl V. die Ländereien des Hauses Évreux in der Normandie einzieht. Mit Cherbourg verkauft Karl der Böse seinen letzten französischen Besitz an die Engländer und zieht sich nach Navarra zurück, wo er 1387 stirbt.

1380 Im Kampf gegen die neuformierten *compagnies* fällt du Guesclin und wird in der königlichen Grablege St-Denis beigesetzt.
Die militärischen Anstrengungen überfordern das Land und sind allein mit außerordentlichen Steuern zu finanzieren, deren Bewilligung den Ständen nur gegen Anteil am Ertrag abzuringen ist. Bretagne, Burgund und Flandern zahlen nicht. Mit dem Umzug Gregors XI. von Avignon nach Rom (1377) verliert Frankreich seinen direkten Einfluß auf das Papsttum;

in Avignon residiert seit Urban VI. (1378–1389) nur noch der eine von zwei Päpsten im Großen Schisma.

1380–1422 König Karl VI. (* 1368).
Er tritt zwölfjährig die Nachfolge an und ist von seinem Vater mit ausgesuchten Ratgebern versehen, die aber den Herzögen von Anjou, Berry und Burgund, den Brüdern des verstorbenen Königs, weichen müssen.

1382 Zuerst in Paris regt sich Widerstand gegen neue Steuererhebungen; Aufstände in Rouen, Amiens, Orléans, Reims, Lyon und anderen wichtigen Städten folgen. Gegenmaßnahmen der wohlhabenden Bürger und geschickte Verhandlungen der königlichen Seite führen in Paris zur Beruhigung der Straße, vorübergehend gehorcht auch Rouen, aber die Aufstandsbewegung hat inzwischen den Süden erfaßt, vor allem jedoch Flandern. Dort hat Philipp van Artevelde (* 1340, † 1382), der Sohn Jakobs van Artevelde, die Herrschaft über Gent errungen, wendet sich nun gegen den Grafen, besiegt ihn bei Beverhoutsveld nahe Brügge und nimmt auch diese Stadt ein. Graf Ludwig von Maele ruft den Herzog von Burgund, seinen Schwiegersohn, um Hilfe an und erhält auf diesem Wege den Beistand Frankreichs.

27. Nov. Bei Roosebeke (Rozebeke, bei Oudenaarde im östlichen Flandern) vernichtet das Heer Karls VI. die Truppen Philipps van Artevelde, der im Kampf sein Leben läßt.
Brügge unterwirft sich der königlichen Verwaltung. Nun hat der Hof gegenüber Paris freie Hand: Nach dem Einzug von 12 000 Mann königlicher Truppen werden Hunderte, selbst königstreue Bürger, verhaftet und zahlreiche Hinrichtungen vollzogen. Kaufmannschaft und Zünfte verlieren die letzten Reste ihrer korporativen Selbstverwaltung. Entsprechend wird in Rouen und im Languedoc verfahren.

1384 Ludwig von Maele stirbt, und der erwartete Erbfall tritt ein: Flandern, Artois, Franche-Comté gehen an Philipp den Kühnen von Burgund.
Auf den flandrischen Adel und die Macht Frank-

reichs gestützt, kann er den Besitz gegenüber England sichern und auch mit den flandrischen Städten, vor allem mit Gent, Frieden schließen.

1385 Einer planvollen Bündnis- und Erwerbspolitik Philipps dienen die durch ihn vermittelten Heiraten seines Sohnes Johann (*1371, †1419) mit Margarete von Hennegau-Holland (Tochter des Grafen Albrecht von Wittelsbach [*1336, †1404; seit 1349/1353 Graf von Holland und Hennegau]) und König Karls VI. mit Isabeau (Elisabeth) von Bayern-Ingolstadt (*1371, †1435).

1388 Philipp lenkt das französische Heer gegen den Herzog von Geldern, mit dem die Herzogin Johanna von Brabant, Philipps Tante, im Kriege liegt, und erhält als Gegenleistung das brabantische Erbe für seinen zweiten Sohn Anton versprochen. Der Feldzug ist für Karl VI. Anlaß, die Regierung selbst zu übernehmen. Er ruft die alten Ratgeber seines Vaters zurück, die wegen ihrer niederadligen oder bürgerlichen Herkunft „*marmousets*“ genannt werden; sie beschließen, nur einstimmig zu entscheiden. Ludwig (*1372, †1407), der energische jüngere Bruder des Königs, ist an der neuen Regierung beteiligt, während Karl selbst ganz in höfischen Festen aufgeht.

1392 Ludwig wird Herzog von Orléans. Karl VI. hat den ersten Anfall einer sich in Schüben wiederholenden Geisteskrankheit. Die Marmousets werden vom Hof verbannt, die alte Regentschaft tritt wieder an ihre Stelle.

Durch seine Ehe (ab 1389) mit Valentina Visconti (†1408; Tochter des Herzogs Giangaleazzo von Mailand) besitzt der Herzog von Orléans die Grafschaft Asti. Da auch Florenz französische Unterstützung sucht und Papst Clemens VII. Ludwig II. von Anjou (†1417) zum König von Sizilien gekrönt hat (1389), ist die Politik Frankreichs teilweise durch die Lage in Italien bestimmt.

1396 Hochzeit Isabellas, der Tochter Karls VI., mit König Richard II. von England.

Das Projekt wird durch Herzog Philipp von Burgund

gefördert, der für seine flandrischen Gebiete Frieden braucht. Herzog Ludwig von Orléans will einem Hilfegesuch des Genueser Stadtadels gegen die Bürgerschaft nachkommen, um den Aufbau seines „Königreichs Adria" mit der Annektion Genuas zu beginnen. Auf Betreiben Philipps von Burgund unterstellt sich die Stadt aber der Krone Frankreich und bleibt bis zum Aufstand von 1409 unter deren Herrschaft. Der hier zum erstenmal offen zutage tretende Gegensatz zwischen den Herzögen von Burgund und den Herzögen von Orléans ist grundsätzlicher Natur und von verschiedenen politischen Interessen dauerhaft geprägt.

1404 Das zeigt sich, als Philipp der Kühne stirbt und sein Sohn JOHANN OHNE FURCHT (1404–1419) das Herzogtum BURGUND als Burgunder lenkt, nicht als Vertreter des Hauses Valois.

Flandern braucht seit je gute Beziehungen zu England, im Schisma steht es zu Rom. Umgekehrt bestimmt der Herzog von Orléans im Bund mit der Königin Isabeau jetzt die Politik des Hofes.

1407 Die wachsende Feindschaft zwischen den Herzögen
23. Nov. führt zur Ermordung Ludwigs von Orléans in Paris. Johann ohne Furcht bekennt sich zwei Tage später als Auftraggeber und kann die Stadt unbehelligt verlassen, weil er infolge seiner ständigen Ablehnung königlicher Steuerforderungen die Sympathie der Bürgerschaft auf seiner Seite hat.

1408 Im folgenden Jahr zieht er wieder in Paris ein, wo der Universitätstheologe Jean Petit (Johannes Parvus; *um 1360, †1411) vor dem Dauphin, dem König von Sizilien, den Herzögen von Berry, Bretagne, Bar und Lothringen sowie einem ausgewählten Zuhörerkreis eine lange Verteidigungsschrift verliest, die das Attentat als Tyrannenmord rechtfertigt. Karl von Orléans, der Sohn des Getöteten, gewinnt die Unterstützung der Herzöge von Berry, Bourbon, Bretagne, der Grafen von Clermont und Alençon; an der Spitze steht sein Schwiegervater Bernhard von Armagnac, nach dem die Partei des Hauses Orléans ihren Na-

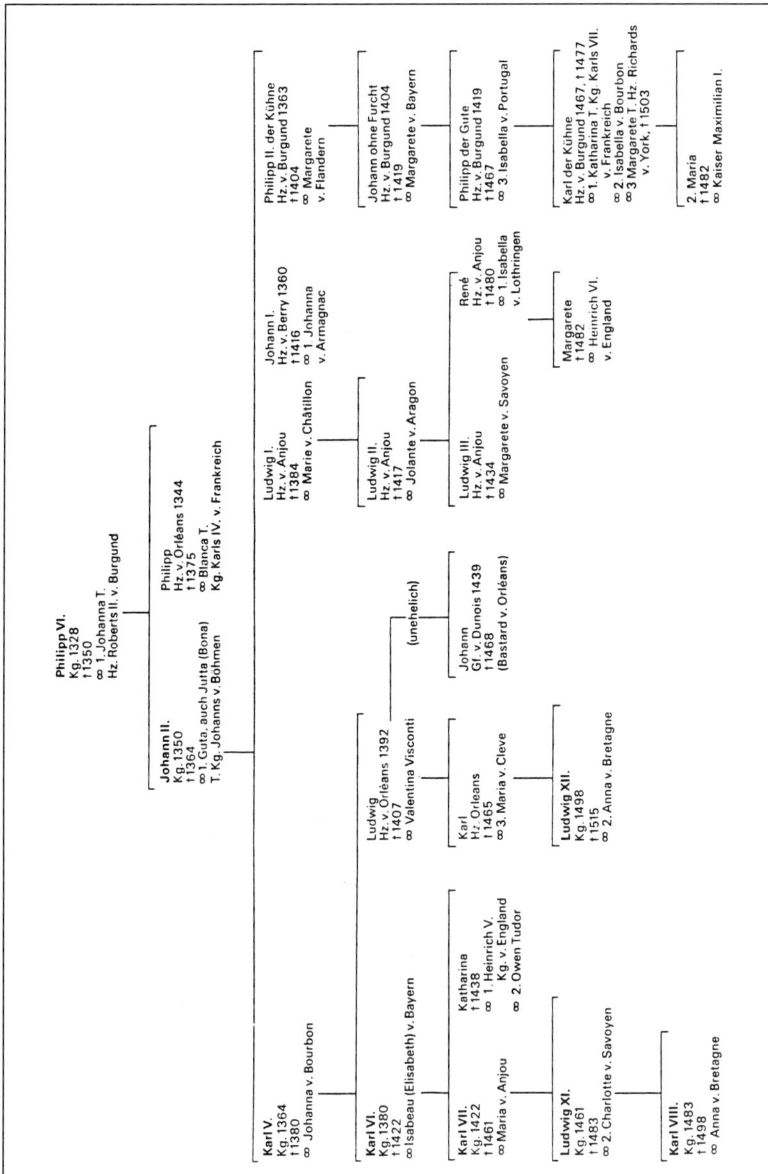

Abb. 14: Genealogie der Valois und der Herzöge von Burgund

men „Armagnacs" führt. Die beiden Lager spalten das Land. Paris steht auf burgundischer Seite, die Armagnacs werden vertrieben und enteignet. Karl VI. bezieht nicht eindeutig Stellung.

1411 Als der BÜRGERKRIEG beginnt, sucht der Herzog von Orléans um die englische Neutralität nach, während der Burgunder Militärhilfe aus England erwartet.
Die wohlorganisierte Pariser Bürgerschaft nimmt wieder kommunale Rechte wahr und ist mit dem Einfluß der Armagnacs auf die königliche Verwaltung so unzufrieden,

1413 daß ein Zunftaufstand unter Führung des Abdeckers Caboche (daher „Cabochiens") den König zum Erlaß der *„Ordonnance Cabochienne"* zwingt: Kontrolle der Behörden bei gleichzeitiger Erweiterung ihrer Kompetenzen, Wahl der Beamten durch die Verwaltungskörperschaften. Dennoch errichten die Cabochiens eine Terrorherrschaft, die zu ihrem Sturz führt, als der königliche Advokat Jean Jouvenel Großbürgertum und Universität zum Widerstand vereinigen kann. Johann ohne Furcht muß Paris aufgeben, das sich den Armagnacs öffnet. Die *„Ordonnance Cabochienne"* wird sogleich aufgehoben.

1414 Im folgenden Jahr schließt der Herzog von Burgund ein Bündnis mit König Heinrich V. von England (1413–1422), der die französische Krone für sich fordert.

1415 Heinrich V. landet mit 1 400 Schiffen an der Seinemündung und besetzt den Hafen Honfleur.

25. Okt. Der englische Eilmarsch durch Picardie und Artois soll bei AZINCOURT (Departement Pas-de-Calais) durch das mit 50 000 Mann nahezu viermal stärkere französische Heer aufgehalten werden. Das Gelände hindert aber die Entfaltung der Reiterei, so daß die englischen Bogenschützen den Sieg für ihren König erstreiten. Als vornehmste Gefangene nimmt Heinrich V. die Herzöge von Orléans und von Bourbon mit nach England.
Die Regierung führt nun Graf Bernhard von Armagnac im Namen des Dauphins Karl (VII.). Er stützt

sich auf gascognische Truppen und läßt alle Anhänger Burgunds (vor allem im Parlament und in der Universität) grausam verfolgen, zumal Johann ohne Furcht Heinrich V. als König von Frankreich anerkennt.

1417 Heinrich V. erobert die Normandie, während der Herzog von Burgund sich vor Paris legt. Er verspricht Befreiung von den Armagnacs und zieht die mit ihrem Sohn verfeindete Königin Isabeau auf seine Seite.

1418 In der Nacht zum 29. Mai öffnet ein burgundisch gesinnter Bürger die Porte de St.-Germain: Paris ist den Armagnacs entrissen, die jetzt ihrerseits in Massen umgebracht werden; prominentestes Opfer ist Graf Bernhard.

Führer der Partei wird nun der Dauphin; sein Regierungssitz ist Bourges, während Isabeau mit dem kranken König von Troyes aus herrschen will.

1419 Die Engländer erobern nach langer Belagerung Rou-
10. Sept. en. Johann ohne Furcht sucht Frieden entweder mit dem Dauphin oder mit Heinrich V. Er verhandelt mit beiden Seiten und trifft sich mit Karl (VII.) auf der Brücke von Montereau (Departement Seine-et-Marne); der Herzog wird während einer erregten Auseinandersetzung von Begleitern des Dauphins, aber vermutlich nicht auf dessen Befehl, ermordet. Der Anschlag treibt die gesamte burgundische Partei endgültig ins englische Lager.

1420 Johanns Sohn Philipp der Gute (1419–1467, *1396) vereinbart im Vertrag von Troyes mit Zustimmung der Königin Isabeau die Heirat Heinrichs V. mit Karls VI. Tochter Katharina (*1401, †1438), die Nachfolge des englischen Königs auf den französischen Thron, den Ausschluß des Dauphins von der Thronfolge wegen des Mordes am Herzog von Burgund, die gemeinsame Regierung Heinrichs V. und Philipps des Guten in Frankreich.

Die Generalstände versammeln sich in Paris, bereiten Heinrich einen feierlichen Empfang und erkennen ihn an.

1422 Tod Heinrichs V. und Karls VI. Für Heinrich VI., „König von Frankreich und England", führt sein Onkel, Herzog Johann von Bedford, die Regentschaft in Frankreich. Die französische Verwaltung bleibt bestehen, nur in der Normandie werden englische Beamte eingesetzt.

Burgund

Im Schutze des Bündnisses mit England kann Philipp der Gute (1419–1467, *1396) seine Landesteile einer weitgehend vereinheitlichten Administration unterstellen, wobei besonders die Niederlande in den neuen Territorialstaat eingegliedert werden sollen. Außerdem sind weitere Erwerbungen vorbereitet und können großenteils realisiert werden: 1420 verspricht Katharina, die Tochter Philipps des Kühnen, ihr elsässisches Erbgut zum Zeitpunkt ihres Todes an den Chef des Hauses Burgund übergehen zu lassen, 1421 kauft der Herzog die Grafschaft Namur und erhält sie 1429 beim Tod Johanns III. von Namur. Als Jakobäa von Hennegau ihren Gemahl Johann IV. von Brabant, den Vetter Philipps des Guten, verläßt und den Bruder des Herzogs von Bedford heiratet (1422), erkämpft sich Philipp in einem mehrjährigen Krieg zunächst die Regentschaft (1428), später auch Grafentitel und -rechte über Holland, Seeland, Friesland und Hennegau (1433), Brabant und Limburg kommen 1430 beim Tod des Grafen Philipp von Saint-Pol im Erbgang an Burgund. Damit verschiebt sich die Achse der burgundischen Politik nach Norden, vornehmstes Ziel wird die Festigung territorialer Eigenstaatlichkeit; aufkeimende Gegensätze zu England sind vor allem wirtschaftlich begründet (Konkurrenz der neuen englischen Tuchindustrie). Als Gegenleistung für seine Unterstützung der Päpste gegen das Konzil erhält Philipp ihm genehme Besetzungen der Bischofsstühle von Cambrai (1440), Lüttich und Utrecht (1456) durch nahe Verwandte und hat damit alle niederländischen Bistümer unter seiner Aufsicht. Das Herzogtum Luxemburg und die Vogtei über das Elsaß besitzt Philipps Tante Elisabeth von Göritz als Pfandschaft; sie setzt ihn 1442 zum Universalerben ein, Kaiser Friedrich III. erhebt keine Einwendungen, Ludwig XI. verzichtet 1462 auf eigene Ansprüche. Immer deutlicher tritt als Tendenz der burgundischen Ausdehnungspolitik die Erneuerung Lothringens, des alten Mittelreiches der karolingischen Teilungen, hervor mit dem Endziel einer unabhängigen Monarchie zwischen Deutschland und Frankreich. Schon 1438 ist Lüttich unterworfen worden, 1453 siegt der Herzog bei Gavere über die Milizen von Gent. Philipp der Gute ist damit zum Gründer der niederländischen Staatlichkeit geworden, in deren Dienst seine Verwaltung mittelbar steht: Im Herzogtum Burgund sind die *Jours Généraux* oberste Gerichtsinstanz, während der *Grand Conseil* zentraler Staatsrat, die *Chambre de Conseil* zentrale Verwaltungsbehörde ist. Untere Verwaltungsbezirke sind die *bailliages*, die es auch in der Freigrafschaft (Franche-Comté) gibt, wo das Parlament höchster Gerichtshof ist. Entsprechend löst in Flandern ein Rechnungshof *(chambre des comptes)* mit territorialer Zuständigkeit die lehnsstaatlichen (personalen) Einrichtungen ab, der *Conseil de Flandre* wird als Landesgericht begründet, das Land in *bailliages* eingeteilt unter einem direkt dem Herzog verantwortlichen *souverain bailli de Flandre*. Brabant hat seinen *Cour de Brabant*, die ehemaligen Ländereien Jakobäas unterstehen der *Cour de Hollande*; Hennegau erhält im *grand bailli* ein Verwaltungshaupt, Luxemburg im *lieutenant-gouverneur*. Die Lokalverwaltung bleibt den Einheimischen.

1422–1461 König Karl VII. (* 1403).
Er kann sich als „König von Bourges“ auf Touraine, Berry, Poitou, Aunis, Saintonge und Dauphiné stützen, ferner auf Teile des Limousin, der Auvergne, der Guyenne und auf die Stadt Lyon. Er verfügt auch über viele Lehen von seit Azincourt (1415) Gefangenen, ist aber psychisch schwer gestört, infolgedessen fast unfähig zur Entscheidung, abhängig vom Willen der führenden Armagnacs und ständiges Opfer von Hofintrigen. Als ehemaliger oberster *maître des forêts* gewinnt Georges de La Trémoille das Vertrauen Karls, verfolgt aber nur eigene Interessen und stürzt durch seine mit Brutalität gepaarte Unfähigkeit die Länder des Dauphins in schlimmste Anarchie.
Eine Kette militärischer Erfolge des Herzogs von
1428 Bedford ermutigt die Engländer, mit der Belagerung von Orléans die völlige Unterwerfung Karls einzuleiten.

Seit dem Vertrag von Troyes regen sich im burgundischen Lager Zweifel an der so weitgehend englandfreundlichen Politik. Regionale Widerstandskämpfe, nationalbewußte Schriftsteller (Alain Chartier, *1390, †1450) und die breite Unterstützung der in Orléans Belagerten aus vielen Landesteilen sind Anzeichen für eine veränderte Stimmung, die dem Auftreten der JEANNE D'ARC den Boden bereitet. Jeanne ist zwischen 1410 und 1412 als Tochter eines Bauern in Domrémy an der Maas (Departement Vosges) geboren. Frühe Visionen und Auditionen steigern sich unter dem persönlichen Eindruck des Krieges seit 1428 zu täglich empfangenen Anweisungen, die fortan ihr Handeln als gotterwählte Retterin Frankreichs bestimmen.

1429 In Chinon (Departement Indre-et-Loire) steht sie das erste Mal vor dem Dauphin, der Gutachten anfordert und das Mädchen mehrere Wochen lang durch Theologen und Ärzte überprüfen läßt, bevor er sie mit militärischem Gefolge gegen Orléans sendet.

29. April Das kleine Heer dringt in die Stadt ein, und die Jungfrau von Orléans erreicht in wenigen Tagen den Abzug der Engländer.

Die Wirkung auf alle Bevölkerungsschichten Frankreichs ist gewaltig; nach Jeannes Sieg über Falstaff bei Patay (Departement Loiret) ergreift Panik die englischen Truppen, so daß der Weg nach Reims frei wird.

17. Juli Hier empfängt der Dauphin die Königsweihe, sucht aber keine militärische Entscheidung, sondern strebt einen Frieden mit Philipp von Burgund an.

1430 Jeanne handelt nun selbständig, kommt in das von Burgundern belagerte Compiègne und gerät bei einem Ausfall in Gefangenschaft. Sechs Monate später wird sie den Engländern ausgeliefert und nach Rouen gebracht, wo unter Vorsitz des für Compiègne zuständigen Bischofs von Beauvais, Pierre Cauchon, ein Häresieprozeß beginnt, der mit ihrer Verurteilung endet. Die Jungfrau wird in Rouen öffentlich

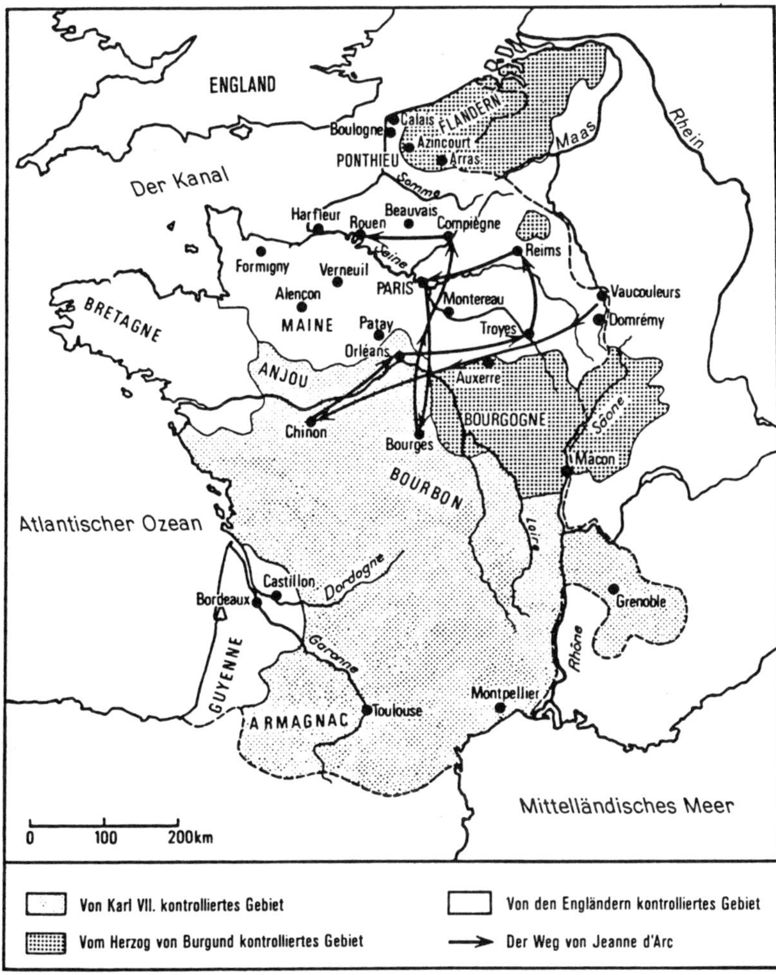

Abb. 15: Frankreich zur Zeit Karls VII.

verbrannt (30. Mai 1431). 1449 veranlaßt Karl VII. ein Rehabilitationsverfahren, das 1456 zum Widerruf des Urteils von Rouen führt. (1909 Seligsprechung durch Papst Pius X., 1920 Heiligsprechung durch Benedikt XV.) Noch im Jahr des Prozesses von Rouen wird Heinrich VI. Lancaster in Paris gekrönt.
Nach Jeannes Tod löst sich der Krieg wieder in eine Vielzahl örtlicher Kämpfe auf, ohne an zerstörender Kraft zu verlieren. Der Sturz La Trémoilles (1433) führt nicht zur Stärkung der französischen Zentralgewalt, die einen Aufstand der Normandie gegen England (1434) ungenützt scheitern läßt.

1435 Die Befriedung des Landes kann erst beginnen, als die seit Jahren nie ganz abgerissenen Verhandlungen mit Burgund zum Friedenskongreß von Arras führen. Als Bedford auf dem Thronverzicht Karls VII. besteht und die englische Delegation jedem Kompromiß verschlossen abreist, stimmt Philipp der Gute einem Sonderfrieden zu: Neben Gebietsabtretungen sichert der Vertrag ihm persönliche Freiheit von allen Lehnsverpflichtungen gegenüber der französischen Krone. Durch den Tod Bedfords verliert England seinen bedeutendsten Staatsmann.

1436 Der Connétable Arthur III. de Richemont (*1393, †1458) nimmt Paris für Karl VII. Die korrumpierende Wirkung dieses Krieges reicht bis in die Zeit nach dem Vertrag von Arras, weil die entlassenen burgundischen und englischen Söldner nur dadurch überleben können, daß sie als *écorcheurs* (Schinder) bandenweise die Bevölkerung ausplündern und bis 1444 alle Regionen Frankreichs in vernichtender Weise heimsuchen.

1438 Als Reaktion auf die seit 1435 gefaßten Beschlüsse des Basler Konzils stellt Karl VII. die Verhandlungsergebnisse eines von ihm berufenen französischen Nationalkonzils in der PRAGMATISCHEN SANKTION VON BOURGES zusammen. Sie schützt die gallikanischen Freiheiten und regelt die Beziehungen der französischen Kirche zur Kurie: Unterordnung des Papstes unter das Konzil, freie kanonische Wahl durch Kapitel und Konvente unbeschadet königlicher Vorschlagsrechte, Verbot päpstlicher Pfründenreserven und Exspektanzen, Einschränkung des Appellationsrechts, Kürzung der nach Rom gezahlten Abgaben auf ein Fünftel des bisherigen Umfangs.

1439 Parlament und Basler Konzil billigen im nächsten Jahr diese Ordonnanz. Einer weiteren großen Ordonnanz stimmen die Generalstände zu: Die Anwerbung von Söldnern obliegt künftig allein dem König, der dafür eine dauernde direkte Steuer *(taille royale)* erheben darf. Adel und Klerus sind befreit.

1444 In Tours wird ein WAFFENSTILLSTAND MIT ENGLAND geschlossen; die Versöhnung der Könige soll in der ehelichen Verbindung Heinrichs VI. mit Margarete von Anjou (* 1429, † 1482) ihren Ausdruck finden.

1445 Das Abkommen verschafft Karl VII. eine Atempause, die er zu einer großen HEERESREFORM auf der Grundlage seiner Ordonnanz von 1439 nutzt; Beseitigung der *écorcheurs* durch dauernde Soldverträge mit den Geeignetsten unter ihnen; Organisation der Kavallerie als der Hauptwaffe in 15 Ordonnanzkompanien zu je 100 „Lanzen". Jede Lanze besteht aus einem adligen *homme d'armes* und fünf ihm unterstellten *archers à cheval*; jede Kompanie wird von einem adligen Kapitän geführt, den der König ernennt. Zusammen mit den schottischen Reitern der königlichen Leibgarde und einem Kontingent im Kriegsfalle sogleich verfügbarer, von Steuern freier Fußkämpfer *(francs-archers)* bilden die Ordonnanzkompanien den Grundstock einer stehenden französischen Armee.

1449 Als der Waffenstillstand nicht zum dauernden Frieden wird, setzt Karl VII. sein neues Instrument zur Eroberung der Normandie ein und nimmt Rouen.

1453 Die mit England wirtschaftlich verbundene und gegen die französische Verwaltung aufgebrachte Guyenne wehrt sich auf seiten des englischen Heerführers John Talbot, Earl of Shrewsbury (* um 1388, † 1453), so lange, bis dieser in der Schlacht bei CASTILLON (Departement Gironde) unterliegt und den

Tod findet. Die Guyenne verliert alle ständischen Rechte, was Abwanderung der Kaufleute und wirtschaftlichen Niedergang der Region zur Folge hat. Mit der Eroberung des gesamten englischen Festlandbesitzes außer Calais ist der Hundertjährige Krieg zu Ende.

Die Erneuerung Frankreichs (1453–1498)

Seit Mitte der dreißiger Jahre hat Karl VII. zunehmend die Kraft gewonnen, mit Hilfe tüchtiger Ratgeber (vor allem Pierre de Brézé) die Krongewalt wieder zu stärken und des äußeren Feindes Herr zu werden. Hauptgegner im Innern sind die alten Dynastien mit ihrem Unabhängigkeitsstreben (Foix, Armagnac, Albret), besonders aber die PRINZEN VON GEBLÜT, d. h. die *deuxième féodalité* aus den Seitenlinien des Königshauses (ORLÉANS: Herzogtümer Orléans und Valois, Grafschaften Blois, Dunois, Soissons, Beaumont-sur-Pose, Angoulême, Herrschaft Coucy; BURGUND: Herzogtum Burgund, Niederlande, Grafschaften Artois, Flandern, Franche-Comté, Nevers, Rethel, Etampes; ANJOU: Herzogtümer Bar und Lothringen, Grafschaften Anjou, Maine und Provence; BOURBON: Herzogtümer Bourbonnais und Auvergne, Grafschaften Forez, Clermont-en-Beauvaisis, Marche, Castres, Vendôme, Herrschaft Beaujeu; ALENÇON: Herzogtum Alençon, Grafschaft Perche, Vizegrafschaft Beaumont-le-Vicomte; BRETAGNE/DREUX: Herzogtum Bretagne, Grafschaften Montfort-l'Amaury und Vertus/Champagne). Jedes dieser Häuser verfügt über eigene Hofhaltung und Verwaltungsbehörden, sucht Ausgleich seiner enormen Kriegsschäden durch Pensionen des Königs; gemeinsam sollen die Reichsfinanzen kontrolliert werden. Die Koalitionen von 1437, 1440 und 1442 kämpfen unter den Herzögen von Bourbon, Alençon und Bretagne für diese Ziele; am gefährlichsten ist die PRAGUERIE von 1440 (Name nach den Hussitenkriegen 1419–1434 im Zeichen der vier Prager Artikel), weil der Dauphin Ludwig (XI.) sie unterstützt und ihre militärische Stärke durch Soldbanden wächst, die mit der Ordonnanz von 1439 ihre Existenz bedroht sehen. Richemont und Karl VII. (*1403, †1461) erzwingen einen raschen Sieg der Krone; Ludwig erhält die Dauphiné, der Herzog von Bourbon eine bedeutende Pension.

Die Landwirtschaft erholt sich nach Kriegsende nur langsam, ebenso haben Handwerk und Handel durch Unsicherheit der Verkehrswege, häufig gesteigerte Abgaben und Ausfall der Messen gelitten. Der bekannte Kaufmann Jacques Coeur (*1395, †1456) bildet sein Vermögen durch die Kombination von unternehmerischem Geschick, Gunsterweisen Karls VII. und Bewährung in hohen Staatsämtern; er stürzt 1453 durch einen politischen Prozeß und ist nicht typisch für die zeitgenössische Kaufmannschaft, sondern für ein im Verwaltungsdienst aufsteigendes Bürgertum. Während die alten Familien am Ende des Krieges großenteils durch Ertragsschwund der Landwirtschaft und Lösegeldzahlungen ruiniert sind, erhebt sich der neue Briefadel, um alsbald in der Aristokratie aufzugehen.

Karl VII. hat sich in der Zeit politischen und sozialen Umbruchs bewährt, so daß er seinem Sohn Ludwig XI. das Reich als Einheit übergeben kann.

1461–1483 König Ludwig XI. (*1423).

Ludwig hat das Ende seines Vaters immer ungeduldiger erwartet und, als Folge offen gezeigter Feindschaft mit Anschlägen auf das eigene Leben rechnend, seit 1456 in Flandern Zuflucht gesucht. Politiker aus Leidenschaft, sammelt er mittels komplizierter Spionagenetze Informationen, die das außergewöhnliche Gedächtnis des großen Arbeiters für zynisch und intrigant geplante diplomatische Aktionen bereithält, um Gegner ohne Krieg zu vernichten. Seine persönlich anspruchslose Lebensführung erweckt im Volk Hoffnung auf Reformen, die aber nicht zu wesentlichen Erleichterungen fuhren.

Drastische Beschneidung von Adelsrechten zugunsten der monarchischen Gewalt und die bald von persönlichem Haß zwischen Ludwig und Karl dem Kühnen verschärfte Wendung gegen Burgund sind
1465 Grundlage der „*Ligue du bien public*". Der Sohn Philipps des Guten von Burgund vereinigt die Häuser Alençon, Bourbon, Bretagne, Anjou, Armagnac zu einer antiköniglichen Koalition, die dem Namen nach durch Herzog Karl von Berry, Ludwigs Bruder, geführt wird.

Ohne militärische Entscheidung muß der König weitgehende Forderungen der Liga erfüllen, zieht aber Bourbon und Anjou durch Verleihung neuer Rechte auf seine Seite.

1467–1477 Karl der Kühne, Herzog von Burgund.
1433 in Dijon geboren als einzige Hoffnung der burgundischen Dynastie aus der dritten Ehe Philipps des Guten, wird der temperamentvolle Erbprinz besonders sorgfältig erzogen. In maßlosem Ehrgeiz sucht er sein Vorbild in Alexander dem Großen, der auch Sohn eines Philipp war, und verzehrt sich in ungeduldiger Erwartung des eigenen Regierungsantritts. Ausdauernde Arbeitskraft, hinreißende Rednergabe, Liebe zu Kunst und Musik verbinden sich mit Jähzorn, grausamer Härte, Sprunghaftigkeit und Argwohn zu einem zwiespältigen Charakter.

1468 Er heiratet Margarete von York, die Schwester König Eduards IV. von England; damit droht ein neues burgundisch-englisches Bündnis, zumal Ludwig XI. seiner Cousine Margarete von Anjou (* 1429, † 1482), der Gemahlin des gestürzten Heinrich VI. Lancaster, Asyl gewährt. Ein Treffen des französischen Königs mit Karl dem Kühnen in Péronne (Departement Somme) soll den Ausgleich bringen, wird aber durch den unzeitigen Beginn des von Ludwig geschürten Aufstandes der Lütticher Bürgerschaft gestört: Will der König nicht Gefangener des Herzogs sein, so muß er weitere Zugeständnisse machen und persönlich an der Strafexpedition gegen Lüttich teilnehmen.
Ein Bündnis Aragón/Burgund/Neapel formiert sich
1472 und erhofft den Beitritt Englands, als Karl der Kühne den Tod des Herzogs von Berry zum Anlaß für einen überstürzten Krieg gegen Frankreich nimmt.

1473 Seine Niederlage vor Beauvais nötigt den Burgunder zum Waffenstillstand.

1474 Im Vertrag von London sagen sich Eduard IV. und Karl der Kühne militärischen Beistand gegen Frankreich zu und legen in Erwartung des Sieges eine Nachkriegsordnung fest, die das Ende der französischen Monarchie vorsieht.

1475 Als aber der englische König mit 12000 Mann ausgesuchter Truppen in Calais landet, steht die burgundische Hauptmacht in Lothringen und ist für den Feldzug nicht verfügbar, worauf Eduard IV. mit Ludwig XI. den Vertrag von Picquigny (Departement Somme) schließt: Gegen Erstattung seiner Kriegskosten und lebenslängliche Zahlung einer hohen Jahrespension verzichtet der englische König endgültig auf seine französischen Thronansprüche. Im Süden ist es Ludwig schon früher gelungen, durch ein Bündnis mit Johann II. von Aragón gegen die Katalanen die Grafschaften Roussillon und Cerdagne als Pfandbesitz zu erwerben (1462), er muß diese Gebiete aber militärisch unterwerfen und macht sich damit schließlich Kastilien wie Aragón zu Gegnern. Eine sehr umsichtige Italienpolitik weiß die französische Hegemonie dort auch gegenüber dem burgundischen Rivalen zu behaupten; gestützt auf Mailand und Florenz ist Ludwig XI. Schiedsrichter zwischen den politischen Kräften Italiens und gewinnt seit der Niederlage Karls des Kühnen bei Grandson (1476) die Schutzherrschaft über Savoyen.

1477 Der Tod Karls des Kühnen bei Nancy und der folgende Zerfall seines Staates befreien Ludwig XI. auch von diesem Gegner.
Burgund wird als erledigtes Kronlehen betrachtet und von französischen Truppen besetzt.

1479 Ludwig nimmt in Dijon den Lehnseid des burgundischen Adels entgegen, hat aber durch seine Annektionspolitik Karls Tochter Maria (*1457, †1482) an die Seite des Hauses Habsburg getrieben: Marias Vermählung mit Erzherzog Maximilian (1477) bringt Franche-Comté, Flandern und die Niederlande in österreichische Hand.

29. Juli Ludwigs Revisionsversuch scheitert durch Maximilians Sieg bei Guinegate (Departement Pas-de-Calais).

1480 Als René von Anjou stirbt, fallen die Herzogtümer Anjou und Bar an die Krone, 1481 auch Maine und die Provence zusammen mit den Ansprüchen des Hauses Anjou auf Neapel.

MERKMALE DER REGIERUNG LUDWIGS XI.

Die persönliche Regierung Ludwigs XI. sucht zwar erfahrene Ratgeber und bedient sich vielfach eigens geschaffener Gremien, duldet aber nur einmal die Versammlung der Generalstände (1468). Mit den Parlamenten kommt es zu zahlreichen Konflikten, weil der König wichtige Verfahren durch außerordentliche Kommissionen dem üblichen Rechtsgang entzieht und den Kronrat über solche Evokationen urteilen läßt. Mit erheblichen Kosten wird die Armee vergrößert (1483: über 3800 Lanzen bei den Ordonnanzkompanien, Verdoppelung der Zahl der *francs-archers*), die Artillerie als wichtige neue Waffengattung ausgebaut. Das Geld bringt schärfere Steuererhebungen und Sonderlasten (neue Gebühren, Zölle, Zwangsanleihen), deren bedeutende Erträge dem König auch seine Subsidienpolitik erlauben. An loyale Adlige zahlt er Pensionen, belohnt mit Lehen und Ämtern; Widerstand bricht er gewaltsam. Neben der Krone verlieren die Prinzen von Geblüt ihre Bedeutung. Die Städte sehen deshalb im König ihren Verbündeten gegen die Bedrückung durch Regionalgewalten und tragen willig finanzielle Last und Einschränkung der kommunalen Freiheit, Handel und Gewerbe blühen im Schutz königlicher Privilegien (neue Seidenindustrie in Lyon seit 1467 und Lyoner Messen). Gegenüber der Kirche nutzt Ludwig XI. die Pragmatische Sanktion von 1438 im Sinne der königlichen Gewalt, beherrscht den Klerus und verfügt über dessen Pfründen. Seit 1479 zieht sich der alternde König immer mehr zurück und regiert die meiste Zeit von seinem befestigten Schloß Plessis-les-Tours.

1483–1498 KÖNIG KARL VIII. (*1470).
Er ist beim Tod seines Vaters 13 Jahre alt, die Regierungsgeschäfte werden deshalb von seiner Schwester Anna (*1461, †1522) und ihrem Gemahl Peter von Beaujeu (Haus Bourbon) geführt. Anna hat als Lieblingskind Ludwigs XI. politische Begabung und herrscherlichen Ehrgeiz, Peter von Beaujeu ist seit zehn Jahren Vertrauter des Königs und von ihm selbst zum Stellvertreter ernannt. Erste Regierungsmaßnahmen richten sich auf Versöhnung mit der nach wie vor bestehenden Adelsopposition und wecken bei den Prinzen von Geblüt Hoffnung auf Teilhabe am Kronrat.

1484 Um sich gegen den Herzog von Orléans zu behaupten, ruft die Regentschaft eine VERSAMMLUNG DER GENERALSTÄNDE nach Tours: Außer der Bretagne sind alle Regionen vertreten, und zum ersten Mal werden Bürger als Abgeordnete ihrer Städte im amtlichen Sprachgebrauch mit der Bezeichnung „Dritter Stand" erfaßt.

Weil die Stände mit unterschiedlichen, teils gegensätzlichen Interessen nicht geschlossen auftreten, kann die Versammlung nach Anhörung ihrer Beschwerden und vollzogener Steuerbewilligung entlassen werden, ohne daß die monarchische Gewalt Zugeständnisse machen muß. Eine für 1486 vereinbarte Wiederberufung der Generalstände wird umgangen.

Drehpunkt einer neuen Adelskoalition gegen die zentrale Monarchie wird die Bretagne. Ihr Herzog Franz II. steht unter dem Einfluß seines Großkämmerers Landois, der mit Ludwig von Orléans konspiriert. Die bretonische Unabhängigkeit soll erhalten werden, obwohl im Lande selbst starke Kräfte für die Unterwerfung eintreten. Als Landois seine Politik mit Waffengewalt durchsetzen will, stürzt ihn der bretonische Adel und schließt im Namen des Herzogs Frieden mit den Beaujeu.

1488 Der Tod Franz' II. erhöht die Spannungen, weil die bretonischen Stände nur seine beiden Töchter als Erbinnen anerkennen wollen.

1490 Die 13jährige Erbtochter Anna (*1477, †1514) wird durch Ehevertrag mit Maximilian verheiratet, aber eine königliche Belagerungsarmee vor Rennes macht deutlich, daß nur noch eine Bindung an die französische Krone möglich ist.

1491 Anna von Bretagne heiratet Karl VIII. und verpflichtet sich, im Fall seines kinderlosen Todes eine zweite Ehe nur mit dem nächsten Thronerben einzugehen.

1494 Karl geht nach Italien, um die Ansprüche des Hauses Anjou auf Neapel für die französische Krone geltend zu machen.

1495 Die lange diplomatische Vorbereitungsphase des Zuges hat aber Gelegenheit zur Bildung der antifranzö-

sischen Heiligen Liga gegeben, in der Papst Alexander VI., Kaiser Maximilian I., Herzog Ludovico il Moro von Mailand, Venedig und Spanien verbunden sind. Die starke französische Armee kann das Königreich Neapel zwar erobern, muß aber dem Übergewicht der Verbündeten weichen und zieht sich nach Frankreich zurück.
Die italienischen Kriege, mit Karl VIII. begonnen und unter Ludwig XII. fortgesetzt, bringen Frankreich in Beziehung zu allen Mächten Europas und zur italienischen Renaissance. Damit wirken sie epochebildend.

Die Literatur und die bildenden Künste im spätmittelalterlichen Frankreich

Der Hundertjährige Krieg betrifft alle Lebensbereiche mehr oder minder stark und hemmt auch das Kunstschaffen. Gleichwohl entstehen qualitätsvolle literarische Werke in großer Zahl, thematischer Breite und vielfältigen Formen. Der französische Königshof büßt aber seine zentrale Stellung zugunsten des Hofes der Herzöge von Burgund ein, neben dem nur noch die Bretagne als führende literarische Landschaft gelten kann. Infolge der zahlreichen Niederlagen hat das Ansehen des Adels gelitten, die kleineren Höfe sind materiell nur mehr wenig leistungsfähig und können mit dem aufstrebenden, reich gewordenen Bürgertum vielfach nicht mehr mithalten. Die höfische Literatur verliert deshalb an Bedeutung, sie wird immer mehr von der bürgerlichen moralisch-didaktisch ausgerichteten Dichtung verdrängt.
Die Lyrik gibt sich rhetorisch-gelehrt und allegorisierend in ihren Hauptformen Ballade, Chant royal, Rondeau und Vinlai. Unter den Dichtern ist an erster Stelle Guillaume de Machaut (*um 1300, †1377) zu nennen, der als Kaplan und Sekretär Johanns von Böhmen auch das östliche Mitteleuropa als Reisebegleiter des Königs in den Jahren 1327/ 1329 kennenlernt. 1337 erhält er ein Kanonikat in Reims und wird außerdem von den Höfen Frankreichs und Navarras gefördert. Der Komponist vertont eigene Texte, schreibt aber neben anderem auch eine Krönungsmesse, vielleicht für Karl V. Als poetisches Ziel des Dichters strebt er höchste Formvollendung an und wird damit schulbildend. Christine de

Pisan (*1365, †nach 1429), die Tochter des Hofastrologen Karls V., verdient als Witwe seit 1390 ihren Lebensunterhalt mit literarischen Werken, die hochgestellten Persönlichkeiten gewidmet sind (u. a. Ludwig von Orléans, Philipp dem Kühnen, Königin Isabeau). Entschieden verteidigt sie die Stellung der Frau gegen das im Rosenroman entworfene Bild und scheut sich nicht, frühzeitig für Jeanne d'Arc einzutreten („*Ditie a la Pucelle*", 1429). Ihre Lyrik, die Prosatexte (u. a. „*Lamentacion*" von 1410 über den Bürgerkrieg) und die didaktischen Arbeiten bilden zusammen das umfangreichste literarische Werk eines Autors dieser Zeit. Als Lyriker steht Herzog Karl von Orléans (*1394, †1465) stark unter dem Einfluß Guillaumes de Machaut. Seit 1408 ist er mit der Witwe Richards II. verheiratet und gerät 1415 bei Azincourt in englische Gefangenschaft, aus der er erst 1440 entlassen wird; Teile seines Werkes sind in englischer Sprache verfaßt. Er liebt die kurze Form (Ballade, Chant royal, Rondeau) und bevorzugt als Themen adliges Leben und Minnemotive. Zeitgeschichtliche Bezüge finden sich infolgedessen kaum. In der Auseinandersetzung mit den anerkannten Dichtern schreibt Francais Villon (*1431/32, †nach 1463), dessen Balladen 1456 *(„Le petit testament")* und 1461 *(„Le grand testament")* in Sammlungen dem Publikum dargeboten werden. Er studiert in Paris und wird 1452 Magister der Artistenfakultät, bevor er 1455 wegen eines Totschlags die Stadt fluchtartig verlassen muß. Mehrfach krimineller Delikte angeklagt, wird er 1463 verbannt und ist seither verschollen. 1457 hat er am Dichterwettstreit vor Karl von Orléans teilgenommen.

Bürgerliche Korporationen richten SZENISCHE DARSTELLUNGEN aus, die neben Mysterienspielen (Passion des Arnoul Greban, um 1450) auch profane Motive gestalten (Jacques Milet, †1466: „*Histoire de la destruction de Troye la grant*"). Die derbe Posse („*La Farce de Maistre Pierre Pathelin*", um 1465) wird am Ende des 15. Jahrhunderts zum Narrenspiel (Sottie), das alle Stände beißend charakterisiert. Die Pflege höfischer Form und das Bemühen um ein verblassendes Ritterideal bringen Anstandsbücher hervor, die teilweise schon Erziehungsromane sind (Antoine de La Sale, „*Le petit Jehan de Saintre*"; 1459), während am burgundischen Hof die *Grands Rhetoriqueurs* Georges Chastellain (*1405, †1475), Olivier de la Marche (*um 1426, †1502) und Jean Molinet (*1435, †1507) eine Sondermanier des hohen Ausdrucks auf dem Gebiet der Historiographie pflegen.

Generell ist die GESCHICHTSSCHREIBUNG ein wichtiger Teil der Prosaliteratur; sie wird durch den adligen Seneschall der Champagne Jean de Joinville († 1317) mit seiner 1304–1309 entstandenen „*Histoire de Saint Louis*“ zu einem ersten Höhepunkt dieser Epoche geführt. Als Kleriker hält sich Jean Froissart (* um 1337, † um 1411) zwischen 1361 und 1369 am Hof Eduards III. auf, bevor er in Namur, Luxemburg, Blois und Orthez wirkt. In der Nachfolge Machauts schreibt er zunächst Rondeaus, ab 1365 auch umständliche Romane (u. a. Arthusstoff). 1370 beginnt er die „*Chroniques de France, d'Engleterre et des pais voisins*“ mit anfangs englandfreundlicher, dann französischer, schließlich burgundischer Tendenz. Philippe de Commynes (* 1447, † 1511) steht zunächst im Dienst Karls des Kühnen, den er 1472 verläßt, um zu Ludwig XI. überzugehen. Seine 1489–1498 für den Erzbischof Angelo Cato von Vienne verfaßten „*Mémoires*“ sehen die Geschichte von großen Persönlichkeiten und ihren Schwächen bestimmt. Traditionell in der Grundauffassung (Vorsehung der Einzelhandlung übergeordnet), erklärt er als erster die Ereignisse aus den psychologisch analysierten Absichten der Handelnden.
Zentren der BILDENDEN KUNST sind im 14. Jahrhundert Paris, Burgund und die burgundischen Niederlande, Avignon, für kürzere Zeit der Hof des Herzogs von Berry. Sie behalten ihren Rang auch im 15. Jahrhundert und stehen untereinander in enger Beziehung.
Die ARCHITEKTUR des Sakralbaus hält an den alten Bauformen fest, entwickelt aber durch Übernahme des englischen *style flamboyant* reiche Schmuckformen, die nicht nur an Kirchen (St. Maclou-Rouen, 1434 ff.), sondern auch an profanen öffentlichen (Justizpalast Rouen, um 1500) und privaten Bauten (Haus des Jacques Coeur/Bourges, 1443 ff.) als reiner Dekorationsstil verwendet werden. In den Städten der burgundischen Niederlande entstehen prächtige Tuch- und Fleischhallen (Ypern, 1260–1380, Mecheln, 1320), Rathäuser (Brügge, Ende 14. Jahrhundert) und ragende Türme (*Beffrois*: Ypern, Gent, Brügge, Mecheln, Douai, Kortrijk) als Zeichen bürgerlichen Selbstbewußtseins. Der gewaltigste Profanbau Frankreichs, von wehrhaft-kubischer Geschlossenheit, ist der Papstpalast in Avignon (1334–1352), dessen hauptsächlich von Italienern geschaffene Fresken die französische Wandmalerei beeinflussen. MALEREI und PLASTIK wenden sich sowohl mit der Aufnahme von Landschaft und Architektur in die Miniatur- und Tafelmalerei als auch mit den individuellen Zügen des Porträts zum Realismus.

Maler, Bildhauer und Goldschmiede arbeiten gleichermaßen für die Höfe von Frankreich und Burgund, die niederländischen Städte und Bürger; viele Künstler bekleiden Hofämter. Ein Höhepunkt ist die Zeit Karls V. (1364–1380) (Entwicklung des „Schönen Stils" am Pariser Hof mit europäischer Wirkung bis ins 15. Jahrhundert) und seiner Brüder Philipp der Kühne und Johann von Berry. In ihrem Umkreis wie auch in Avignon entsteht Großplastik mit individuell ausgeführten Gesichtszügen (Darstellungen Karls V. für das Portal der Cölestinerkirche/Paris und Karls VI. für den Herzogspalast/Poitiers; Grabplastiken für Päpste und Kardinäle). Bekanntester Bildhauer ist der Niederländer Claus Sluter (*zwischen 1340 und 1350, †1406 in Dijon; Grablege der Herzöge von Burgund und Mosesbrunnen in der Kartause von Champmol). In die zunächst als reine Hofkunst ausgeübte BUCHMALEREI dringen über Avignon italienische Einflüsse; Höhepunkt sind die Stundenbücher der Brüder von Limburg für Herzog Johann von Berry (*„Très riches heures"*, 1416). Beobachtete Wirklichkeit findet sich auch in der TAFELMALEREI, so bei dem flämisch beeinflußten Nicolas Froment (seit 1447 in Avignon tätig), beim Hofmaler Karls VII. Jean Fouquet (*um 1420, †um 1480), der außerdem zahlreiche Miniaturen schafft (Illustrationen zu den Jüdischen Altertümern des Flavius Josephus, 1470/76) und in Werken unbekannter Meister („Madonna mit den Engeln"/Moulins, um 1498; „Pieta"/Villeneuve les-Avignon, um 1490). Vermutlich in Tournai arbeitet der Meister von Flémalle. Hubert (†1426) und Jan van Eyck (*um 1390, †1441) sind die Schöpfer des Genter Altars, Jan malt Altäre (z.T. mit Stifterbildnissen) und zahlreiche Porträts von Adligen und Bürgern (Doppelbildnis Arnolfini, Madonna des Kanzlers Rolin). Er ist Hofmaler Herzog Philipps des Guten, während der aus Tournai stammende Rogier van der Weyden (*1399, †1464; Bildnis Karls des Kühnen) im Dienst der Stadt Brüssel steht. Auch GRAPHISCHE TECHNIKEN finden in Frankreich, Burgund und in den burgundischen Niederlanden rasch Eingang: Die Holzschneidekunst (besonders in Dijon und Lyon) und der Kupferstich wetteifern mit den deutschen Zentren. Die Tradition der TEPPICHWEBEREI reißt in Frankreich nicht ab (Apokalypsenzyklus aus Angers, 1375/79) und hat ihre Schwerpunkte zunächst in Arras, vom 15. Jahrhundert an in Tournai.

Frankreich von den Renaissancekönigen bis zur Krise der absolutistischen Herrschaft (1494–1788)

Das Zeitalter der Renaissancekönige und der Hugenottenkriege (1483–1610)

Hervorragendstes Kennzeichen des frühneuzeitlichen Frankreich ist die zunehmende Stärke seines Königtums. Gegen Ende des 15. Jahrhunderts sind bereits etwa zwei Drittel des Staatsgebietes im unmittelbaren Besitz der Krone; durch zielstrebige Familienpolitik der Valois und Orléans kommen bis Mitte des 16. Jahrhunderts das Herzogtum Bretagne und eine Reihe von „Apanagen" (die Ausstattung nachgeborener, meist männlicher Mitglieder regierender Fürstenhäuser mit Territorialbesitz und finanziellen Einkünften, um einen standesgemäßen Unterhalt zu ermöglichen) mit dem Königshaus verwandter Feudalherren hinzu. Feudaladel und Stände sind weitgehend entmachtet; die Zentralgewalt dehnt ihren Geltungsbereich mehr und mehr aus; insbesondere setzt sie ein funktionierendes Steuersystem durch. Die katholische Kirche wird stärker denn je von der monarchischen Gewalt beherrscht: Die Bischöfe werden faktisch von der Krone ernannt, die Kirche wird besteuert, die kirchliche Gerichtsbarkeit eingeschränkt („gallikanische Freiheiten", bestätigt im Konkordat von 1516). Die Staatsfinanzen sind zunächst durchaus gesund; die wirtschaftlich aufsteigenden bürgerlichen Kräfte sehen im Königtum einen Bundesgenossen gegen die Feudalherren.

Der gewaltige Machtzuwachs befähigt die französischen Renaissancekönige zu einer kraftvollen Außenpolitik, die vor kriegerischen Aktionen nicht zurückschreckt. Zunächst noch ohne festumrissene nationalstaatlich-territoriale Zielsetzung führt diese zur Begründung des habsburgisch-französischen Gegensatzes und damit zur Herausbildung des internationalen Gleichgewichtssystems in Europa.

1483–1498 Karl VIII. aus dem Hause Valois (* 1470, † 1498).

1494–1495 Mit dem Feldzug gegen die italienischen Stadtstaaten, der den Anspruch des Hauses Anjou auf Neapel geltend machen soll, beginnen die Auseinandersetzungen zwischen den französischen Königen und Habsburg. Nachdem Karl Neapel erobert hat, erfährt die Koalition italienischer Staaten entscheidende Unterstützung durch Spanien und Habsburg; die französischen Truppen müssen sich daraufhin überstürzt zurückziehen.

1498–1515 LUDWIG XII. aus dem Hause Orléans (*1462, †1515). Der König erobert Mailand und Neapel, verliert letz-
1503 teres aber nach der Schlacht am Garigliano (Unterlauf des mittelitalienischen Flusses Liri) an Ferdi-
1513 nand von Aragón und Mailand nach der Schlacht bei Novara (westliche Poebene) an die Schweiz.

1515–1547 FRANZ I. aus dem Hause Orléans-Angoulême (*1494, †1547).

1515 Der König erobert mit einem Sieg über die Eidgenossen bei MARIGNANO (südöstlich von Mailand) Mailand zurück.

1516 Konkordat mit Papst Leo X.

1519 Bei seinen Bemühungen, die Nachfolge Kaiser Maximilians I. im Reich anzutreten, unterliegt Franz I. seinem Gegenkandidaten Karl von Spanien (Karl V.), dessen habsburgisch-spanisches Weltreich Frankreich von allen Seiten zu umklammern droht.

Im Bündnis mit einigen deutschen protestantischen Landesherren, den Päpsten und den Türken führt Franz I. insgesamt vier Kriege mit Karl V. um Italien,
1544 die im FRIEDEN VON CRÉPY (Crépy-en-Laonnais, Nordfrankreich) mit einem vorläufigen Kompromiß abgeschlossen werden. Territorial wird der Status quo aufgrund der Friedensschlüsse von Madrid (1526) und Cambrai (1529) im wesentlichen bestätigt. Der zweite Sohn Franz' I. soll eine Tochter Karls V. heiraten und dann Mailand erhalten (eine Verabredung, die nicht zustande kommt, weil Herzog Charles vor der Eheschließung stirbt).

1547–1559 HEINRICH II. (*1519, †1559). Seit 1533 mit Katharina von Medici verheiratet.

1552 Der Kampf gegen Karl V. bricht erneut aus, da die
15. Febr. deutsche Fürstenopposition Heinrich II. im Vertrag

von Chambord das Reichsvikariat über die Bistümer Toul, Metz und Verdun überläßt.

1556 Nach dem Thronverzicht Karls und der Reichsteilung wird aus dem deutsch-französischen ein spanisch-französischer Krieg.

1559 Frieden von Cateau-Cambrésis (südöstlich von Cam-
3. April brai) zwischen Heinrich II. von Frankreich und Philipp II. von Spanien. Frankreich muß außer auf Artois, Flandern und die Franche-Comté auf Savoyen und Piemont, d.h. die Alpenpässe, verzichten, kann aber die 1552 erworbenen Bistümer behalten und Calais gegen eine Zahlung definitiv für die Krone sichern.

Staat und Kultur der Renaissance

In den wechselvollen Kämpfen bestätigt sich die innere Stärke des Königtums und die wachsende „nationale" Interessenbindung der Feudalherren; der Connétable Karl von Bourbon (*1490, †1527) findet keine Nachahmer, als er (1523) in das Lager Karls V. überwechselt. Die Feldzüge nach Italien beschleunigen das Vordringen der italienischen Renaissance nach Frankreich und führen zur Ausbildung einer erstmals national akzentuierten Kultur, die den Humanismus und Rationalismus des antiken Erbes mit Diesseitsfrömmigkeit, praktischem Moralismus und Interesse an der Staatseinheit verbindet. Den Höhepunkt des literarischen Patriotismus bilden die „*Essais*" des Schriftstellers, Philosophen und Moralisten Michel Eyquem de Montaignes (*1533, †1592); daneben kennzeichnen die humanistische Dichtung von François Rabelais (*wohl um 1494, †1553), Clemerit Marot Pierre de Ronsard (*1524 oder 1525, †1585) und Joachim Du Bellay (*um 1522, †1560) sowie die Architektur der Königsschlösser an der Loire und in Paris (Louvre, Fontainebleau) die Epoche. Mäzenatentum und Prachtentfaltung Franz' I. fördern diese Renaissancekultur beträchtlich, führen aber auch – zusammen mit den immer kostspieliger werdenden italienischen Unternehmungen – zu einem Defizit im Staatshaushalt. Zur Deckung der Finanzlücken läßt Franz die Unsitte der Ämterkäuflichkeit zur Regel werden; von da an beginnt die Korruption die königliche Bürokratie zu zersetzen. Seit den vierziger Jahren wird das Reich zudem durch blutige Protestantenverfolgungen erschüttert.

1559–1589 Frankreich steht im Zeichen konfessioneller Auseinandersetzungen.
Auf König Heinrich II. folgen seine drei Söhne:
1559–1560 Franz II. (*1544, †1560).
1560–1574 Karl IX. (*1550, †1574).
1574–1589 Heinrich III. (*1551 , †1589).

Während ihrer Regierungszeit spitzen sich die Gegensätze zwischen katholischem und hugenottischem (= eidgenössischem) Volksteil (die französischen Calvinisten werden seit etwa 1560 Hugenotten genannt) zu erbitterten Glaubenskriegen zu. Die Familien des Hochadels verbinden die religiösen Kontroversen mit ihrem Kampf um Machtausweitung auf Kosten der Krone, der durch die Silberinflation (infolge der überseeischen Entdeckungen) verarmte Landadel nimmt zu Raubzügen Zuflucht, die städtischen Massen kämpfen unter der Fahne des traditionellen Katholizismus gegen die Lasten des Renaissancekönigtums, bürgerliche Hugenotten suchen sich gegen die Feudalherren zu behaupten. Das in Lothringen beheimatete Geschlecht der Guise führt die katholische, das der Bourbonen unter dem Prinzen Ludwig I. von Condé (*1530, †1569) die protestantische Partei an, das Spanien Philipps II. favorisiert die Katholiken, England die Protestanten. Das französische Königshaus steht zwischen den Parteien, versucht unter der Leitung der einflußreichen Königsmutter Katharina von Medici zu vermitteln, verliert jedoch zunehmend an Einfluß. An außenpolitische Ambitionen ist nicht mehr zu denken; Westeuropa wird jetzt von Spanien überragt.

1562 1. März Seit dem Überfall Herzog Franz von Guises (*1519, †1563) auf eine gottesdienstliche Versammlung der Calvinisten in Vassy (Ostfrankreich) behaupten sich die Hugenotten in drei Kriegen gegen die Partei der Guisen.

1570 8. Aug. Edikt von Saint-Germain-en-Laye (westlich von Paris): Die Krone muß den Hugenotten bedingte Religionsfreiheit und als Faustpfand für die getroffenen Abmachungen und Zufluchtsstätte vier Städte (die bedeutendste davon La Rochelle) auf zwei Jahre zur Selbstverwaltung zugestehen. Der Hugenottenführer

1572 23./24. Aug. Admiral Coligny (*1519, †1572) gewinnt zunehmenden Einfluß auf Karl IX.; als sich jedoch Heinrich

Abb. 16: Die Bartholomäusnacht des Jahres 1572 in Paris (Holzstich von E. Krell nach einem Gemälde von François Dubois d'Amiens)

von Navarra aus dem Hause der Bourbonen mit Margarete, der Schwester des Königs, vermählt, veranstaltet die Guisenpartei mit Wissen Katharinas die sog. BARTHOLOMÄUSNACHT, ein Blutbad unter den zur Hochzeit nach Paris geströmten Protestanten. 3 000 bis 4 000 Hugenotten werden ermordet, unter ihnen Coligny; in den Provinzen fallen weitere 12 000 bis 20 000 den anschließenden Verfolgungen zum Opfer.

1572–1573 Nach der „Pariser Bluthochzeit" werden die Kämpfe noch heftiger geführt. Im vierten Hugenottenkrieg werden den Protestanten alle Sicherheitsplätze genommen; ab 1575 im fünften Krieg können sie jedoch ihre Rechte entscheidend erweitern:

1576 6. Mai Im Edikt von Beaulieu (heute Beaulieu-sur-Mer an der Côte d'Azur) erhalten sie neben einigen anderen

Zugeständnissen acht Sicherheitsplätze, diesmal ohne eine zeitliche Befristung.

1576 Die radikalen Katholiken formieren sich in der „Heiligen Liga“ zum Vernichtungskampf gegen den Protestantismus und gewinnen den schwachen König Heinrich III. für sich.

1585 Das Edikt von Paris hebt alle Rechte der Hugenotten wieder auf.

Seit dem Tode des letzten Königsbruders Franz von
Alençon-Anjou (*1566, †1584) wird aus dem Bür-
gerkrieg auch ein Kampf um die Krone: Die meisten
1588 Rechtstitel auf die Nachfolge des kinderlosen Hein-
12. Mai rich III. besitzt Heinrich von Navarra, der neue Füh-
rer der protestantischen Partei.

1589 Die Katholiken betreiben nun die Absetzung Hein-
richs III. zugunsten eines Guisen; ein Aufstand der
Pariser Massen treibt ihn in die Flucht; während der
Belagerung von Paris durch das Bourbonenheer wird
2. Aug. Heinrich III. von einem fanatisierten Dominikaner er-
mordet.

1589–1702 Das Haus Bourbon in Frankreich.

1589–1610 Als Heinrich IV. (*1553, †1610) kann der König von Navarra (seit 1562) seine Rechte anfangs nur sehr schwer geltend machen, zumal sich die „Liga“ mit Philipp II. von Spanien verbündet hat und der Hugenottenkrieg so mehr und mehr mit der Auseinandersetzung Spaniens mit England und den Niederlanden verschmilzt. Gegen den Hegemonieanspruch Spaniens wendet sich jedoch eine wachsende Zahl gemäßigter Katholiken (die sog. Dritte Partei der „Politiker“, unter ihnen Jean Bodin [*1530, †1596], der die epochemachende Lehre vom Monarchen als Verkörperung der staatlichen Souveränität entwickelt), die das nationale Interesse Frankreichs über den religiösen Integralismus stellen. Mit ihrer Hilfe gelingt Heinrich IV. schließlich der Ausgleich.

1593 König Heinrich konvertiert unter dem Einfluß seines
25. Juli (calvinistisch bleibenden) Ministers Maximilian de
1594 Belhune, Herzog von Sully (*1560, †1641) zum Ka-
22. März tholizismus; daraufhin öffnet ihm Paris freiwillig die

Abb. 17: König Heinrich IV. (Stich von Kühner nach einem Gemälde von Pourbay)

Tore; der Widerstand der „Liga" in den Provinzen wird schrittweise gebrochen.

1598 13. April Nach dem Ende der Kämpfe (1597) bestätigt das Edikt von Nantes die erkämpften Rechte der Protestanten: eingeschränkte, aber gesicherte Kultfreiheit, Zulassung zu allen Würden und Ämtern, konfessionell gemischte Kammern in den Parlamenten für Streitsachen zwischen Katholiken und Protestanten: In einem zusätzlichen Erlaß erhalten sie etwa 150 Sicherheitsplätze, die von 1,2 Millionen Hugenotten, einem guten Zwölftel der Gesamtbevölkerung Frankreichs, bewohnt werden.

Mai Von England und den Niederlanden unterstützt, schließt Heinrich IV. im gleichen Jahr den Krieg gegen Spanien erfolgreich ab: Im Frieden von Vervins (bei Laon) muß Spanien französische Gebietsgewinne in der Provence und im Rhônetal anerkennen und auf jede Einmischung in innerfranzösische Angelegenheiten verzichten.

Die Rekonstruktionspolitik Heinrichs IV.

Die Verluste der insgesamt acht Kriege sind groß, allein in der letzten Phase seit 1585 reduzieren etwa eine Million Todesopfer, Hunger, Pest, eine Wolfsplage sowie die Emigration von 16000 wirtschaftlich leistungsfähigen Hugenotten die Bevölkerung Frankreichs. Unter der Leitung des Herzogs von Sully setzt eine Phase nüchterner Rekonstruktionspolitik ein: Die zerrüttete Finanzverwaltung wird durch eiserne Spardisziplin und die Einführung regelmäßiger Rechenschaftsberichte der Beamten neu geordnet, die Einnahmequellen des Staates werden durch eine Neugliederung des Systems der Ämterkäuflichkeit wieder gesteigert, seit 1604 sind die Ämter faktisch erblich. Die Landwirtschaft wird durch die Erschließung von Ödland wesentlich gefördert, neue Straßen entstehen. Kanäle werden projektiert, erste Ansätze zu einer merkantilistischen Schutzzollpolitik gemacht. Das im Handel dominierende und auch in der Kolonisierung der überseeischen Gebiete (insbesondere Kanada) führende Bürgertum dringt, von der Krone als politisch ungefährlich eingeschätzt und daher bewußt gefördert, angesichts der finanziellen Krise des Grundadels in die hohen (und teuren) Beamtenstellen ein; als *noblesse de robe* vermischt es sich mit den alten Führungsschichten, nimmt dabei aber deren Bewußtseinshaltung an und konserviert damit die ständische Struktur Frankreichs über den wirtschaftlichen Niedergang der Feudalherren hinweg. Durch die Verschmelzung der Güter der Bourbonen mit dem Krongut wird die Zentralisierung des Landes entscheidend vorangetrieben.
Heinrich IV. sieht in dieser Rekonstruktionspolitik die Grundlage für eine neue Großmachtstellung Frankreichs auf dem Kontinent. Von Sullys *grand dessin* beeinflußt, das die völlige Umgestaltung Europas zu einer von Frankreich geführten *république chrétienne* vorsieht, sucht er als Protektor der protestantischen Fürsten Deutschlands den Kampf gegen Habsburg wiederaufzunehmen.

1610 Als sich Heinrich anschickt, aktiv in den Jülich-Clevischen Erbfolgestreit einzugreifen, wird er von dem katholischen Fanatiker François Ravaillac (*1578,
14. Mai 1610 hingerichtet) ermordet. Damit ist der Konflikt mit Habsburg noch einmal verschoben; zugleich wird den führenden Kräften des Landes deutlich, wie labil

der die Konfessionsspaltung überwindende nationale Konsens noch ist: Das in den Schriften des Staatslehrers und Philosophen Jean Bodin theoretisch vorbereitete und von Heinrich IV. in ersten Ansätzen praktizierte Führungsmodell des königlichen Absolutismus zur Herstellung des inneren Friedens gewinnt immer mehr Anhänger.

Das Zeitalter der großen Kardinäle (1610–1661)

Unter der politischen Führung der Kardinäle Richelieu und Mazarin wird Frankreich zwischen dem zweiten und sechsten Jahrzehnt des 17. Jahrhunderts endgültig zur absolutistisch regierten Großmacht: Das Land, dessen Territorium nun fast ganz der Krone gehört, wird nach letzten heftigen Widerstandsversuchen der Gegenkräfte vom König und seinem Beamtenapparat beherrscht; die Gefahr der habsburgischen Umklammerung wird beseitigt und so trotz verbleibender innerer Schwächen die Grundlage für eine Führungsrolle Frankreichs auf dem Kontinent gelegt.

1610–1643 LUDWIG XIII. (* 1601, † 1443), Sohn Heinrichs IV. (aus seiner zweiten Ehe mit Maria von Medici [* 1573, † 1642]).
Die Partei- und Religionsgegensätze brechen zunächst wieder auf. Als Regentin für den anfangs noch unmündigen Sohn entläßt Heinrichs IV. zweite Frau MARIA VON MEDICI Sully und orientiert sich wieder an der spanischen Vormacht.
Maria gerät in Konflikt mit dem König, muß den Hof
1619 verlassen, söhnt sich aber schließlich im Vertrag von Angoulême (an der Charente) mit Ludwig aus.

1624–1642 Der Architekt der Vermittlung, Marias Protégé Armand Jean du Plessis, Herzog von RICHELIEU (* 1585, † 1642), ein machtbewußter Monarchist, seit 1622 Kardinal, intrigiert gegen das Kabinett Ludwigs, tritt auf Betreiben Marias selbst in das Kabinett ein und reißt alsbald die faktische Leitung der Regierungsgeschäfte an sich. Ohne große persönliche Sympathie vertraut sich König Ludwig nun der Führung Richelieus an, dessen Politik auf eine konsequente Verwirklichung des absolutistischen Staatsgedankens zielt.

Richelieus Innenpolitik

Die ersten Anstrengungen absolutistischer Politik Richelieus sind auf die Beseitigung des hugenottischen „Staats im Staate" gerichtet. Nach langer, vom König und seinem Minister persönlich geleiteter Belagerung

1628 erfolgt die KAPITULATION VON LA ROCHELLE, dem wichtigsten der protestantischen Sicherheitsplätze.

1629 Im Gnadenedikt vom Alès (Südfuß der Cevennen) und Gnadenedikt von Nîmes werden den Hugenotten alle Sicherheitsplätze genommen, ihre religiösen, bürgerlichen und sozialen Rechte jedoch von der Krone bestätigt; damit bleibt das Hugenottentum als religiöse Sondergruppe erhalten, hört aber auf, eine politisch eigenständige Gegenkraft im Staate zu sein. Die infolge der Kämpfe in der Königsfamilie wieder mächtige Adelsopposition wird von Richelieu Schritt um Schritt in ihren Rechten eingeschränkt. Nachdem

1630 es ihm gelungen ist, sich einer Verschwörung dieser

11. Nov. Gruppe mit der Königsmutter Maria zu entziehen *(journée des dupes),* kann er das Gewaltmonopol des modernen Staates gegen die überkommenen Feudalrechte durchsetzen: Das Duell wird verboten, die Befestigungen der Adelsburgen werden, soweit sie nicht in Grenznähe liegen, geschleift.

1632 Gaston von Orléans (*1608, †1660), der Bruder des Königs, und Heinrich Herzog von Montmorency (*1595, †1632), der Gouverneur der Lanquedoc, organisieren einen Aufstand gegen die Krone, werden aber geschlagen.

30. Okt. Seit der spektakulären HINRICHTUNG MONTMORENCYS in Toulouse wagt die schwer getroffene Adelsopposition keinen offenen Aufstand mehr, obwohl es auch weiterhin nicht an Versuchen fehlt, Richelieu zu beseitigen.

1635 Zur Stärkung der Königsmacht betreibt Richelieu eine systematische Kulturpolitik; die in Paris gegründete *Académie française* zur Pflege der französischen

Sprache wird vom Pariser Parlament erst nach hinhaltendem Widerstand 1637 genehmigt.

1641 Die adligen Provinz-Gouverneure, deren Ämter inzwischen erblich geworden sind, werden in ihren Machtbefugnissen durch königliche Gesandte (die „Intendanten“) abgelöst (Titel und Einkünfte bleiben ihnen erhalten); die Generalstände werden nicht mehr einberufen (letztmalig 1614), das Parlament von Paris wird zunehmend bedrängt und verliert das Recht auf Einspruch gegen königliche Edikte – nur in Finanzangelegenheiten darf es noch in die Regierungsentscheidungen eingreifen.

Die Wirtschaftskrise des 17. Jahrhunderts

Der Kampf Richelieus gegen die antizentralistischen Kräfte wird erschwert durch die wirtschaftliche Dauerkrise, die Frankreich trotz der Anstrengungen Sullys nicht überwindet. Mißernten, Seuchen, durch wirtschaftliche Pressionen erpreßte Rekrutierungen und die vielen inneren und äußeren Fehden lassen die Rezession bis in die Mitte des 17. Jahrhunderts andauern. Seit den dreißiger Jahren stagniert das Preisniveau, in den vierziger Jahren fällt es sogar; die Überproduktionskrise vernichtet die Existenz vieler Bauern, Handwerker und Fabrikanten. Obwohl Richelieu die Steuerschraube im Interesse einer ehrgeizigen Außenpolitik bis aufs äußerste anspannt, sinken die Einnahmequellen des Staates: Frankreichs fiskalische Leistungsfähigkeit geht zurück. Die partielle Verelendung der Bauern und Handwerker und die brutalen Steuererhebungsmethoden lösen ab 1630 zahlreiche Revolten aus, die sich mit den regionalen und feudalen Sonderinteressen gegen die königliche Zentralgewalt verbinden.

Außenpolitik 1626–1648

1626 Infolge der inneren Schwäche des Landes und dementsprechender Unzulänglichkeit der französischen Armee beginnt Richelieus antihabsburgische Außenpolitik mit diplomatischen, nur sekundär militärisch abgesicherten Aktionen. Die von ihm entfesselte

5. März „Veltlin-Affäre“ endet im Vertrag von Monzon (Py-

renäen-Südrand) mit einem Erfolg Spaniens, das sein Durchzugsrecht durch dieses strategisch wichtige Graubündner Tal sichert.

1628–1631 Im Mantuanischen Erbfolgestreit operiert das französische Heer im savoyischen Westalpengebiet; zugleich sichert Richelieu in Geheimverhandlungen mit dem päpstlichen Vermittler, Giulio Mazarini, dem Herzog von Nevers gegen die Forderungen des Hauses Habsburg den Besitzanspruch auf Mantua und Monferrato (in Piemont) und erwirbt zudem von Savoyen die Alpenpässe Pinerolo und Perosa im VERTRAG VON TURIN (1632); die spanischen Nebenlande in Italien können fortan von Frankreich überwacht werden.

In den DREISSIGJÄHRIGEN KRIEG greift Frankreich zunächst nur indirekt auf antihabsburgischer Seite ein:

1631 Richelieu gewährt Gustav II. Adolf von Schweden im Vertrag von Bärwalde finanzielle Unterstützung (die er wieder einstellt, als ihm der Schwedenkönig im deutschen Südwesten zu mächtig zu werden droht).

1633–1635 Richelieu stationiert Truppen in dem zum Reich gehörigen Herzogtum Lothringen.

Als die Schweden nach der Schlacht bei Nördlingen (1634; im heute bayrischen Schwaben) bis fast an die Ostsee zurückweichen und mit den Kaiserlichen verbündete spanische Truppen Mittelrhein und Moseltal besetzen, dabei den Trierer Kurfürsten gefangennehmen, der sich unter französischen Schutz gestellt hat,

1635 glaubt sich Richelieu zum offenen Kriegseintritt ge-
19. Mai zwungen, obwohl die französische Heeresorganisation noch keineswegs für eine Auseinandersetzung mit den spanischen Elitetruppen gerüstet ist. In der Tat dringen die spanischen und kaiserlichen Verbände bis nach Corbie westlich von Paris vor und lösen in der Hauptstadt eine Revolte gegen den Kardinal aus. Dieser denkt für einen Moment an Resignation, weiß dann aber durch kaltblütiges energisches Auftreten die Pariser Massen für sich zu gewinnen und

1636 schlägt die Habsburger an der Spitze einer von ihm

und dem König persönlich geführten Armee ins Rheintal zurück.

Die Idee des „nationalen" französischen Zentralstaats erfährt durch diesen dramatischen Erfolg beträchtlichen Auftrieb. Richelieu erweitert das französische Heer, das unter Heinrich IV. 10 000 Mann umfaßt, von 60 000 auf 150 000 und beginnt nun mit einer Offensive gegen Spanien und Österreich, die
1642 bei seinem Tode noch andauert.

1643–1661 Unter Richelieus Nachfolger MAZARIN (jenem Giulio Mazarini [*1602, †1661], der 1632 in päpstlichen Diensten mit dem Kardinal verhandelt hat, unterdessen aus Bewunderung für Richelieu als Nuntius nach Paris gekommen und dessen vertrauter Schüler geworden ist, seit 1639 in französischen Diensten, seit 1641 Kardinal, ohne je geistliche Weihen empfangen zu haben) erringen die französischen Truppen die entscheidenden Erfolge:

1643 Sieg der französischen Reiterei über das spanische Fußvolk bei Rocroi (Rocroy; französische Ardennen), Feldzüge Turennes in Mitteldeutschland, die in der
1645 Niederwerfung der Kaiserlichen bei Nördlingen gipfeln.

1647–1648 Zangenangriff gegen Bayern im Verein mit den Schweden.

1648 Diese Siege und eine geschickte Diplomatie ermögli-
24. Okt. chen Mazarin im WESTFÄLISCHEN FRIEDEN von Münster und Osnabrück den Triumph über Österreich: Frankreich erzielt nicht nur beträchtliche Territorialgewinne – die österreichische Landgrafschaft Ober- und Niederelsaß, den Sundgau, die Landgrafschaft über zehn elsässische Reichsstädte, Breisach rechts des Rheins, die definitive Bestätigung der Bistümer Metz, Toul, Verdun –, sondern auch eine Schwächung der Stellung des Kaisers im Reich und damit des Heiligen Römischen Reiches insgesamt, in dessen Verhältnisse es sich als Bürge der Reichsverfassung nun jederzeit formal einmischen kann.

Mazarin

1648–1653 AUFSTAND DER „FRONDE“: Die Opfer der absolutistischen Zentralisierung sehen nach dem Tode Richelieus und Ludwigs XIII. den Zeitpunkt gekommen, ihre frühere Macht zurückzuerobern. Trotz der außenpolitischen Erfolge ist die Situation dafür günstig: Für den bei Herrschaftsantritt 1643 fünfjährigen Thronfolger Ludwig XIV. führt die politisch isolierte Königsmutter Anna (*1601, †1666)aus habsburgisch-spanischem Hause die Regentschaft (von 1643–1661); ihr Leitender Minister Mazarin verfügt als Diplomat italienischer Herkunft ebensowenig über eine politische Hausmacht. Das Pariser Parlament erobert seine Kompetenzen zurück, verweigert die Registrierung besonders unpopulärer Sondersteuern für die Bevölkerung der Hauptstadt und erreicht im Juli 1648, daß die Regentin den Intendanten als wichtigsten Trägern der absolutistischen Gewalt die Ausübung ihrer Funktionen untersagt. Als Mazarin den volkstümlichen Parlamentsrat Pierre Broussel (*1575, †1654) verhaften läßt, kommt es zum offe-

1648 27. Aug. nen Aufstand der Pariser Massen gegen die Regierung, dem sog. „TAG DER BARRIKADEN“.

1649 Jan. Die Königsfamilie flüchtet nach Saint-Germain, wo sie sich bis zum September aufhält. Ein großer Teil des Hochadels, an ihrer Spitze die königlichen Feldherren Prinz Louis II. Condé (*1621, †1686) und Turenne (*1611, †1675), schließt sich dem Volksaufstand an und gibt ihm eine feudalistische Ausrichtung. Nach wechselvollen Kämpfen in den Provinzen muß Mazarin ins Exil gehen (zum Kölner Erzbischof).

1651 Nach Ludwigs XIV. Regierungsantritt im September 1651 und infolge der Unfähigkeit Condés, Paris zu regieren, zerfällt die Fronde jedoch zusehends.

1652 Jan. Ludwig XIV. ruft Mazarin aus dem Exil zurück; obwohl Condé nun mit Spanien (das immer noch mit Frankreich Krieg führt) ein förmliches Bündnis ab-

1653 Jan. schließt, kann Mazarin nach erbitterten Kämpfen in Paris als Sieger einziehen. Dem Parlament wird über

die 1641 entzogenen Rechte hinaus auch das unter Richelieu noch verbliebene Bestätigungsrecht in Finanzangelegenheiten genommen; die Intendanten werden schrittweise wieder in ihre Rechte eingesetzt. Die Machtstellung des absoluten Königtums ist nun stärker als je zuvor.
Der Krieg mit Spanien kann jetzt offensiv fortgesetzt werden.

1657 Mazarin schließt ein Bündnis mit dem England Cromwells.

1658 Der Kardinal vereinbart nach vergeblicher Kandidatur Ludwigs XIV. für die deutsche Kaiserwürde mit mehreren deutschen Fürsten einen ersten, gegen habsburgische Machtansprüche gerichteten (auf drei Jahre befristeten) Rheinbund.

1659 7. Nov. Der Pyrenäenfrieden (geschlossen auf einer Insel des Grenzflusses Bidassoa in den Pyrenäen) mit Spanien bringt Frankreich weitere Territorial- und Machtgewinne: Teile von Flandern, die Grafschaft Hennegau, Städte im Luxemburgischen, die Grafschaften des Artois, Besitztitel in Lothringen – also eine Vorverlegung der Nordostgrenze; weiter die Grafschaften Roussillon, Conflans und die nördliche Cerdagne – also eine südwestliche Expansion auf Kosten Spaniens, dazu ein Heiratsvertrag zwischen Ludwig XIV. und der ältesten Tochter Philipps IV. von Spanien, Maria Theresia, in dem die Infantin zwar auf alle Erbansprüche verzichten muß, freilich nur unter der Bedingung, daß eine hohe Mitgift gezahlt wird. Die Ehe wird 1660 geschlossen, ohne daß eine solche Zahlung erfolgt. Damit ist die habsburgische Gefahr auch von der spanischen Seite her eingedämmt; es wird fortan Ziel der französischen Politik, sich das spanische Erbe oder zumindest Teile davon anzueignen.

Das Zeitalter Ludwigs XIV. (1661–1715)

Merkmale des Zeitalters – Politik

Seit der Niederwerfung der antimonarchischen Opposition und dem doppelten Triumph über Habsburg im Westfälischen und im Pyrenäen-Frieden ist Frankreich die stärkste Macht Europas. Unter Ludwig XIV. (1643–1715; *1638, †1715), der nach dem Tode Mazarins 1661 die Regierung selbst in die Hand nimmt und dem bisher abstrakten Absolutismus das Gepräge seiner zugleich herrschaftsbewußten und oberflächlichen Persönlichkeit gibt, wird der entmachtete Adel in ein weitverzweigtes System gut dotierter Hofämter eingefügt und so über seine politische Einflußlosigkeit hinweggetäuscht. Das Parlament verliert auch noch das Remonstrationsrecht (Einspruchsrecht), ist nur noch für die Rechtsprechung zuständig und kann nicht mehr verhindern, daß der König aus eigener Machtvollkommenheit neue Steuern erhebt. Religiöses, kulturelles und wirtschaftliches Leben unterstehen mehr und mehr dem Einflußbereich des Staates; trotz politischer Entmachtung bleibt der Adel jedoch gesellschaftlich tonangebend. Gesellschaftliches und politisches Leben konzentrieren sich auf den Hofstaat des Königs, der an die 4000 Menschen umfaßt. Prachtentfaltung, hierarchische Ordnung, rigoros durchgeformte Etikette an der königlichen Residenz, zunächst vornehmlich die Schlösser von Marly und Trianon, dann ab 1682 das neue Schloß von Versailles, demonstrieren die herrscherliche Machtstellung, als deren Symbol überall das Sonnen-Emblem erscheint („Sonnenkönig“). Ludwig XIV. verfügt über die bestorganisierte und zahlenstärkste Armee Europas (unter Kriegsminister Lovois, *1641, †1691), starke Befestigungsanlagen (erbaut von Vauban, *1633, †1707) und zunächst auch über die größte Flotte der Welt. Die königliche Intendantur in den Provinzen und die königlichen Magistrate in den Städten werden ausgebaut; auf dem Lande üben die adligen Grundherren *(seigneurs)* weiterhin Verwaltungs- und Polizeirechte aus. Insgesamt ist die Position der Krone dominierend, jedoch nicht tatsächlich „absolut“: Der Herrscher bleibt trotz umfassender Machtansprüche an die Mitwirkung der vielfältigen regionalen Zwischengewalten und an Grundwerte eines säkularisierten Katholizismus gebunden, aus dem er die Legitimation für seine Herrschaft ableitet.

Wirtschaftsleben

Ludwigs bedeutendster Mitarbeiter Jean Baptiste Colbert (* 1619, † 1683), vom persönlichen Verwalter Mazarins zum Generalkontrolleur der Finanzen aufgestiegen, versucht die zerrütteten Staatsfinanzen durch eine Vereinheitlichung der unübersichtlichen, teilweise widersprüchlichen und ungerechten Steuerbestimmungen neu zu ordnen, scheitert aber trotz einschneidender Maßnahmen und anfänglicher Erfolge am Widerstand zahlreicher Interessengruppen und regionaler Gegenkräfte sowie am Entschluß des Königs, das Land erneut in kriegerische Aktionen zu verwickeln. Erfolgreicher sind Colberts Bemühungen um eine Vereinheitlichung der Zölle. 1664 werden die nördlichen und mittleren Regionen des Landes zu einer Zolleinheit ohne Binnenzölle zusammengefaßt, während im übrigen Frankreich die Binnenzölle erhalten bleiben. Am meisten erreicht der Finanzkontrolleur mit einer planmäßigen Wirtschaftsförderung: Durch einen Schutzzoll, der das ganze Reich umgibt, Übernahme auswärtiger Produktionsmethoden und Reglementierung der Herstellungsprozesse sucht er den Export auf Kosten des Imports zu steigern, um dem Staat Geldmittel für seine Großmachtpolitik zu verschaffen (System des Merkantilismus). Im Zuge dieser Maßnahmen entsteht der *Canal du Midi* (Verbindung von Atlantik und Mittelmeer), wird das Schiffahrtsvolumen vervielfacht und werden die Grundlagen für die französischen Großmanufakturen geschaffen, die die erste ihrer Art in Europa sind; in ihren Schwerpunkten Textilproduktion sowie Erzeugung von Luxusartikeln bleiben sie bis ins 20. Jahrhundert hinein führend. Die Landwirtschaft wird dagegen vernachlässigt, was später die Kritik der „Physiokraten" hervorruft.

Kolonialreich

Ergänzt werden die Maßnahmen zur Wirtschaftsförderung durch eine systematisch betriebene Überseepolitik, die das französische Kolonialreich zum zweitgrößten der Welt (nach dem spanischen) werden läßt. Träger der kolonialen Expansion sind seit der Zeit der Renaissancekönige von der Krone geförderte bürgerliche Unternehmer (1541 Gründung der ersten Kolonie *Nouvelle France* [Neufrankreich] bestehend aus Neufundland, Teilen von Labrador

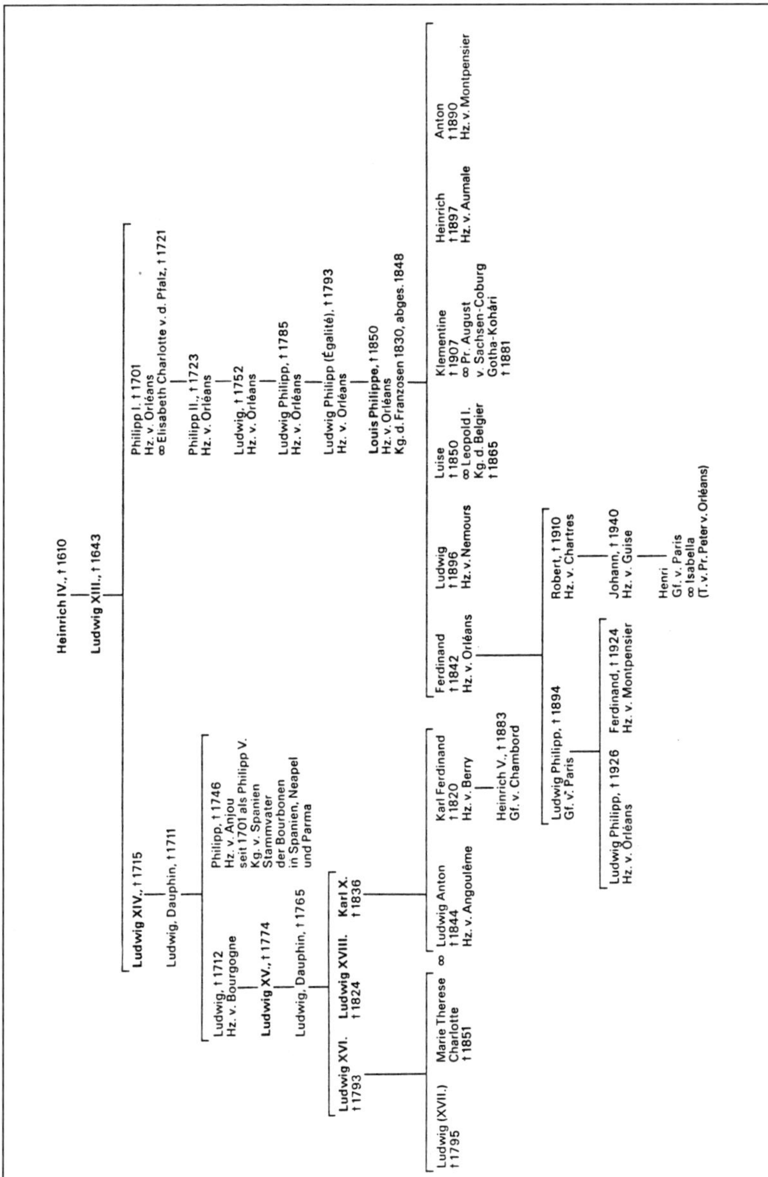

Abb. 18: Häuser Bourbon ältere und jüngere Linie (Orléans)

und der St. Lorenzbucht; 1560 französische Handelsniederlassung an der nordafrikanischen Küste; unter Heinrich IV. systematische Kolonisierung Kanadas), seit Richelieu große, mit besonderen Privilegien ausgestattete und daher vom Staat abhängige Kolonialgesellschaften, die die Ausdehnung der Kolonialgebiete mit politischer Zielrichtung gegen das spanische Weltreich vorantreiben (neben Kanada nun zahlreiche Antilleninseln, Stützpunkte am Senegal und auf Madagaskar).
Colbert erläßt strenge Bestimmungen zur Steigerung der wirtschaftlichen Erträge aus den Kolonien: Diese dürfen nicht mit dem Mutterland konkurrieren oder Produkte an Drittländer liefern; der Handel muß von französischen Staatsbürgern wahrgenommen werden; zur wichtigsten Aufgabe der kolonialen Unternehmungen wird die Belieferung des Mutterlandes mit dort nicht erhältlichen Agrarprodukten und Rohstoffen *(pacte colonial)*. Mehr und mehr wird auch das Hinterland der Handelsniederlassungen erschlossen, Kolonisten werden systematisch angesiedelt. Im Zusammenhang mit den europäischen Kriegen Ludwigs XIV. ergibt sich daraus die Notwendigkeit, die neuen Territorien auch gegen militärische Eroberung abzusichern, und so entsteht die Idee eines auch politischen *empire d'outre-mer*. 1682 wird Louisiana (weit größer als der spätere amerikanische Bundesstaat) für die französische Krone in Besitz genommen, die vorhandenen Kolonien werden erweitert, eine Reihe von Niederlassungen in Ostindien zusätzlich gegründet. Colberts Kolonialreichspläne reichen noch bedeutend weiter, stoßen aber ebenfalls an die Grenze der inneren Leistungsfähigkeit des Landes und der Entscheidung Ludwigs XIV. für eine offensive und kostspielige Europapolitik.

Kunst und Wissenschaft

Sie lassen das Zeitalter Ludwigs XIV. zum *grand siècle* der französischen Geschichte werden. Von der Krone bewußt gefordert, tragen sie vielfach zur Verherrlichung des absolutistischen Herrschergedankens bei und begründen Frankreichs Rang als führende Kulturnation Europas, gelangen in ihrem universalistischen Moralismus aber oft auch darüber hinaus zu einer Kritik der bestehenden gesellschaftlichen Zustände. Wegbereiter der neuklassischen Literatur Frankreichs sind der Philosoph und Mathematiker René Descartes (* 1596, † 1650, seit 1629 in den Niederlanden lebend), dessen *„Discours de la méthode“* 1637 die Grundlagen für rationalistisches und aufklärerisches Denken legt, sowie Blaise Pascal (* 1623, † 1662), wie Descartes ein hervorragender Mathematiker, daneben ein von verinnerlichter christlicher Frömmigkeit (Jansenismus) geprägter Existenzphilosoph. Am antiken Vorbild, besonders an Horaz' *„Ars poetica“* orientierte ästhetische Regeln kodifiziert der Schriftsteller und Kunsttheoretiker Nicolas Boileau-Despréaux (* 1636, † 1711) in seiner *„Art poétique“* (1674). „Gebändigter“ Stil und moralistische Weltsicht spiegeln sich in den klassischen Tragödien von Pierre Corneille (* 1606, † 1684) und Jean Baptiste Racine (* 1639, † 1699), in den Charakterkomödien von Jean Baptiste Poquelin, gen. Molière (* 1622, † 1673), in den eleganten *„Contes“* und satirischen Tierfabeln von Jean de La Fontaine (* 1621, † 1695), in den aphoristischen „Maximen und Reflexionen“ *(„Réflexions ou sentences et maximes morales“*, 1665) des Fronde-Führers François VI. Duc de La Rochefoucauld (* 1613, † 1680) und in den „Charakteren“ (1688) des artverwandten Jean de La Bruyère

Abb. 19: Das königliche Schloß zu Versailles, Symbol des französischen Absolutismus (Kupferstich)

(*1645, †1696). Jacques-Bénigne Bossuet (*1627, †1704), der führende katholische Theologe und Kanzelredner der Epoche, definiert das kirchenpolitische Selbstverständnis des absolutistischen Staates in den vier Artikeln der „Gallikanischen Freiheiten" (1690 von Papst Alexander VIII. verworfen). Erzbischof François Fénelon (*1651, †1715) übt in einem Fürstenspiegel Kritik am Absolutismus. In der MALEREI dominiert das antik-mythologische Vorbild (Nicolas Poussin, *1593 oder 1594, †1665), in der ARCHITEKTUR große Staatsbauten (Jules Hardouin Mansart [*1646, †1708] erbaut 1661–1684 das Schloß Versailles), in der MUSIK die klassische Oper (Jean-Baptiste Lully, *1632, †1687; Jean-Philippe Rameau, *1683, †1764).

Auf der Grundlage der inneren und äußeren Erfolge der Krone sucht Ludwig XIV. sein Reich an der Ostgrenze, vom Ärmelkanal bis zum Mittelmeer, territorial zu erweitern. Bis 1688 kann er die Vormachtstellung Frankreichs auf dem Kontinent fortlaufend steigern, danach wird er in das europäische Gleichgewichtssystem zurückverwiesen; die übersteigerte Expansionspolitik schädigt die innere Substanz des Staates.

1667–1668 Unter Berufung auf umstrittene Erbansprüche auf die spanischen Niederlande (nach dem sog. Devolutionsrecht; daher DEVOLUTIONSKRIEG) greift Ludwig XIV. Spanien in Flandern und Burgund an, wird nach raschen Anfangserfolgen aufgehalten, da England und Holland ihren See- und Handelskrieg aufgeben und sich mit dem bisher mit Frankreich ver-

1668 bündeten Schweden zur Tripelallianz gegen das

23. Jan. französische Vordringen verständigen.

2. Mai Im Frieden von Aachen muß sich Frankreich mit dem Gewinn niederländischer Grenzfestungen, darunter Lille, zufriedengeben.

1670 Ludwig XIV. fällt in Lothringen ein, vertreibt dessen Herzog Karl IV. und hält das Land militärisch besetzt (bis 1697).

1672–1678 NIEDERLÄNDISCHER KRIEG.

1672 Durch Bündnis und Subsidienverträge mit England, Schweden und deutschen Fürsten abgesichert, greift Ludwig die niederländischen Generalstaaten an.

Diese geraten im ersten Kriegsjahr an den Rand der militärischen Niederlage; ein Volksaufstand bringt Wilhelm III. von Oranien (1672–1702; *1650, †1702) an die Macht, der zur Verteidigung des Landes die Deiche der Kernprovinz Holland öffnen läßt und eine

1673 Koalition mit dem Reich, Brandenburg, Österreich und Spanien zustande bringt.

Ludwig gewinnt Schweden und Polen als Bundesgenossen.

1678–1679 Das Ergebnis des Kräfteringens ist der FRIEDE VON NIMWEGEN: Die Niederlande werden restituiert, müssen sich aber zu fortwährender Neutralität verpflichten, Spanien muß weitere Teile Westflanderns (unter anderem Cambrai) und die Franche-Comté an Frankreich abgeben, Lothringen bleibt faktisch unter französischer Herrschaft.

1679 Aus Enttäuschung über den Frieden von Saint-Germain-en-Laye, der Schweden die preußischen Eroberungen in Pommern größtenteils zurückgibt, schließt Friedrich Wilhelm von Brandenburg (der „Große Kurfürst") einen Subsidienvertrag mit Frankreich.

Seit 1679 Ludwig XIV. eignet sich Städte und Dörfer im Elsaß und in Lothringen gewaltsam an, die von französischen Sondergerichtshöfen (den sog. Réunionskammern) aufgrund zweifelhafter historischer Ansprüche der Krone zugesprochen werden (insgesamt etwa 600). 1681 wird Straßburg annektiert, 1684 Luxemburg und Trier besetzt. Durch den von Frankreich begünstigten Vorstoß der Türken gebunden, erken-

1684 nen Kaiser und Reich im Regensburger Stillstand die Réunionen auf 20 Jahre an.

1685 Etwa zur gleichen Zeit intensiviert der französische König die seit seinem Regierungsantritt geübte Drangsalierung der Hugenotten.

18. Okt. AUFHEBUNG DES EDIKTS VON NANTES durch das sog. Revokationsedikt von Fontainebleau: Kultfreiheit, protestantische Erziehung und Auswanderung von Protestanten werden verboten. Nahezu der Hälfte der einen Million französischer Protestanten gelingt es dennoch zu fliehen (besonders nach den nördlichen

Niederlanden, England, Brandenburg); Frankreich verliert beträchtliche wirtschaftliche und intellektuell-moralische Kräfte. Hugenottenverfolgungen, Réunionspolitik und Begünstigung der Türken nehmen die öffentliche Meinung in Europa gegen Frankreich ein.

1688–1697 PFÄLZISCHER KRIEG.
Als Ludwig XIV. rechtlich unhaltbare Erbansprüche seiner Schwägerin Elisabeth Charlotte (Liselotte von der Pfalz) auf die Pfalz gewaltsam durchsetzen will und in Süddeutschland einmarschiert, verbünden sich die Generalstaaten, England (jetzt beide unter Wilhelm von Oranien), Österreich, Spanien, deutsche Reichsfürsten, Schweden und Savoyen zur Zurückwerfung der französischen Expansion, der im Hinblick auf die bevorstehende Nachfolgeregelung für den kinderlosen, schwächlichen Karl II. von Spanien (1665–1700, bis 1675 unter Vormundschaft; *1661, †1700) besondere Gefährlichkeit zugemessen wird.

1689 Auf dem französischen Rückzug aus dem Rheingebiet „Zerstörung der Pfalz“ (u.a. Heidelberger Schloß, Speyerer Dom); es folgt ein jahrelanger Stellungs- und Belagerungskrieg.

1692 Abwehr einer Invasion Englands und vernichtende Niederlage der französischen Flotte in der Seeschlacht von La Hogue (vor der Küste der Normandie).

1697 FRIEDE VON RIJSWIJK. Er beendet den Pfälzischen Krieg: Frankreich muß auf alle Réunionen außerhalb des Elsaß und auf die rechtsrheinischen Städte verzichten, ebenso auf seine pfälzischen Erbansprüche. Lothringen wird endgültig restituiert, allerdings behält Frankreich ein Durchmarschrecht. Der Zenit der französischen Expansion ist überschritten.

1701–1713/1714 SPANISCHER ERBFOLGEKRIEG.
Ludwig XIV. nimmt nach dem Tod des letzten spanischen Habsburgers das spanische Erbe für seinen Enkel Philipp von Anjou (*1683, †1746) an (1700) und provoziert damit eine neue antifranzösische Koalition unter der Führung Wilhelms von Oranien. Für

den Ausgang des Krieges wird die englische Gleichgewichtspolitik entscheidend: England will eine Vereinigung Spaniens mit Österreich ebenso verhindern wie die Vereinigung mit Frankreich.

1713 Im Frieden von Utrecht kann Philipp von Anjou die spanischen Hauptlande und Kolonien behalten, muß aber die Nebenlande abgeben und auf eine Vereinigung mit Frankreich verzichten. Frankreich bleibt eine Großmacht unter anderen, während England zum Schiedsrichter des Kontinents und zur führenden Macht in Übersee aufsteigt.

1715 1. Sept. Bei seinem Tode hinterläßt Ludwig XIV. ein erschöpftes Land: Die Einwohnerzahl ist von 21 Millionen im Jahre 1700 auf 18 Millionen gesunken; der Staatshaushalt ist um 18 Jahresbudgets überzogen.

Frankreich vor der Revolution (1715–1788)

1715–1774 Ludwig XV. (*1710, †1774).

1715–1723 Für den bei Herrschaftsantritt fünfjährigen Urenkel Ludwigs XIV. führt Herzog Philipp II. von Orléans (*1674, †1723) die Regentschaft, unterstützt von Kardinal Guillaume Dubois (*1656, †1723). AIs Gegenleistung für die Ausschaltung eines von Ludwig XIV. verfügten Regentschaftsrates erhält das Pariser Parlament seit Richelieu verlorene Rechte, insbesondere das Remonstrationsrecht (vor der Registrierung königlicher Edikte) zurück.

1716–1720 Mit den Erträgen einer Bank zur Erschließung der Kolonialgebiete (Spekulation auf Silberfunde in Louisiana) sucht John Law, schottisch-französischer Finanzmann und Wirtschaftstheoretiker (*1671, †1729), die zerrütteten Staatsfinanzen zu sanieren; als sich die Spekulation als überhöht erweist, bricht die Staatsbank zusammen, und es setzt eine gewaltige Inflation ein; die Staatsschulden haben sich auf Kosten der Gläubiger um die Hälfte verringert, die unteren Bevölkerungsschichten leiden unter der Preissteigerung. Handel und Gewerbe, in geringem

Maße auch die Landwirtschaft, erleben jedoch einen neuen Aufschwung.

1726–1743 Unter dem greisen Kardinal André Hercule de FLEURY (*1653, †1743) als Leitendem Minister des nunmehr großjährigen Königs setzen sich wirtschaftlicher Aufschwung und zunehmendes Auseinanderdriften der Einkommen fort.

Auch in der Außenpolitik werden zunächst wieder Erfolge erzielt:

1733–1735 Im POLNISCHEN THRONFOLGEKRIEG versucht Fleury zwar vergeblich, Ludwigs XV. Schwiegervater Stanislaus Leszczyński auf den polnischen Thron zurückzubringen, erreicht aber im Vorfrieden von Wien von 1735 (endgültig 1738), daß das Herzogtum Lothringen dem Gatten der österreichischen Thronerbin Maria Theresia genommen und Leszczyński sowie als dessen Erben Ludwig XV. übertragen wird.

1740–1748 Im ÖSTERREICHISCHEN ERBFOLGEKRIEG kämpft Frankreich mit Preußen (zeitweise) und mehreren Reichsständen gegen das Thronfolgerecht Maria Theresias, die von England unterstützt wird; seine Bemühungen bleiben jedoch ohne dauerhaften Erfolg, wie der Friede von Aachen von 1748 zeigt.

Der britisch-französische Gegensatz in Übersee dauert fort, wird sogar verstärkt, da die französischen Besitzungen in Nordamerika und Vorderindien (Generalgouverneur Joseph François Dupleix 1742–1754 [*1697, †1763]) beträchtlich anwachsen und die englischen Siedler sich bedroht fühlen.

1751–1752 Erste militärische Auseinandersetzungen auf indischem Territorium.

ab 1754 Kämpfe an der Grenze zwischen französischem und britischem Gebiet in Nordamerika.

1756–1763 SIEBENJÄHRIGER KRIEG.

Als sich Preußen und England über die Neutralität Norddeutschlands verständigen, geht Ludwig XV. auf das Bündniswerben des österreichischen Kanzlers Wenzel Anton Graf Kaunitz (*1711, †1794) ein.

1756
1. Mai Der Vertrag von Versailles sieht die französische Unterstützung der österreichischen Pläne zur Rückge-

winnung Schlesiens gegen die Zusage vor, die österreichischen Niederlande an Frankreich abtreten zu wollen. Während die durch Preußen ausgelösten Kämpfe in Mitteleuropa starke französische Kräfte binden, ohne daß sich der Status quo auf Dauer verändern läßt, erweisen sich die britischen Streitkräfte in Indien und Nordamerika als den französischen überlegen. 1759 wird der größte Teil der französischen Flotte vernichtet und Kanada von britischen Truppen erobert.

1763 10. Febr. Im FRIEDEN VON PARIS muß Frankreich auf den größten Teil seines Kolonialimperiums verzichten, lediglich einige Inseln und Handelsplätze sowie die Westhälfte von Santo Domingo bleiben erhalten. Frankreich ist außenpolitisch so geschwächt, daß es 1772 die erste Teilung Polens ohne Gegenwehr hinnehmen muß.

Auch innenpolitisch verliert die Krone an Ansehen: Ludwig XV. diskreditiert sich unter dem Einfluß seiner Mätressen (insbesondere die Marquise de Pompadour 1745–1764 [*1721, †1764] und die Gräfin Dubarry 1769–1774 [*1743, †1793]) durch frivolen Lebensstil und nachlässige Handhabung der Regierungsgeschäfte.

1774–1792 LUDWIG XVI. (*1754, †1793).

Der Enkel Ludwigs XV besitzt nicht die nötige Energie, die unterdessen gewaltig angewachsenen Probleme in den Griff zu bekommen.

DIE KRISE DER ABSOLUTISTISCHEN HERRSCHAFT

Die Unfähigkeit der Monarchen zu einem Zeitpunkt, da eine Fülle unerledigter und neuer Probleme zusammentrifft, führt das bisher gerade wegen der Leistungsfähigkeit der Krone erfolgreiche absolutistische Regime in eine Krise, von der es sich nicht mehr erholt. In der Durchdringung des Staates durch die einheitliche königliche Gewalt werden seit Ludwig XIV. keine Fortschritte mehr erzielt; was an archaischem Wirrwarr unterschiedlicher Rechtsgebiete, feudaler und moderner Kompetenzen, Privilegien und gegensätzlicher Verordnungen geblieben ist, bleibt erhalten; darüber hinaus

nehmen die ständischen Parlamente den Kampf um die politische Macht wieder auf. Weil der Staatsapparat nicht modernisiert wird, wachsen die MISSSTÄNDE IM STEUERSYSTEM ins Unermeßliche: Trotz der Maßnahmen Laws zur Senkung der Staatsschuld gelingt es nicht, zu einem ausgeglichenen Budget zu kommen; infolge der Kriege nach dem Ende der Ära Fleury nimmt das Defizit wieder beträchtlich zu, ohne daß die Krone in der Lage ist, sich einen verläßlichen Überblick über ihre Einnahmen und Ausgaben zu verschaffen. Adel und Klerus, deren Spitzen immer noch zu den einkommensstärksten Gruppen des Landes zählen, sind von der wichtigsten direkten Steuer, der *taille* (Einkommen- und Grundsteuer) befreit, während die wichtigste indirekte Steuer, die *gabelle* (Salzsteuer), an Generalpächter mit hohen Gewinnen verpachtet ist und zudem in den einzelnen Territorien ganz unterschiedlich gehandhabt wird.
Beträchtlich verschärft wird die Steuer-Ungerechtigkeit durch Auseinanderdriften der Einkommen infolge des anhaltenden WIRTSCHAFTLICHEN AUFSCHWUNGS, den Frankreich unter den beiden Nachfolgern Ludwigs XIV. erlebt (ablesbar etwa an der Vervierfachung des Außenhandels zwischen 1715 und 1789). Zu seinen Ursachen zählen, sich zum Teil wechselseitig bedingend, erstens ein beträchtliches Bevölkerungswachstum (von etwa 18 Millionen im Jahre 1715 auf etwa 26 Millionen 1789), zweitens ein Agrarboom, drittens eine moderne liberalkapitalistische Wirtschaftspolitik in Gestalt extensiver Kapitalnutzung (Law), weiterer Vereinheitlichung des französischen Wirtschaftsgebietes durch neue Verkehrswege und Binnenzollabbau (Fleury), Aufhebung merkantilistischer Regulierungen, schrittweiser Einführung der Gewerbefreiheit, Freigabe des interregionalen Getreidehandels (Necker), viertens eine zunehmende Marktoriertierung der Agrarproduktion, fünftens (und zunächst ganz am Rande) seit den sechziger Jahren des 18. Jahrhunderts erste Ansätze zur Industrialisierung (Textilindustrie, Bergbau). Der Aufschwung stärkt die GROSSBÜRGERLICHEN KRÄFTE (Großhändler, Großkaufleute, Reeder, Verleger, vor allem Pächter und andere Inhaber der großen landwirtschaftlichen Betriebe) finanziell und quantitativ beträchtlich: Die Perspektive auf einen Aufstieg in die adlige Herrenschicht mittels Ämterkauf (jetzt nicht seltener realisierbar als im 17. Jahrhundert) genügt ihnen nicht mehr, zumal sich die wohlhabenden Adligen ihrer Erwerbsweise anpassen und objektiv gese-

hen die gleichen Agrar- und Handelskapitalisten-Funktionen wahrnehmen; sie fordern – zum Teil unterstützt von den bürgerlichen „Zwischenschichten“ städtischer Honoratioren – eine Aufhebung der politischen und gesellschaftlichen Privilegierung des Adels. Innerhalb der alten Herrenschicht behalten jedoch diejenigen Kräfte die Oberhand, die sich entweder nicht auf die neuen Produktionsbedingungen einzustellen wissen und darum um ihren Abstieg fürchten oder bereits für eine kapitalistische Existenz zu arm und um so mehr auf ihre Privilegien angewiesen sind oder alte Vorrechte und neuen Reichtum monopolisieren möchten.
Die ARBEITENDEN SCHICHTEN partizipieren nur in sehr geringem Maße an dem Aufschwung; ihre Einkünfte können mit den steigenden Preisen kaum Schritt halten. Statt der nur noch wenig belastenden Frondienste, die ohnehin im Laufe des Jahrhunderts schrittweise aufgehoben werden, empfindet die Masse der am Rande des Existenzminimums laborierenden bäuerlichen Kleinpächter die Einkommensunterschiede zur Agrarkapitalistenschicht als gravierend, das gleiche gilt für die landwirtschaftlichen Kleinproduzenten in den Städten. Während des ganzen Jahrhunderts hält die Landflucht an, in den Städten entsteht ein Proletariat aus deklassierten Handwerksmeistern, Gesellen ohne Aufstiegsmöglichkeiten und Manufakturarbeitern. Kaufkraftschwund und Getreidepreisverfall seit den siebziger Jahren des 18. Jahrhunderts sowie Arbeitskräfteüberschuß seit den achtziger Jahren verschärfen das Protestpotential, das sich gegen die „Herren“ richtet, zunächst aber auch in Fortsetzung der Koalitionen früherer Jahrhunderte von den ständischen Parlamenten gegen die Krone mobilisiert werden kann.
Die vielfältige und in ihrer Zielsetzung vielfach gegensätzliche Oppositionsstimmung artikuliert sich in der STAATSKRITIK DER AUFKLÄRUNG und wird von dieser mitgeformt. Charles de Secondat, Baron de La Brède et de MONTESQUIEU (*1689, †1755), Senatspräsident in Bordeaux, fordert die Gewaltenteilung als Voraussetzung für politische Freiheit; VOLTAIRE (François-Marie Arouet, *1694, †1778) kämpft gegen Vorurteile, kirchliche Unterdrückung und irrationalistische Traditionen, Denis DIDEROT (*1713, †1784) und Jean-Baptiste le Rond D'ALEMBERT (*1717, †1783) bieten in der unter ihrer Leitung entstehenden 35bändigen Enzyklopädie nicht nur eine Summe der aufklärerischen Kritik an Staat und Kirche, sondern auch umfassende Begründungen für die Prinzipien der

Abb. 20: Charles de Secondat, Baron de la Brède et de Montesquieu (zeitgenössischer Kupferstich)

Rechtsstaatlichkeit, des Naturrechts, der Freiheit und der Gleichberechtigung; Jean-Jacques ROUSSEAU (*1712, †1778) weitet die Staatskritik zu einer generellen Zivilisationskritik aus und enwikkelt mit der Idee des Gesellschaftsvertrages als alleiniger Grundlage des Staates ein radikales, verabsolutiertes Demokratiemodell. Physiokratische Wirtschaftstheoretiker (insbesondere François QUESNAY [*1694, †1774] und Victor de Riqueti, Marquis de MIRABEAU [*1715, †1789]) kritisieren den Merkantilismus und fordern neben der Freiheit der Wirtschaft Agrarreformen zur Steigerung der landwirtschaftlichen Produktion, in der sie die Quelle allen Reichtums sehen. Träger der immer intensiver werdenden REFORMDISKUSSION werden die bürgerlichen Zwischenschichten, die entsprechenden mittleren und unteren Ränge des Klerus und den aufklärerischen Idealen verpflichtete Adlige, denen eine Liberalisierung des Systems nach englischem Muster vorschwebt. Die erfolgreiche Beteiligung eines französischen Freiwilligenkorps unter dem Marquis de La Fayette (*1757, †1834) am amerikanischen Unabhängigkeitskrieg (1775–1783) verschafft der Idee der politischen Demokratie zusätzliche Breitenwirkung.

1770 Ludwig XV. versucht auf Anraten seines Kanzlers René-Nicolas-Charles-Augustin de Maupeou (* 1714, † 1792) die Adelsopposition einzudämmen, indem er die Rechte des Pariser Parlaments auf rein beratende Funktionen beschränkt. Als dessen Mitglieder daraufhin geschlossen zurücktreten, setzt Ludwig, ohne ihnen den zustehenden Kaufpreis ihrer Ämter zu erstatten, neue königliche Gerichtshöfe ein.

1774 Nov. Der Versuch scheitert, als sein Nachfolger Ludwig XVI. die Parlamente, wenn auch mit eingeschränkten Rechten, restituiert.

1774–1776 Ludwigs XVI. erster Finanzminister Anne-Robert-Jacques TURGOT (* 1727, † 1781) unternimmt weitreichende Schritte zur Liberalisierung von Handel und Gewerbe; sein Versuch, durch Schaffung einer gestuften Landschaftsvertretung die Steuerlast nach Gesichtspunkten der Leistungsfähigkeit umzuverteilen, scheitert am Widerstand der Parlamente, die seine Entlassung erzwingen.

1777–1781 Sein zweiter Nachfolger, der Bankier Jacques NEKKER (* 1732, † 1804), wagt nur noch Reformen, die das Sozialgefüge unangetastet lassen, nimmt zu weiterer Staatsverschuldung Zuflucht, veröffentlicht 1781 den ersten öffentlichen Rechenschaftsbericht *(Compte rendu)*, der erhebliche Beunruhigung über die Ausgaben des Hofes auslöst, obwohl er das tatsächliche Ausmaß der Verschuldung noch verschleiert. Die um die Königin Marie-Antoinette (* 1755, † 1793), eine Tochter Kaiserin Maria Theresias, organisierten reformfeindlichen Hofkreise bewerkstelligen auch seinen Sturz. Ein Erlaß des Kriegsministers Philippe-Henri de Ségur (* 1724, † 1801) macht den Eintritt in die Offizierslaufbahn vom Nachweis von vier Generationen adliger Vorfahren abhängig.

1783–1787 Nach Necker macht Charles-Alexandre de Calonne (* 1734, † 1802) wieder hemmungslos neue Ausgaben, in der Hoffnung, eine umfassende Steuerreform im Sinne Turgots doch noch durchbringen zu können.

1787 Um die Parlamentsopposition zu umgehen, läßt er den König eine Notabelnversammlung einberufen, die er über das ganze Ausmaß der Finanzkrise informiert; diese entscheidet jedoch nicht anders als die Parlamente: Sie erzwingt Calonnes Entlassung.

1787–1788 Étienne-Charles de Loménie de Brienne (*1727, †1794) versucht nun als Generalkontrolleur der Finanzen, die Krise zu bewältigen, ohne die Interessen der Privilegierten anzutasten, natürlich vergeblich. Gegen dennoch ausgeschriebene neue Steuern rufen die Parlamente zum Steuerboykott auf; Gerichts- und Verwaltungsbehörden, Aristokraten, Kleriker und Stadtbürgerschaften schließen sich dem Aufruhr an.

1788 Schließlich gibt Ludwig XVI. dem Drängen der Par-
8. Aug. lamente auf eine Bekanntmachung zur Einberufung
16. Aug. der Generalstände (zum Mai 1789) nach, eine Woche später erklärt die Staatskasse den BANKROTT. Beide Seiten, ständische Opposition und Krone, hoffen den Machtkonflikt durch Einbeziehung des „Dritten Standes" für sich entscheiden zu können.

Von der Französischen Revolution bis zum Ende des Zweiten Kaiserreichs (1789–1870)

Die Französische Revolution (1789–1799)

Nachdem sich das Königtum als unfähig erwiesen hat, den modernen Einheitsstaat auf Dauer gegen die feudale Vielfalt durchzusetzen und die aus der sozialen Umschichtung des 18. Jahrhunderts entstandenen Probleme zu bewältigen, verliert es ab 1788 die Initiative. Träger des nun einsetzenden revolutionären Umbruchs sind erstens die liberalen Reformkräfte aus Adel, Großbürgertum und Bildungsbürgertum, zweitens das Kleinbürgertum und unterbürgerliche Schichten in den Städten, besonders in Paris, drittens die Masse der bäuerlichen Kleinpächter auf dem Land. Jede dieser drei Gruppen verfolgt durchaus eigenständige Zielsetzungen; ihr (im einzelnen bis heute umstrittenes) Ineinanderwirken bestimmt die Dynamik des Revolutionsverlaufs.

Den LIBERALEN REFORMERN, die mit dem Bürgertum schlechthin keineswegs identisch sind, vielmehr die aufgeklärten Eliten aller drei Stände darstellen, geht es um eine umfassende Erneuerung des Landes auf allen innenpolitischen Gebieten, insbesondere in den Bereichen der Regierungsorganisation, der Administration, der Justiz, der Steuer- und Finanzpolitik sowie der Wirtschaftspolitik, mit dem Ziel, einen leistungsfähigen staatlichen Rahmen für die vornehmlich agrarkapitalistische Produktionsweise zu schaffen und den Zugang zur staatlichen Macht entsprechend der wirtschaftlichen Leistungsfähigkeit zu regeln. Am englischen Vorbild orientiert, hoffen sie zunächst, diese Reformen mit dem Königtum durchsetzen zu können; erst als die Krone mehr und mehr zum Gefangenen der Reformgegner wird, ringen sie sich – nicht ohne Fraktionskämpfe – zur republikanischen Lösung durch.

Der BAUERNBEWEGUNG, die durch den Konflikt zwischen traditionellen und reformbereiten Eliten zwar ausgelöst, aber nicht von ihr bestimmt wird, geht es in Fortsetzung früherer Revolten um die Befreiung von den Domanial-, Seigneurial- und Feudallasten. Ihr Ideal ist die selbständige landwirtschaftliche Kleinproduzenten-Existenz; als dies erreicht ist, scheiden die Bauern aus dem revolu-

tionären Prozeß aus und bilden fortan die konservativste Grundschicht des Landes.
Noch stärker als die Bauernbewegung ist der Aufstand der kleinbürgerlichen Handwerker, Gesellen und städtischen Unterschichten der Tradition der Massenrevolten früherer Jahrhunderte verhaftet: Motor dieser Bewegung sind zunächst einmal akute Probleme der Versorgungslage, die die arbeitenden Schichten für demagogische Manipulationen anfällig machen (und zunächst durch die adlige Reaktion, dann durch konkurrierende Gruppen der um die Macht kämpfenden bürgerlichen Zwischenschichten genutzt werden); im Kern richtet sie sich gegen die Dynamisierung des Wirtschaftslebens, nicht zuletzt gegen die beginnende industriekapitalistische Produktion; ihr – objektiv nicht mehr erreichbares – Ideal ist eine Gesellschaft selbständiger Ein- oder Zweimann-Betriebe, und sie kämpfen daher für einen Staat, der dieses sozio-ökonomische Ideal garantiert und jeden Bürger entsprechend seiner sozialen Nützlichkeit unmittelbar am politischen Entscheidungsprozeß partizipieren läßt.

Die liberale Revolution (1788/1789–1792)

1788 ab Aug.	In Erwartung der für Mai 1789 einberufenen Generalstände, die die Finanzkrise des Staates lösen sollen, artikulieren die Gruppen ihre Ziele, während die Krone in Entscheidungslosigkeit verharrt. Eine Fülle von Reformbroschüren überflutet das Land, darunter von Abbé Emmanuel-Joseph Sieyès (* 1748, † 1836): „Was ist der Dritte Stand?“ *(„Qu'est-ce que le Tiers État?“)*.
1788 25. Sept.	Das Parlament von Paris fordert die Zusammensetzung der Generalstände nach dem Muster von 1614.
27. Dez.	Der wiederberufene Finanzminister (nun auch Premierminister) Jacques Necker (* 1732, † 1804) verfügt die Verdoppelung der Abgeordnetenzahlen des Dritten Standes, läßt jedoch offen, ob korporativ nach Ständen oder nach Köpfen abgestimmt werden soll. In nahezu 40 000 Denkschriften *(Cahiers de doléances)*, nach Ständen getrennt abgefaßt, trägt die Bevölkerung ihre Forderungen vor.

1789 5. Mai. ZUSAMMENTRITT DER GENERALSTÄNDE in Versailles. Ludwig XVI. überläßt den Abstimmungsmodus der Entscheidung der Abgeordneten.

17. Juni Als nach sechs Wochen immer noch keine Einigung erzielt ist, erklärt sich der Dritte Stand unter dem Einfluß Sieyès' und des Grafen von Mirabeau (Honoré-Gabriel de Riqueti; *1749, †1791 – Sohn des physiokratischen Theoretikers) zur NATIONALVERSAMMLUNG. Eine Reihe von Vertretern der priviligierten Stände, besonders aus dem niederen Klerus, schließen sich an.

20. Juni Als der König das mit Gewalt verhindern will, verpflichten sich die Abgeordneten des Dritten Standes und die Mandatsüberträger, erst nach Verabschiedung einer Verfassung auseinanderzugehen („Ballhausschwur“).

23. Juni Der König stellt sich offen auf die Seite der alten ständischen Ordnung.

11. Juli Steigende Lebensmittelknappheit, Gerüchte über die bevorstehende Auflösung der Nationalversammlung und die Entlassung des populären Necker führen zum Aufruhr in Paris; die Wahlmänner der Stadtbezirke nehmen als „Kommune“ die Verwaltung der Stadt in die Hand; Volksmilizen (Nationalgarden) werden gebildet.

14. Juli VOLKSMASSEN ERSTÜRMEN das (kaum belegte) alte Stadtgefängnis, die BASTILLE.

Gleichartige AUFSTÄNDE in den Städten und Ortschaften des Landes schließen sich an. Als der König das Geschehen nach außen hin billigt, beginnt der Adel zu emigrieren. Die „Große Furcht“ vor einem Aristokraten-Komplott versetzt die bäuerliche Bevölkerung in der letzten Juliwoche in Panik; es kommt zu einer Kette von Gewalttätigkeiten: Herrensitze werden geplündert oder zerstört, Archive, die die Feudallasten verzeichnen, vernichtet. Um den bürgerlichen Besitz zu retten, entschließen sich die Honoratioren der Nationalversammlung, über die beabsichtigte Steuergleichheit hinaus den Großgrundbesitz zu opfern.

4./5. Aug. Das Feudalsystem wird aufgehoben, der Kirchenzehnte abgeschafft, die Abgeordneten der ersten beiden Stände verzichten auf alle Privilegien („Bartholomäusnacht des Eigentums"). In den folgenden Tagen beschließt die Versammlung die entschädigungslose Aufhebung der Frondienste, die Ablösbarkeit der übrigen Grundherrenrechte und der richterlichen Ämter durch Geldentschädigung, die Einführung des Gleichheitsgrundsatzes für die Steuerpflicht, die Zulassung zu den Ämtern und die Stellung vor Gericht.

26. Aug. Eine Erklärung der Menschen- und Bürgerrechte wird verabschiedet (nach dem amerikanischen Vorbild von dem Amerikakämpfer La Fayette [Marie Joseph de Motier; *1757, †1834] unter Mitwirkung des amerikanischen Gesandten Thomas Jefferson [*1743, †1826] verfaßt).

5./6. Okt. Als sich der König weigert, die Erlasse des 4. August zu unterzeichnen, gelingt es radikalen Agitatoren (Georges Danton, Camille Desmoulins, Jean-Paul Marat), die politisierten Pariser Massen unter dem Eindruck fortdauernder Brotknappheit und Arbeitslosigkeit zum Zug nach Versailles zu mobilisieren. Der König kapituliert vor der Forderung, nach Paris überzusiedeln, die Nationalversammlung schließt sich an, eine zweite Emigrationswelle des Adels folgt. In Paris steht nunmehr die Nationalversammlung unter dem Druck des städtischen Aufstands; der König ist (in den Tuilerien) de facto ein Gefangener der Revolution.

Die Notabeln-Monarchie

Die neue Verfassung geht von den Prinzipien der Volkssouveränität und der Gewaltenteilung aus; politische Mitwirkung wird jedoch durch ein Zensuswahlrecht an Vermögen und Bildung gebunden (4 Millionen durch Steueraufkommen, Beruf oder Gesinnung qualifizierte männliche Aktivbürger mit aktivem Wahlrecht, darüber bei höherem Steueraufkommen die Klasse der Wahlmänner und schließlich die Klasse der Wählbaren). Die Reste feudaler Administration werden beseitigt, Provinzen und Intendanturen

durch 83 einheitlich strukturierte Departements ersetzt, eine unabhängige Gerichtsbarkeit und eine neue Armee, die Nationalgarde, geschaffen. Wirtschaftliche Vorrechte, Monopole, Gewerbeordnungen, Binnenzölle, Zünfte und Korporationen werden abgeschafft, Berufsassoziationen ohne Widerstand der kleinbürgerlich-städtischen Delegierten verboten (*loi Le Chapelier* vom 14. Juni 1791). Bezüglich der Landwirtschaft setzen die Großbauern die freie Preisbildung und die Freiheit der Bewirtschaftung durch; im Interesse der Masse der Kleinbauern bleiben jedoch Gemeinschaftsweide und Gemeindegüter für die Armen erhalten. Zur Deckung der Staatsschuld und zur Bekräftigung des Bündnisses zwischen Bauern und liberalen Eliten wird der Kirchenbesitz zum Nationaleigentum erklärt und in kleinen Parzellen verkauft (Dekret vom 2. November 1789), zugleich dient er als Pfand für eine massenhaft verbreitete staatliche Schatzanweisung (Assignate, ausgegeben am 19. Dezember 1789); damit wächst der Kreis der unmittelbar materiell am Gelingen der Revolution Interessierten beträchtlich.
Zwei Entwicklungen beeinträchtigen den Erfolg der liberalen Revolution und führen über sie hinaus: Erstens schafft die staatliche Neuorganisation des Kirchenwesens einen KONFLIKT MIT DER KATHOLISCHEN TRADITION, der den bereits entmachteten Kräften der alten Ordnung neuen Zulauf aus den strenggläubigen bäuerlichen Gebieten verschafft. Die religiösen Orden werden aufgehoben, Mönchsgelübde für ungültig erklärt (Dekret vom 13. April 1790), neue Bistümer entsprechend den Departementsgrenzen geschaffen, die Geistlichen in den Status von wählbaren Staatsbeamten überführt (*Constitution civile du clergé* vom 12. Juli 1790) und bei Strafe zum Eid auf die neue Kirchenverfassung verpflichtet (27. November 1790). Die meisten Bischöfe und mehr als die Hälfte des niederen Klerus verweigern die Eidesleistung, zumal Papst Pius VI. im Frühjahr 1791 die Zivilkonstitution für ungültig erklärt. Zweitens leistet der KÖNIG insgeheim erbitterten Widerstand gegen die Rolle des obersten Exekutivbeamten der Nation, die ihm die neue Verfassungsordnung diktiert; er nimmt damit dem Konzept der konstitutionellen Monarchie die notwendige Glaubwürdigkeit, schürt die Furcht vor der Konterrevolution und stärkt den Einfluß der radikalen Kräfte, die das Gleichheitsideal über die liberale Meritokratie hinaus verwirklicht sehen wollen. Vermittlungsversuche Mirabeaus und La Fayettes scheitern.

1791 20.–25. Juni Ludwig XVI. versucht, außer Landes zu fliehen, um einen Stimmungsumschwung zugunsten des Ancien Régime zu provozieren, wird aber in Varennes erkannt und nach Paris zurückgeführt.

17. Juli Eine Petitionskampagne, die die Bestrafung des Königs fordert, endet mit einer zentralen Kundgebung auf dem Marsfeld, die von der Nationalgarde unter La Fayette zusammengeschossen wird. Damit sind die Liberalen zum ersten Mal gegen die städtischen Massen auf die Seite der Ordnung getreten; die Mehrheit der Abgeordneten tritt aus dem Jakobinerklub aus und trifft sich fortan im Kloster der *Feuillants*. Während die neue Ordnung definitiv etabliert wird – am 3. September tritt die Verfassung in Kraft –, sind die Träger der Revolution bereits gespalten.

In der Legislative steht der großen Mehrheit liberaler, nun mehr bürgerlicher als adliger Abgeordneten (auf ihrem linken Flügel die politisch aktive Gruppe der Girondisten um Jacques-Pierre Brissot, Pierre-Victurnien Vergniaud, Jean Marie Roland de la Platière, mit Verbindungen zur Provinz und zum besitzbürgerlichen Mittelstand) eine kleine Gruppe radikaldemokratischer Advokaten und Journalisten mit Verbindungen zu den städtischen Massen gegenüber (um Maximilian de Robespierre, Georges Danton, Jean-Paul Marat, wie die Girondisten noch im Jakobinerklub).

1792–1797 Erster Koalitionskrieg. Unter dem Eindruck des Krieges mit Österreich und Preußen gewinnen die radikalisierten Massen entscheidenden Einfluß. Obwohl Kaiser Leopold II., der Bruder der französischen Königin, als aufgeklärter Absolutist die Maßnahmen des monarchistischen Auslands zugunsten des französischen Königtums auf diplomatische Aktionen beschränken will und in der Pillnitzer Deklaration (27. August 1791) mit König Friedrich Wilhelm II. von Preußen jede Intervention von der Zustimmung der übrigen europäischen Herrscher abhängig macht, verbreitet sich in der Bevölkerung die Furcht vor einer Verschwörung des Königs mit den auswärtigen Mächten zur Konterrevolution. Die Girondisten predigen den Krieg als Mittel zur Revolutionierung ganz Europas, die Feuillants erhoffen sich von einem kurzen siegreichen Feldzug eine Stabilisierung im Innern, und auch der König arbeitet auf den Krieg hin – in der Hoffnung auf eine rasche Niederlage und anschließende Restituierung der alten Ordnung.

1792 Auf Vorschlag des Königs beschließt die Legislative
20. April die Kriegserklärung an Österreich. Die Nachricht von der Niederlage der französischen Truppen in den ersten Kämpfen bei Lille steigert die Furcht vor der konterrevolutionären Verschwörung; zusammen mit einer neuen Teuerung führt sie zum Aufstand der Massen gegen den König.

20. Juni Ein erster revolutionärer Marsch auf die Tuilerien bleibt ergebnislos.

11. Juli Als aber Preußen in den Krieg eintritt, die Legislative „das Vaterland in Gefahr" erklärt, und der Herzog
25. Juli Karl Wilhelm Ferdinand von Braunschweig als Oberbefehlshaber der Verbündeten die bedingungslose Unterwerfung unter die Autorität des Königs fordert,
10. Aug. erstürmen die Pariser Massen die Tuilerien. Sie erzwingen, unterstützt von gleichartigen Aufständen in den Provinzstädten, von der Nationalversammlung die Suspendierung des Königtums; der König wird mit seiner Familie von der Pariser Kommune im Temple gefangengesetzt; die Kommune terrorisiert die Stadt. Unter dem Druck der Straße schreibt die Legislative Neuwahlen zu einem Nationalkonvent nach allgemeinem Wahlrecht (mit Ausnahme der Dienstboten) aus.

2.–5. Sept. Die erregten kleinbürgerlichen Massen greifen zur Volksjustiz, gipfelnd in den Septembermorden, in denen 1000–1500 Pariser Gefängnisinsassen getötet werden.

Eine neue Emigrationswelle setzt ein (nun auch schon von Anhängern der konstitutionellen Monarchie wie La Fayette); die radikalen bürgerlichen Intellektuellen, die das Bündnis mit den Volksmassen weit weniger scheuen als die Notabeln-Elite, werden zu Schlüsselfiguren des revolutionären Prozesses.

Die Konventsherrschaft (1792–1794)

1792 Während mit der Kanonade von Valmy der Rückzug
20. Sept. der preußischen Truppen beginnt (bald erobern die Revolutionstruppen Speyer, Worms, Mainz und besetzen ganz Belgien), SCHAFFT DER am gleichen Tage zu-
21. Sept. sammengetretene NATIONALKONVENT *(Convention nationale)* DAS KÖNIGTUM AB; dem König wird wegen landesverräterischer Beziehungen der Prozeß gemacht. Infolge des vorangegangenen Terrors fehlen im Konvent die gemäßigten Kräfte; die Girondisten, die nun aus dem Jakobinerklub austreten, dominieren (genannt die „Ebene", nach den unteren Rängen des Konvents), geraten aber immer mehr unter den Druck der radikalen Jakobiner (genannt der „Berg", ca. 110 von 749 Abgeordneten). Jene wollen eine föderalistische Republik, diese die zentralistische Herrschaft der *volonté générale*.

Abb. 21: Hinrichtung Ludwigs XIV. mit der Guillotine am 21. Januar 1793

1793 17. Jan. LUDWIG XVI. WIRD vom Konvent ZUM TODE VERURTEILT und am 21. Januar mit der Guillotine hingerichtet. Daraufhin treten England, Holland, Spanien, Sardinien, Neapel, Portugal, der Papst und das Römisch-deutsche Reich dem Bündnis gegen Frankreich bei.

1. Febr. Frankreich erklärt England und Holland den Krieg. Militärische Niederlagen (Verlust Belgiens), Überlaufen des von den Girondisten favorisierten Oberbefehlshabers Charles François Dumouriez (*1739, †1823) zu den Österreichern, Inflation, drohende Hungersnot infolge der englischen Blockade und vor allem ein royalistischer Aufstand in der Vendée (ausgelöst durch den Versuch des Konvents, massiv neue Truppen anzuwerben) führen im Frühjahr 1793 zu einer neuen Krisenstimmung unter den Pariser Massen, die von der Bergpartei zur SCHAFFUNG VON AUSNAHMEGESETZEN genutzt wird.

10. März Ein Revolutionstribunal wird errichtet, die Güter der Emigranten verstaatlicht, ein Zwangskurs für die Assignaten und ein Höchstpreis für Getreide festgesetzt, schließlich der Wohlfahrtsausschuß *(Comité du*

6. April *salut public)* als Exekutivorgan des Nationalkonvents geschaffen (zunächst unter dem Vorsitz von Danton).

2. Juni Als die Girondisten die Provinz gegen die Hauptstadt mobilisieren, zwingt ein von den Führern der Pariser Stadtbezirke (den *Enragés*) vorbereiteter bewaffneter Aufstand den Konvent zur Verhaftung von 29 Gironde-Führern.

DIE TERRORHERRSCHAFT DES „JAHRES II“

Nach der Beseitigung der Gironde-Führer kann sich die „Bergpartei“ als provisorischer Schiedsrichter zwischen bürgerlichem Konvent und städtischen Revolutionären (nun *Sans-culotten* genannt) etablieren; die innere und äußere Bedrohung der Revolution führt sie zur Errichtung eines diktatorischen Kriegsregimes. Im Sommer 1793 ist das Elsaß in preußischer, Toulon in englischer Hand; Lyon und die Städte des Südwestens werden von Royalisten gehalten, die Departements der Bretagne und der Normandie von Girondisten, das Gebiet zwischen Sèvre und Loire vom Vendée-Aufstand. Danton, der auf einen Friedensschluß hinarbeitet, wird im Wohlfahrtsausschuß durch Robespierre abgelöst; der Ausschuß übernimmt, unterstützt durch einen allgemeinen Sicherheitsausschuß *(Comité de sûreté générale)*, nach und nach die Funktionen einer provisorischen Revolutionsregierung (offiziell am 10. Oktober 1793), die das Land weniger einheitlich als gewalttätig beherrcht. Von den *Enragés* und ihren Anhängern erneut belagert, stimmt der Konvent am 5. September 1793 systematischen Terrormaßnahmen zu (die sich allerdings zunächst gegen die Führer der *Enragés* selbst wenden): „Revolutionsausschüsse" können nun „Verdächtige" aufgrund vager Indizien verhaften, das Revolutionstribunal wird erweitert, die Verfahren werden radikal vereinfacht, die Zahl der Todesurteile steigt rapide (auf insgesamt etwa 17 000 bis Juli 1794). Gegen die liberalen Prinzipien der Bergpartei erzwingen die Sansculotten einen Lohn- und Preisstopp (Maximum-Gesetz vom 27. September 1793, das häufig umgangen wird), eine Zwangsanleihe von den „Reichen", Requirierungen, Produktionskontrolle und die Gründung staatlicher Unternehmen; den Bauern wird die Abschaffung der verbliebenen grundherrlichen Rechte und der Erwerb verstaatlichter Emigrantengüter zugestanden. Bankwesen und Großhandel können jedoch im wesentlichen vor dem Zugriff des kleinbürgerlichen Zorns gerettet werden; die Ventôse-Dekrete (26. Februar, 3. und 13. März 1794) zur kostenlosen Verteilung des Grundbesitzes von 300 000 noch festzustellenden „Verdächtigen" werden nicht ausgeführt. Der Konvent führt am 24. Oktober 1793 einen republikanischen Kalender ein (das Jahr I beginnt mit dem ersten Tag der Republik am 22. September 1792); antiklerikale Gruppen unter der Führung des linken Flügels der Bergpartei, den Hébertisten (um Jacques-René Hébert) organisieren antireligiöse Maskenzüge, schließen Kirchen und führen republikanische Vernunft-Kulte ein. Ein ebenso demokratisches wie totalitäres Nationalbewußtsein entsteht, gefördert durch die Erfolge der Revolutionsarmee, die Lazare Nicolas Carnot nach der Einführung der allgemeinen militärischen Dienstpflicht (*Levée en masse*, 23. August 1793) neu organisiert. Diktatorischer Zwang, die Qualität des Revolutionsheeres und die Zerrissenheit der Gegenkräfte tragen dazu bei, daß sich das Regime behaupten kann. Vor Beginn des Winters hat sich die militärische Lage an der Nord- und Ostgrenze gefestigt; die Aufstände sind unter Kontrolle gebracht und wandeln sich zu Guerillakämpfen *(chouannerie)*; im Frühjahr 1794 beginnen die Siegeszüge der Armee. Mit den Erfolgen schwindet allerdings auch die Legitimation des diktatorischen Regimes; nur geschickte Taktik und Verschärfung des Terrors können seinen Untergang hinauszögern.

1793 Nov.–Dez. Um den Machtanspruch der radikalen Hébertisten einzudämmen, läßt Robespierre eine Kampagne Dantons und Desmoulins' gegen Entchristianisierung und Terror zu.

1794 Jan. Robespierre seinerseits inszeniert danach eine Kampagne gegen Hébertisten und Dantonisten.

13. März Mit Unterstützung Dantons erreicht er die Verhaftung Héberts und seiner Anhänger (am 24. März hingerichtet), läßt dann aber Danton, der einen baldigen Kompromißfrieden mit den europäischen Mächten anstrebt, vor dem Sicherheitsausschuß im Stich.

30. März Danton wird mit seinen Anhänger verhaftet (guillotiniert am 5. April = 16. Germinal). Mit diesen beiden „Germinalprozessen" beginnt die eigentliche Diktatur Robespierres. Der organisierte Terror nimmt zu, die Volksbewegung geht zurück und läßt Robespierre von der Gnade des Konvents abhängig werden. Zur Rettung seiner Macht führt der Diktator den Kult des „Höchsten Wesens" ein (erstmals gefeiert am 8. Juni).

10. Juni Er läßt ein neues Terrorgesetz beschließen, das jeden Rechtsbeistand ausschließt und auch Konventsmitglieder ohne Zustimmung der Konventsmehrheit dem Revolutionstribunal ausliefert; in den folgenden sechs Wochen werden 1285 Todesurteile gefällt.

26. Juni Der Sieg der Revolutionsgruppen über Österreich bei Fleurus gibt Belgien an Frankreich zurück; die Expansion der Revolution beginnt.

27. Juli (= 9. Thermidor) STURZ ROBESPIERRES: Mitglieder beider Ausschüsse schmieden aus Furcht vor der eignen Verhaftung ein Komplott gegen den Diktator, der am folgenden Tag mit 21 seiner Anhänger guillotiniert wird. Für eine Fortsetzung des Terrors findet sich, nachdem die Revolution nicht mehr bedroht ist, keine Basis mehr.

Die Thermidorianer und das Direktorium (1794–1799)

Das Erbe der Macht übernimmt die bürgerliche Mehrheit des Konvents, ehemalige Anhänger und Mitläufer des Terrors ebenso wie die Girondisten, mehr er- als getragen von jener Schicht aus Besitz und Bildung, deren Interessen an die Revolution gebunden sind: die Träger der liberalen Umwälzung von 1789 und mehr noch das Heer von kleinen Eignern, Bürgern, Bauern, Militärs und Beamten, die durch die Revolution zu Besitz oder Amt gelangt sind. Statt auf die Koalition mit der schwindenden städtischen Revolutionsbewegung stützt sich das Regime nun mehr und mehr auf die Armee und ihre Siege; die Expansion der Revolution wird so zu einer innenpolitischen Notwendigkeit. In Reaktion auf den Dirigismus und Puritanismus der Terrorherrschaft entfalten sich ein wirtschaftlicher Liberalismus und ein bürgerlich-mondäner, am aristokratischen Vorbild orientierter Lebensstil. Egalitäre Kräfte, die sich dieser Entwicklung entgegenstellen, werden vernichtet; die royalistische Reaktion dagegen nimmt immer bedrohlichere Formen an. Als Ausgleich zwischen bürgerlicher Republik (die nicht gelingt) und Royalismus (für den es keine hinreichende soziale Basis mehr gibt) bietet sich die Rückkehr zum Modell der konstitutionellen Monarchie von 1791 an; für das Amt des revolutionären Monarchen, an dem es der liberalen Revolution gefehlt hat, liefert die siegreiche Armee einen Ersatzkandidaten: Bonaparte.

1794 Sommer	Nach dem Sturz Robespierres kommt es zu Gewaltmaßnahmen gegen die militanten Jakobiner („weißer Terror").
Dez.	Die im Juni 1793 ausgeschlossenen Girondisten werden wieder in den Konvent aufgenommen (8. Dezember), die Maximum-Gesetze abgeschafft (24. Dezember).
1795 1. April	Die Zurückdrängung des radikalen Jakobinertums und neues Elend infolge der schlechten Ernte von 1794 führen zum zweimaligen Aufstand der Sansculotten gegen den Konvent.
20.–23. Mai	Nach der Niederschlagung des zweiten Ansturms läßt der Konvent die Pariser Vorstädte systematisch entwaffnen.

22. Aug. Die DIREKTORIALVERFASSUNG entspricht dem Ideal der liberalbürgerlichen Republik: Gewaltenteilung, Zweikammersystem, Zensuswahlrecht nach Alter, Vermögen und Zivilstand, an der Spitze der Exekutive ein Präsidium von fünf Direktoren mit fünfjähriger Amtszeit, unter denen die Fachminister arbeiten. Es wird aber von den Thermidorianern selbst umgangen, als sie ihre Macht in Gefahr sehen: Ein sogenanntes „Zweidritteldekret" bestimmt, daß zwei Drittel der Konventsmitglieder in die neu zu wählenden beiden Kammern aufgenommen werden müssen.

5. Okt. Gegen diese Bestimmung richtet sich, allerdings ohne Erfolg, ein royalistischer Aufstand in Paris (= 13. Vendémiaire).

31. Okt. Fünf frühere Angehörige des Terrorregimes werden Direktoren: Paul François Jean Nicolas Graf von Barras, Reubell, Letourneur, Lazare Nicolas Graf Carnot, Louis-Marie Larevellière-Lépeaux. Die Wirtschafts- und Finanzkrise des Winters 1795/96 ermöglicht es François Noël Babeuf (*1760, †1797), die letzten verbliebenen Elemente des Hébertismus und Robespierrismus zu einer Verschwörung zu versammeln, die im Sinne des alten agrarischen Gleichheitsdenkens das Privateigentum an Land abschaffen will.

1796 Die Bewegung wird jedoch von Carnot mühelos niedergeschlagen,

10. Mai Babeuf wird am 27. Mai 1797 hingerichtet.

1797 Gegen die royalistisch gesonnene Parlamentsmehrheit, die die ersten regulären Wahlen vom Frühjahr 1797 erbracht haben, organisieren die Direktoren Barras, Reubell und Larevellière-Lépeaux mit Unterstützung republikanischer Generäle (insbesondere Napoleon Bonapartes, des späteren Kaisers) einen

4. Sept. STAATSSTREICH (= 18. Fructidor) gegen die übrigen Regierungsmitglieder und das Parlament. Durch neuen Terror isolieren sich die Thermidorianer vom Bürgertum, ohne die Sansculotten zurückzugewinnen.

17. Okt. Bonaparte erobert große Teile Ober- und Mittelitaliens und zwingt Österreich zum FRIEDEN VON CAMPO

Formio. Kaiser Franz II. muß Belgien und die Lombardei abtreten und Frankreich die Annexion des linken Rheinufers zugestehen. Nach der Batavischen Republik in den Niederlanden (16. Mai 1795) werden mit der Ligurischen Republik in Genua (6. Juni 1797), der Helvetischen Republik in der Schweiz (9. Februar 1798), der Römischen Republik auf dem Territorium des Kirchenstaates (15. Februar 1798), schließlich der Parthenopäischen Republik um Neapel (23. Januar 1799) eine Reihe von Satellitenstaaten errichtet, in denen den Idealen der Revolution verpflichtete „Jakobiner" mit den Besatzern zusammenarbeiten, die Mehrheit der Bevölkerung jedoch unter dem Eindruck wachsender wirtschaftlicher Ausbeutung mit der Zeit von den „Befreiern" abrückt.

1798 Die Ausnahmemaßnahmen des Direktoriums und die
11. Mai Manipulation der Teilwahlen vom Frühjahr 1798 (Gesetz vom 22. Floréal) reichen nicht hin, die royalistische Reaktion einzudämmen; um ihr zuvorzukommen, arbeiten Generäle und traditionelle Liberale (Sieyès) auf ein zugleich strafferes und populäreres Regime hin.

1799 Im Frühjahr wird Sieyès in das Direktorium gewählt, am 18. Juni (= 30. Prairial) fast das gesamte bisherige Regierungspersonal ausgewechselt. Der Zusammenbruch der italienischen Tochterrepublik im Sommer stärkt die Royalisten und Jakobiner weiter; um erstere auszuschalten, präsentiert Sieyès den populären Kriegshelden Bonaparte als „starken Mann" gegen die letzteren.

Bonaparte, der seit über einem Jahr mit wechselndem Erfolg in Ägypten und Syrien (gegen England) gekämpft hat und am 8. Oktober zurückkehrt, organisiert zusammen mit Sieyès und von Polizeiminister Joseph Fouché (Herzog von Otranto; *1759, †1820) sowie Außenminister Charles Maurice de Talleyrand (Herzog von Talleyrand-Périgord; *1754, †1838 – einem der wenigen eidwilligen Bischöfe von 1790) ge-
9. Nov. deckt den Staatsstreich vom 18. Brumaire: Das Direktorium wird aufgelöst, eine Neuordnung der

Verfassung beschlossen; Bonaparte tritt als Erster von drei Konsuln an die Spitze einer provisorischen Regierung, ohne sich auf die von Sieyès vorgelegte Verfassung festlegen zu lassen.

15. Dez. Bonaparte erklärt die Revolution als auf ihre Grundsätze zurückgeführt und damit „beendet".

Das Zeitalter Napoleons (1799–1815)

In dem Korsen Napoleon Bonaparte (* 1769, † 1821) findet die liberal-bürgerliche, an Besitz und Bildung orientierte französische Führungsschicht die nationale Führungsgestalt, die es ermöglicht, die tiefen Spaltungen, die die Revolution im Lande hinterlassen hat und den Bestand ihrer Errungenschaften bedroht, wenn nicht zu überwinden, so doch abzumildern und zu überdecken. Sein Regime entspricht zwar keineswegs dem Ideal der Notabelnrepublik mit monarchischer Spitze, das seine Förderer im Auge haben (es stößt darum auch alsbald auf eine liberale Opposition), dämmt jedoch die Gegenkräfte ein und sichert wesentliche Interessen des Kartells aus großen und kleinen Besitzern. Napoleons Herrschaft basiert auf der Autorität, die er in der Armee und durch die Armee genießt, und auf plebiszitärer Zustimmung großer Bevölkerungsmassen. Beides wird über einen modernen Nationalismus vermittelt, der sich als Erbe der Revolution präsentiert, jedoch die Frontstellung gegen die traditionellen (insbesondere religiösen) Werte des Ancien Régime aufgibt. Solange Napoleon politische und wirtschaftliche Stabilisierung garantiert, erträgt das Bürgertum den von ihm erzwungenen Verzicht auf politische Mitwirkungsrechte.

Die napoleonische Synthese

1799 24. Dez. Die KONSULATSVERFASSUNG gibt den formal-demokratischen Rahmen für Napoleons cäsaristisches Regime: allgemeines Wahlrecht, aber ein mehrfach filterndes indirektes Wahlverfahren, zwei gewählte Kammern, von denen die erste (Tribunat) nur beraten, die zweite nur ohne Debatte abstimmen darf, daneben Staatsrat und Senat, deren Mitglieder von der Regierung er-

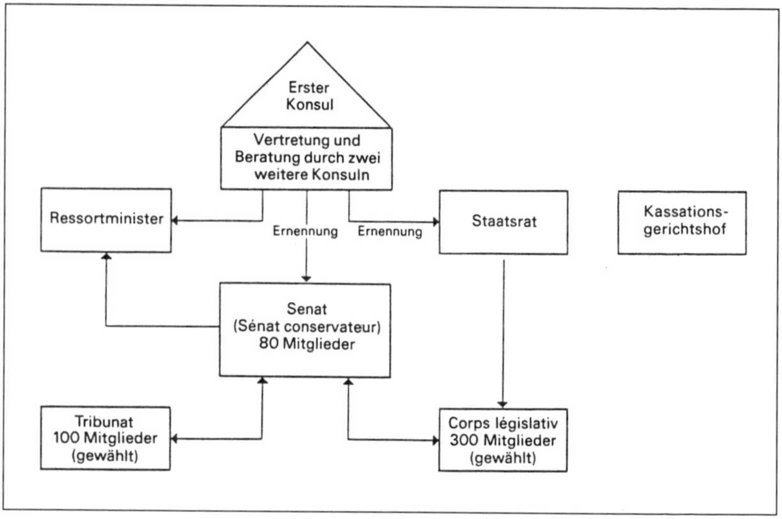

Abb. 22: Die obersten Staatsorgane nach der französischen Verfassung von 1799

nannt werden; an der Spitze der Exekutive ein Erster Konsul auf 10 Jahre, der neben allgemeinen Exekutivbefugnissen auch das Recht hat, seine beiden Mit-Konsuln zu berufen, Gesetze zu erlassen und Staatsverträge abzuschließen. In einer Volksabstimmung mit großer Mehrheit gebilligt, tritt sie noch vor Ende 1799 in Kraft; Napoleon beruft Jean Jacques Régis de Cambacérès (* 1753, † 1824) und Charles François Lebrun (* 1739, † 1824) zu seinen Mit-Konsuln, nachdem Sieyès resigniert hat.

1800 14. Juni/ 3. Dez. Die FRANZÖSISCHEN SIEGE über die Österreicher bei MARENGO und HOHENLINDEN stellen nicht nur Frankreichs Positionen in Italien und im Rheinland wieder her, sondern festigen auch Napoleons innere Machtstellung entscheidend. Die lokalen und regionalen Selbstverwaltungsorgane der Revolution werden aufgelöst und durch ein zentralistisches Präfektensystem ersetzt.

1801 Erstmals wird seit Beginn der Revolution wieder ein regulärer Staatshaushalt aufgestellt; die Staatseinnahmen steigen nicht zuletzt wegen der Kontributionen und Reparationen aus den besiegten Staaten. Die Spannungen zur katholischen Kirche werden durch ein Konkordat überwunden: Papst Pius VII. stimmt der beamtenrechtlichen Stellung des Klerus zu, verzichtet auf die Rückgabe der enteigneten Kirchengüter und erkennt damit die Umwälzungen der Revolution an; dafür sichert Napoleon die nötige gottesdienstliche Freiheit und die Rückgabe des Kirchenstaates zu.

1802 April — Durch eine Amnestie, verbunden mit der Rückgabe der noch nicht veräußerten Güter werden die 140 000 rückkehrwilligen Emigranten zur Mitarbeit am neuen Staat eingeladen.

2. Aug. — Napoleon läßt sich nach einem entsprechenden Plebiszit zum KONSUL AUF LEBENSZEIT ernennen.

1804 21. März — Nach einem royalistischen Anschlag schaltet er rivalisierende Generäle republikanischer Tendenz aus, läßt den (tatsächlich nicht beteiligten) bourbonischen Herzog von Enghien, Louis Antoine Henri de Bourbon (* 1772, † 1804), ohne ordentliches Gerichtsverfahren erschießen und betreibt in Wiederaufnahme römischer

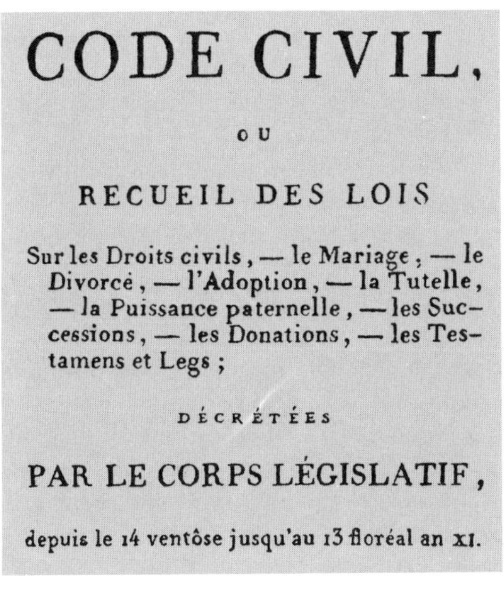

CODE CIVIL,

OU

RECUEIL DES LOIS

Sur les Droits civils, — le Mariage, — le Divorce, — l'Adoption, — la Tutelle, — la Puissance paternelle, — les Successions, — les Donations, — les Testamens et Legs;

DÉCRÉTÉES

PAR LE CORPS LÉGISLATIF,

depuis le 14 ventôse jusqu'au 13 floréal an XI.

Abb. 23: Titelblatt der ersten gedruckten Ausgabe des Code civile von 1804 (Code Napoléon)

und karolingischer Traditionen die Umwandlung seiner Herrschaft in ein erbliches Kaisertum.

6. Nov. Eine erneute Volksabstimmung billigt die VERFASSUNGSÄNDERUNG.

2. Dez. Von Papst Pius VII. gesalbt, krönt sich Napoleon in der Pariser Kathedrale Notre-Dame selbst zum KAISER DER FRANZOSEN (NAPOLEON I.). Damit ist Frankreich in der politischen Verfassung endgültig vom liberalen Modell abgerückt; in der sozialen Ordnung bleiben jedoch die Errungenschaften der Revolution erhalten, durch die Schaffung bzw. Kodifizierung eines egalitären, die individuelle Rechtssphäre und das

1804/1810 Privateigentum schützenden Rechtssystems: 1804 erscheint ein bürgerliches Gesetzbuch (*Code civile* oder *Code Napoléon*), 1806/08 ein Handelsgesetzbuch, eine Zivil- und eine Strafprozeßordnung, 1810 ein Strafgesetzbuch *(Code pénal)*.

Imperium über Europa

Wesentliche Elemente der französischen Ordnung werden nach Art des aufgeklärten Absolutismus auf die eroberten und in französische Protektorate umgewandelten Gebiete übertragen. Im Wechselspiel von geschickter Diplomatie (Außenminister Talleyrand, bis 1807) und schlagkräftigem Truppeneinsatz (1805: 250 000 Mann, dazu bald Hilfskontingente aus den besiegten Gebieten, Versorgung durch Requirierung an Ort und Stelle, Oberkommando stets bei Napoleon) gelingt es dem Kaiser, die Hegemonie über den Kontinent zu erringen:

1805 Über die bisherigen Eroberungen und Tochterrepubliken hinaus werden Genua und die Ligurische Republik annektiert, Venetien mit der Cisalpinischen Republik zum Königreich Italien vereinigt.

1806 Das Königreich Neapel wird in einen Satellitenstaat umgewandelt, ein Rheinbund deutscher Fürsten gegründet, die sich dem französischen Protektorat unterstellen, eine Kontinentalsperre gegen englische Industrieprodukte errichtet.

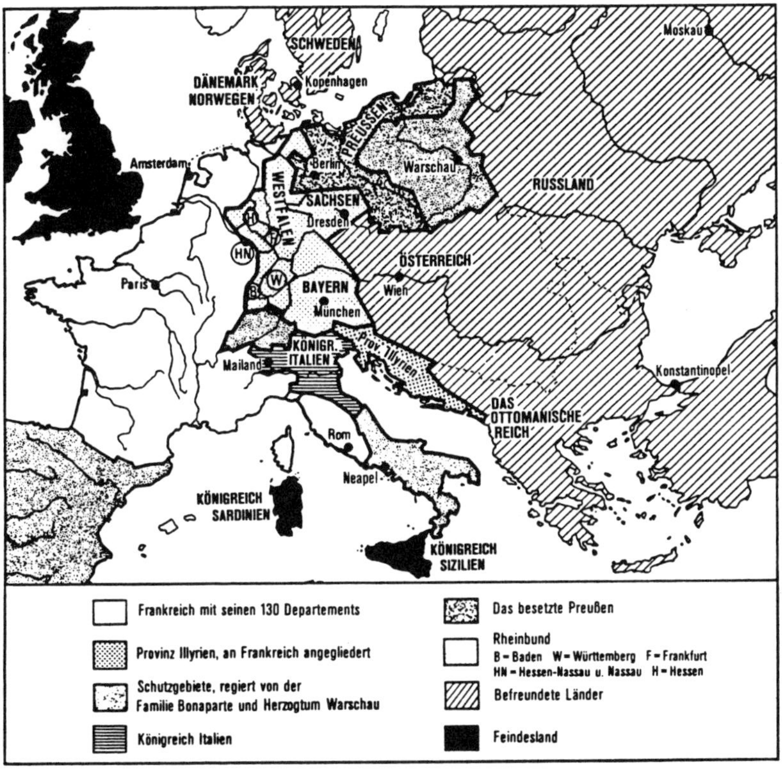

Abb. 24: Europa zur Zeit der napoleonischen Kriege

1807 Nach der Niederlage Preußens, das um mehr als die Hälfte seines Staatsgebietes reduziert wird, wird das Königreich Westphalen als Satellitenstaat (unter Napoleons Bruder Jérome; * 1784, † 1860) und das Großherzogtum Warschau als Protektorat errichtet (1809 um Westgalizien vergrößert), Portugal wird besetzt.

1808/1810 Spanien wird in ein Satellitenkönigtum umgewandelt und Etrurien annektiert, der Kirchenstaat, Illyrien, Dalmatien, der schweizerische Kanton Wallis, Holland (bisher Satellitenkönigreich) und die norddeutsche Küstenregion annektiert, der französische Marschall Jean Baptiste Jules Bernadotte (* 1763, † 1844) zum schwedischen Kronprinzen gewählt, die österreichische Kaisertochter Marie Louise (*1791, †1847) mit Napoleon vermählt.

Innere Krise und äußerer Zusammenbruch

Auf dem Höhepunkt seiner Macht sucht der Kaiser auch die Formen des Ancien Régime in den Dienst seiner Herrscherstellung zu nehmen: Die neuen Satellitenländer werden zu Monarchien unter der Herrschaft seiner Brüder und Schwäger deklariert; er selbst verbindet seine Dynastie durch die Heirat mit der österreichischen Kaisertochter mit dem Altadel Europas; in Frankreich wird ein neuer, an die Person des Kaisers gebundener hierarchischer Verdienstadel geschaffen, der alte Adel wiederbelebt und ein kaiserlicher Hofstaat eingerichtet – Tendenzen, die bei den etablierten Kräften der europäischen Aristokratie und des französischen Bürgertums freilich nur auf Skepsis stoßen. Die Annexion des Kirchenstaates (aufgrund seiner Mißachtung der Kontinentalsperre) belasten die Beziehungen zur katholischen Kirche erneut aufs schwerste. Die ständigen Kriege bringen die führenden Wirtschaftskreise gegen Napoleons Politik auf; die Kontinentalsperre führt zwar langfristig zu einer Beschleunigung der Industrialisierung des Kontinents, zunächst aber zu einer Beeinträchtigung von Handel, Industrie und Exporten. Die schlechte Ernte des Jahres 1811 führt zu einem Preisanstieg, der um so weniger verkraftet werden kann, als infolge der Kriegsanstrengungen die Staatsfinanzen wieder knapp werden. Es kommt zu Hungerrevolten und Desertionen. Diese Krisensymptome reichen jedoch noch nicht hin, Napoleons Herrschaft ernsthaft zu erschüttern; die cäsaristische Herrschaftstechnik erweist sich als überlegen.

1812 ab 19. Okt. Als Napoleon im FELDZUG GEGEN RUSSLAND (um dieses in die Kontinentalsperre zurückzuzwingen) eine entscheidende Niederlage erfährt (Schwächung der verbündeten Armee beim weiträumigen Kriegszug gegen Moskau, auf dem Rückzug Auflösung im russischen Winter), verstärken sich die Auflösungserscheinungen.

22. Okt. Ein erster Aufstandsversuch General Malets scheitert.

1813	Preußen (28. Februar) und Österreich (12. August) schließen sich der antinapoleonischen Front an.
16.–19. Okt.	In der „VÖLKERSCHLACHT“ BEI LEIPZIG unterliegt die französische Armee den alliierten Truppen. Bis zum Jahresende bricht das gesamte außerfranzösische Imperium zusammen; in Frankreich werden die Steuern um 200 Prozent erhöht und die Beamtengehälter um 25 Prozent gekürzt.
1814 Jan.–März	Mit Mühe kann Napoleon dem Vormarsch der alliierten Truppen in Ostfrankreich (Plateau von Langres) Widerstand leisten.
31. März	Die Verbündeten marschieren in Paris ein.
1. April	Unter dem Schutz der Besatzung bildet Talleyrand, der seit seinem Ausscheiden aus der Regierung Napoleons (1807) Kontakte zu den jetzigen Gegnern, insbesondere zum russischen Zaren, unterhalten hat, eine provisorische Regierung.
2. April	Der SENAT folgt der Politik Talleyrands und ERKLÄRT NAPOLEON FÜR ABGESETZT, da er die Verfassung verletzt habe.
6. April	Napoleon entsagt in Fontainebleau der Krone; die Alliierten weisen ihm die Insel Elba als souveränes Fürstentum und Exilsitz zu (wo er am 4. Mai eintrifft). In Übereinstimmung mit den Interessen der Alliierten verabschiedet der Senat am gleichen Tag eine von Talleyrand entworfene *Charte constitutionnelle*, die den Grundzügen der Verfassung von 1791 entspricht, und beruft LUDWIG XVIII. (*1755, †1824) aus dem Hause Bourbon, den Bruder des letzten französischen Königs, aus dem englischen Exil auf den Thron des konstitutionellen Monarchen.
30. Mai	Um den Bourbonen auf dem französischen Thron nicht als Komplizen eines Verzichtfriedens erscheinen zu lassen, verzichten die Alliierten im ERSTEN FRIEDEN VON PARIS auf weitreichende Gebietskonzessionen und Reparationen. In allen Territorien, die am 1. Januar 1792 (d.h. vor Beginn der Koalitionskriege) zum Staatsgebiet Frankreichs gehörten, wird die französische Zivilverwaltung wieder eingeführt; zusätzlich werden die päpstlichen Enklaven Avignon und Ve-

naissin, die württembergische Grafschaft Mompelgard (Montbéliard), die Festung Landau, die Städte Saarlouis und Saarbrücken Frankreich zugeteilt.

Die Herrschaft der Hundert Tage

Ludwig XVIII., persönlich den aufklärerischen Idealen verpflichtet, bemüht sich um einen Ausgleich zwischen den Kräften des Ancien Régime und dem Frankreich der Revolution und Napoleons, macht jedoch unter dem Eindruck seiner sakrosankten Stellung den Royalisten mehr Zugeständnisse, als die liberale Notabelnschicht um Talleyrand erwartet hat.

1814 4. Juni Sogleich nach Regierungsantritt lehnt er die vom Senat verabschiedete Verfassung ab und ersetzt sie durch eine oktroyierte *Charte constitutionnelle*, die zwar die sozialen Errungenschaften und Besitzverhältnisse der Revolution sowie die Rechts- und Verwaltungsstruktur des Kaiserreichs konsolidiert, im übrigen aber die mittleren Schichten von politischer Mitwirkung fernhält und die Freiheiten einschränkt: Nach englischem Vorbild wird die Legislative aus einer Pairs- und einer Deputiertenkammer gebildet; letztere ist an einen hohen Zensus gebunden, verfügt über das Steuerbewilligungsrecht, aber nicht über die Gesetzgebungsinitiative; die Exekutive liegt beim König, der den Ministerpräsidenten bestimmt; seine Akte bedürfen ministerieller Gegenzeichnung.

Die Wiedereinführung des Lilienbanners statt der Trikolore läßt breite Schichten eine vollständige Restauration der vorrevolutionären Verhältnisse befürchten; insbesondere die kleinen und großen Besitzgewinner der Revolutionszeit beginnen um ihre Erwerbungen zu fürchten, zumal die im Gefolge Ludwigs XVIII. zurückkehrenden Emigranten in ihrer Mehrzahl die Errungenschaften der Revolution demonstrativ negieren.

Obwohl der König mit Talleyrand, Fouché und den Marschällen Auguste Viesse de Marmont, Nicolas Jean Soult und Michel Ney führende Männer des napoleonischen Regimes an die Spitzen von Regierung und Armee beruft und die verhaßten militärischen Konskriptionen abschafft, macht sich so eine wachsende Unzufriedenheit breit. Wesentlich gefördert wird sie durch Einsparungen in der Verwaltung und die drastische Reduzierung der napoleonischen Armee (über 10 000 bewährte napoleonische Offiziere auf halben Sold gesetzt).

1815 Die wachsende Opposition gegen die Restauration und Gerüchte über eine bevorstehende Ausweisung aus Elba veranlassen NAPOLEON, nach Frankreich zurückzukehren.

1. März Er landet mit wenigen Getreuen in Cannes; sein MARSCH AUF PARIS wird zu einem Triumphzug. Marschall Ney, der den Kaiser aufhalten soll, schließt sich ihm bei Lyon an; Ludwig XVIII. flieht nach Gent.

13. März Auf die Nachricht von der Rückkehr Napoleons nehmen die Alliierten den Krieg gegen Frankreich wieder auf.

20. März Napoleon zieht in Paris ein.

Um seine Macht wiederherzustellen, sucht Napoleon nun das Bündnis mit den liberalen Kräften.

22. April Henry-Benjamin Constant de Rebecque (*1767, †1830), jahrelang Wortführer der liberalen Opposition, arbeitet einen *Acte additionnel* zu den Verfassungen des Kaiserreiches aus, der die parlamentarischen Rechte erweitert, die Autonomie der Justiz bekräftigt und Kultus- und Pressefreiheit einführt, von Napoleon freilich nur als provisorisches Zugeständnis verstanden wird.

Noch bevor die österreichischen und russischen Truppen zurückgekehrt sind, siegen eine britisch-niederländisch-deutsche Armee unter Arthur Wellesley Herzog von Wellington und eine preußische Armee unter Gebhard Leberecht Fürst Blücher von Wahl-

18. Juni statt in der SCHLACHT BEI WATERLOO (Belle-Alliance, nahe Brüssel) über Napoleon.

22. Juni Auf Betreiben Fouchés dankt Napoleon zum zweiten

7. Juli Mal ab und stellt sich den Engländern. Die Verbündeten nehmen zum zweiten Mal Paris ein. Napoleon

wird auf die Atlantikinsel St. Helena in die Verbannung gebracht. Ludwig XVIII. kehrt auf den Thron zurück.

20. Nov. Im ZWEITEN FRIEDEN VON PARIS muß Frankreich Philippeville und Marienbourg an die Niederlande, Saarlouis und Saarbrücken an Preußen, Landau an Österreich (weiter an Bayern), die 1814 verbliebenen Teile von Savoyen an Sardinien abtreten, Reparationen in Höhe von 700 Millionen Francs zahlen, die von Napoleon geraubten Kunstschätze zurückgeben und für einen Zeitraum von 3 bis 5 Jahren (bis zur Zahlung aller Entschädigungen) 150 000 Mann alliierter Besatzungstruppen in Nordostfrankreich dulden.

Das Frankreich der Notabeln (1815–1848)

Nach dem Scheitern der napoleonischen Synthese behauptet sich die grundbesitzende Bourgeoisie, erweitert um die nun ebenfalls agrarkapitalistisch tätigen Teile des alten Adels sowie die handels- und industriekapitalistisch tätigen Familien, endgültig als politisch führende Klasse des Landes. Während sich der Besitz der Masse kleiner Landwirte durch Erbteilung zunehmend aufsplittert, und diese zunehmend von Pacht- und Arbeitsverträgen mit den großen Grundbesitzern abhängig werden, schließt sich der Großgrundbesitz nach dem Zuzug emigrierter Adliger nach unten ab. Die Einkommensunterschiede auf dem Lande sind sehr groß; allein 1826 sind 28 Prozent des Bodens im Besitze des einen (!) Prozents der Eigentümer, die mehr als 300 Francs Grundsteuer aufbringen und damit wahlberechtigt sind. Die Industrialisierung des Landes schreitet nur langsam voran; nach 1830, als die Folgen des Staatsbankrotts von 1814, der Kriegsentschädigungen und der Überflutung mit englischen Produktionsüberschüssen (infolge der Aufhebung der Kontinentalsperre) überwunden sind, steigert sich das Tempo. Eine Pionierrolle spielt nach wie vor die Textilindustrie (mit mechanischem Webstuhl); daneben entwikkeln sich Bergbau, Eisenhütten, Eisenbahnen. Promotoren der Industrialisierung sind seit den dreißiger Jahren rasch wachsende Großbanken (Bankiersfamilien: Laffitte, Périer, Rothschild, Hottinger, Mallet, Delessert u. a.). Von 1825 bis 1844 steigt die Industrieproduktion um 66 Prozent; der Anteil der Landwirtschaft am Nationalprodukt sinkt jedoch nur von 76 Prozent auf 73 Prozent, 80 bis 75 Prozent der Bevölkerung bleiben Agrarbürger. Das Zensuswahlrecht beschränkt die politische Mitwirkung auf die vermögensstarke Oberschicht (die „Notabeln"). Zunächst sind von 29 Millionen Franzosen etwa 100 000 wahlberechtigt (darunter 60 Prozent Großgrundbesitzer); nach der Julirevolution 1830 erweitert sich der Kreis der Wahlberechtigten durch Senkung des Zensus auf 200 000 bis 241 000 von 35 Millionen. Den Kern der Oberschicht bilden die durch besonders hohes Steueraufkommen qualifizierten wählbaren Bürger (ca. 18 000). Aus ihnen rekrutiert sich die NOTABELN-ELITE: Durch Besitz und Bildung unabhängige Großbürger, meist Grundbesitzer oder Beamte, aber auch besonders einflußreiche Industrielle, die das Parlament beherrschen, zwischen Paris und ihrem Wahlkreis vermitteln und bei relativ schwach ausgeprägter staatlicher Organisation den Produktivkräften den größeren nationalen Rahmen erschließen.

Abb. 25: Einwohnerzahlen 1801–1975

Jahr	Total	Männer	Frauen	Jahr	Total	Männer	Frauen
1801	27,349	13,312	14,037	1891	38,133	18,932	19,201
1806	29,107	14,313	14,795	1896	38,269	18,923	19,346
1821	30,462	14,797	15,665	1901	38,451	18,917	19,534
1831	32,569	15,950	16,619	1906	38,845	19,100	19,745
1836	33,541	16,461	17,080	1911	39,192	19,254	19,938
1841	34,230	16,898	17,319	1921	38,798	18,445	20,353
1846	35,402	17,542	17,858	1926	40,288	19,310	20,919
1851	35,783	17,795	17,988	1931	41,228	19,912	21,317
1856	38,013	17,857	18,155	1936	41,183	19,797	21,386
1861	37,386	18,645	18,741	1946	39,848	18,878	20,970
1866	38,067	19,014	19,053	1954	42,781	20,507	22,274
1872	36,103	17,983	18,120	1962	46,500	22,595	23,905
1876	36,906	18,374	18,532	1968	49,655	24,197	25,458
1881	37,406	18,657	18,749	1975	52,599	25,744	26,855
1886	37,930	18,900	19,030				

Mitchell, Brian R.: European Historical Statistics 1750–1975, London (MacMillan) 1975, S. 29

Innerhalb der Notabeln-Elite versucht zunächst der durch die auswärtige Intervention von 1814/15 begünstigte traditionelle Adel, die politische Führungsstellung zurückzuerobern (ohne das soziale Gefüge ernsthaft erschüttern zu können), bis ihn die Julirevolution 1830 ins politische Abseits drängt.
Die Not der Unterschichten (Hungersnöte, industrieller Pauperismus) artikuliert sich in Revolten und Streiks ohne langfristige Perspektiven, eine Arbeiterbewegung kommt infolge des langsamen, evolutionären Charakters der Industrialisierung kaum (zunächst nur über die traditionsreichen Handwerkerbünde, also außerhalb der neuen Industriezweige) zustande; die Masse der bäuerlichen Kleineigentümer bleibt sozial konservativ und politisch neutral, im Westen und Süden oft auch royalistisch gesonnen. Erst die zunehmende Zentralisierung des politischen und wirtschaftlichen Lebens infolge der Dynamisierung der Produktion stellt die politische Ordnung der Notabeln (deren Stärke in der Provinz liegt) zunehmend in Frage.

1814–1824 LUDWIG XVIII. möchte nach Napoleons Herrschaft der Hundert Tage erneut einen Ausgleich zwischen dem alten und dem neuen Frankreich zustande bringen, kann aber nicht verhindern, daß die royalistische Reaktion nun schärfere Formen annimmt als zuvor.

1815 10. Juli Mit dem ausdrücklichen Willen zur liberalen Kontinuität beruft Ludwig XVIII. das Kabinett Talleyrand/Fouché. Im Süden und zum Teil auch im Westen des Landes breitet sich jedoch eine Welle royalistischen „Weißen Terrors“ gegen die seit der Revolution emporgestiegenen Machthaber aus; „Kollaborateure“ der Hundert Tage werden bestraft (u.a. Exekution von Marschall Ney).

14.–22. Aug. Aus den ersten Wahlen nach der neuen *Charte* geht eine mehrheitlich ultraroyalistisch gesonnene Zweite Kammer *(„la chambre introuvable“)* hervor. Die Ultras fordern die Aufhebung der Nationalgüter, des *Code civil* und des Konkordats.

24. Sept. Sie erreichen die Ablösung Talleyrands durch den gemäßigten Royalisten Armand-Emmanuel du Plessis, Herzog von Richelieu (*1766, †1822), einen Nachfahren des Kardinals, der seit 1789 in russischen

Diensten war; die Ultras fordern außerdem mit Erfolg die Rückerstattung der bisher noch nicht verkauften Kirchengüter und die Aufhebung der zivilen Ehescheidung.

1816 5. Sept. Als sich die Kammer gegen die Budgetvorlage der Regierung sperrt, löst Ludwig XVIII. sie unter dem Druck der um ihre Reparationen besorgten Alliierten auf.

1816–1820 In der neuen Kammer herrscht eine Mehrheit von gemäßigten Royalisten (sog. Konstitutionellen). Von Teilwahl zu Teilwahl verringert sich die Zahl der Ultras um Louis Gabriel Ambroise Vicomte de Bonald und François René Vicomte de Chateaubriand und wächst die Zahl der Liberalen, die sich in einer Partei der „Unabhängigen" zu sammeln beginnen (um Benjamin Constant, Pierre-Paul Royer-Collard, Maine de Biran, eigentl. Marie François Pierre Gonthier de Biran). Zwischen beiden Gruppierungen, nun nach der Sitzordnung in der Kammer erstmals als Rechte und Linke bezeichnet, entwickeln sich heftige Prinzipienkämpfe. Die wirtschaftliche Stabilisierung macht rasche Fortschritte, so daß schon 1818 alle Reparationsschulden bezahlt sind.

1818 Okt.–Nov. Auf dem Kongreß von Aachen wird Frankreich der Abzug der Besatzungstruppen zugestanden und trotz der Erneuerung der Quadrupelallianz gegen eine erneute Revolution in die „Heilige Allianz" aufgenommen. Die Regierungen Dessoles/Decazes (ab 29. Dezember 1818) und Decazes (ab 20. November 1819) setzen die konstitutionell-liberale Politik fort. Trotz ihrer Erfolge kommt es zu einer Reihe von Aufstands- und Putschversuchen.

1820 14. Febr. Nach der Ermordung des Herzogs Charles Fernand von Berry (des einzigen Stammhalters der regierenden Dynastie) können die Ultras ihren Einfluß wieder verstärken.

21. Febr. Elie Herzog von Decazes wird von Richelieu abgelöst, mit Hilfe der Konstitutionellen bringen die Ultras Ausnahmegesetze und ein neues Wahlgesetz

4./13. Nov. durch. Entsprechend steigen in den Wahlen zur Kammer die ultraroyalistischen Stimmen an.

1821 14. Dez. Richelieu muß dem zwischen Ultras und Gemäßigten stehenden Verwaltungsexperten Joseph Graf von Villèle weichen; dieser gerät selbst unter den Druck seiner ultraroyalistischen Kabinettskollegen, darunter (1822–1824) Außenminister François René Vicomte de Chateaubriand (* 1768, † 1848).

1822 Okt.–Dez. Chateaubriand erreicht auf dem Kongreß von Verona, daß Frankreich mit der Intervention der Heiligen Allianz gegen die Revolution der Liberalen in Spanien beauftragt wird.

1823 Französische Truppen schlagen die spanische Revolution nieder.

1824 26. Febr. In den Kammerwahlen reduziert sich der liberale Anteil auf ganze 19 Parlamentssitze *(„la chambre retrouvée“)*.

6. März Ein „Septennalitätsgesetz“ schafft die bisherigen jährlichen Teilwahlen zugunsten einer siebenjährigen Legislaturperiode ab.

16. Sept. 1824–1830 Nach dem Tod Ludwigs XVIII. wird dessen bereits 67jähriger Bruder Karl X. (* 1757, † 1836), der ganz unter dem Einfluß reaktionärer und ultramontaner Remigranten steht, König. Beginn einer ultramontanen Gesetzgebung, die der liberalen Bewegung neuen Aufschwung verschafft. Publizisten und Historiker wie Adolphe Thiers und François Guizot verherrlichen die Französische Revolution und fordern eine Parlamentarisierung der Verfassung.

1827 Vorzeitige Neuwahlen bringen den Liberalen 180 Sitze (17./24. November).

1828 5. Jan. Karl X. beruft ein Kabinett der gemäßigten Rechten unter Jean Baptiste Gay Comte de Martignac, das vergeblich versucht, einen Ausgleich zwischen den Liberalen und dem König zu schaffen. Eine Verwaltungsreform scheitert an der Wahlrechtsfrage.

1829 8. Aug. Um das Problem des Ausgleichs mit der liberalen Opposition wenig besorgt, löst der König daraufhin Martignac durch ein Kabinett politisch unerfahrener und äußerst unpopulärer Ultras ab (Fürst Jules Armand von Polignac, La Bourdonnaye, Bourmont).

1830 18. März	Die Kammer erklärt dem König mit einer Mehrheit von 221 gegen 181 Stimmen, die Regierung trage den „Wünschen des Volkes“ nicht Rechnung.
16. Mai	Dieser antwortet mit erneuter Kammerauflösung und einer als Ablenkungsmanöver gedachten militärischen Expedition nach Algerien.
5. Juli	Der außenpolitische Erfolg (Eroberung Algiers) zeitigt jedoch nicht die erhoffte Wirkung; die Neuwahlen erhöhen die „oppositionelle“ Mehrheit von 221 auf 274 Abgeordnete.

Die Julirevolution (1830)

1830 26. Juli	Karl X. löst die oppositionelle Kammer sogleich wieder auf, hebt die Pressefreiheit auf und verfügt ein neues Wahlrecht, das die Zahl der Abgeordneten wesentlich verringert und Gewerbe- und Fenstersteuer von der Berechnung des Zensus ausschließt, d. h. das Industriebürgertum entrechtet („Juli-Ordonnanzen“). Die Opposition (führend jetzt Adolphe Thiers [* 1797, † 1877] im „National“) sieht darin einen Staatsstreich und ist zum Widerstand entschlossen.
27.–29. Juli	Unabhängig von der liberalen Opposition liefern die Kleinbürger von Paris, durch eine Überproduktionskrise und schlechte Ernten seit Mitte der zwanziger Jahre an den Rand der wirtschaftlichen Existenz gedrängt, der königlichen Armee unter dem Eindruck der Agitation jakobinischer Intellektueller und Studenten BARRIKADENKÄMPFE, die mit der Einnahmen des Palais Bourbon enden. Die städtischen Revolutionäre wollen eine Republik unter der Präsidentschaft des Generals La Fayette ausrufen, werden jedoch von der liberalen Kammermehrheit überfahren, die unter dem Einfluß von Adolphe Thiers, Charles Maurice de Talleyrand, Jacques Laffitte, Pierre Jean de Béranger eine konstitutionelle Monarchie unter dem liberal-großbürgerlich orientierten Herzog Louis Philippe von Orléans (* 1773, † 1850 – aus der jüngeren Seitenlinie der Bourbonen) anstrebt.

30. Juli	Die Kammer beruft den Herzog von Orléans zum Generalstatthalter der Königreichs.
2. Aug.	Karl X. dankt zugunsten seines Enkels ab, geht ins Exil nach England und beauftragt den Generalstatthalter mit der Regentschaft.
3. Aug.	Die Kammer beschließt eine Revision der *Charte* von 1814 (u. a. Aufhebung des königlichen Notstandsrechts, Gesetzesinitiativrecht für die Kammern, Verbot der Zensur).
9. Juli	Louis Philippe wird zum König gewählt und auf die revidierte *Charte* vereidigt, die Trikolore wird wieder Nationalflagge.

Louis Philippe (1830–1848)

Während die Regierungen der Heiligen Allianz Louis Philippe zunächst als „Barrikadenkönig" ablehnen, bleibt im Innern unter den Notabeln umstritten, ob es sich bei der Julirevolution lediglich um eine Rückkehr zu den Prinzipien von 1814 und 1791 handele, die es zu konsolidieren gelte (so etwa Guillaume Guizot, Salvandy und Casimir Périer, später *Parti de l'ordre* genannt), oder den Auftakt zu weiterer Parlamentarisierung und Demokratisierung im Sinne der girondistischen Ideale (so Thiers, Dupont de l'Eure, Lafitte, Armand Carrel, *Parti du mouvement*). Die royalistischen Ultras, jetzt Legitimisten genannt, bleiben erbitterte Gegner des neuen Regimes; Pairs und hohe Funktionäre aus ihren Reihen verweigern den Eid auf Louis Philippe und erleichtern damit das Vordringen großbürgerlicher Notabeln in die Führungspositionen von Verwaltung und Militär.

Gefährlicher als die ultraroyalistische und ultramontane Opposition, von der sich ein Teil aus dem politischen Leben zurückzieht, ist die Opposition der Republikaner, die sich um den Erfolg „ihrer" Revolution gebracht sieht, sich in zahlreichen, vom Vorbild der italienischen Carbonari beeinflußten Geheimgesellschaften organisiert, Verbindungen mit den in Paris versammelten radikaldemokratischen Exilanten aus dem übrigen Europa (insbesondere Polen) aufnimmt und durch das Anwachsen der städtischen Unterschichten infolge der zunehmenden Industrialisierung Zuwachs erhält (Étienne-Vincent Arago, Godefroy Cavaignac, Garnier-Pagès, Alexandre Auguste Ledru-Rollin, die „Frühsozialisten", insbesondere Louis Blanc und Auguste Blanqui). Ein vom *Parti du Mouvement* im Interesse der nationalen Versöhnung bewußt geförderter Napoleon-Kult führt zur Sammlung von Unzufriedenen aus allen Lagern in der Bonapartisten-Bewegung, die sich unter Louis Napoleon Bonaparte (*1808, †1873; später Kaiser Napoleon III.), einem Neffen des Kaisers, ebenfalls gegen das Regime richtet.

1830 2. Nov. Das Ministerium Laffitte kommt den Forderungen der Republikaner halbherzig entgegen, unterstützt die revolutionären Bewegungen in Belgien, Italien und Polen, ohne zu intervenieren, und verliert damit die Unterstützung der Mitte, ohne die Linke zu gewinnen.

1831 13. März Laffittes Nachfolger Casimir Périer (*1777, †1832) „säubert" die Administration und schränkt die Demonstrationsfreiheit ein.

20.–22. Nov. Er läßt einen Arbeiteraufstand in Lyon niederschlagen und gewinnt die Anerkennung des Regimes durch das legitimistische Ausland. Der Kreis der Wahlberechtigten wird verdoppelt, die Erblichkeit der Pairswürde abgeschafft.

1832 16. Mai Eine Choleraepidemie, der auch Périer zum Opfer fällt, steigert Aufruhr und Repression; in der Vendée entfacht die Herzogin von Berry eine legitimistische Bauernrevolte.

5.–6. Juni In Paris kommt es erneut zu Straßenkämpfen; erst das Zögern La Fayettes und der parlamentarischen Opposition ermöglicht es der Juli-Monarchie, sich definitiv zu etablieren.

13. Okt. Im Kabinett des Marschalls Nicolas Jean Soult (*1769, †1851) arbeiten die führenden Politiker des *Mouvement* (Thiers) und des *Ordre* zusammen (Victor Herzog von Broglie und Guillaume Guizot). Wirtschaftlicher Aufschwung und ein dem liberalen Individualismus verpflichtetes Elementarschulgesetz begünstigen die Stabilisierung des Regimes.

1834 Republikanische Aufstandsversuche in Lyon und Paris werden blutig niedergeschlagen (April).

21. Juni Die Kammerwahlen nach dem neuen Zensus bescheren der Regierungs„koalition" eine breite, wenig konsistente Mehrheit: in den Grundsätzen des Notabeln-

systems ist sie einig, läßt aber Spielraum für persönliche oder lokale Rivalitäten und materielle Interessen.

1834–1840 Die Folge sind rasch wechselnde Kabinette mit fast immer gleichem Personal, wiederholte langwierige Regierungskrisen, eine Politik, die ihre Wähler mit einseitigen materiellen Vorteilen besticht, wachsende Einflußmöglichkeiten des Königs und damit langfristig ein Sieg des *Parti de l'ordre*.

1835 28. Juli Die republikanische Opposition isoliert sich in der Illegaität; ein mißlungenes Attentat auf den König führt zur Verschärfung der Strafbestimmungen gegen Aufruhr und zur Einschränkung der Pressefreiheit („Septembergesetze").

1836 30. Okt. Ein Aufstandsversuch Louis Napoleons in Straßburg scheitert schon im Ansatz. In der Außenpolitik begründen Talleyrand (jetzt Botschafter in London) und Broglie eine erste *Entente cordiale* mit England: Intervention zugunsten der belgischen Unabhängigkeit sowie Unterstützung der Liberalen in den spanischen Karlistenkriegen und in Portugal. Französischer Widerstand gegen englische Freihandelsforderungen und englische Dominanz in der Interventionspolitik führen zu einer Annäherung an Österreich.

1836 Das Projekt einer Heirat der österreichischen Erzherzogin Therese mit dem Thronfolger (von Thiers betrieben) scheitert jedoch am Einspruch Metternichs.

1839–1841 In der Orientkrise steht Frankreich wieder vor einer geschlossenen legitimistischen Front Englands, Österreichs, Rußlands und Preußens: Der von Frankreich protegierte ägyptische Herrscher Mehmed Ali (* 1769, † 1849) muß sich unter dem Druck der vier Mächte wieder der türkischen Oberhoheit fügen. In Frankreich führen nationale Erregung über diese diplomatische Niederlage (Forderung nach der Rheingrenze als Kompensation) und eine neue Welle republikanischer Unruhen und Streiks (dazu auch ein neuer Aufstandsversuch Louis Napoleons am 6. August 1840 in Boulogne) an den Rand des Krieges.

1840 Erst als der König Thiers (jetzt zum zweitenmal Mi-
20. Okt. nisterpräsident) die Unterstützung für mehr demonstrativ als real gemeinte Truppenverstärkungen verweigert und dieser daraufhin abdankt, ebbt die Bewegung ab.

1840–1847 Der Rücktritt von Adolphe Thiers bedeutet das Ende aller Versuche zu autonom-parlamentarischer Regierung. Guillaume Guizot (*1787, †1874), der starke Mann des nun folgenden Kabinetts Soult, versteht sich als Anwalt Louis Philippes.

1843 Gegen die öffentliche Meinung setzt er eine ober-
2. Sept. flächliche Wiederannäherung an England durch (Besuch der Königin Viktoria). Forderungen nach Senkung des Wahlzensus begegnet er, durch eine neue Hochkonjunktur begünstigt, mit Appellen an den individuellen sozialen Aufstieg *(„enrichissez-vous")*. Die ständige Notwendigkeit, zwischen den divergierenden Interessen und Fraktionen den kleinsten gemeinsamen Nenner zu suchen, führt zur Immobilität.

1846 Entpolitisierung der Oberschicht, Zersplitterung der
Aug. Opposition und einseitige Regierungsunterstützung für „ministerielle" Kandidaten lassen die Wahlen zu einem Erfolg für Guizot werden: die Regierungsmehrheit beträgt künftig 291 von 459 Stimmen.

Dennoch setzt unmittelbar nach den Wahlen die Krise des Regimes ein: in der Außenpolitik führt Guizots Versuch, dem Königshaus die Anwartschaft auf
10. Okt. den spanischen Thron zu sichern („Spanische Heiraten"), zum Bruch der *Entente cordiale* und zur Unterstützung der konterrevolutionären Politik Österreichs (Angliederung Krakaus, Unterstützung des konservativen Sonderbundes in der Schweiz), was heftige Kritik der nationalen und liberalen Kräfte auslöst. Schlechte Getreideernten und eine damit verbundene neue Überproduktionskrise (1846–1847) rufen soziale Unruhen und Unzufriedenheit der Geschäftswelt mit der Regierung hervor. Korruptionsskandale schüren die Erregung und lassen die herrschende Oberschicht an der Legitimität ihres Machtmonopols zweifeln.

1847 Juli– 1848 Eine von Kräften des *Mouvement* eingeleitete „Kampagne der Bankette“ mit Forderungen nach Senkung des Wahlzensus und Reform der politischen Sitten radikalisiert sich rasch, kann aber nicht genügenden politischen Druck erzeugen.

Febr. Als Guizot (seit 1847 selbst Ministerpräsident) ein für den 22. Februar 1848 vorgesehenes Bankett verbietet, fügt sich die parlamentarische Linke.

23. Febr. Die radikalen Republikaner organisieren jedoch Demonstrationen in der Hauptstadt, die sich nach der Erschießung einiger Demonstranten zum REVOLUTIONÄREN AUFSTAND ausweiten.

Die Entlassung Guizots kann die Bewegung nicht mehr eindämmen, und als sich die Aufständischen

24. Febr. dem königlichen Palast nähern, DANKT LOUIS PHILIPPE AB; Dupont de l'Eure und Alexandre-Auguste Ledru-Rollin (*1807, †1874) geben die Bildung einer „linken“ provisorischen Regierung bekannt, die sich für die EINFÜHRUNG DER REPUBLIK ausspricht. Ohne schon ernsthaft bedroht zu sein, haben die herrschenden Notabeln vor dem hauptstädtischen Kleinbürgertum und den nachdrängenden Unterschichten kapituliert.

Zweite Republik und Zweites Empire (1848–1870)

Nach der überraschenden Kapitulation der herrschenden Notabeln der Juli-Monarchie im Februar 1848 sind zunächst die REPUBLIKANER die Erben der Macht: städtische Kleinbürger, Intellektuelle, Arbeiter, wenige demokratisch gesonnene Notabeln (Alexandre-Auguste Ledru-Rollin, Garnier-Pagès, Étienne-Vincent Arago) und Literaten (Alphonse de Lamartine, später auch Victor Hugo). Vom Volkstumsbegriff der Romantik geprägt, hoffen sie auf eine nationale und soziale Republik und sind davon überzeugt, diese republikanische Ordnung – da im Interesse der überwiegenden Mehrheit des Volkes liegend – auf legalem Wege, also mit den Mitteln der parlamentarischen Demokratie erreichen zu können. Ihr Appell löst soziale Erhebungen in den Städten und auf dem Lande aus, weckt Erinnerungen an traditionelle Gemeinschaftsformen der ständischen Gesellschaften, gewinnt damit einen Teil der Bauern (vor allem des Zentrums und Südostfrankreichs) für die republikanische Bewegung und setzt unter den Arbeitern erstmals Energien zur Selbstorganisation frei, führt aber auch alsbald zu einer Kraftprobe zwischen bürgerlichem Republikanismus und Pariser Arbeitermassen. Das Großbürgertum befindet sich in einer Phase wirtschaftlicher und psychologischer Depression, gewinnt aber rasch an Macht zurück, als große Teile des bisher unterhalb der Machtelite verbliebenen Bürgertums und der bäuerlichen Kleinbesitzer von der Angst vor einer sozialen Revolution ergriffen werden und sich mit den Notabeln zu einer „Partei der Ordnung" zusammenschließen. Im Kampf um die geeignetste Form der Eindämmung der republikanischen Bewegung setzt sich der BONAPARTISMUS durch: Seine plebiszitär-cäsaristische Herrschaftstechnik versteht es besser als der traditionelle Notabeln-Liberalismus, die Besitzängste der Bauern und die soziale Not der städtischen Unterschichten für eine autoritäre Staatsform in Dienst zu nehmen; eine neue, dynamischere Generation industrieller Unternehmer schließt sich ihm darum an. Nach Louis Philippe ermöglicht die Herrschaft Napoleons III. eine zweite Welle der Industrialisierung, nun unter stärkerer Zentralisierung des politischen Lebens.

1848 24. Febr.	Die provisorische Regierung besteht aus liberalen Republikanern (so Marie, Isaak Adolphe Crémieux, Étienne-Vincent Arago, Garnier-Pagès) und Sozialisten (Louis Blanc, Albert), zwischen ihnen in der Vermittlungs- und damit Führungsrolle Alphonse de Lamartine und Alexandre-Auguste Ledru-Rollin. De facto ein elfköpfiger Souverän, versucht sie, der Revolte gerecht zu werden, ohne die Reaktion der Ordnungskräfte zu provozieren.
25. Febr. 3. März	Sie verkündet ein allgemeines Recht auf Arbeit, hält aber an der Trikolore statt der roten Fahne fest, führt den Zehn- bzw. Elfstundentag und das allgemeine gleiche Wahlrecht (für Männer) ein. Arbeitslose werden in eine neue mobile Nationalgarde und in Nationalwerkstätten (nicht, wie die Arbeiter gefordert haben, Produktionskooperativen, die das Prinzip des Privateigentums bedrohen würden) integriert.

23. April Die Wahlen zur Nationalversammlung bringen eine Mehrheit für die liberalen Republikaner (450 von 900 Sitzen, je 200 für die republikanishe Linke und die Orleanisten, 50 für die Legitimisten).

5. Mai In der neuen fünfköpfigen Exekutivkommission sind die Sozialisten nicht mehr vertreten.

15. Mai Eine Massendemonstration der Sozialisten (nun mehr und mehr unter der Führung von Auguste Blanqui; *1805, †1881), die bis in die Nationalversammlung vordringt, wird als Aufstandsversuch gedeutet und mit ersten Verhaftungen beantwortet.

23.–27. Juni Als die Exekutivkommission die unproduktiven Nationalwerkstätten, mittlerweile Zentren der sozialistischen Agitation, auflöst, bricht in Paris ein spontaner ARBEITERAUFSTAND los, der vom republikanischen Bürgertum mit Entschlossenheit zurückgeschlagen wird.

24. Juni Die Nationalversammlung ernennt Kriegsminister Eugène Cavaignac (*1802, †1857 – Bruder des republikanischen Führers der dreißiger Jahre) zum Militärdiktator; blutige Straßenschlachten fordern über 3000 Tote; die Hauptakteure werden scharf verfolgt. Louis Blanc flüchtet aus Furcht vor einer Verhaftung nach London. Unter der Regierung Cavaignac geht die Republikanisierung in den Provinzen weiter, die Zugeständnisse an die Arbeiter werden jedoch zum Teil zurückgenommen (Zwölfstundentag).

4. Nov. Die neue Verfassung spricht nur noch vage vom „Recht auf Unterstützung“ und nennt „Familie“, „Arbeit“, „Eigentum“, „öffentliche Ordnung“ als Grundlagen der Republik; an der Spitze der Exekutive soll ein vom Volk direkt gewählter Präsident stehen (nach dem Willen der „Partei der Ordnung“), der aber nach vierjähriger Amtszeit nicht wiedergewählt werden kann (so das Zugeständnis an die engagierten Republikaner).

10. Dez. In den PRÄSIDENTSCHAFTSWAHLEN siegt LOUIS NAPOLEON BONAPARTE, von den Orléanisten (Thiers) unterstützt, mit 5,4 Millionen Stimmen überraschend über Cavaignac (1,4 Millionen) und Ledru-Rollin (0,4 Millionen).

20. Dez. Sein erstes Kabinett unter Odilon Barrot (*1791, †1873) besteht aus liberalen Notabeln; Republikaner sind nicht mehr vertreten.

1849 Die Parlamentswahlen bestätigen den Sieg der „Par-
13. Mai tei der Ordnung" und rufen zugleich neue Ängste hervor: etwa 500 Sitze für die „Partei der Ordnung", knapp 100 für die liberalen Republikaner, aber 200 für die republikanische und sozialistische Linke *(Montagnards)*.

Mai–Juli Französische Truppen zerschlagen die Römische Revolution und führen Papst Pius IX. wieder in den Kirchenstaat zurück.

13. Juni Ledru-Rollins Versuch, die Nationalversammlung durch eine republikanische Massendemonstration zum Abbruch dieser Expedition zu zwingen, schlägt fehl; der Führer der linken Republikaner muß ins Exil gehen.

1850 Eine konservative Schulgesetzgebung – Zulassung
15. März von Klerikern zum Lehramt ohne staatliche Prüfung, Auflösung des Universitätsmonopols für Sekundarschulen *(loi Falloux)* – setzt die katholische Kirche wieder in ihre traditionelle Rolle als Ordnungsmacht ein; der Laizismus wird zum Kernpunkt des republikanischen Programms.

31. Mai Nach einer Einschränkung des Wahlrechts (Ausschluß aller nicht persönlich Steuerpflichtigen, Strafverfolgten und weniger als drei Jahre Ortsansässigen) fühlt sich die „Partei der Ordnung" vor einem Wahlsieg der Republikaner sicher; die Gegensätze zwischen den Ambitionen des Präsidenten und den Monarchisten treten nun stärker hervor. Louis Napoleon festigt seine Popularität durch häufige Provinzreisen und Armeebesuche.

1851 Es gelingt ihm, den legitimistisch eingestellten Kom-
5. Jan. mandeur der Pariser Nationalgarde, General Nicolas Théodule Changarnier, abzusetzen.

19. Juli Der Versuch aber, das Parlament mit der nötigen Dreiviertelmehrheit zu einer Verfassungsänderung zu bewegen, die seine Wiederwahl 1852 ermöglichen würde, scheitert. Daraufhin erklärt er sich für die

Aufhebung des Wahlgesetzes vom Mai 1850, spaltet damit die Republikaner und schwächt so die Front der Gegner eines Staatsstreichs entscheidend.

2. Dez. STAATSSTREICH LOUIS NAPOLEONS: Führende Orléanisten (Thiers), Legitimisten (Changarnier) und Republikaner (Cavaignac) werden verhaftet, die Nationalversammlung für aufgelöst erklärt und besetzt, eine neue Verfassung mit allgemeinem Wahlrecht und einem starken, auf zehn Jahre zu wählenden Präsidenten angekündigt.

3.–4. Dez. Ein republikanischer Versuch, in Paris bewaffneten Widerstand zu leisten (der Verfassung entsprechend), findet nicht die nötige Massenunterstützung und scheitert an einer demonstrativen Schießaktion der überlegenen Armee; spontaner Widerstand in zahlreichen Departements des Zentrums und des Südens kann jedoch erst am 10. Dezember gebrochen werden. In einem Drittel der Departements herrscht Belagerungszustand, Sondergerichtshöfe leiten eine systematische Verfolgung von Regimegegnern ein (neben Gefängnis- und Todesstrafen Deportationen nach Guyana und Algerien, Verbannungen – so Hugo, Thiers – und Säuberungen – so Michelet).

20. Dez. Louis Napoleon läßt den Staatsstreich durch ein Referendum ratifizieren: 7,4 Millionen Ja- gegen 0,6 Millionen Nein-Stimmen und 1,5 Millionen Enthaltungen. Nach weniger als einem Jahr hat sich die Herrschaft des „Prinz-Präsidenten" so weit stabilisiert, daß er durch ein neues Plebiszit die Wiedereinführung des Kaisertums beschließen lassen kann.

1852 2. Dez. Am Jahrestag seines Staatsstreichs und der Kaiserkrönung seines berühmten Onkels besteigt er als NAPOLEON III. den Thron.

GRUNDSTRUKTUREN DES ZWEITEN EMPIRES

Die VERFASSUNG des neuen Kaiserreiches behält das allgemeine Wahlrecht bei und ergänzt es durch Plebiszite, schränkt aber die Rechte des Parlaments erheblich ein: Der gesetzgebende *Corps législatif* ist auf 300 Mitglieder beschränkt, die nach dem Prinzip

	B.S.P. in jeweiligen Preisen	B.S.P. in Preisen von 1905–13	B.Inv. in jeweiligen Preisen	B.Inv. in Preisen von 1905–13
1781–90	7700	6949	1299	1172
1803–12	9755	7324	2147	1612
1815–24	10503	8569	1724	1472
1825–34	12503	10977	2031	1783
1835–44	14894	12929	2630	2283
1845–54	17407	14628	3041	2555
1855–64	22824	17972	4675	3681
1865–74	26499	21199	5097	4078
1875–84	27235	23418	5401	4644
1885–94	27321	27541	5275	5318
1895–1904	29095	30788	6208	6569
1905–13	38035	38035	7972	7972

in Mio. Francs

Abb. 26: Bruttosozialprodukt und Bruttoinvestitionen 1781–1913

1781–90	110,8	1855–64	127,0
1803–12	133,2	1865–74	125,0
1815–24	117,1	1875–84	116,3
1825–34	113,9	1885–94	99,2
1835–44	115,2	1895–1904	94,5
1845–54	119,0	1905–13	100,0

Allgemeiner Französischer Preisindex, 1905–13 = 100

Abb. 27: Preisentwicklung in Frankreich 1781–1913

der Persönlichkeitswahl (keine Listen) delegiert werden. Er tagt nur drei Monate im Jahr und hat keinerlei Initiativrecht. Die Gesetze werden vielmehr von einem vom Kaiser ernannten Staatsrat vorbereitet und von einem aus ebenfalls ernannten Persönlichkeiten und Amtsträgern (Kardinäle, Marschälle, Admirale) zusammengesetzten Senat kontrolliert; letzterer hat darüber hinaus die Möglichkeit, durch Senatskonsulte Verfassungsänderungen herbeizuführen. Die politischen Mitwirkungsrechte werden noch dadurch weiter eingeschränkt, daß die Regierung „offizielle“ Wahlkandidaten aufstellt und die nichtkonforme Presse mit Erscheinungsverbot bedroht wird. Stützen der Macht sind neben der Repressionsdrohung durch Militär und Verwaltung der direkte Appell an wenig aufgeklärte Wählermassen, die katholische Kirche, Erfolge in der Außenpolitik, die dem 1815 entstandenen nationalistischen Revisionismus Genüge tun, und materielle sowie politische Zugeständnisse an politisch relevante Gruppen. Da deren Interessen vielfach gegensätzlich sind, bleibt das Regime ständig von politischer Instabilität bedroht.

Wirtschaftspolitisch den Prinzipien des Saint-Simonismus verpflichtet, fördert das Regime die industrielle Entwicklung durch Schlüsselinitiativen (Förderung des Eisenbahnbaus, Bankenkonzentration, Investitionsförderung, Staatsaufträge, Verbesserung der Verkehrsverbindungen, auch für die Landwirtschaft) einerseits und sozialpolitische Befriedung andererseits (Arbeitsbeschaffungsprogramme, Selbsthilfeeinrichtungen unter staatlicher Aufsicht, Wohnungsbau). Am Zwölfstundentag wird festgehalten, autonome Arbeiterkoalitionen bleiben bis 1864 verboten, ein Streikrecht gibt es nicht. In den Jahren des Kaiserreichs verdoppelt sich die industrielle Produktion nahezu, das Handelsvolumen verdreifacht sich. Die bisher vorherrschenden Einzelbanken werden mehr und mehr von Großgruppen abgelöst, der Kapitalbesitz durch Ausgabe von Aktien und staatlichen Anleihen über das bisherige Großbürgertum hinaus ausgeweitet (1852 Gründung des *„Crédit mobilier“*, der ersten modernen Anlagebank, Gebrüder Pereire). Die wachsende Prosperität ermöglicht den Kapitalexport; Frankreich wird zum Gläubiger- und Rentnerland. Nach der ersten globalen Wirtschaftskrise von 1857 ist der Rückstand gegenüber der Industrieentwicklung in England so weit aufgeholt, daß ein Freihandelsvertrag zwischen beiden Ländern möglich wird (Cobden-Vertrag 1860); 1864 folgt ein Freihandelsabkommen mit Preußen. Die Weltausstellungen von 1855 und 1867 in Paris demonstrieren den neuen industriellen Reichtum. Die Modernisierung der Städte (besonders die Neugestaltung von Paris durch den Seine-Präfekten Georges-Eugène Haussmann 1853–1865) dient ebenso der Repräsentation wie der Beseitigung von Unruheherden und der Arbeitsbeschaffung.

Der Aufstieg zur Industriemacht verstärkt das Interesse an Kolonialbesitz: Algerien wird unter französischen Siedlern zur Kornkammer Frankreichs; die Besitzungen im Senegal werden erweitert, neue Stützpunkte am Golf von Guinea, an der afrikanischen Ostküste und in Indochina (Protektorat über Annam) errichtet. Höhepunkt der kapitalistischen Erschließung der Überseegebiete ist der Bau des Sueskanals (1859–1869) durch Ferdinand de Lesseps (*1805, †1894). Trotz der gewaltigen Industrialisierungswelle bleiben jedoch beträchtliche Teile vorindustrieller Produktionsweisen erhalten; Frankreich wird zu einem Land der gemischten Wirtschaftsformen, in dem die Industriebevölkerung noch in der Minderheit bleibt.

1852–1857 Die ersten Herrschaftsjahre Napoleons III. verlaufen relativ ruhig. Angehörige aller politischen Gruppen haben sich dem Regime (aus Überzeugung oder Resignation) angeschlossen oder angesichts der wachsenden Prosperität aus dem politischen Leben zurückgezogen. Der Herrscher betreibt eine Politik des *juste milieu*, die einen Ausgleich zwischen den Parteiungen herbeiführen soll; so wird etwa der Einfluß der Kirche im Schulwesen gefördert, ohne daß dem Drängen auf Verbot antiklerikaler Organe nachgegeben würde.

1853/1854 –1856 Erste außenpolitische Erfolge stärken Napoleons Stellung: Im Krimkrieg zwischen Rußland und der Türkei interveniert Frankreich mit England, Österreich und Sardinien auf der türkischen Seite, um sich in dem liberalen England einen Bundesgenossen gegen die konservativen Mächte zu sichern.

1856 Febr./März Tatsächlich kann Frankreich auf dem Pariser Friedenskongreß als Führungsmacht auftreten, deren Stimme im Streit der ehemaligen antirevolutionären Viererallianz den Ausschlag gibt; konkrete Zugeständnisse bleiben allerdings aus. Die Bindung an Großbritannien und die italienische Einigungsbewegung (Sardinien-Piemont seit 1850/1852 unter Minister Camillo Benso Graf von Cavour; *1810, †1861) rückt Napoleon III. innenpolitisch wieder näher an die Liberalen der Julimonarchie.

1857 Vorgezogene Wahlen (21./22. Juni) bestätigen die Popularität des Regimes (90 Prozent), lassen aber einen unvermutet starken republikanischen Widerstand in den Städten erkennen.

1858 14. Jan. Ein fehlgeschlagenes Attentat des revolutionären Italieners Felice Orsini auf das Kaiserpaar führt daraufhin zu scharfen Verfolgungsmaßnahmen gegen republikanische Kräfte (etwa 430 Verbannungen).

1859 4./24. Juni Ende der fünfziger Jahre verschlechtert sich die Stellung des Regimes. Den Krieg an der Seite Sardinien-Piemonts gegen Österreich bricht Napoleon III. trotz der erfolgreichen Schlachten von Magenta und Solferino ab (preußische Interventionsgefahr, schlechter Truppenzustand, Widerstand der Konservativen), so daß Frankreich wohl Savoyen und Nizza, Piemont aber nur die Lombardei erhält und die italienischen Einigungskämpfe ohne französische Unterstützung fortführen muß. Obwohl der Kaiser die französischen Truppen im Kirchenstaat beläßt, sieht er sich wachsender Kritik von ultramontaner Seite ausgesetzt. Der Freihandelsvertrag mit Großbritannien ruft die Opposition der protektionistischen Mehrheit des orléanistischen Bürgertums auf den Plan. Unter der bürgerlichen Jugend, für die sich mit der Androhung der „roten Gefahr" nicht mehr die Erlebnisse von 1848 verbinden, breitet sich eine republikanische Oppositionsstimmung aus.

16. Aug. Napoleon III. versucht dem Entstehen einer Oppositionsbewegung durch Zugeständnisse zuvorzukommen: er erläßt eine Generalamnestie für politisch Verfolgte.

1860 24. Nov. Verfügung über die Veröffentlichung der Senatsdebatten und die parlamentarische Diskussion der jährlichen kaiserlichen Adressen.

1861 Verstärkung der parlamentarischen Budgetkontrolle (31. Dezember).

1863 30./31. Mai Die Parlamentswahlen werden zu einem halben Mißerfolg des Regimes: Die Oppositionsstimmen verdreifachen sich; im *Corps législatif* sitzen künftig 15 „Unabhängige" (gemäßigte Opponenten von parlamentarischen Legitimisten bis zu Orléanisten, unter ihnen Thiers) und 17 Republikaner. Selbst innerhalb der Regierungsfraktion wird der Wunsch nach einem vorsichtigen Liberalismus laut („Dritte Partei", deren Grundsatz-Amendement 1866 45 Stimmen erhält).

1863 Außenpolitische Mißerfolge zehren am Prestige des Kaisers: Seine diplomatische Intervention zugunsten der polnischen Aufständischen (gegen die russische Herrschaft) bleibt erfolglos.

1866 Sein Versuch, Mexiko in einen französischen Vasallenstaat zu verwandeln (Expedition seit 1861) scheitert am Widerstand der Guerilleros und an einem amerikanischen Ultimatum. Seine Hoffnung, als Preis für die Neutralität im preußisch-österreichischen Krieg die bayrische Pfalz, Rheinhessen, Saarbrücken und Saarlouis zurückgewinnen zu können (Vertragsentwurf vom 5. August 1866), wird durch Bismarcks raschen Friedensschluß mit Österreich zunichte gemacht; auf die Forderung nach preußischer Einwilligung in die Annexion Belgiens als Gegenleistung für eine neutrale Haltung gegenüber der deutschen Einigung erhält er nur hinhaltende Antworten.

1867 Selbst der Erwerb der Festung Luxemburg vom holländischen König scheitert am Einspruch Preußens.

1867–1868 Größere Freiheiten für die Arbeiterbewegung werden von dieser ebensowenig honoriert wie weitere Liberalisierungsdekrete (Interpellationsrecht, Aufhebung der Genehmigungspflicht für Presseerzeugnisse und unpolitische Versammlungen) von der parlamentarischen Opposition.

1869 Die nächsten Parlamentswahlen stärken die Opposi-
22./23. Mai tionskräfte entscheidend: 25 Republikaner, 74 Liberale; aber auch die Mehrheit der Regierungsabgeordneten – 136 von 216 – ist für eine Parlamentarisierung.

8. Sept. Das *Empire libéral*: Napoleon III. kommt den Liberalisierungsförderungen weitgehend entgegen. Ein Senatskonsult gewährt dem *Corps législatif* Gesetzesinitiativrecht und Budgetbewilligungsrecht nach Einzelpositionen; die Minister sind künftig dem Kaiser und der Kammer zugleich verantwortlich.

1870 2. Jan. Vom Kaiser beauftragt, bildet der Oppositionspolitiker Emile Ollivier (* 1825, † 1913) ein LIBERALES REFORMKABINETT, das den Interessen der protektionistischen Geschäftswelt und der Konservativen stärker Rechnung trägt.

8. Mai Napoleon III. läßt die Verfassungsreformen durch ein Referendum billigen und kann damit trotz der Parlamentarisierung seine plebiszitäre Stellung noch einmal festigen (7,3 Millionen Ja- gegen 1,5 Millionen Neinstimmen und 2,0 Millionen Enthaltungen).

19. Juli Der Ausbruch des DEUTSCH-FRANZÖSISCHEN KRIEGES, die Folge einer doppelten diplomatischen Offensive, in der es der französischen Regierung um die Verhinderung der deutschen Einheit auf Kosten der französischen Machtstellung geht, führt zum Sturz des Kaisertums.

1. Sept. Als Napoleon III. nach der NIEDERLAGE BEI SEDAN in deutsche Kriegsgefangenschaft gerät, bricht in Paris ein Arbeiteraufstand los (die liberale Regierung hat entschlossen gegen eine seit 1869 wachsende Streikbewegung gekämpft), der in das Parlament vordringt.

4. Sept. AUSRUFUNG DER REPUBLIK sowie Bildung einer provisorischen Regierung. Ohne den Kaiser und ohne Erfolg hat das in seinen Befugnissen ohnehin schon eingeschränkte Kaisertum keine Stütze mehr. Napoleon III. stirbt (1873) im Londoner Exil.

Die Dritte Republik und das Regime von Vichy (1870–1944)

Formierung und Krisen der Dritten Republik (1870–1914)

Mit der deutschen Forderung nach Gebietsabtretungen konfrontiert, führt die Provisorische Regierung (republikanische Parlamentarier wie Léon Gambetta und Jules Favre; nur ein Verbindungsmann zur Arbeiterbewegung, der Journalist Henri de Rochefort; an der Spitze der populäre General Louis Jules Trochu) den Krieg weiter, ohne daß schon über die künftige Ordnung des Landes entschieden wäre.

1870 Paris wird von den deutschen Armeen eingeschlossen.

19. Sept. Gambetta versucht vergeblich, die Hauptstadt mit rasch aufgestellten neuen Truppen zu entsetzen.

1871 KAPITULATION VON PARIS (28. Januar).

13. Febr. Da Bismarck auf einem Friedensvertrag mit einer legalen Regierung besteht, wird eine NATIONALVERSAMMLUNG gewählt, in der infolge des Sicherheitsbedürfnisses der Landbevölkerung die „Partei der Ordnung" wieder eine große Mehrheit aufweist.

26. Febr. Thiers, von der Versammlung zum „Chef der Exekutive" gewählt, handelt die Bedingungen des PRÄLIMINARFRIEDENS VON VERSAILLES aus: Abtretung von Elsaß und Lothringen, aber ohne Belfort, Reparationen in der beträchtlichen Höhe von 5 Milliarden Francs, Besetzung Ostfrankreichs bis zur Ableistung der Entschädigungssumme (die endgültige Vereinbarung erfolgt erst im Frieden von Frankfurt am 10. Mai 1871).

Die PARISER KOMMUNE: Der doppelte Schock der Niederlage und der Wahl einer monarchistischen Nationalversammlung löst unter den radikal-demokratisch-jakobinischen und sozialistischen Kräften der Hauptstadt erhebliche Unruhen aus, die noch gesteigert werden, als die Nationalversammlung aus Furcht vor Pressionen Versailles als Tagungsort wählt und die endgültige Entscheidung über die Staatsform ausdrücklich auf die Zeit nach dem Abzug der Besatzungstruppen verschiebt. Als Thiers die während der Belagerung gebildete mobile Nationalgarde auflösen will, werden zwei Generäle erschossen.

18. März Die Regierung flieht daraufhin nach Versailles und gibt den regierungstreuen Truppen den Befehl zum Abzug, ein großer Teil der wohlhabenden Bevölkerung folgt.

26. März Wahlen zum Generalrat des Seine-Departement, an denen von 470 000 Wahlberechtigten nur 230 000 teilnehmen, führen zu einer Stadtversammlung in revolutionärer Aufbruchstimmung, deren Charakter – Kommunalorgan oder nationale Gegenregierung – ungewiß bleibt. Die Abgeordneten der Kommune, meist Handwerker und Arbeiter, daneben Intellektuelle, eine heterogene Mischung aus Jakobinern, Blanquisten, Anhängern der Internationale, Proudhonisten und Anarchisten, beginnen mit einer Arbeiterschutzgesetzgebung, reorganisieren die von ihren Besitzern verlassenen Betriebe in Selbstverwaltungen und fordern die Gemeinden des Landes auf, sich ihrem Programm anzuschließen und so eine föderalistische Republik zu begründen. Die Ordnungskräfte der Nationalversammlung lassen Truppen unter General Marie Edme Mac-Mahon (*1808, †1893) gegen die Hauptstadt vorrücken.

21.–28. Mai Diese fällt nach fast zweimonatiger Belagerung und achttägigem Barrikadenkampf. Ein Viertel der Arbeiterbevölkerung ist Opfer der schweren Kämpfe, über 10 000 Strafurteile folgen.

Der Kampf zwischen Kommune und Nationalversammlung trennt die gemäßigten (Jules Ferry, Jules Favre, Jules Grévy) und radikalen Republikaner (Léon Gambetta) von den Revolutionären und gewinnt einen Teil der Ordnungskräfte (die gemäßigten Orléanisten um Thiers) für das Prinzip des allgemeinen Wahlrechts und der konservativen Republik; damit ist die Basis geschaffen, auf der sich die Dritte Repu-

Abb. 28: Von rechts und links zerrt man an der Republik – das gibt Gleichgewicht (Karikatur von Honoré Daumier, 1871)

blik etablieren kann. Zunächst dominieren freilich die monarchistischen Kräfte: Thiers, der als Präsident bis 1873 mit einer vorsichtigen Politik die traditionelle Notabeln-Elite wieder in ihre Rechte einsetzt und den vorzeitigen Abzug der Besatzungstruppen erreicht, zieht sich dennoch die Gegnerschaft der monarchistischen Orléanisten (führend Herzog Albert de Broglie: *1821, †1901) zu.

1873 Nach einem Mißtrauensvotum (362 gegen 348 Stim-
24. Mai men) tritt er zurück; neuer Präsident wird der legitimistisch eingestellte General Mac-Mahon, Ministerpräsident Herzog von Broglie. Legitimisten und Orléanisten einigen sich im Prinzip darauf, den Grafen Henri de Chambord (Henri Charles de Bourbon, Graf von Chambord, Herzog von Bordeaux, Enkel Karls X., *1820, †1883) als Thronprätendenten durchzusetzen.

27. Okt. Als sich dieser weigert, die parlamentarische Regierungsform und die Trikolore zu akzeptieren, finden sich die Orléanisten allmählich mit dem Prinzip eines republikanischen Präsidenten ab.

1875 30. Jan. Der Vorschlag, einen „Präsidenten der Republik" von Senat und Kammer wählen zu lassen (auf sieben Jahre), findet eine knappe Mehrheit (353 gegen 352 Stimmen). Als Kompromiß zwischen dem allgemeinen Wahlrechtsprinzip der Republikaner und dem Notabelnprinzip der Orléanisten wird neben der Deputiertenkammer ein Senat geschaffen, der unter Mitwirkung der Kommunen und Departements gewählt wird. Die Minister sind vor beiden Kammern verantwortlich; im Falle eines Mißtrauensvotums kann der Präsident jedoch auch die Kammer auflösen.

1876 5. März Die Ambivalenz dieses Verfassungskompromisses zeigt sich sogleich nach den Wahlen. Dem legitimistischen Präsidenten Mac-Mahon steht nun eine republikanische Kammermehrheit (360 von 510 Abgeordneten) gegenüber.

1877 18. Mai Entlassung des gemäßigten republikanischen Kabinetts Simon durch Mac-Mahon, der damit in die entscheidende Kraftprobe mit den Republikanern geht.

1879 30. Jan. Vorzeitiger Rücktritt Mac-Mahons; neuer PRÄSIDENT wird der Republikaner Jules GRÉVY (* 1807, † 1891). – 1880 wird der „14. Juli" zum Nationalfeiertag erklärt.

GRUNDSTRUKTUREN DER DRITTEN REPUBLIK

Nun hat die republikanische Koalition aus dem neuen industriellen Großbürgertum und aufsteigendem Mittelbürgertum (den „neuen Schichten") endgültig über die Notabeln der konstitutionellen Monarchie gesiegt, auch wenn diese weiterhin große Teile der ökonomischen Macht behalten. Weil sie sich als Garantin der Ordnung erweist, kann sie über die Republikaner der Zweiten Republik hinaus Anhänger unter den Bauern finden; und weil sie die jakobinische Tradition fortführt, kann sie – noch – einen großen Teil der Arbeiter bei sich halten.

Ökonomisch beruht dieser politische Machtwechsel auf dem Vordringen des MITTLEREN BÜRGERTUMS. Die Bedeutung des ländlichen Großgrundbesitzes geht infolge einer strukturellen Agrarkrise seit Mitte der siebziger Jahre zurück, die Industrialisierung und die Konzentration der Industriebetriebe schreiten nach wie vor nur langsam fort (der Anteil der Landwirtschaft an der Gesamt-

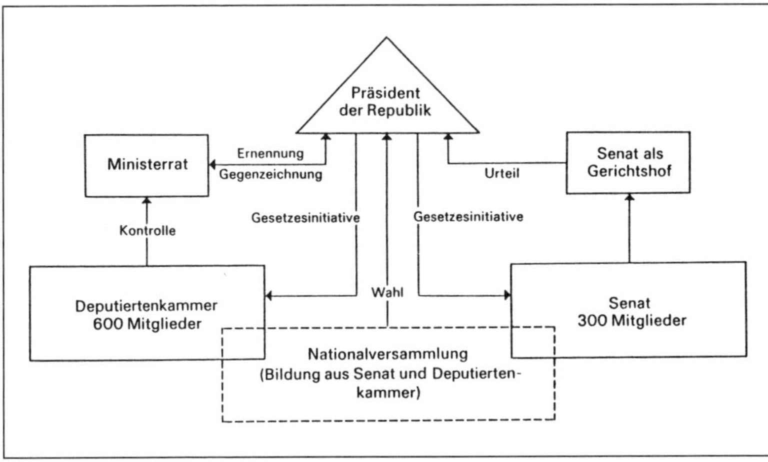

Abb. 29: Die obersten Organe der Dritten Französischen Republik

produktion liegt um 1890 bei 65,1 Prozent und vor 1914 immer noch bei 44,6 Prozent); beides ermöglicht den Bedeutungszuwachs der seit dem Zweiten Empire mehr und mehr wertpapier-besitzenden bürgerlichen Mittelschichten.

Ohne sich mit dem Industriekapital allzu eng zu verbinden, engagiert sich das breit gestreute Bankkapital vornehmlich im Kapitalexport-, Handels- und Immobiliengeschäft; die Bereitschaft zu riskanten Investitionen ist vergleichsweise gering. Die französische WIRTSCHAFT verliert auf diese Weise an Krisenanfälligkeit, gerät aber auch gegenüber dynamischeren Industrienationen (Großbritannien, USA, Deutschland) ins Hintertreffen; Gesellschaft und Politik werden vom gleichen vorsichtig malthusianistischen Geist geprägt.

Eine neue Welle imperialistischer EXPANSION soll die relative Schwäche der französischen Wirtschaft ausgleichen, kann aber, da sie vom Industriekapital nur wenig unterstützt wird, diese Funktion nicht erfüllen.

1879–1885 Unter der politischen Führung von Jules FERRY (*1832, †1893), der in wechselnden Kabinetten Unterrichts- und Premierminister ist, sucht das republikanische Mittelbürgertum seine noch schwache Machtposition einmal durch den Kampf gegen das inzwischen dominierende klerikale Schulwesen (Autonomie und Ausweitung der Universitäten, laizistische Sekundarschule für Mädchen, schrittweises Verbot der Klerikertätigkeit an Elementarschulen, allgemeine Schulpflicht) und zum zweiten durch eine mit nationalem Prestigedenken motivierte, aber auch als Unterstützung für die Industriebourgeoisie gedachte Wiederaufnahme der Kolonialexpansion (1881 Protektorat über Tunesien, 1883 Beginn der Eroberung Tongkings, 1885 Bestätigung des Protektorats über Annam durch China, Kolonisierung Madagaskars) zu stabilisieren. Ferrys Kolonialpolitik stößt auf heftige Kritik nicht nur der Rechten, sondern auch der republikanischen Linken (Radikal-Sozialisten) um Georges Clemenceau (*1841, †1929). Ihr Programm: Konzentration auf Revisionspolitik in Europa, Überwindung des Verfassungskompromisses von 1875, soziale Reformen zugunsten der Arbeiter.

1885 30. März Aus den Wahlen nach dem Sturz Ferrys gehen Monarchisten und Radikale gestärkt hervor; eine dauerhafte Mehrheitsbildung wird unmöglich.

1886–1889 Enttäuschung über mangelnden sozialen Fortschritt, Instabilität der Regierungen und Ausgleichspolitik mit Deutschland lassen eine antiparlamentarisch-nationalistische Bewegung um den radikalen Kriegsminister Georges Boulanger (*1837, †1891) entstehen. Nur durch beherztes Vorgehen des republikanischen Innenministers Constans und den Widerstand der Provinz gegen die boulangistische Propaganda wird ein Staatsstreich verhindert. Erben des Boulangismus sind eine „integrale" autoritär-nationalistische Bewegung mit vorwiegend kleinbürgerlichem Anhang und die nun rasch wachsende sozialistische Bewegung (zunächst in einer Vielzahl von Gruppen, im Parlament Alexandre Millerand, Jean Jaurès). Auf katholischer Seite entsteht eine paternalistisch-reformistische christliche Sozialbewegung.

1892 20. Febr. Gegen den Widerstand des Klerus lädt eine Enzyklika Papst Leos XIII. die Katholiken zur Mitarbeit in der Republik ein.

1893 3. Sept.	Die Wahlen reduzieren die Monarchisten auf einige fünfzig Abgeordnete, schaffen eine gleich starke sozialistische Fraktion und stärken die Republikaner durch den Zuzug der Katholiken. Auf die Boulangismus-Krise reagieren die Republikaner mit Arbeitsschutz-Vorschriften und einer offensiveren Außenpolitik.
27. Dez./ 1894 Jan.	Die RUSSISCH-FRANZÖSISCHE MILITÄRKONVENTION von 1892, geschlossen als Gegengewicht gegen den Dreibund, wird rechtskräftig und beendet die Isolierung Frankreichs seit 1871.
1894–1898	Unter Außenminister Gabriel Hanotaux wird die nur von einer kleinen „kolonialen" Partei getragene Kolonialexpansion fortgesetzt: Sudan, Togo, Dahomey, Französisch-Kongo.
1898 Juli–Nov.	Aus Faschoda am oberen Nil (Schnittpunkt zwischen britischer Nord-Süd- und französischer West-Ost-Expansion) zieht sich Frankreich jedoch auf britische Kriegsdrohung hin wieder zurück (Faschoda-Krise).
1898–1899	DREYFUS-AFFÄRE: Die Debatte um die Rehabilitation des 1894 zu Unrecht wegen Spionage verurteilten jüdischen Offiziers Alfred Dreyfus, ausgelöst durch einen offenen Brief von Emile Zola an den Präsidenten der Republik *(„J'accuse")*, löst unter den kleinbürgerlichen Schichten eine Welle von Klerikalismus, Nationalismus und Antisemitismus aus, gewinnt republikanische Intellektuelle für die Sache des Sozialismus und Sozialisten für die Republik. Ihr Ergebnis ist neben der Begnadigung (1899) und dem Freispruch (erst 1906) des Offiziers die Formierung von Parteien (*Parti radical* 1901, *Parti socialiste* SFIO 1905) und Aktionskomitees (Freimaurerlogen, Menschenrechtsliga, laizistische Organisationen, Volksuniversitäten, der Gewerkschaftsdachverband CGT, die protofaschistische *Action française* unter Charles Maurras) über das bisherige Honoratiorensystem hinaus und die Bildung eines Blocks aus Radikalsozialisten und Sozialisten, der die bisherige, durch ihr Zögern in der Affäre diskreditierte republikanische Mehrheit ablöst.

Abb. 30: Dreyfus-Affäre: Degradierung des Hauptmanns Alfred Dreyfus aufgrund des später aufgehobenen Urteils von 1894

1899–1906 Kabinett Pierre Marie Waldeck-Rousseau (1899–1902), gefolgt von Émile Combes (1902–1905) und Maurice Rouvier (1905–1906).

1902 1. Nov. Außenminister Théophile Delcassé verbessert die Beziehungen zu Italien (Geheimvertrag über Marokko und Tripolis).

1904 8. April Mit Großbritannien verständigt sich Frankreich in der ENTENTE CORDIALE über einen Interessenausgleich über Hinterindien und Nordafrika.

1905 Daraufhin wird Deutschland in der ERSTEN MAROKKOKRISE außenpolitisch isoliert und eine Ausdehnung der französischen Vormachtstellung in Marokko erreicht, das seit 1902 französischem Kapitel offensteht.

Alexandre Millerand, erster sozialistischer Minister (noch ohne Parteimandat), versucht vergeblich, ein generelles Schlichtungsverfahren für Arbeitskämpfe durchzusetzen; dagegen setzt der Block unter dem Druck der Sozialisten die Entklerikalisierung des Staates fort (staatliche Genehmigungspflicht für Orden, die restriktiv gehandhabt wird, Entzug der Unterrichtsbefugnis für nicht zugelassene Orden, Klosterschließungen bei Verstößen, Abbruch der diplomatischen Beziehungen zum Papst).

3. Juli Das Gesetz über die Trennung von Kirche und Staat unterbindet finanzielle Zuwendungen und das Mitwirkungsrecht des Staates.

Wachsende Klassenspannungen zwischen bürgerlichen Radikalen und Sozialisten, verschärft durch eine neue Hochkonjunktur und die Zuspitzung der internationalen Lage, lassen den Block auseinanderbrechen.

1906–1909 Ministerpräsident Georges CLEMENCEAU setzt, obwohl selbst von der Notwendigkeit neuer Sozialgesetze überzeugt, Truppen und Justiz gegen Streikbewegungen ein.

1909–1910 Ministerpräsident Aristide BRIAND (*1862, †1932), aus den Reihen der Sozialisten hervorgegangen, versucht eine Politik sozialen Ausgleichs, scheitert jedoch am Widerstand der Unternehmer.

1910 Okt. Die Niederschlagung eines Eisenbahner-Generalstreiks trennt die Sozialisten definitiv von der radikalen Regierungsmehrheit (10.–17. Oktober).

1911 4. Nov. Die ZWEITE MAROKKOKRISE, ausgelöst durch fortdauernde deutsch-französische Handelsrivalitäten in Marokko, endet zwar mit der Anerkennung des französischen Protektorats über das Land (gegen Abtretung französischer Kongogebiete an Deutschland), die wirtschaftlichen Gegensätze zum Deutschen Reich und die nationalistische Agitation dauern jedoch fort.

1913 17. Jan. Die Wahl Raymond POINCARÉS (*1860, †1934) zum STAATSPRÄSIDENTEN zeigt, daß die um einen Ausgleich bemühten Kräfte (Jean Jaurès) in die Minderheit geraten sind.

19. Juli Die Debatte um die Einführung der dreijährigen Militär-Dienstzeit führt die Nationalisten der Rechten und der Linken zusammen.

1914 Die Oppositionskräfte sammeln sich um die SFIO *(Parti socialiste)*. Nach ihrem Wahlerfolg (102 statt bisher 70 Sitze) klingen die Spannungen zwischen Nationalisten und Pazifisten jedoch wieder ab.

31. Juli Ein nationalistischer Fanatiker ermordet Jaurès.

3. Aug. Deutschland erklärt Frankreich den Krieg. Unter Hintanstellung der Klassengegensätze bilden Regierungsmehrheit und Sozialisten die „*Union Sacrée*" zur Verteidigung der Republik.

Die Republik zwischen Stabilität und Stagnation (1914–1944)

Nach vorübergehender Bedrohung durch die militante Rechte (Dreyfus-Affäre von 1889–1899) und die sozialistische Linke (Streikbewegungen bis 1910) hat sich die republikanische Ordnung Frankreichs stabilisiert. Industrielle und agrarische Gesellschaft haben sich gegenseitig durchdrungen: Die mangelnde Dynamik des malthusianistischen Industriebürgertums bewahrt die Bauern und Kleinbürger vor dem wirtschaftlichen Niedergang; Schulsystem und öffentlicher Dienst eröffnen ihnen Aufstiegsmöglichkeiten ins mittlere Bürgertum; dieses wiederum kann über die Beteiligung am Finanzkapital ins Großbürgertum aufsteigen. Alle diese Gruppen arbeiten eng zusammen, sind an einer Änderung des Status quo wenig interessiert und wünschen darum einen relativ schwachen Staat, wie er mit der Dritten Republik verwirklicht ist: Die politische Beteiligung ist gering, es fehlt an Transmissionsriemen (Verbänden, Parteien, Assoziationen) zwischen dem einzelnen und dem Staat; die Regierungen intervenieren nur, wenn der Status quo gefährdet ist; Entscheidungsprozesse sind langsam. Eine Ausnahme bilden die Organisationsformen der Arbeiterklasse, die dieser breiten Interessenkoalition nicht angehört und – da zahlenmäßig immer noch geringer als in vollindustrialisierten Ländern – in eine Ghettosituation gerät. Ideologisch bleibt die Arbeiterbewegung freilich innerhalb des Konsensbereichs der radikalen Republik, während eine Minorität der bürgerlich-bäuerlichen Koalition – Erben der monarchistischen Traditionen – außerhalb dieses Bereichs bleibt. Dies macht es notwendig, das Land vom

Zentrum her, in wechselnden Koalitionen von der gemäßigten Rechten bis zur gemäßigten Linken zu regieren; die Radikalen als Repräsentanten des Zentrums können somit ohne große Abhängigkeit von ihren Wählern und ohne Sorge um den Verlust ihrer Macht die politische Szene beherrschen.
Im Ersten Weltkrieg wird der ideologische Konsensbereich auch auf die Rechte ausgedehnt, der soziale jedoch nicht auf die Arbeiterbewegung, was deren Radikalisierung zur Folge hat. Nach dem Krieg leidet das Bürgertum unter den wirtschaftlichen Kriegsfolgen, die den politischen Gewinn mehr als wettmachen; die republikanische Synthese bleibt jedoch noch stabil. Erst die WELTWIRTSCHAFTSKRISE von 1929–1933 offenbart ihre Schwächen, den Mangel an internationaler Konkurrenzfähigkeit, an Entscheidungsfähigkeit und an Integrationsfähigkeit neuer Klassen, und bereitet ihren Untergang vor. Während des Zweiten Weltkrieges versuchen die seit der Krise der dreißiger Jahre zahlreichen Kritiker des Systems der Dritten Republik von politisch entgegengesetzten Positionen her – „Vichy-Regime" und „Résistance" – das Land an die Bedingungen des modernen Industriezeitalters anzupassen.

Frankreich im Ersten Weltkrieg (1914–1918)

1914 4. Aug. Beginn der *„Union sacrée"*: das Parlament erteilt der Regierung einstimmig außerordentliche Vollmachten für die Kriegführung. Sozialisten wie Marcel Sembat (*1862, †1922) und Jules Guesde (*1845, †1922) treten in die Regierung ein. Tatsächlich liegen die wichtigen Entscheidungen bei Generalstabschef Joseph Jacques-Césaire Joffre (*1852, †1921).

5.–12. Sept. In der SCHLACHT AN DER MARNE wird der deutsche Vormarsch zum Stehen gebracht; der Krieg auf französischem Boden wird zum Stellungskrieg.

1915 Im Frühjahr beginnt sich das Land auf einen längerfristigen Krieg einzustellen.

20. Mai Der Sozialist Albert Thomas (*1878, †1932) wird Staatssekretär für die Kriegsproduktion. Er unternimmt neue Anstrengungen, die Sozialpartnerschaft zwischen Arbeitern und Unternehmern zu institutionalisieren, kann aber einseitige Kriegsgewinne und

Abb. 31: Ministerpräsident Clemenceau in Fochs Hauptquartier, 1918 (links hinten General Weygand)

Inflation nicht verhindern. Die seit Jahren diskutierte Einführung der Einkommenssteuer wird auch jetzt nicht durchgesetzt (erst gegen Ende des Krieges); statt dessen verschuldet sich der Staat durch breit gestreute Schatzanweisungen und Auslandsanleihen (besonders in den USA).

1916 Der deutsche Angriff bei Verdun (Februar–Juli) und die französische Offensive an der Somme (Juni–November) kosten Frankreich eine Million Tote, ohne Entscheidungen zu erbringen.

In der Frage der Kriegsziele machen sich Staatspräsident (1913–1920) Raymond Poincaré und Ministerpräsident (1915–1917) Aristide Briand (* 1862, † 1932) die Forderungen nach Annexion des Rheinlands und der Saar zu eigen.

1917 2.–20. Mai Ein schlecht vorbereiteter französischer Angriff in der Champagne führt zu ausgedehnten Truppenmeutereien, die erst durch die Ernennung von General Philippe Pétain (*1856, †1951) zum Befehlshaber der Nordarmee beendet werden können.
Unter dem Eindruck der allgemeinen Verschlechterung der militärischen Lage und der russischen Februarrevolution (1917) wächst unter Sozialisten und Gewerkschaftlern die Gegnerschaft zur „*Union sacrée*“.

7. Sept. Nachdem ihnen die Teilnahme an der internationalen sozialistischen Konferenz in Stockholm verweigert wird, scheiden die Sozialisten aus der Regierung aus.

16. Nov. Georges Clemenceau (*1841, †1929), populärer Kritiker der bisherigen Führungsschwächen und Gegner des sozialistischen Pazifismus, bildet ein Kabinett (2. Kabinett: 1917–1920) „über den Parteien“ und erkämpft sich starke Vollmachten.

1918 Die Autorität der Zivilregierung über die Militärs wird wiederhergestellt, eine Streikwelle eingedämmt (März/April).

18. Juli Nach fünf deutschen Offensiven (März–Juli) beginnt die entscheidende Gegenoffensive der Alliierten unter dem gemeinsamen Oberbefehl von General Ferdinand Foch (*1851, †1929): schrittweise Zurückdrängung der deutschen Front.

11. Nov. Pétains Plan einer Offensive in Lothringen (um den französischen Friedensforderungen gegenüber den Alliierten Nachdruck zu verleihen) wird durch den Abschluss des Waffenstillstands zwischen Frankreich und dem Deutschen Reich überholt.

Kriegsfolgen und Stabilisierung (1918–1930)

Der Krieg kostet Frankreich außerordentliche Verluste an Menschenleben und Material: 1 310 000 Tote oder Vermißte (mehr als 10 Prozent der männlichen Aktivbevölkerung), materielle Verluste im Werte von etwa 55 Milliarden Francs des Jahres 1913, d. h. der gesamte Zuwachs des Nationalprodukts in den elf letzten Vorkriegsjahren. Steuererhöhungspläne zum Ausgleich der Staatsver-

schuldung scheitern jedoch; in der Öffentlichkeit verbreitet sich die Vorstellung, daß „Deutschland alles zahlen wird".
Von Annexionisten (Forderung nach Abtretung des linken Rheinufers) und sozialistischen Pazifisten (Forderung nach kollektiver Sicherheitsorganisation unter deutscher Beteiligung) heftig kritisiert, fordert Ministerpräsident Clemenceau auf der FRIEDENSKONFERENZ VON VERSAILLES (18. Jan.–28. Juni 1919) über die Rückgabe von Elsaß-Lothringen hinaus hohe Reparationen, ständige militärische Besetzung des Rheinlandes, Annexion des Saargebietes, ein um Oberschlesien und Westpreußen vergrößertes Polen, eine internationale Armee für den Völkerbund, muß jedoch in all diesen Punkten Abstriche machen (Reparationshöhe nicht festgelegt, Rheinland nur auf fünfzehn Jahre besetzt, Saargebiet unter Völkerbundsmandat, Volksabstimmung in Oberschlesien, keine Völkerbundsarmee); trotz des Machtgewinns bleibt Frankreichs Sicherheit ungewiß. Ein Teil der französischen Öffentlichkeit (hauptsächlich Sozialisten) arbeitet darum auf einen Ausgleich mit Deutschland hin, der eine Milderung der Friedensbedingungen einschließt (Aristide Briand; Louis Loucheur [*1872, †1931]; François Seydoux [*1905, †1981]); der andere – zunächst dominierende – Teil der Öffentlichkeit unter der Führung von Poincaré erstrebt dagegen eine extensive Auslegung der Vertragsbestimmungen, die Frankreichs augenblickliche Überlegenheit über Deutschland möglichst lange sichert.

1919 Kriegslasten, Inflation und das Beispiel der russischen Oktoberrevolution von 1917 führen zu einem Anstieg und einer Radikalisierung der organisierten Arbeiterbewegung (*Confédération Générale du Travail*, CGT, von 700000 auf 1 Million Mitglieder; *Section Française de l'Internationale Ouvrière*, SFIO, Sozialistische Partei Frankreichs, von 36000 auf 133000).

16. Nov. Aus Furcht vor einer bolschewistischen Revolution bildet sich ein „NATIONALER BLOCK" von Konservativen bis Radikalen, der in den Wahlen einen überwältigenden Sieg erringt: 417 Sitze gegen nur 100 der nichtsozialistischen Linken (Édouard Herriot, *1872, †1957) und 68 der Sozialisten (Sitzverlust trotz Stimmengewinns infolge der Weigerung, erneut Wahlbündnisse einzugehen).

1920 18. Jan.	Clemenceau, dem diktatorische Neigungen nachgesagt werden, unterliegt bei der Kandidatur für das Amt des Staatspräsidenten und tritt daraufhin als Ministerpräsident zurück.
19. Jan.	Nachfolger (bis 23. November) wird Alexandre Millerand (*1859, †1943).
1920–1924	Regierungen des Nationalen Blocks, deren Politik den Interessen der Geschäftswelt entgegenkommt, die alten klerikal-laizistischen Spannungen entschärft und lediglich in der Frage der Deutschlandpolitik gespalten bleibt.
1920 Mai	Die von den Wahlen enttäuschte Gewerkschaftsbasis erzwingt einen Generalstreik, der jedoch ebenfalls scheitert, zumal die Regierung, um die Unruhe abzufangen, den Achtstundentag eingeführt hat.
20.–26. Dez.	Doppelt enttäuscht und in der Erwartung einer baldigen Revolution schließt sich die Mehrheit der Sozialisten auf dem Parteitag von Tours der Kommunistischen Internationale an. In den folgenden Jahren wird die Kommunistische Partei rasch bolschewistisch; die neuen Kader bekämpfen die Sozialisten oft erbitterter als die Rechten. Die Minderheit von Tours (Léon Blum, *1872, †1950) führt die Tradition der Sozialistischen Partei fort und gewinnt in der Opposition zum Nationalen Block rasch neuen Zulauf, besonders aus den verarmten Mittelschichten (1924 wieder 110000 Mitglieder).
1921 16. Jan.	Kabinett (6. Mal: 1921–1922) Briand: Angesichts der Schwierigkeiten, Reparationslieferungen von Deutschland zu bekommen, ist Aristide Briand um den Preis eines britischen Garantiepakts zu Zugeständnissen in der Reparationsfrage bereit (Konferenz von Cannes), stößt jedoch auf den Widerstand der Blockmehrheit und tritt somit zurück.
1922 18. Jan.	Sein Nachfolger (2. Kabinett: 1922–1924) Raymond Poincaré (*1860, †1934) verweigert jedes Zugeständnis in der Reparations- und Abrüstungsfrage (Konferenz von Genua über internationale Wirtschafts- und Reparationsprobleme im April/Mai).

1923 11. Jan. Poincaré läßt das Ruhrgebiet besetzen, um Briten und Amerikaner (die für eine Stundung der Reparationen eintreten, ohne ihrerseits von der Begleichung der französischen Kriegsschulden abzusehen) zu neuen Verhandlungen im Interesse Frankreichs zu zwingen und dem „kalten Wirtschaftskrieg" der deutschen Stahlindustrie gegen die französische Konkurrenz ein Ende zu setzen.

1924 9. April In der Tat gestehen ihm die Alliierten im Dawes-Plan kontrollierte Reparationslieferungen nach Maßgabe der deutschen Prosperität zu. Andererseits verschärft die Ruhrbesetzung die deutsche Inflation und löst, durch die Spekulation der französischen Finanzwelt verstärkt, eine Inflationswelle in Frankreich aus (der Gegenwert für einen Dollar fällt von 11 Francs 1921 auf 28 Francs im März 1924), die die Erfolge der Poincaréschen Stabilisierungspolitik im Innern (Einkommensteuer, indirekte Steuern, Sparhaushalt) zunichte macht.

11. Mai Bei den Parlamentswahlen erringt daraufhin das „Linkskartell" aus Radikalsozialisten und Sozialisten einen knappen Sieg. Als Außenminister der von den Sozialisten parlamentarisch unterstützten Regierung Édouard Herriot unternimmt Aristide Briand vergebliche Versuche zur Stärkung der kollektiven Sicherheit (Genfer Protokoll, das nach der Wahlniederlage der britischen Labour-Party nicht ratifiziert wird).

1925 16. Okt. Erfolgreiche Initiativen Briands und Gustav Stresemanns (Reichsaußenminister 1923–1929) führen zu einem deutsch-französischen Ausgleich: Garantie der deutschen Westgrenze im Vertragspaket von Locarno.

Innenpolitisch scheitert Ministerpräsident Herriot am Widerstand der Geschäftswelt gegen die sozialistischen Forderungen nach Kapitalbesteuerung (Finanzknappheit durch Nichterneuerung der Schatzanweisungen, neue Inflationswelle durch Spekulation). Nach dem Rücktritt Herriots (10. April 1925) wird auch den folgenden Regierungen die finanzielle Unterstützung verweigert.

Abb. 32: Briand mit Stresemann: „Simplicissimus“-Karikatur zur Aufnahme Deutschlands in den Völkerbund 1926

1926 23. Juli Erst als Poincaré (4. Mal: 1926–1928) wieder ein Kabinett auf der Grundlage des NATIONALEN BLOCKS bildet, kehren sich die Kapitalbewegungen um. Von der Geschäftswelt unterstützt, kann Poincaré mit beträchtlichen Erhöhungen indirekter und direkter Steuern (dabei aber Senkung der Einkommensteuer!) die Stabilität der Währung wiederherstellen und den Etat ausbalancieren. Der durch den Krieg erlittene Substanzverlust ist damit einigermaßen gleichmäßig auf alle Bevölkerungsgruppen verteilt, freilich um den Preis einer Mißachtung des Wählerwillens und der Aufrechterhaltung der bestehenden sozialen Ungleichheit. Aristide Briand, weiterhin Außenminister, setzt die Politik des Ausgleichs mit Deutschland fort, nunmehr von einer Mehrheit der öffentlichen Meinung getragen.

30. Sept. Auf Initiative des luxemburgischen Industriellen Emil Mayrisch (*1862, †1928) entsteht ein deutsch-französisch-belgisch-luxemburgisches Stahlkartell, das dem „kalten Stahlkrieg“ ein Ende setzt.

1928 6. Febr. Infolge der Präferenz der amerikanischen Kreditgeber für Deutschland (nicht zuletzt eine Folge der ungeregelten französischen Kriegsschulden) wird das Mißtrauen gegenüber dem deutschen Nachbarn zwar zeitweise wieder stärker, kann aber durch den Abschluß des Briand-Kellogg-Kriegsächtungspakts noch einmal eingedämmt werden.

22./29. April Infolge der inneren und äußeren Stabilisierung kann der Nationale Block bei den Wahlen Gewinne erzielen; die Mehrheit der Radikalen schließt sich nun Poincaré an, der daraufhin ein KABINETT DER „NATIONALEN UNION“ (5. Mal: 1928–1929) von André Tardieu (*1876, †1945) bis Édouard Herriot zu bilden in der Lage ist.

25. Juni Derart abgesichert, kann Ministerpräsident Poincaré es wagen, die Stabilisierungspolitik mit einer Abwertung des Franc abzuschließen.

16. Sept. Es ist ihm ferner möglich, in Verhandlungen um eine vorzeitige Räumung des Rheinlandes als Preis für eine definitive Reparationsregelung einzuwilligen (am 7. Juni 1929 mit dem Young-Plan erfolgreich abgeschlossen; daraufhin Rheinlandräumung am 30. Juni 1930).

1929 6. Juli Nach dem Rücktritt Poincarés aus Krankheitsgründen treten die Gegensätze innerhalb der Nationalen Union stärker hervor.

22. Okt. Briands elftes Kabinett (seit 29. Juli) scheitert am Mißtrauen der Rechten gegen seine Politik des Ausgleichs mit Deutschland.

1930 4. Dez. Tardieus erstes Kabinett (seit dem 2. November 1929) scheitert am Widerstand des Senats gegen dessen Entparlamentarisierungspläne.

1932 10. Febr. Pierre Laval (*1883, †1945) gelingt der Versuch nicht, die Radikalsozialisten durch eine Wahlrechtsänderung definitiv an den Nationalen Block zu binden. Dennoch scheint die Stabilität des Landes fortzudauern: Frankreich wird von der Weltwirtschaftskrise zunächst kaum betroffen: im Gegenteil steigen infolge der kurz zuvor getroffenen Abwertung die Exporte und infolge der Währungsstabilisierung der Zustrom auswärtigen Geldes; die Arbeitslosigkeit ist beseitigt und der Konsumanteil am Nationalprodukt folglich vergleichsweise groß.

Die Krise der dreißiger Jahre (1930–1936)

Ab Ende 1930 führen zunehmende Zahlungsunfähigkeit der europäischen Nachbarn, Ausbleiben der Reparationen (Hoover-Moratorium) und Abwertung des britischen Pfundes zu einer Krise des französischen Exports, die wiederum eine Krise der Industrieproduktion auslöst (Produktionssenkung 1931 um 17,5 Prozent, in der Stahlindustrie um 29 Prozent). Ohne daß die Krise die gleichen dramatischen Ausmaße annimmt wie in den vollindustrialisierten Ländern, brechen daraufhin die sozialen Grundlagen der republikanischen Synthese nach und nach zusammen: Eine Kapitalflucht aus Furcht vor der Krise verursacht den Zusammenbruch zahlreicher Kleinbanken; in Industrie und Handel müssen die Kleinbetriebe schließen und sind die größeren zur Konzentration gezwungen; unter den Arbeitern breitet sich erneut Arbeitslosigkeit aus, ein allgemeiner Kaufkraftverlust um 15 Prozent führt zum Preisverfall für Produkte der Landwirtschaft und des gewerblichen Mittelstandes. Unternehmer und freie Berufe leiden in der Regel wenig unter der Krise, sehen aber mit Sorgen in die Zukunft; lediglich das zur Konzentration fähige Großkapital erzielt Gewinne.
Von den Regierungen nur langsam und mit unzulänglichen Maßnahmen (Agrarprotektionismus, Aufrechterhaltung der Geldwertstabilität durch Deflationspolitik) bekämpft, dauert die Krise, nachdem sie 1932 ihren Höhepunkt bereits überschritten hat, bis 1938. Politisch löst sie zunächst einmal eine Kritik an den Schwächen des Parlamentarismus, an Individualismus und Protektionismus aus, die, sowohl auf der extremen Rechten als auch auf der Linken des politischen Spektrums (und mit vielfachen Übergängen) angesiedelt, langfristig Alternativen zum auseinanderbrechenden System der Dritten Republik anbietet: autoritäre Neo-Sozialisten (Montagnon; Adrien Marquet, *1885, †1955; Marcel Déat, *1894, †1955, 1933 aus der Sozialistischen Partei ausgeschlossen), technokratische Planwirtschaftler (André Philip, *1902, †1970; CGT-Funktionäre), christliche Personalisten (Emmanuel Mounier, *1905, †1950), korporative Syndikalisten (Robert Aron, *1905), integrale Nationalisten (Pierre Drieu la Rochelle, *1893, †1945). Darüber hinaus aktiviert die Krise die aus der Tradition des Bonapartismus und Boulangismus hervorgegangenen militanten Gruppen der extremen Rechten - die *Action française* (Charles Maurras, *1868, †1952; Léon Daudet, *1867, †1942; Jacques Bainville, *1879, †1936), die

Jeunesses patriotes (Pierre Taittinger) und als einzige Massenbewegung (150 000 Mitglieder) die *Ligue de Croix-de-Feux* (Colonel de la Rocque) – und ruft damit den Widerstand der Linken gegen die faschistische Gefahr hervor.

1932 Die ersten Wahlen nach dem Einsetzen der Wirtschaftskrise werden zu einer Niederlage für André Tardieu, der nach dem Sturz Lavals (2. Kabinett: 13. Januar–16. Februar 1932) wieder die Leitung der Regierungsgeschäfte übernommen hat (3. Kabinett: seit 20. Februar). Radikale und Sozialisten verzeichnen große Gewinne (zusammen 335 Sitze gegen 230 des Blocks).

4. Juni Herriot bildet ein Kabinett (3. Mal) aus Radikalen und Zentrum, das auf die parlamentarische Unterstützung der Sozialisten angewiesen ist.

14. Dez. Als die USA ein Moratorium der französischen Kriegsschulden verweigern (entsprechend dem Deutschland auf der Konferenz von Lausanne gewährten dreijährigen Moratorium für die Reparationszahlungen), bindet Herriot die Existenz seines Kabinetts an die pünktliche Zahlung der Schuldenrate und wird folglich gestürzt.

1932/1933 Die folgenden Kabinette Joseph Paul-Boncour (*1873, †1972), Édouard Daladier (*1884, †1970) und Albert Sarraut (*1872, †1962) stürzen über Sparmaßnahmen, mit denen sie den Staatshaushalt sanieren möchten. Streiks, Straßenkämpfe zwischen Ligen und Kommunisten und Finanzskandale häufen sich. Ein Skandal um den betrügerischen Finanzier Alexandre Stavisky, in den radikale Abgeordnete verwickelt sind, wird von der Rechten zur Agitation gegen die Regierungsmehrheit genutzt.

1934 Ministerpräsident (2. Mal: seit 27. Nov. 1933) Camille
27. Jan. Chautemps (*1885, †1963), wie seine vier Vorgänger auf die Linksmehrheit der Wahlen von 1932 gestützt, wird zum Rücktritt gezwungen. Eine Welle von Demonstrationen der extremen Rechten folgt.

6. Febr. Als das neue Kabinett Daladier (2. Mal: 30. Januar–7. Februar) den wegen einseitiger Begünstigung der

Rechten ins Zwielicht geratenen Polizeipräfekten Jean Chiappe (* 1878, † 1940) ablöst, veranstalten die Ligen einen Marsch auf das Palais Bourbon (Sitz der Kammer); gleichzeitig demonstriert der kommunistische Soldatenbund für die Verhaftung Chiappes. In Tumulten mit der Polizei werden 17 Demonstranten erschossen, über 2000 verletzt; die Erstürmung des Palais Bourbon wird nur dadurch verhindert, daß Ligenführer Colonel de La Roque im letzten Moment den Rückzug befiehlt. Der Vorwurf der Rechtspresse, eine „Regierung der Mörder" zu bilden, demoralisiert die Radikalen.

7. Febr. Daladier muß zurücktreten.

9. Febr. Unter dem Vorsitz des ehemaligen Staatspräsidenten (1924–1931) Gaston Doumergue (* 1863, † 1937) wird ein Kabinett der „Nationalen Einigung" gebildet, in dem André Tardieu wieder die führende Rolle übernimmt. Damit ist die durch die Wahlen von 1932 angetastete Macht der Rechten wiederhergestellt. Die Anhänger der Sozialisten und Kommunisten, bisher durch den kommunistischen Kampf gegen die sozialistischen „Sozialfaschisten" voneinander isoliert, sehen in dem Sturm der Ligen den Versuch eines faschistischen Staatsstreichs und drängen ihre Parteiführungen zur gemeinsamen Verteidigung.

12. Febr. Erfolgreicher eintägiger Generalstreik, zu dem beide Seiten unabhängig voneinander aufgerufen haben.

27. Juli Nach entsprechenden Revirements der Komintern (Aufstieg von Maurice Thorez, * 1900, † 1964) schließen Sozialisten und Kommunisten einen „Aktionspakt gegen den Faschismus".

8. Nov. Auch unter den Regierungen der Rechten dauern Finanz- und Staatskrise fort. Tardieus Projekt einer Stärkung der Rechte des Präsidenten und Einschränkung der Parlamentsrechte scheitert am Widerspruch der Radikalen: Ministerpräsident Doumergue und mit ihm Tardieu müssen zurücktreten.

1934 Während Tardieu nun die außerparlamentarische
9. Nov. Agitation schürt, versucht der Zentrist Pierre-Étienne Flandin (* 1889, † 1958) die Deflationspolitik fortzu-

setzen, wird aber am 30. Mai 1935 gestürzt, als er außerordentliche Vollmachten zur Abwehr einer internationalen Bankoffensive gegen den Franc verlangt.

1935 Sein Nachfolger Pierre Laval (die Regierung unter
5. Juni Fernand Bouisson (*1874, †1959) ist nur vom 1. bis 4. Juni im Amt) erhält die erbetenen Vollmachten und macht mit einer rigorosen Deflationspolitik (Senkung aller Staatsausgaben und Preise für staatliche Dienstleistungen um 10 Prozent) den eben beginnenden Wirtschaftsaufschwung wieder zunichte. Wachsende soziale Unruhen sind die Folge, ebenso eine neue Agitationswelle der Ligen und wachsende Resignation vor dem Aufstieg des nationalsozialistischen Deutschland, dem man infolge der Finanzkrise keine rüstungsintensive Offensivpolitik mehr entgegensetzen kann.

Nach dem Abschluß des französisch-sowjetischen Beistandspakts (2. Mai 1935) wechseln die französischen Kommunisten vom Antimilitarismus zu einem militanten Nationalismus; die Abkehr vom selbstgewählten Isolationismus und die soziale Krise ermöglichen ihnen eine Verdoppelung ihrer Mitgliedszahlen (auf 200 000) und die Gewinnung der Sozialisten und
14. Juli Radikalsozialisten für das VOLKSFRONTBÜNDNIS.

1936 Auf eine Massendemonstration der drei Parteien zu-
12. Jan. sammen mit den Gewerkschaften und antifaschistischen Aktionskomitees folgt die Erarbeitung eines gemeinsamen Wahlprogramms: Auflösung der Ligen, Reform der *Banque de France*, Rationalisierung der Rüstungsindustrie, Kaufkraftschöpfung nach Art des amerikanischen *New Deal*, aber aufgrund des Widerstands der Radikalen wie der Kommunisten keine grundlegenden Sozialreformen. Die Radikalen, nun unter dem Druck ihres von der Deflation besonders betroffenen kleinbürgerlichen Anhangs, scheiden aus der Regierung Laval aus und zwingen diesen damit zum Rücktritt.

24. Jan. Bis zu den Wahlen führt Albert Sarraut (*1872,
–4. Juni †1962) ein Übergangskabinett ohne die Rechte, das von den Sozialisten stillschweigend geduldet wird.

Die Regierungen der Volksfront (1936–1938)

1936 26. April, 3. Mai Bei den Wahlen siegt das Volksfrontbündnis mit 376 zu 222 Sitzen weniger spektakulär als erwartet. Die Sozialisten bleiben stärkste Partei (147 Sitze), die Radikalen verlieren ein Drittel (106 Sitze), die Kommunisten treten erstmals als starke politische Kraft im Parlament auf (von 11 auf 72 Sitze). Der Sieg löst eine von großer Euphorie der Arbeiter und ebensolcher Furcht der Rechten begleitete Streikwelle aus, die Produktion und Handel nahezu zum Erliegen bringt.

4. Juni 7. Juni Das KABINETT BLUM wird aus Sozialisten und Radikalen gebildet: die Kommunisten haben sich auf Moskauer Direktive hin auf die parlamentarische Unterstützung beschränkt, um der von der Rechten geschürten Kommunistenfurcht den Wind aus den Segeln zu nehmen. Die Regierung Blum vermittelt sogleich die Matignon-Verträge zwischen sozialistischer Gewerkschaft (CGT) und Arbeitgebervertretern: Lohnerhöhungen zwischen 7 und 15 Prozent, Tarifvertragsordnung, Anerkennung der gewerkschaftlichen Betriebsräte.

Wenige Tage später folgen die gesetzliche Einführung der Vierzigstundenwoche und des fünfzehntägigen Jahresurlaubs, bald darauf die im Januar beschlossenen Maßnahmen. Durch staatliche Getreidemarktregulierung steigt das Einkommen der Bauern. Obwohl die kommunistische Parteiführung zur Wiederaufnahme der Arbeit aufruft, geht die Streikbewegung nur langsam zurück. Dies, die Schaffung von Produktionsengpässen durch Senkung der Arbeitszeit qualifizierter Arbeiter und vor allem der passive Widerstand der Unternehmer wie die Kapitalflucht ins Ausland verhindern, daß die Kaufkraftschöpfung zu einem Produktionsaufschwung führt; eine neue Ausweitung des Haushaltsdefizits und eine neue Inflationswelle sind die Folge. Die militärische Aufrüstung (angesichts Hitlers Bruch mit dem Versailler System) verschärfen Defizit und Inflation. Von der Stärke der sozialen Bewegung überrascht, machen sich die Kommunisten die Forderungen nach weiterer Umverteilung zu eigen und stärken damit ihren Einfluß unter der rasch wachsenden sozialistischen Gewerkschaftsorganisation CGT.

1. Aug. Ebenso attackieren die Kommunisten Blums Politik der Nicht-Intervention im Spanischen Bürgerkrieg, für die sich dieser auf britischen Druck hin entschieden hat, um einen Angriff der faschistischen Mächte auf ein isoliertes Frankreich zu verhindern.

28. Sept. Die Abwertung des Franc um 25 bis 35 Prozent, durch den rapiden Schwund der Goldreserven erzwungen, führt zwar zu einem leichten Wiederanstieg der Produktion, ermöglicht aber auch den Währungsspekulanten beträchtliche Gewinne und ist zu gering, um das Handelsbilanzdefizit zu reduzieren.

1937
13. Febr. Als eine neue Kapitalflucht einsetzt, sieht sich Blum genötigt, eine „Pause" des Volksfrontprogramms zu verkünden: Zurückstellung weiterer sozialpolitischer Maßnahmen (Altersversorgung, Arbeitslosenunterstützung, laufende Lohnerhöhung), Rückkehr zur Orthodoxie des ausgeglichenen Budgets und Berufung traditioneller Bankiers zu „Beratern" der Regierung. Diese „Kapitulation" raubt der Regierung die in der Arbeiterbewegung verbliebene Unterstützung, ohne ihr das Vertrauen der Geschäftswelt zurückzugewinnen; die Angriffe der Rechten nehmen vielmehr an Schärfe zu (antisemitische Hetze gegen den Juden Blum).

16. März Nach einer kommunistischen Demonstration gegen eine Veranstaltung der Ligen (jetzt als *Parti social français* organisiert) in Clichy, bei der fünf Demonstranten getötet werden, beschleunigt sich die Krise: es folgen ein Generalstreik der CGT gegen die Regierung, neue Kapitalflucht, Produktionsrückgang und Verschärfung der Arbeitslosigkeit.

21. Juni Blum fordert außerordentliche Vollmachten zur Behebung der Finanzkrise und tritt, als der Senat diese verweigert, zurück.

22. Juni Nach dem Scheitern des „Experiment Blum" bildet der Radikale Camille Chautemps (*1885, †1963) ein

zweites Volksfrontkabinett, dessen Akzente deutlich nach rechts verlagert sind: Den Kommunisten, die nun zum Regierungseintritt bereit sind, werden Ministerämter verweigert; anstelle des Sozialisten Vincent Auriol (*1884, †1966) übernimmt der Radikale Georges Bonnet (*1889, †1973) das Finanzministerium. Die neue Regierung erhält die erbetenen finanzpolitischen Vollmachten, kehrt zu deflationistischen Maßnahmen zurück, kann aber eine ständig weitere Verschlechterung der Wirtschaftslage nicht verhindern. Der *Parti social français* erhält starken Zulauf (800 000 Mitglieder); rechtsextreme Terroristen verüben Attentate.

Dez. Eine neue massive Streikwelle setzt ein.

1938

15. Jan. Als sich Chautemps der kommunistischen Unterstützung entledigen will, demissionieren die Sozialisten und zwingen ihn damit zum Rücktritt.

18. Jan. Chautemps bildet ein neues Kabinett (4. Mal), diesmal ohne sozialistische Minister, wird aber weiterhin von Sozialisten und Kommunisten unterstützt, die eine Rückkehr der Radikalen zur Koalition mit der Rechten nicht zulassen wollen. Chautemps versucht, sich durch außerordentliche Vollmachten für eine Austeritätspolitik von der Abhängigkeit zu den Linken zu befreien; daraufhin verweigern die Sozialisten ihre Zustimmung.

10. März Chautemps tritt erneut zurück.

13. März Léon Blum versucht nun, angesichts des drohenden Staatsbankrotts und der wachsenden nationalsozialistischen Gefahr (Anschluß Österreichs an das Deutsche Reich am 12./13. März) ein Kabinett (2. Mal) der nationalen Union von den Kommunisten bis zu den Konservativen zu bilden, muß sich aber, da sich die Mehrheit der Rechten verweigert, mit einer Neuauflage des Volksfrontkabinetts von 1936 begnügen. Ohne große Illusionen fordert Blum Vollmachten für ein Produktionsförderungsprogramm mit Kapital- und Geldmarktkontrolle. Als der Senat ihm diese Maßnahmen verweigert, muß das zweite Kabinett Blum zurücktreten.

Auf dem Weg zur Niederlage (1938–1940)

1938 12. April — Im dritten Kabinett DALADIER sind die Sozialisten nicht mehr vertreten, dagegen eine Reihe von Gegnern der Volksfront (Paul Reynaud, *1878, †1966); Sozialisten und Kommunisten halten aber zunächst weiterhin an ihrer Regierungsunterstützung fest. Daladier ist jedoch bestrebt, ohne die Volksfrontmehrheit zu regieren. Er kündigt den Abbau der Sozialgesetzgebung an.

29. Sept. — Daladier stimmt im MÜNCHNER ABKOMMEN dem Druck der deutschen Führung auf Abtretung der sudetendeutschen Gebiete der Tschechoslowakei zu. Beides stößt auf heftige Opposition der Kommunisten.

11. Nov. — Die Radikalen erklären daraufhin ihren AUSTRITT AUS DEM VOLKSFRONTBÜNDNIS. Auf eine Mehrheit aus Zentrum und Rechte gestützt („Nationaler Block"), leitet Daladier mit Dekreten zum Abbau der Vierzigstundenwoche und Reduzierung des Überstundenlohns eine deflationäre Sanierungspolitik ein; Reynaud wird zum Finanzminister berufen.

30. Nov. — Ein von der sozialistischen Gewerkschaft (CGT) mit Unterstützung der Kommunisten ausgerufener Generalstreik scheitert, nachdem die Regierung Truppen zur Wiederherstellung der Ordnung eingesetzt hat.

Mit Ausnahme der Kommunisten, die eine offensive Bündnispolitik unter Einbeziehung der Sowjetunion fordern, sind alle Parteien in der Frage der Haltung gegenüber der nationalsozialishschen Expansionspolitik gespalten. Bei der Rechten überwiegt die Neigung zur Appeasementpolitik (Beschwichtigungspolitik gegenüber Hitler), bei den Sozialisten zunächst die Zustimmung zum Münchner Abkommen, dann die Forderung nach Eindämmung von Hitlers Expansionspolitik mit Hilfe der Sowjetunion. Zwischen beiden entschließen sich Daladier und Georges Bonnet, nunmehr Außenminister, zunächst zur Forcierung der Aufrüstung und dann, nach der Zerschlagung der „Rest-Tschechei" (März 1939), zu einer Eindämmungspolitik ohne Bemühen um sowjetisches Engagement, die folglich von der britischen Politik abhängig bleibt.

1939 31. März Frankreich schließt sich der britischen Garantieerklärung für die territoriale Integrität Polens an.

13. April Daladier kündigt den automatischen Beistand Frankreichs für Griechenland, Rumänien und Polen im Falle eines deutschen oder italienischen Angriffs an.

1. Sept. Bis zuletzt auf ein Einlenken Hitlers in der polnischen Frage hoffend, verlangt die Regierung Daladier ultimativ den Rückzug der deutschen Truppen aus Polen.

2. Sept. Die Kammer verabschiedet einstimmig (auch mit den Stimmen der Kommunisten) Kriegskredite.

3. Sept. FRANKREICH ERKLÄRT zusammen mit Großbritannien dem Deutschen Reich DEN KRIEG.

26. Sept. Die Kommunistische Partei wird wegen ihres Eintretens für den deutsch-sowjetischen Nichtangriffspakt verboten; die kommunistischen Abgeordneten mit den Stimmen aller übrigen Fraktionen unter Strafverfolgung gestellt.

1940 Im Frühjahr wächst die Bereitschaft zu aktiver Kriegführung; Daladier, der vor einer Intervention im sowjetisch-finnischen Winterkrieg gezögert hat, tritt nach einer Stimmenthaltung der Kammermehrheit in der Vertrauensfrage zurück.

21. März Nachfolger wird der bisherige Finanzminister Paul Reynaud, der zu offensiver Kriegführung entschlossen ist, dafür aber nur knapp die Hälfte der Kammerstimmen (darunter die meisten Linken) erhält.

10. Mai Der DEUTSCHE ANGRIFF an der Westfront ist unerwartet erfolgreich.

18./19 Mai Um das Vertrauen in die französische Führung wiederherzustellen; beruft Reynaud neben Parlamentariern der Rechten Marschall Philippe Pétain als stellvertretenden Ministerpräsidenten in das Kabinett sowie General Maxime Weygand (* 1867, † 1965; Mitarbeiter Fochs) zum Oberbefehlshaber.

5. Juni Nach der deutschen Einnahme Dünkirchens wird das Kabinett um unpolitische Fachleute erweitert (unter ihnen als Unterstaatssekretär im Kriegsministerium der spätere General Charles de Gaulle, * 1890, † 1970).

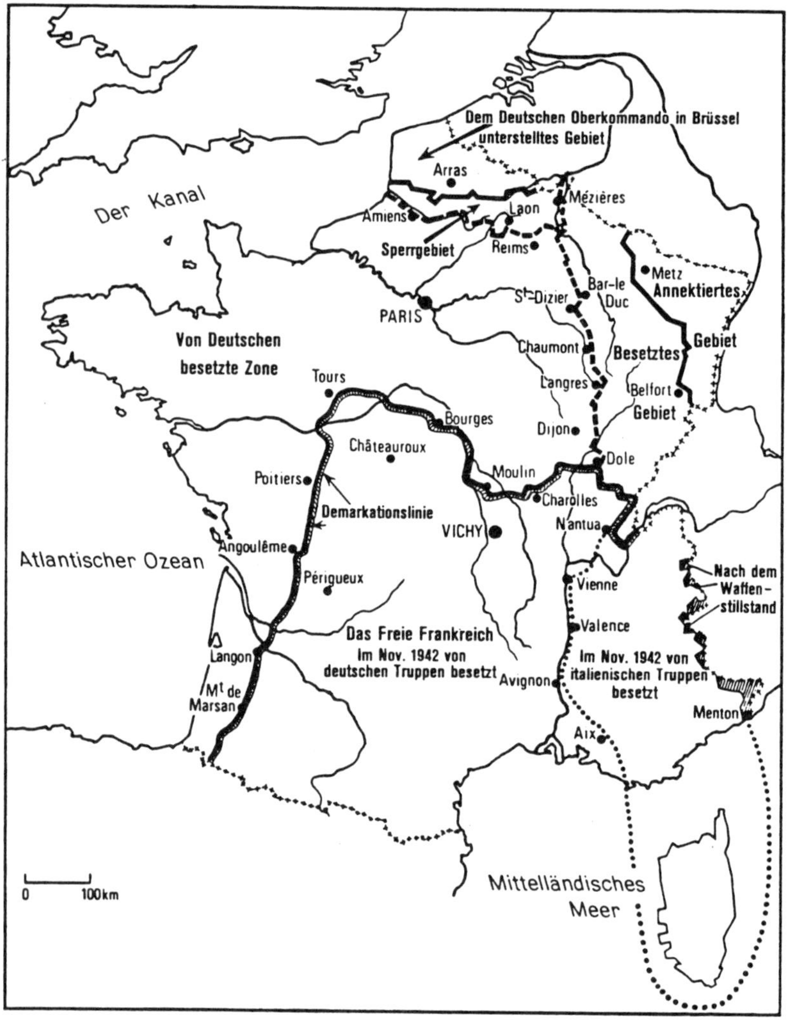

Abb. 33: Frankreich im Zweiten Weltkrieg

14. Juni Bevor die deutschen Truppen Paris besetzen, flieht die Regierung durch die Touraine nach Bordeaux.

17. Juni Reynaud ist für die Fortsetzung des Kampfes, bleibt aber in der Minderheit und tritt zurück. Neuer Regierungschef wird Pétain (von Staatspräsident Al-

bert Lebrun, *1871, †1950, berufen), der sogleich um Waffenstillstand nachsucht.

18. Juni Kaum beachtet, ruft Charles de Gaulle über Radio London zur Fortsetzung des Kampfes auf.

22. Juni ABSCHLUSS DES WAFFENSTILLSTANDS: Frankreich wird nördlich und westlich der Linie Genf, Dôle, Tours, Mont-de-Marsan, spanische Grenze besetzt; Elsaß-Lothringen und die Departements Nord und Pas-de-Calais werden vom Staatsgebiet abgetrennt; die unbesetzten Landesteile bleiben in der Verwaltung der französischen Regierung.

28. Juni 3. Juli Die britische Regierung erkennt das von de Gaulle gebildete „Nationalkomitee der Freien Franzosen" an und läßt das vor Oran (heute: Algerien) liegende französische Geschwader zerstören (um es nicht in die Hände der Deutschen fallen zu lassen); daraufhin bricht Pétain die diplomatischen Beziehungen zu Großbritannien ab.

Das Regime von Vichy und die Résistance (1940–1944)

1940 10. Juli In Vichy (Nordrand des Zentralmassivs), wohin die Regierung (1. Juli) umgezogen ist, übertragen Senat und Abgeordnetenkammer auf Betreiben von Pierre Laval (*1883, †1945) mit 569 gegen 80 Stimmen Marschall Pétain die Vollmachten zur Erarbeitung einer neuen Verfassung.

17. Juli Pétain wird „Chef des französischen Staates" mit nahezu absoluten Vollmachten, Laval sein Stellvertreter und Nachfolger.

24. Okt. Laval, der einen engen Anschluß Frankreichs an Deutschland wünscht, arrangiert ein Treffen Pétains mit Hitler in Montoire-sur-le-Loire.

13. Dez. Da aber Pétain den Friedensvertrag mit Deutschland nicht mit dem von Hitler geforderten Preis des Kriegseintritts auf deutscher Seite bezahlen will, entläßt er Laval und stellt ihn unter Hausarrest. Neuer Außenminister wird Pierre-Étienne Flandin (*1889, †1958), der auf einen unabhängigeren Kurs gegenüber Deutschland bedacht ist.

1941 9. Febr. Nachdem die Deutschen seinen Rücktritt erzwungen haben, wird Admiral François Darlan (*1881, †1942) als Vizepräsident, Außen-, Innen- und Marineminister zur beherrschenden Figur des Regimes. Opportunisten, die traditionelle Rechte und eine Vielzahl technokratischer und korporativer Reformer unterstützen Pétains POLITIK DER „NATIONALEN REVOLUTION“: Abschaffung des Parlaments, Aufhebung aller Mandate, die aus dem allgemeinen Wahlrecht hervorgegangen sind, Auflösung der Gewerkschaften und Arbeitgeberverbände zugunsten korporativer Berufsverbände, dirigistische Wirtschaftslenkung durch „Organisaionskomitees“ der Unternehmerschaft. Anfangs von der großen Mehrheit der Bevölkerung resignierend unterstützt, verliert das Vichy-Regime *(„État français“)* mit zunehmender deutscher Repression und Verschlechterung der deutschen Kriegslage an Anhang.

1942 19. Febr. In Riom (nördlich von Clermont-Ferrand) wird ein Prozeß gegen die „Hauptverantwortlichen für die Niederlage“ (u.a. Léon Blum) eröffnet, der jedoch wegen des negativen Propagandaeffekts wieder abgebrochen werden muß.

19. April Pierre Laval kehrt zurück und übernimmt als Ministerpräsident die tatsächliche Leitung des Regimes. Französische Arbeitskräfte (über 170 000) werden im Deutschen Reich eingesetzt, eine allgemeine Arbeitspflicht verkündet.

8. Nov. Amerikanische und britische Truppen unter General Dwight D. Eisenhower landen an der nordafrikanischen Küste.

11. Nov. Da die Truppen des Vichy-Regimes kaum Widerstand leisten, läßt Hitler auch die SÜDZONE FRANKREICHS BESETZEN.

In Algier schließt Admiral DARLAN einen Waffenstillstand mit den USA und erklärt sich zum Staatschef in Nordafrika.

Darlan wird von einem Gegner des Vichy-Regimes ermordet.

24. Dez. Im Kampf gegen General Henri-Honoré GIRAUD

(*1879, †1949), der vom Vichy-orientierten Kolonialrat in Algier mit der Leitung der Zivil- und Militärverwaltung beauftragt und von der amerikanischen Regierung gefördert wird, setzt General DE GAULLE die innerfranzösische RÉSISTANCE zur Stärkung seiner Legitimität ein.

1943 27. Mai Jean MOULIN, Repräsentant de Gaulles in Frankreich, vereint die auf Anfänge seit 1940 zurückgehenden, seit Mitte 1941 rasch anwachsenden Widerstandsorganisationen der Linken (*Combat, Franc-Tireur, Libération* u. a.) und der Rechten (insbesondere die *Organisation Civile et Militaire*) zusammen mit Vertretern der republikanischen Parteien in einem „nationalen Widerstandsrat" *(Conseil National de la Résistance)*.

3. Juni De Gaulle kann daraufhin die Bildung eines von ihm und Giraud gemeinsam präsidierten „Komitees für die nationale Befreiung" in Algier durchsetzen.

17. Sept. Die Schaffung einer Konsultativen Versammlung verstärkt die Präsenz republikanischer Vichy-Gegner in Algier.

1. Okt. Giraud muß daraufhin zurücktreten. Der innerfranzösische Widerstandskampf verschärft sich.

1944 1. Febr. Die paramilitärischen Verbände werden in den *Forces Françaises de l'Intérieur* zusammengefaßt; die Widerstandsgruppen werden zu Massenorganisationen, in denen die Kommunisten eine hervorragende Rolle spielen.

4 April Die Vertreter der Kommunisten akzeptieren die wiederholte Aufforderung de Gaulles, in das Befreiungskomitee einzutreten.

3. Juni Angesichts der bevorstehenden Invasion der Alliierten deklariert sich das Befreiungskomitee zur „PROVISORISCHEN REGIERUNG DER FRANZÖSISCHEN REPUBLIK".

6. Juni 15. Aug. Die Operationen der Alliierten nach der LANDUNG IN DER NORMANDIE und in SÜDFRANKREICH werden von Verbänden des „Freien Frankreich" und der Résistance unterstützt.

19. Aug. Als die alliierten Truppen die Seine beiderseits von Paris erreichen, beginnt die RÉSISTANCE den AUFSTAND in der Hauptstadt.

Abb. 34: Die Befreiung: De Gaulles Einzug in Paris am 25. August 1944

25. Aug. General de Gaulle zieht in Paris ein.

9. Sept. Nachdem die alliierten Truppen die Westgrenze des Deutschen Reiches erreicht haben, bildet de Gaulle die PROVISORISCHE REGIERUNG durch Hinzuziehung repräsentativer Vertreter der innerfranzösischen Résistance um (von den Alliierten am 23. Oktober anerkannt) und beginnt mit der Reorganisation des Landes.

In der Résistance findet Frankreich zu einem neuen Grundkonsens: Ein General, der von der äußersten, vorrepublikanischen Rechten kommt, formiert mit sozialistisch und kommunistisch inspirierten Widerstandsgruppen ein demokratisches Regime, das von der großen Mehrheit der Bevölkerung getragen wird. Die „blockierte" Gesellschaft der Dritten Republik ist zerstört, die Kluft zur Arbeiterklasse weit geringer geworden; über die neuen Kräfteverhältnisse ist freilich noch nicht entschieden.

Frankreich seit dem Zweiten Weltkrieg (1944 bis heute)

Die Vierte Republik (1944–1958)

Nach der Befreiung von Paris am 25. August 1944 durch alliierte und französische Truppen zerfällt das politische Leben in zwei unterschiedliche Pole: zum einen die im Juni 1944 in Algier gegründete Provisorische Regierung der Französischen Republik unter General Charles DE GAULLE (*1890, †1970), die eher konservativ ist, und zum anderen die verschiedenen Résistance-Gruppen, in denen die Kommunisten eine starke Position einnehmen. Zwischen beiden Kräften setzt ein zähes Ringen um den künftigen Anteil an der Macht ein; dabei kann de Gaulle bis Ende 1944 die Autorität der Zentralregierung überall durchsetzen, nicht zuletzt dank der Unterstützung der kommunistischen Parteiführung, die auf Moskauer Weisung hin auf eine rasche Stabilisierung des Landes hinarbeitet.

Innenpolitisches Hauptziel ist die Ankurbelung der Wirtschaft, die durch die Kämpfe und durch die langjährige Ausbeutung von seiten des Deutschen Reiches erheblichen Schaden genommen hatte. Daneben geht es noch um die Reorganisierung des französischen Staates und Staatsgebietes. Beide Zielsetzungen werden von einer breiten Koalition getragen, die von den Kommunisten bis zu dem traditionell eingestellten Präsidenten der Provisorischen Regierung reicht und im Kampf um wirtschaftliche Modernisierung vorsichtige Sozialreformen und nationale Unabhängigkeit einen gemeinsamen Nenner findet. Nach einer Phase spontaner Abrechnungen mit vermeintlichen und tatsächlichen Kollaborateuren geht die neue Regierung zudem dazu über, eine Prozeßwelle gegen führende Köpfe der Vichy-Regierung einzuleiten. Marschall Pétain (*1856, †1951) und Pierre Laval (*1883, †1945) werden zum Tode verurteilt, Pétain später begnadigt.

Außenpolitisch ist die neue Regierung bemüht, sich unter den Großmächten zu behaupten. Dazu soll Deutschland in Einzelstaaten aufgespalten und ein Teil des deutschen Wirtschaftspotentials nach Frankreich transferiert werden; ebenso will man die durch den Krieg erschütterte Herrschaft über die Kolonien wiederherstellen. Die ambitionierte Deutschlandpolitik scheitert jedoch am Widerstand der amerikanischen Führungsmacht; und die Bemühungen um eine Eindämmung der Emanzipation der Kolonialvölker führen zu einer Überbeanspruchung der personellen, finanziellen und wirtschaftlichen Kräfte des Landes, die – nach einem anfänglichen Wirtschaftsaufschwung – in den fünfziger Jahren anhaltende innenpolitische Krisen zur Folge hat.

1944 März — Verabschiedung der Charta des *Conseil National de la Résistance* über den künftigen Aufbau des Staates.

21. April — Das *Comité Français de la Libération* veröffentlicht ein Memorandum über die Organisation der öffentlichen Organe nach der Befreiung.

25. Aug. — Befreiung von Paris. Die Provisorische Regierung nimmt ihre Tätigkeit auf.

28. Okt. — Auflösung der Partisanenverbände und patriotischen Milizen mit Unterstützung der kommunistischen Partei.

10. Dez. — De Gaulle unterzeichnet in Moskau einen französisch-sowjetischen Beistandspakt.

1945 Mai — Unruhen in Algerien und britisch-französische Konflikte in Syrien.

Okt. — Beginn der Wiedereroberung Indochinas.

21. Okt. — Wahlen zur Nationalversammlung: Kommunisten (PC) 26,2 Prozent, Sozialisten (SFIO) 23,8 Prozent, christlich-demokratische Volksrepublikaner (MRP) 24,9 Prozent, „Radikale" (liberal) 11,1 Prozent, Gemäßigte (konservativ) 13,2 Prozent. Ablehnung der Verfassung der III. Republik.

13. Nov. — Die Verfassungsgebende Nationalversammlung wählt de Gaulle zum Regierungschef. Koalition der drei stärksten Parteien.

Anschließend brechen Konflikte zwischen dem Ministerpräsidenten und der Nationalversammlung um die Ausarbeitung einer neuen Verfassung aus. De Gaulle fordert eine starke Exekutive in Händen eines Präsidenten, was das Parlament ablehnt (Grund für de Gaulles späteren Rücktritt).

2. Dez. — Verstaatlichung der *Banque de France* und weiterer vier Großbanken.

1946 3. Jan. Gründung des Generalplanungskommissariats: Versuch einer gesamtwirtschaftlichen Planung von seiten des Staats auf der Grundlage der Zusammenarbeit zwischen Staat, Gewerkschaften und Unternehmern in der *Économie Concertée.*

20. Jan. Rücktritt de Gaulles. Fortsetzung der Dreiparteien-Koalition, vorerst unter einem sozialistischen Ministerpräsidenten (Félix Gouin, *1884, †1977).

28. März Verstaatlichung der Gas- und Elektrizitätswerke.

25. April Verstaatlichung der wichtigsten Versicherungsgesellschaften.

26. April Verstaatlichung der Brennstoffirmen.

5. Mai Ein erster Verfassungsentwurf, der eine sehr starke Position des Parlaments vorsieht, wird durch Volksabstimmung abgelehnt.

13. Okt. Die neue VERFASSUNG wird in einer Volksabstimmung mit 36,1 Prozent Ja-, 31,2 Prozent Nein-Stimmen und 31,4 Prozent Enthaltungen knapp angenommen. Die Verfassung tritt am 27. Oktober in Kraft.

WICHTIGE STAATSORGANE DER IV. REPUBLIK

Staatsorgane sind die parlamentarischen Kammern (Nationalversammlung; allgemeine direkte Wahl nach Mehrheitswahlrecht in Wahlkreisen) und Rat der Republik (Vertretung der Departments) mit Gesetzesinitiative. Der (vom ganzen Parlament gewählte) Staatspräsident ist ohne großen Einfluß. Der Ministerpräsident (Regierungschef) bedarf bei der Ernennung der Minister und der Verabschiedung des Regierungsprogramms der Zustimmung der Nationalversammlung, bei der auch sonst der Schwerpunkt der parlamentarischen Befugnisse liegt. – Mit der Verabschiedung der Verfassung wird gleichzeitig die *Union Française* errichtet, die das Mutterland, die überseeischen Gebiete und Departements sowie die assoziierten Staaten umfaßt.

10. Nov. Erste WAHLEN der IV. Republik: Leichte Gewinne der Kommunisten, Verluste der Volksrepublikaner (28. Januar 1947 Kabinett Paul RAMADIER [*1888, †1961]).

1947 16. Jan. Der Sozialist Vincent AURIOL (*1884, †1966) wird zum STAATSPRÄSIDENTEN für sieben Jahre gewählt.

5. Mai	Ausscheiden der Kommunisten aus der Regierung Ramadier. Der Protest der Arbeitermassen läßt eine weitere Unterstützung der Austeritätspolitik durch die kommunistische Führung nicht mehr zu. Bildung der REGIERUNG DER „DRITTEN KRAFT" aus Sozialisten, Volksrepublikanern und Radikalen gegen die Opposition der Kommunisten und der Gaullisten des (am 7. April von de Gaulle gegründeten) *Rassemblement du Peuple Français* (RPF). In der Folge wechselnde Kabinette innerhalb einer beständigen Regierungsmehrheit. Beginn der außenpolitischen Anlehnung an die USA.
12. Mai	Die Verhandlungen Frankreichs mit den Vietminh-Guerillas Ho Chi Minhs scheitern.
27. Aug.	Frankreich beginnt in Indochina Bao Dai, den früheren Kaiser von Annam, zu unterstützen; Politik der nominellen Unabhängigkeit Vietnams im Rahmen eines Frankreich assoziierten Staats.
19./26. Okt.	In den Gemeinderatswahlen erhält der gaullistische RPF über 35 Prozent der Stimmen.
Nov./ Dez.	Streiks und soziale Unruhen in Frankreich wegen Teuerungen und Rationierungen werden von den Kommunisten zum Protest gegen den Marshall-Plan genutzt und von einer Mehrheit der Franzosen als kommunistischer Aufstandsversuch gedeutet. Seither Isolation der Kommunisten im Ghetto der „Gegengesellschaft".
1948 17. März	Brüsseler Vertrag mit Großbritannien und den Beneluxländern: Beginn gemeinsamer Sicherheits- und Verteidigungsorganisation des Westens.
5. Juni	Verträge von Along: Vietnam wird assoziierter Staat; im Norden des Landes Kämpfe mit den Vietminh.
18. Juni	Ratifizierung der „Londoner Empfehlungen": Zustimmung zur Bildung eines westdeutschen Staates.
20. Juli	Aufforderung an die Mitglieder des Brüsseler Paktes, eine „Europäische Versammlung" zu schaffen, die zur Keimzelle eines integrierten Europas werden soll.
1949 4. April	Unterzeichnung des Atlantikpakts (NATO), der am 24. August 1949 in Kraft tritt.

1950 9. Mai Außenminister (1948–1953) Robert Schuman (* 1886, † 1963) fordert zur Schaffung einer Europäischen Gemeinschaft für Kohle und Stahl auf und entscheidet sich somit dafür, mit der Integration Europas auch ohne britische Beteiligung zu beginnen. Die Schaffung europäischer Gemeinschaftsstrukturen wird zum Ersatz für die einseitige Kontrolle der Bundesrepublik Deutschland.

24. Okt. Ministerpräsident René Pleven (* 1901) schlägt Bildung einer Europäischen Verteidigungsgemeinschaft vor, um Widerstände gegen eine von den USA erzwungene Bewaffnung der Bundesrepublik auszuräumen (Pleven-Plan).

1951 17. Juni Die WAHLEN zur Nationalversammlung erbringen einen gaullistischen Sieg (RPF wird mit 22 Prozent stärkste Partei) und starke Verluste der Volksrepublikaner (MRP).

Die Regierung der „dritten Kraft" zerbricht. Damit offenbart sich zum ersten Mal die STRUKTURKRISE der Republik, in der 1947–1958 insgesamt 25 Kabinette sich ablösen, die alle die Probleme der Entkolonialisierung und die wirtschaftlichen Schwierigkeiten nicht meistern können.

15. Dez. Die Regierung unterdrückt in Tunesien ausbrechende Unruhen und lehnt die Unabhängigkeit des Landes ab.

1952 Ausbruch von Unruhen in Marokko.

9. Mai Unterzeichnung des Vertrags über die Europäische Verteidigungsgemeinschaft (EVG). Die Unterstützung für das von der Regierung vorgeschlagene Projekt läßt jedoch nach, seit deutlich wird, daß der Bundesrepublik militärische und politische Gleichberechtigung zugestanden werden muß.

1953 De Gaulle distanziert sich von gaullistischen Abgeordneten, die bereit sind, unter den bestehenden Verfassungsverhältnissen mitzuarbeiten; damit bricht die gaullistische Bewegung auseinander.

17. Dez. Der liberale Senator René COTY (* 1882, † 1962) wird zum STAATSPRÄSIDENTEN gewählt.

1954 17. Juni Pierre MENDÈS-FRANCE (* 1907, † 1982) bildet eine von den Gaullisten mitgetragene Krisenregierung.

Juli	Der Indochina-Krieg wird durch die GENFER VERTRÄGE beendet (20./21. Juli). Von der Notwendigkeit eines Kurswechsels auch in der Nordafrikapolitik überzeugt, sagt Mendès-France im selben Monat Tunesien die Autonomie zu.
30. Aug.	Von Mendès-France zur Entscheidung aufgefordert, bringt die Nationalversammlung den seit langem umstrittenen Vertrag über die Europäische Verteidigungsgemeinschaft definitiv zu Fall, sie stoppt damit die Entwicklung zu einem supranationalen Europa.
23. Okt.	Unterzeichnung der „Pariser Verträge", die u. a. die direkte Aufnahme der Bundesrepublik in die NATO vorsehen und Frankreich mit einem autonomen Statut für das Saarland entschädigen. Der Versuch von Mendès-France, mittels Sondervollmachten die anhaltende Inflation und die damit verbundene Wirtschaftskrise zu bewältigen, gelingt nicht. Lediglich die staatlich garantierten Mindestlöhne (SMIG) werden an die Geldentwertung angepaßt.
1955 3. Febr.	Die Nationalversammlung eröffnet eine Debatte über die Nordafrika-Politik, die zum Sturz von Mendès-France führt (5. Februar). Damit scheitert auch dessen Programm der inneren Reformen.
23. Okt.	Das Saar-Statut wird von einer breiten Mehrheit der saarländischen Bevölkerung abgelehnt; daraufhin findet sich die französische Regierung gegen wirtschaftliche Entschädigungen (Kanalisierung der Mosel) zur Angliederung des Saarlandes an die Bundesrepublik bereit.
1956 2. Jan.	Aufkommen der rechtsradikalen Poujade-Bewegung (Protestbewegung des wirtschaftlich bedrohten, selbständigen Kleinbürgertums), die bei den Wahlen zur (vorzeitig aufgelösten) Nationalversammlung auf Anhieb 11,6 Prozent (52 Sitze) gewinnt. Trotzdem Erfolg der Linken, besonders der Radikalen. Damit wird eine angestrebte Regierungsbildung des Mitte-Rechts-Lagers verhindert.
31. Jan./ 12. Febr.	Staatspräsident Coty beauftragt den Sozialisten Guy MOLLET (*1905, †1975; 1946–1969 SFIO-Generalsekretär) mit der Regierungsbildung.

Mollet versucht, zu einer realistischeren Behandlung des Nordafrika-Problems zu kommen. Er spricht erstmals von einer algerischen Eigenständigkeit, was jedoch zu harten Reaktionen von seiten der Algerienfranzosen führt. Die französische Armee beginnt mit einer Verstärkung ihrer militärischen Aktionen in Algerien.

März — TUNESIEN und MAROKKO werden in die UNABHÄNGIGKEIT entlassen.

31. Okt. –6. Nov. — Zusammen mit Großbritannien Teilnahme an der (gescheiterten) Luftoffensive gegen Ägypten im Sueskrieg.

1957 25. März — Unterzeichnung der „Römischen Verträge" über die Bildung einer Europäischen Wirtschaftsgemeinschaft (EWG) und einer Europäischen Atomgemeinschaft (EURATOM).

21. Aug. 30. Sept. — Der Plan eines neuen Reformstatuts für Algerien (vorgelegt durch Algerienminister Robert Lacoste, *1898) scheitert am Widerstand der Nationalversammlung, worauf die Regierung des Radikalen Maurice Bourgès-Maunoury (*1914; seit Juni Nachfolger Mollets) demissioniert.

1. Okt. — Ständige Zuspitzung der politischen und wirtschaftlichen Krise. Finanzminister Félix Gaillard (*1919, †1979) ordnet Lohn- und Preisstopp an, der von Handel, Industrie und Landwirtschaft abgelehnt wird.

1958 — Krise in der französischen Armee wegen der Algerienpolitik.

15. April — Die seit dem 6. November amtierende Regierung des Radikalen Gaillard wird von der Nationalversammlung wegen der Algerienprobleme gestürzt.

13. Mai — Armeeputsch in Algier und Übergreifen der Unruhen auf das Mutterland.

17. Mai — Ausrufung des NOTSTANDES.

29. Mai — DE GAULLE wird von Staatspräsident Coty zum Ministerpräsidenten berufen.

1. Juni — Die Nationalversammlung bestätigt de Gaulle mit 329 gegen 224 Stimmen der Linken als Regierungschef mit außerordentlichen Vollmachten und vertagt sich danach auf unbestimmte Zeit.

Die Regierung erhält den Auftrag, die Verfassung zu revidieren. Ein technisches Komitee (Mollet, Pierre Pflimlin [*1907; als Ministerpräsident 1958 Vorgänger de Gaulles], Félix Houphouet-Boigny [*1905; seit 1960 Präsident der Republik Elfenbeinküste]) und ein ministerielles Komitee (Michel Debré) erarbeiten einen Verfassungsentwurf.
Die Währungsreserven Frankreichs sind auf 900 Millionen Dollar gesunken (Bundesrepublik Deutschland vier Milliarden) das Haushaltsdefizit beträgt 600 Milliarden Francs als Folge der Kriegslasten.

3. Sept. Annahme des Verfassungsentwurfs durch die Regierung.

28. Sept. Die VERFASSUNG wird mit 79,2 Prozent durch ein Referendum angenommen (15 Prozent Enthaltungen, Inkrafttreten 4. Oktober). BEGINN DER V. REPUBLIK und der *Communauté Française*.

Die Fünfte Republik (1958 bis heute)

Die politische Entwicklung Frankreichs wird von nun an wesentlich durch die Persönlichkeit des STAATSPRÄSIDENTEN de Gaulle bestimmt, der über wirksame Rechte verfügt: Er kann das Parlament auflösen, einen Volksentscheid herbeiführen, und er besitzt durch Artikel 16 der Verfassung das Recht auf diktatoriale Vollmachten in Ausnahmesituationen. Das Parlament ist in seinen Befugnissen eingeschränkt, die Regierung wird zunehmend vom Präsidenten abhängig, der verfassungsmäßig dem Ministerrat vorsitzt und den Ministerpräsidenten ernennt. Unter de Gaulle selbst hat das politische System einen sowohl autoritären als auch plebiszitären Einschlag. Entscheidend für die V. Republik bleibt zunächst das Problem der ENTKOLONIALISIERUNG. Die Kolonien stimmen am 28. September für ein Verbleiben im Verband mit Frankreich im Rahmen der *Communauté Française* bei innerer Autonomie, lediglich Guinea votiert dagegen. Hauptproblem ist ALGERIEN, das weiter als Teil Frankreichs gilt (drei Departements). Die Politik de Gaulles geht ab 1959 grundsätzlich von der Anerkennung des Selbstbestimmungsrechts Algeriens aus, wenn auch zunächst noch mit dem Ziel einer Assoziierung. Trotz großer Widerstände der

Algerienfranzosen gelingt der Rückzug aus Nordafrika. Anschließend versucht de Gaulle, eine Führungsrolle in Westeuropa zu erreichen und eine Zwischenstellung zwischen den Fronten der USA und UdSSR zu erlangen. Daher wendet er sich gegen die NATO und nähert sich dem Ostblock. Frankreich erlebt ein beispielloses wirtschaftliches Wachstum (jährliche Zuwachsraten des Bruttosozialprodukts um 6 Prozent), das zum Durchbruch der modernen Industriegesellschaft führt. Verteilungsungerechtigkeiten und mangelnde Gelegenheit zu politischer Artikulation führen jedoch zu sozialen Spannungen, die in der Krise des Mai 1968 zum Ausbruch kommen. Sie münden in eine Rechts-Links-Polarisierung des politischen Lebens, die durch die Reformbemühungen von Staatspräsident Valéry Giscard d'Estaing nur wenig abgemildert werden.

1958 1. Okt.	Bildung der *Union pour la Nouvelle République* (UNR) durch de Gaulle als Staatspartei.
23. Nov.	Erster Wahlgang zur Nationalversammlung: Kommunisten (PC) 14,3 Prozent, Sozialisten (SFIO) 11,7 Prozent, Volksrepublikaner (MRP) 8,4 Prozent, Radikale (liberal) 5,5 Prozent, Gaullisten (UNR) 14,7 Prozent, gemäßigte Rechte 17 Prozent.
30. Nov.	Zweiter Wahlgang: Eindeutiger Sieger ist die UNR (206 Sitze bei 17,6 Prozent), die von dem neuen Mehrheitswahlrecht profitiert (z. B.: PC 18,8 Prozent Stimmen, aber nur 2 Prozent Sitze).
21. Dez.	Wahl DE GAULLES zum STAATSPRÄSIDENTEN mit 77,5 Prozent der Wahlmänner.
27. Dez.	Der französische Ministerrat nimmt den sogenannten „Rueff-Plan“ an, der eine Haushaltssanierung durch Steuererhöhungen und Einsparungen, eine Abwertung des Franc und handelspolitische Maßnahmen zur Dämpfung der Preise vorsieht.
1959 6. Jan.	Daraufhin demissioniert Mollet als Minister und scheiden die Sozialisten aus der Regierungskoalition aus.
8. Jan.	Michel DEBRÉ (Gaullist; *1912) wird Ministerpräsident.
16. Sept.	De Gaulle erkennt öffentlich das Selbstbestimmungsrecht der Algerier an und schlägt der algeri-

	schen Unabhängigkeitsbewegung FLN drei Lösungsmöglichkeiten vor: Trennung von Frankreich, Integration oder Assoziierung.
1960	Rückberufung des Präfekten von Algier, General Jacques Massu (* 1908; führend beim Putsch vom 13. Mai 1958), aus Algerien.
24. Jan.	Aufstand der französischen Siedler in Algier, gegen den die Armee keine Maßnahmen ergreift.
13. Febr.	Erster Atomwaffenversuch in der Sahara.
April	Bauerndemonstrationen in Frankreich, deren Forderungen die Regierung nachgibt.
9.–13. Dez.	Reise de Gaulles nach Algerien: Demonstration der Algerienfranzosen, die Gegenkundgebungen der Moslems hervorrufen.
19. Dez.	Die Nationalversammlung erkennt das Selbstbestimmungsrecht der Algerier an.
1961 8. Jan.	In einem Plebiszit wird de Gaulles Algerienpolitik mit 75,2 Prozent der Stimmen bestätigt.
22. April	Daraufhin (gescheiterter) Putsch der Generale Maurice Challe (* 1905, † 1979; 1958 Oberkommandierender in Algerien), Jouhaud und Raoul Salan (* 1899, † 1984; 1956–1958 Oberkommandierender in Algerien).
1962 18. März	Der VERTRAG VON ÉVIAN (Évian-les-Bains am Genfer See) beendigt den Algerienkrieg. Etwa eine Million erwerbsfähiger Franzosen wandert bis Ende 1962 aus Nordafrika ins Mutterland ab.
8. April	Billigung der Algerienpolitik durch ein Referendum.
14. April	Ministerpräsident Debré tritt zurück.
15. April	Nachfolger ist der Gaullist Georges POMPIDOU (* 1911, † 1974).
22. Aug.	De Gaulle entgeht nur knapp einem Mordanschlag der *Organisation de l'Armée secrète* (OAS), die das gesamte Land mit Terrorakten gegen den Rückzug aus Algerien überzieht.
28. Okt./ 6. Nov.	Ein Referendum über Verfassungsänderung wird mit 2,8 gegen 7,9 Millionen Stimmen angenommen: Der Staatpräsident wird unmittelbar vom Volk gewählt.
25. Nov.	Nach den Parlamentswahlen stützt sich Pompidou auf eine Mehrheit von Gaullisten (21 Prozent) und Unabhängigen.

Dez. UNR und linksgaullistische UDT schließen sich zusammen.

1963 22. Jan. Abschluß des deutsch-französischen Vertrages, der über die Aussöhnung hinaus eine größere Eigenständigkeit der Europäer innerhalb der westlichen Allianz begründen soll. Praktische Folgen bleiben jedoch zur Enttäuschung de Gaulles aus.

12. Sept. Plan des Wirtschafts- und Finanzministers (1962–1966, 1969–1974) Valéry Giscard d'Estaing (*1926) zur Stabilisierung der Währung, der eine Kontrolle des Kreditwesens und der Preise vorsieht.

1964 3. Dez. Die Nationalversammlung räumt der nuklearen Rüstung Vorrang vor der konventionellen ein.

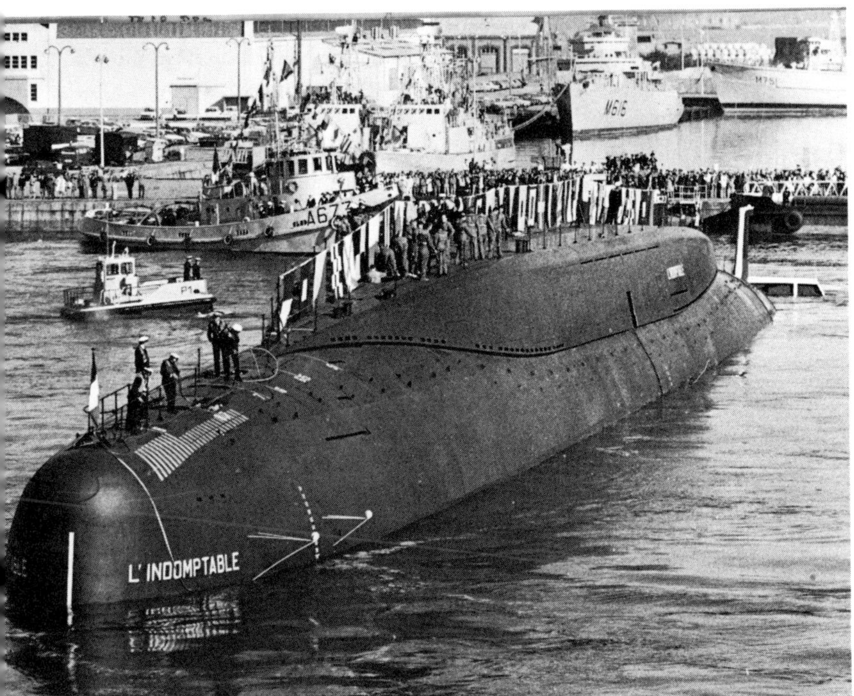

Abb. 35: Die selbständige Atomstreitmacht: Ein Unterseeboot der „force de frappe"

1965 5./19. Dez.	De Gaulle erhält im 1. Wahlgang nur 44,64 Prozent der Stimmen, wird aber im 2. Wahlgang mit 55,19 Prozent erneut zum Staatspräsidenten gewählt und setzt sich damit gegen den Kandidaten der Linken François Mitterrand (*1916; 1965–1968 Vorsitzender der Vereinigten demokratisch-sozialistischen Linken) durch.
1966	Wirtschaftliche Rezession und wachsende Arbeitslosigkeit zu Jahresbeginn.
7. März	Nachdem der Aufbau einer nationalen Atomstreitmacht *(force de frappe)* genügend weit gediehen ist, verläßt Frankreich die militärische Integration der NATO, bleibt aber Mitglied des Atlantikpakts; das europäische NATO-Hauptquartier muß von Paris nach Brüssel verlegt werden.
10. Juni	Die kommunistische Gewerkschaft CGT und die sozialistische (früher christliche) Gewerkschaft CFDT vereinbaren ein gemeinsames Aktionsprogramm.
1967 12. März	Die Gaullisten (UNR-UDT) müssen zwar in den Parlamentswahlen Verluste hinnehmen, werden dennoch stärkste Fraktion und erreichen zusammen mit den Unabhängigen Republikanern (FNRI, Parteigründung 1966) von Giscard d'Estaing eine knappe Mehrheit. Das Anwachsen der Stimmen der Linken setzt auch den Prozeß der Einigung zwischen Kommunisten und Sozialisten in Gang; sie wenden sich gegen das System des „plebiszitären Bonapartismus".
Nov.	Gaullistische UNR-UDT in UDR umbenannt.
1968 13. Mai	MAIUNRUHEN: Studentendemonstrationen, die zunächst in Nanterre ausbrechen, greifen auf Paris über. Diesen Demonstrationen schließt sich der wirtschaftliche, soziale und politische Protest in der Arbeiterschaft an.
	CGT, CFDT und andere große Gewerkschaften rufen zum Generalstreik auf. Wilde Streiks und Fabrikbesetzungen (z.T. revolutionäre Ziele) führen zum Zusammenbruch des öffentlichen Lebens.
25. Mai	Gewerkschaften, Kommunisten und Sozialisten grenzen sich von den Linksextremen ab und sind bereit,

Abb. 36: Maiunruhen 1968: Studentenführer Daniel Cohn-Bendit (rechts neben dem Pult) bei einer Kundgebung.

mit Pompidou zu verhandeln, der die Verbände und Gewerkschaften dazu einlädt.

27. Mai Das „Grenelle-Abkommen" zwischen der Regierung und den Sozialpartnern, das drastische Verbesserungen der sozialen Verhältnisse zusichert, trägt zur Beruhigung bei.

29./30. Mai De Gaulle verläßt Paris mit unbekanntem Ziel; er versichert sich insgeheim in Baden-Baden der Loyalität der Militärs und nutzt die durch sein Verschwinden entstandene Angst vor dem Chaos, um Neuwahlen anzukündigen und damit die Maibewegung zu brechen.

23./30. Juni Die Parlamentswahlen stellen ein Votum gegen das Chaos der Maitage dar. Die Gaullisten (UDR) gehen als Sieger hervor.

Pompidou wird erneut Ministerpräsident (bis 10. Juli); seine „neue Politik“ zielt auf eine Universitätsreform, eine Dezentralisierung (Gebietskörperschaften: 21 Regionen und Korsika) und auf Mitbestimmung der Arbeiterschaft ab.

13. Juli Neuer Ministerpräsident (bis 20. Juni 1969) wird der Gaullist Maurice Couve de Murville (* 1907).

1969 11. April De Gaulle verknüpft den Gesetzentwurf über die Regionalisierung, den er der Bevölkerung vorlegt, mit der Vertrauensfrage.

27. April Als der Volksentscheid negativ (53,1 Prozent Nein-Stimmen) ausfällt, tritt de Gaulle zurück.

1./15. Juni POMPIDOU wird zum STAATSPRÄSIDENTEN gewählt.

24. Juni Premierminister wird der Gaullist Jacques CHABAN-DELMAS (* 1915). Die Regierungsmehrheit wird um Zentrumsdemokraten (CD; ehemalige Volksrepublikaner u. ä.; Jacques Duhamel [* 1924]) erweitert. Anschließend Ausbruch von Flügelkämpfen in der UDR zwischen liberalen und „orthodoxen“ Gaullisten.

1./2. Dez. Haager Gipfel der EG: Frankreich stimmt der zuvor immer abgelehnten Aufnahme Großbritanniens und anderer Staaten in die Europäische Gemeinschaft zu.

1971 Nov. Die (liberalen) Radikalen (Jean-Jacques Servan-Schreiber; * 1924; Parteipräsident 1971–1975 und seit 1971) und das Demokratische Zentrum (CD-Mehrheit unter dem Parteivorsitzenden [seit 1966] Jean Lecanuet [* 1920]) schließen sich zur Reformbewegung *(Réformateurs)* zusammen.
Danach spaltet sich der linke Flügel der Radikalsozialisten ab und stößt später (1972) zur Linksunion.

1972 27. Juni Abkommen über ein Wahlbündnis zwischen Sozialisten (Mitterrand), Kommunisten und Links-Radikalen. Die Kommunisten werden damit aus der langjährigen Isolation herausgeholt und die langfristigen Chancen für eine Ablösung der Regierungsmehrheit unter den Bedingungen des Präsidialregimes entscheidend verbessert.

6. Juli Pierre MESSMER (* 1916; 1972–1976 UDR-Vorsitzender) vom „orthodoxen“ Flügel der Gaullisten ersetzt

den liberalen Chaban-Delmas im Amt des Ministerpräsidenten.

7. Dez. Maßnahmen zur Senkung der Inflationsrate, die fast 15 Prozent erreicht: Senkung der Mehrwertsteuer und Restriktionen im Kreditwesen.

1973 4./11. März Der Regierungsblock kann trotz Verlusten der Gaullisten bei den Wahlen die Mehrheit (276 Mandate von 490) behaupten. Für die Sozialisten beginnt eine Phase kontinuierlicher Stimmengewinne.

Die Regierung Messmer konzentriert ihre Politik auf die Beschränkung des Energieverbrauchs, da die Ölimporte sich durch die Schwäche des Franc verteuern.

1974 Tod Pompidous (2. April).

Die Linksunion stellt Mitterrand als Kandidaten auf; die Mitte einigt sich auf den Unabhängigen Republikaner Giscard d'Estaing, die Gaullisten auf Chaban-Delmas, dem jedoch der rechte UDR-Flügel um Chirac die Unterstützung versagt.

5. Mai Erster Wahlgang: Mitterrand 43,2 Prozent; Giscard 32,6 Prozent; Chaban 15,1 Prozent.

19. Mai GISCARD D'ESTAING wird zum STAATSPRÄSIDENTEN mit 50,8 Prozent der Stimmen (gegen 49,2 für Mitterrand) gewählt. Jacques CHIRAC (*1932) wird Ministerpräsident (Koalitionskabinett bis hin zu den *Réformateurs*); er versucht, die Inflationsrate herabzudrücken.

1975 Die Zahl der Arbeitslosen in Frankreich beträgt 750 000 (Mai).

1976 Febr. Die Kommunistische Partei (Generalsekretär seit 1972 Georges Marchais [*1920]) läßt die Formel „Diktatur des Proletariats“ fallen, sie besteht auf einem eigenen Weg zum Sozialismus und nähert sich in dieser Hinsicht den Kommunisten Italiens bei Beibehaltung einer autoritären Binnenstruktur.

21. Mai Die Führer der Linksunion Marchais, Mitterrand und Robert Fabre (*1915, Vorsitzender der 1973 gebildeten Bewegung der Links-Radikalen) können sich auf eine Aktualisierung des 1972 verabschiedeten Aktionsprogrammes nicht einigen.

25. Aug. Rücktritt des Premierministers Chirac (ein Höhepunkt in dessen Konflikt mit Giscard d'Estaing).

Nachfolger wird der keiner Partei zugehörige Raymond BARRE (*1924).

Sept. Barre legt einen Wirtschaftsplan vor, der einschneidende Sparmaßnahmen vorsieht; die Gewerkschaften reagieren mit einem Generalstreik.

Dez. Chirac bildet als faktischer Führer (1974/1975 Vorsitzender) der UDR diese zum RPR um.

1977 20. März Die Kommunalwahlen enden mit einem Sieg der Linksunion, wobei sich ein Stimmenzuwachs für die Sozialisten abzeichnet, nicht für die Kommunisten.

Mai Eine Kommission der Linksunion gerät über der Frage der Verstaatlichung der Schlüsselindustrien erneut in heftige Meinungsverschiedenheiten, die mit dem

23. Sept. praktischen Bruch des Bündnisses der linken Parteien enden. Die Kommunistische Partei ist nicht bereit, eine weitere Stärkung der Sozialisten auf ihre Kosten zuzulassen.

1978 1. Febr. Errichtung der *Union pour la Démocratie Française* (UDF): Zusammenschluß der Republikaner (PR; bis 1977: Unabhängige Republikaner), der Radikalen (Servan-Schreiber), des Demokratischen und Sozialen Zentrums (bis 1976 Zentrumsdemokraten; Duhamel und Lecanuet) zur Unterstützung des Staatspräsidenten.

19. März Bei den WAHLEN zur Nationalversammlung scheitert die Linksunion. Raymond Barre wird erneut Ministerpräsident.

Prozent gegenüber Vorjahr	1979	1980	1981
Bruttoinlandsprodukt*	3,1	1,3	0,2
Importe	10,9	5,5	-1,5
Privatverbrauch	3,3	1,7	1,6
Kapitalbildung (brutto)	2,5	0,8	-2,3
Exporte	7,3	3,4	4,6
Konsumpreise	11,8	13,6	13,9

*zu Marktpreisen

Abb. 37: Veränderungen gesamtwirtschaftlicher Größen 1979–1981

1979 Während die Regierung an ihrer Wirtschaftspolitik festhält, steigt die Inflation auf über 10 Prozent und die Arbeitslosenzahl im Zuge von Rationalisierungen und Produktivitätssteigerungen auf 1,4 Millionen.

18. Sept. Angesichts der harten Sparmaßnahmen der Regierung Barre vereinbaren die beiden großen Gewerkschaften CGT und CFDT eine enge Zusammenarbeit.

1980 28. Sept. Bei Teilerneuerungswahlen zum Senat (bis 2. Oktober) erzielen Sozialisten und Gaullisten Gewinne.

1981 26. April Im 1. Wahlgang der Präsidentschaftswahlen tritt Chirac gegen Giscard d'Estaing an, ebenso Marchais gegen Mitterrand. Die Spaltung des bürgerlichen Lagers und die Diskreditierung der Kommunisten durch den Bruch der Linksunion ermöglichen es Mitterrand,

10. Mai sich im 2. Wahlgang mit 51,7 Prozent gegen Giscard d'Estaing (48,2 Prozent) durchzusetzen.

Die V. Republik unter sozialistischer Führung (seit 1981)

Der Machtwechsel von 1981 stärkt die Legitimität der Präsidialverfassung der V. Republik. Die Sozialisten versuchen zunächst, ein ehrgeiziges Reformprogramm zu verwirklichen (Sozialleistungen zur Stärkung der Nachfrage, Nationalisierungen, Dezentralisierung, Reformen der Justiz und des Krankenhauswesens, Neuordnung der Medien). Die Überspannung der wirtschaftlichen Kräfte zwingt sie 1982/83 zur Anpassung an den Austeritätskurs der übrigen Industrieländer. Damit verbunden sind eine entschiedenere Hinwendung zur wirtschaftlichen und politischen Integration Europas sowie eine Entideologisierung der sozialistischen Partei. Die – ganz außergewöhnliche – absolute Mehrheit der Sozialisten im Parlament geht in den Wahlen von 1986 wieder verloren, doch kann sich Mitterrand mit geschickter Taktik 1988 eine zweite Amtszeit als Staatspräsident sichern. Sie ist durch eine zunehmende inhaltliche Annäherung der großen Parteien gekennzeichnet. Gleichzeitig sammeln sich aber die Verlierer der Modernisierung in der rechtsextremen „Nationalen Front" um Jean-Marie LePen. Gegen Ende der Ära Mitterrand erhält die ökologische Bewegung Zulauf, während die übrigen Parteien zunehmend unter einer allgemeinen Politikverdrossenheit leiden.

22. Mai Nach seinem Sieg über Giscard d'Estaing ernennt Staatspräsident Mitterrand Pierre Mauroy (*1928) zum neuen Ministerpräsidenten.

30. Juni In vorgezogenen Neuwahlen erhält die Sozialistische Partei 37,5 Prozent der Stimmen und 54,9 Prozent der Parlamentssitze. Mauroy bildet seine Kabinett unter Aufnahme von vier kommunistischen Ministern um. Die geschwächte kommunistische Partei wird damit in die Regierungsverantwortung eingebunden.

1982 19. Nov. Der französische Konzern Thomson-Brandt kauft das deutsche Unternehmen Grundig.

1983 25. März Mitterrand erläutert in einer Fernsehrede sein drastisches Sparprogramm zur Wiederherstellung des außenwirtschaftlichen Gleichgewichts: Unterstützung von Kleinunternehmern, Sanierung der Rentenversicherung, Kampf gegen Arbeitslosigkeit.

26. Juni Der Pariser Handelsgerichtshof stellt die Zahlungsunfähigkeit des größten französischen Anlagebauers Creusot-Loire fest.

1984 17. Juni In den Wahlen zum Europäischen Parlament sinkt der Anteil der Kommunisten auf 11,2 Prozent. Die rechtsextreme „Nationale Front", zuvor eine unbedeutende Splitterpartei, erhält mit 11,1 Prozent fast ebensoviel Stimmen.

24. Juni Nach einer Massendemonstration für die Erhaltung der Privatschulen wird der sozialistische Schulgesetz-Entwurf von Mitterrand zurückgezogen. Mauroy reicht daraufhin seinen Rücktritt ein.

17. Juli Die Kommunisten nehmen dies zum Anlaß, nach der erneuten Wahlniederlage in die Opposition zu gehen. In der Regierung von Laurent Fabius (*1946) sind sie nicht mehr vertreten.

1985 27. Juli Die Nationalversammlung nimmt den Gesetzentwurf über die Zukunft Neukaledoniens an: Aufteilung in 4 Regionen, Wahl von Regionalparlamenten, später Entscheidung der Einwohner über Verbleib bei Frankreich.

20. Sept. Frankreich übernimmt die Verantwortung für den Anschlag des Geheimdienstes DGSE auf ein Greenpeace-Schiff. Verteidigungminister Charles Hernu

(*1923) tritt zurück, der DGSE-Chef wird fristlos entlassen.

1986 20. März Nach dem Sieg des bürgerlichen Parteienbündnisses (16. März) beruft Mitterrand den Gaullisten CHIRAC als Führer der stärksten Fraktion zum Premierminister. *Cohabitation* von bürgerlicher Regierung und sozialistischem Präsidenten.

6. Aug. Nachdem der Präsident eine Ordonnanz zur Reprivatisierung der 1981/82 nationalisierten Unternehmen zurückgewiesen hat, verabschiedet das Parlament ein entsprechendes Gesetz.

1987 11. Mai Beginn des Prozesses gegen den ehemaligen SS-Führer Klaus Barbie (*1913) in Lyon.

1988 8. Mai 12. Mai Im 2. Wahlgang der Präsidentschaftswahlen setzt sich Mitterrand (54 Prozent) gegen Chirac (46 Prozent) durch. Mitterrand setzt eine neue Regierung unter dem Sozialisten Michel ROCARD (*1930) ein.

5./12. Juni Bei den Parlamentswahlen erreicht die Linke keine absolute Mehrheit; Rocard muß sich auf eine relative parlamentarische Mehrheit stützen.

Abb. 38: Die „Cohabitation“ von bürgerlicher Regierung und sozialistischem Präsidenten 1981: Staatspräsident Mitterrand (rechts) und Ministerpräsident Chirac.

1989 200. Jahrestag der Französischen Revolution (14. Juli).

1990 Nach Irritationen über Mitterrands Versuch, die DDR auch nach der „Wende“ als Staat zu erhalten, fordern der französische Staatspräsident und der

19. April deutsche Bundeskanzler in einer gemeinsamen Botschaft die Verwirklichung der EG-Währungsunion und der Politischen Union bis 1993.

17. Sept. Beim deutsch-französischen Gipfel in München gibt Mitterrand bekannt, die französischen Truppen in Deutschland auf die Hälfte zu reduzieren.

15. Mai Premierminister Rocard reicht auf Verlangen Mitterrands seinen Rücktritt ein. Seine Nachfolgerin wird Edith CRESSON, von der sich der Präsident eine stärkere Mobilisierung der sozialistischen Basis erhofft.

14. Okt. Kohl und Mitterrand kündigen die Bildung eines deutsch-französischen Armeekorps an, das als Keimzelle einer europäischen Streitmacht gedacht ist.

10. Dez. Auf dem EG-Gipfel in Maastricht erhält Mitterrand eine verbindliche Zusage zur Verwirklichung der Währungsunion sowie eine Grundsatz-Zustimmung zur Politischen Union.

1992 In den Regional- und Kantonalwahlen erleiden die

22. März Sozialisten mit 16,4 Prozent eine herbe Niederlage, während Ökologen und Nationale Front 14,4 bzw. 13,9 Prozent auf sich vereinigen können.

2. April Mitterrand bildet daraufhin die Regierung um. Neuer Premierminister wird der bisherige Wirtschafts- und Finanzminister Pierre BÉRÉGOVOY (*1925).

20. Sept. Bei einem von Mitterrand zur Stärkung seiner Popularität angesetzten Referendum stimmt nur eine knappe Mehrheit von 51,05 Prozent für die Ratifizierung der Maastricht-Verträge.

1993 In den Parlamentswahlen erreichen die bürgerlichen Parteien eine deutliche Mehrheit: RPR 28,3 Prozent (247 Mandate), UDF 26,8 Prozent (213 Mandate), Sozialisten 28,2 Prozent (54 Mandate), Kommunisten 4,6 Prozent (23 Mandate). Neuer Ministerpräsident wird Édouard BALLADUR (*1929; RPR).

Weiterführende Literatur

A. Gesamtdarstellungen

Bertier de Sauvigny, Guillaume de: Die Geschichte der Franzosen, Hamburg (Hoffmann & Campe) 1980

Duby, Georges/Mandrou, Robert: Histoire de la civilisaton française, 2 Bde., Paris (Colin) [8]1977

La France et les Français. Volume publié sous da direction de Michel François, Paris (Gallimard) 1972

Histoire de la France. Ouvrage en 3 volumes. Publié sous la direction de Georges Duby, Paris (Larousse) 1954

Histoire économique et sociale de la France. Dirigé par Fernand Braudel et Ernest Labrousse, 4 Bde., Paris (Presses universitaires de France) 1970–1982

Sieburg, Heinz-Otto: Geschichte Frankreichs, Stuttgart (Kohlhammer) [4]1989

B. Altertum und Mittelalter

Drinkwater, John F.: Roman Gaul. The Three Provinces, 58 BC–AD 260, London (Croom Helm) 1983

Jullian, Camille: Histoire de la Gaule, 8 Bde., Paris 1908–1926

Evans, Joan: Das Leben im mittelalterlichen Frankreich, Köln (Phaidon) 1960

Ehlers, Joachim: Geschichte Frankreichs im Mittelalter, Stuttgart (Kohlhammer) 1987

Duby, Georges: Le Moyen Age: de Hugues Capet à Jeanne d'Arc 987–1460 (= Histoire de France, Bd. 1), Paris (Hachette) 1987

Werner, Karl F.: Die Ursprünge Frankreichs bis zum Jahr 1000 (= Geschichte Frankreichs, Bd. 1) Stuttgart (Deutsche Verlagsanstalt) 1988

Favier, Jean: Frankreich im Zeitalter des Feudalismus 1000–1515 (= Geschichte Frankreichs, Bd. 2) Stuttgart (Deutsche Verlagsanstalt) 1989

C. Ancien Régime

Voss, Jürgen: Geschichte Frankreichs, Bd. 2: Von der frühneuzeitlichen Monarchie zur Ersten Republik 1500–1800, München (Beck) 1980

Méthivier, Hubert: L'Ancien Régime en France, Paris (Presses universitaires de France) 1981

Mieck, Ilja: Die Entstehung des modernen Frankreich 1450–1610. Strukturen, Institutionen, Entwicklungen, Stuttgart (Kohlhammer) 1982

Meyer, Jean: Frankreich im Zeitalter des Absolutismus 1515–1789 (= Geschichte Frankreichs, Bd. 3) Stuttgart (Deutsche Verlagsanstalt) 1982

Le Roy Ladurie, Emmanuel: L'Ancien Régime, 1610–1770 (= Histoire de France, Bd. 3), Paris (Hachette) 1991

D. Zeitalter der Revolutionen

Erbe, Michael: Geschichte Frankreichs von der Großen Revolution bis zur 3. Republik 1789–1884, Stuttgart (Kohlhammer) 1982

Furet, François/Richet, Denis: Die Französische Revolution, München (Beck) ³1981

Reichardt, Rolf (Hg.), Ploetz – Die Französische Revolution, Freiburg/Würzburg (Ploetz) 1988

Schulin, Ernst: Die Französische Revolution, München (Beck) 1988

Mager, Wolfgang: Frankreich vom Ancien Régime zur Moderne. Wirtschafts-, Gesellschafts- und politische Institutionengeschichte 1630–1830, Stuttgart (Kohlhammer) 1980

Ziebura, Gilbert: Frankreich 1789–1870. Entstehung einer bürgerlichen Gesellschaftsformation, Frankfurt a.M./New York (Campus) 1979

Furet, François: La Révolution: de Turgot à Jules Ferry, 1770–1880 (= Histoire de France, Bd. 4), Paris (Hachette) 1988

Tulard, Jean, Frankreich im Zeitalter der Revolutionen 1789–1851 (= Geschichte Frankreichs, Bd. 4) Stuttgart (Deutsche Verlagsanstalt) 1989

Caron, François: Frankreich im Zeitalter des Imperialismus 1851–1918 (= Geschichte Frankreichs, Bd. 5) Stuttgart (Deutsche Verlagsanstalt) 1991

E. 20. Jahrhundert

Loth, Wilfried: Geschichte Frankreichs im 20. Jahrhundert, Stuttgart (Kohlhammer) 1987, erweiterte Taschenbuchausgabe Frankfurt a.M. (Fischer) 1992
Rémond, René: Notre siècle, 1918–1988 (= Histoire de France, Bd. 6) Paris (Fayard) 1988
Agulhon, Maurice: La République: de Jules Ferry à François Mitterrand, 1880 à nos jours (= Histoire de France, Bd. 5) Paris (Hachette) 1990
Berstein, Serge/Milza, Pierre: Histoire de la France au XXe siècle, 4 Bde., Bruxelles (Editions Complexe) 1990–1992
Frankreich-Jahrbuch 1988ff, Opladen (Leske+Budrich) 1988ff

F. Literaturberichte

Ehlers, Joachim: Frankreich im Mittelalter. Von der Merowingerzeit bis zum Tode Ludwigs IX. (5./6. Jahrhundert bis 1270). Neuerscheinungen von 1961 bis 1979 (= Historische Zeitschrift, Sonderheft 11), München (Oldenbourg) 1982
Sieburg, Heinz-Otto: Literaturbericht über französische Geschichte der Neuzeit. Veröffentlichungen von 1945 bis 1963, in: Historische Zeitschrift, Sonderheft 2, München (Oldenbourg) 1965, S. 277–427
Hartmann, Peter Claus: Französische Geschichte 1914–1945. Literaturbericht über Neuerscheinungen von 1964 bis 1978 (= Historische Zeitschrift, Sonderheft 13), München (Oldenburg) 1985
Fortlaufende Berichterstattung in den Besprechungsteilen der Zeitschriften „Gallia“, Paris (für die Antike) und „Francia. Forschungen zur westeuropäischen Geschichte“, Sigmaringen (Thorbecke) 1973 ff.

Namen- und Sachregister

Im Registeralphabet sind ä wie ae, ö wie oe, ü wie ue eingereiht. Nach dem Stichwort stehen zunächst die Verweise auf Textstellen, nach [A] die Verweise auf Abbildungen, nach [G] die Verweise auf Grafiken, nach [K] die Verweise auf Karten, nach [S] die Verweise auf Schaubilder/Stammtafeln/Statistiken, nach [T] die Verweise auf Tabellen.
Als besonders wichtig gekennzeichnete Verweise (halbfette Seitenzahl) beziehen sich jeweils auf einen ganzen thematischen Block oder eine andere geschlossene Textpassage, auf eine Grafik, Schaubild/Stammtafel/Statistik oder Tabelle insgesamt. Der Pfeil ↗ zeigt an, daß die gesuchte Information unter einem anderen Stichwort zu finden ist, der Hinweis s. a. (siehe auch) sagt aus, daß zusätzliche Informationen unter den dort angegebenen Stichwörtern nachgeschlagen werden können.
Herrscher erscheinen unter ihrem Vornamen. Bei gleichen Vornamen werden zunächst die Päpste und die Monarchen des Römisch-Deutschen Reiches aufgeführt. Hierauf folgen die übrigen Herrscher nach dem Alphabet ihres Landes ohne Rücksicht auf Rangunterschiede, also etwa Bayern, England, Frankreich. Auch Beinamen von Regenten bleiben ohne Einfluß auf die Reihenfolge.
Arabische Herrscher erscheinen im Regelfall unter ihrem vollständigen Namen (Harun ar-Raschid), während bei den anderen Persönlichkeiten der im deutschen Sprachraum stellvertretend für den ganzen Namen gebrauchte Namensbestandteil wie der Nachname vorangestellt wird (Babeuf, François Noël). Römische Personennamen sind unter dem Gentilnamen zu finden (Iulius Caesar, C.), der Vorname ist in der üblichen Weise abgekürzt.
Orte, Länder u. ä. erscheinen in der Regel nur, wenn Näheres über sie ausgesagt ist.

[A]	=	Abbildungen
[G]	=	Grafiken
[K]	=	Karten
[S]	=	Schaubilder/ Stammtafeln/ Statistiken
[T]	=	Tabellen

Abkürzungen im Register

B.	=	Bischof
Btm.	=	Bistum
Dän.	=	Dänemark
Dekl.	=	Deklaration
dt.	=	deutsch
Dtld.	=	Deutschland
Dyn.	=	Dynastie
Eb.	=	Erzbischof
Ebtm.	=	Erzbistum
Engl.	=	England
Frd.	=	Frieden
Frkr.	=	Frankreich
frz.	=	französisch
Ft.	=	Fürst
Ftm.	=	Fürstentum
G.	=	Gatte, Gattin
Gfn.	=	Grafen, Gräfin
Gf(sch).	=	Graf(schaft)
Ghtm.	=	Großherzogtum
HM	=	Hausmeier
HMA	=	Hochmittelalter
Hz(n).	=	Herzog(in)
Hzm.	=	Herzogtum

Kg(n).	=	König(in)
Kgr.	=	Königreich
Kl.	=	Kloster
Konz.	=	Konzil
Ks(n).	=	Kaiser(in)
MA	=	Mittelalter
Mgf(sch).	=	Markgraf(schaft)
Mgfn.	=	Markgräfin
Ndld.	=	Niederlande
Pp.	=	Papst
Pr.	=	Prinz
röm.	=	römisch
Schl.	=	Schlacht
Schw.	=	Schwester
SMA	=	Spätmittelalter
Span.	=	Spanien
Syn.	=	Synode
T.	=	Tochter
Vtg.	=	Vertrag

A

Aachen 10 60
–, Frd. (1668) 168
–, Frd. (1748) 172
–, Kongr. (1818) 205
–, Pfalzkapelle 65
–, Syn. (991) 76
–, Vtg. (812) 55
Abbo von Fleury, Abt 76
Abd ar-Rachman, Emir 49
Abodriten 53–55
Abrüstung 237
Absolutismus 12 156 162 **173–174** [A] 167
–, aufgeklärter 196
Académie française 157
Action française 229 241
Adalbero, B., Laon 75
–, Eb., Reims 74
Adalbert von Ivrea, Kg., Italien 72
Adel (Alt.) 8 22 34 38 39
–, (MA) 8–12 44 45 67 68 71 80 **73** 123 139 148
–, (16.–18. Jh.) 13 155 157 163 175 182
–, (19. Jh.) 14 15 198 202 204
Adela von Champagne, Kgn., Frkr. 86
Adelsanarchie 71
Adria, Kgr. 128
Ägypten 261
Ämterkauf 155
Aëtius, Heermeister 38
Afranius Burrus, Sex. 34
Agenais 86
Agnes von Poitou, röm.-dt. Ksn. 81
Agrarpolitik 245
Agrarprotektionismus 241
agri decumates 25
Aime (Alt.) ↗Axima
Aistulf, Kg., Langobarden 51
Akkon 92
Aktionskomitees, antifaschistische 244
Aktionspakt gegen den Faschismus (1934) 243
Alamannen 26 27 40 41
Alanen 27 38
Alarich II., Kg., Westgoten 41
Albi 86
Albigenserkriege 11 87 **95–96** 97
Albigeois 97
Albrecht I., dt. Kg. 108 110
Albrecht von Wittelsbach, Gf., Holland 127
Albret, Dyn. 138
Alcimus Ecdicius Avitus 36
Alençon, Dyn. **138**
Alès, Edikt (1629) 157
Alesia, Schl. (52 v. Chr.) 23
Alexander III., Pp. 91
– VI., Pp. 144
– VIII., Pp. 168
Alexander Severus, Ks., Rom 26
Alfons, Gf., Poitou 97
–, Gf., Toulouse 87
Algerien 207 253 256
-krise 20 261–264
Alix, Hzn., Bretagne 86
Alkuin, Abt 64
Alkuin-Bibel 66
Allia, Schl. (387 v. Chr.) 22
Along, Vertrag ↗Brüsseler Pakt (1948)
Alost, Gfsch. 84
Alpen, röm. Provinzen **27** 28

Alpenpässe (Alt.) 31
Alpes Maritimae, röm. Diözese 28
Amandus 62
Ambiorix 23
Anagni, Attentat (1303) 110
Anaklet, Pp. 89
Ancien Régime 13 14
Andernach, Schl. (876) 69
Angelo Cato, Eb., Vienne 146
Angers, Schl. (1214) 86
Angevinisches Reich 95
Angoulême 86
–, Dyn. [S] 115
–, Vtg. (1619) 156
Aniane, Kl. 64
Anjou, Dyn. 12 79 **138**
–, Hzm. **86** 90 98 141
Anna von Bretagne, Kgn., Frkr. 143
–, Kgn., Frkr. 82 143 161
–, Schw. Karl d. VIII. 142
Annam 219 228
Annexionismus 236
Ansgar, Eb., Hamburg 56
Antilleninseln 166
Antisemitismus 229
Antoninus Pius, Ks., Rom 26
Antonius Saturninus, L. 25
Antrustionat 49
Apanagen 148
Aper, M. 35
Apollinaris Sidonius 38
Appeasementpolitik 248
Aquitanien 8 23 40 41 43 44 46 51 **71** **86** 92; s.a. Guyenne
Aquitanier 22–24
Arae Flaviae 25
Arago, Étienne-Vincent 208 212 213
Aragón, Kgr. 98 141
Arausio 31
Arbeit, Recht auf 213
Arbeiteraufstand (1848) 214
Arbeiterbewegung 232 233
Arbeiterproteste 258
Arbeiterschutzgesetzgebung 224 229 237 245
Arbeitsbeschaffungsprogramme 218
Arbeitslosigkeit 241
Arbeitspflicht 252
Arbeitszeit 213
Architektur (HMA) **101–104**
–, (SMA) **146**
–, (16.–18.Jh.) 168
Ardennen 47
Arelate 31
Arelatisches Reich 72
Argentorate 26
Arichis, Hz., Benevent 53
Ariovist 23
Arles 37 72
Armagnac, Dyn. 138
Armagnacs 130 131
Armee (MA) 11
Armeekorps, dt.-frz. 274
Armenfürsorge, Karolingerreich 64
Arminius, Ft., Cherusker 24 25
Arn, Eb., Salzburg 54
Arnaut Daniel 99
Arnulf II., Gf., Flandern 74
–, B., Metz 62
–, B., Orléans 76
–, Eb., Reims 75 76
Arnulfinger, Dyn. 43 49 [S] 50
Aron, Robert 241
Arouet, François-Marie ↗Voltaire
Arras, Gfsch. 84
–, Kongr. (1435) 136
Artevelde, Jakob van 116 117
–, Philipp van 126
Arthur III. de Richemont 136 138
–, Hz., Bretagne 86 93 94
Artois (16–18. Jh.) 150
Assignaten 183
Asti, Gfsch. 127
Atomunterseeboot [A] 265
Atomwaffen 265 266
Atomwaffenversuch (1960) 264
Attigny 60
Aubriot, Hugues 122
Aufklärung **175–176**
Aufrüstung 245
Augsburg (Alt.) ↗Augusta Vindelicum
Augusta Vindelicum 28
Augustus, Ks., Rom. 28 35

Auray, Schl. (1364) 124
Auriol, Vincent 247 257
Ausculta fili, Bulle 108
Auslandsverschuldung 234
Austeritätspolitik 258
Austrien 8 9 43 44 49
Autun 47 49 86
–, Schl. (532) 41
Auxerre 86
Avenches (Alt.) ↗Aveticum
Aveticum 31
Avignon 199
Avranches, Gfsch. 84
Awaren 9 53 54
Awarenfeldzug 53
Awarische Mark 58
Axima 27
Azincourt, Schl. (1415) 130 133

B

Babeuf, François Noël 191
Bärwalde, Vtg. (1631) 159
Baeterrae 31
Bagauden 38
Bagaudenkrieg 35
baillages 112
Bainville, Jacques 242
Balduin IV., Gf., Flandern 75
–, V., Gf., Flandern 82 83
Balladur, Édouard 274
Ballhausschwur 181
Ballon, Schl. (845) 68
Bankwesen 111 202
Bao Dai 258
Bar, Hzm. 141
Bar-le-Duc, Schl. (1037) 81
Barbie, Klaus 273
Barcelona 54
Barras, Paul François Jean Nicolas de 191
Barre, Raymond 270 271
Barrot, Odilon 215
Bartholomäusnacht 152 [A] 152
– des Eigentums (1789) 182
Basel, Konz. (1431–1449) 136 137
Basileus, Titel 55
Basilika, Bautyp 65
Bastille, Erstürmung (1789) 181
Bataver 25
Batavische Republik 192
Bauernbewegung, frz. Revolution **179–180**
Bauerndemonstrationen 264
Bayern 9 40
Bayeux, Gfsch. 84
Beaulieu, Edikt (1576) 152
Beauvais, Schl. (1473) 140
Becket, Thomas ↗Thomas Becket
Beistandserklärung, Griechenland/Polen/Rumänien (1939) 249
Beistandspakt, frz.-sowjetischer (1935) 244
–, – (1944) 256
Belfort 223
Belgien 192 210
Bellovaces 24
Benedikt XI., Pp. 110
– XV., Pp. 136
– von Aniane 55 64
– von Nursia 62
Benediktbeuren, Kl. 63
Benediktinerregel 47 62 65
Beneluxländer 258
Béranger, Pierre Jean de 207
Bérégovoy, Pierre 274
Bergbau (Alt.) 22 **33**
–, (16.–18. Jh.) 174
–, (19. Jh.) 202
Bergpartei 187 188
Bernadotte, Jean Baptiste Jules 197
Bernard Saisset, B., Pamiers 108
Bernhard von Clairvaux 89 91
Bernhard, Gf., Armagnac 128 130 131
Bertha, Kgn., Burgund 72
–, Kgn., Frkr., G. Roberts II. v. Frkr. 78
–, Kgn., Frkr., G. Philipps I. v. Frkr. 83
Bertholde, Dyn. 58
Bertrada von Montfort, Gfn., Anjou 83
Bertran de Born 99
Besançon, Ebtm. 72
Besatzungsarmeen, röm. **29** 30
Beverhoutsveld, Schl. (1382) 126

Bevölkerungsentwicklung (Alt.) **35**
–, (MA) 10 73 118
–, (16.–18. Jh.) 171 174
–, (1801–1975) [T] 203
Béziers (Alt.) ↗Baeterrae
Bibracte, Schl. (58 v. Chr.) 23
Bildungspolitik 228
Bildungswesen (MA) 62–64 73 74
Biran, Maine de 205
Bismarck, Otto von 221 223
Blanc, Louis 209 213 214
Blanca von Kastilien, Kgn., Frkr. 97
Blanqui, Auguste 209 214
Blois(-Champagne) **86** 89 90
Blois-Champagne, Dyn. 81
Blois-Chartres, Dyn. 79
Blücher von Wahlstatt, Gebhard Leberecht Ft. 201
Blum, Léon 237 245–247
Bodin, Jean 153 156
Böhmen 54
Bogumil, bulg. Priester 95
Boileau-Despréaux, Nicolas 167
Bonald, Louis Gabriel Ambroise de 205
Bonapartismus 213 266
Bonifatius 39 51 61 62
Bonifaz VIII., Pp. 107 108 110
Bonnet, Georges 247
Bordeaux (Alt.) ↗Burdigala
Boso, Kg., Burgund 72
Bossuet, Jacques-Bénigne 168
Bouisson, Fernand 244
Boulanger, Georges 18 228
Boulangismus 228 229
Boulogne, Unter-Gfsch. 84
Bourbon, Dyn. 13 15 **138** 151 153 [S] 165 199 [S] 115
Bourgès-Maunoury, Maurice 261
Bouvines, Schl. (1214) 10 95
Boves, Vtg. (1185) 92
Brabant 132
Breisach 160
Bremen, Ebtm. 56
Brémule, Schl. (1116) 88
Bretagne 12 68 70 71 **84** **86** 125
Bretagne/Dreux, Dyn. **138**
Brétigny, Frd. (1360) 121 123 124
Bretonische Mark 58; s.a. Bretagne
Brézé, Pierre de 138
Briand, Aristide 231 234 236 237 238 240 [A] 239
Briand-Kellogg-Pakt 240
Briefadel 139
Brienne, Étienne-Charles de Loménie de 178
Brissot, Jacques-Pierre 184
Britannienzüge, römische 23
Broglie, Albert de 225
–, Louis Victor de 209 210
Broussel, Pierre 161
Brügge 84 109 114 116 126
–, Morgenfeier (1301) 109
–, Waffenstillstand (1375) 125
Brüssel 266
–, Vertrag (1948) 258
Brüsseler Pakt (1948) 258
Brukterer 25
Brun, B., Langres 78
Brunhild, Kgn., Frankenreich 43 44
Buchmalerei **147** [A] 66
Büraburg, Btm. 62
Bürgerrechte 182
Bürgertum (MA) **106** 139
–, (16.–18. Jh.) 13 14 **174–175**
–, (1789–1799) **179**
–, (19.–20. Jh.) 16–18 202 203 213
Burchard II., Hz., Schwaben 72
Burdigala 27
Burgenbau 123
Burgund 8 12 43–46 49 71 **72** 81 **86** 89 122 125 **132–133**
–, Dyn. **138** [S] 129
Burgunder, Volksstamm 27 38
Burgunderreich 41
Byzanz 54

C

Caboche, Simon 130
Cabochiens 130
Caen 117
Caesar ↗Iulius Caesar, C.
Cahiers de doléances 180
Cahors 86 97 98

Calais 12 118 121 138 150
–, Frd. (1360) 121
Caligula, Ks., Rom 29
Calixt II., Pp. 88
Calonne, Charles-Alexandre de 177 178
Caltabelotta, Frd. (1302) 109
Calvinisten 151
Cambacérès, Jean Jacques Régis de 194
Cambrai, Btm. 132
–, Frd. (1529) 149
Campo Formio, Frd. (1796) 191 192
Canal du Midi 164
Cannes, Konferenz (1921) 237
Cannstadt, Gerichtstag (746) 51
Capitulare Saxonicum 54
Capitularia 59
Carabant, Gfsch. 84
Caracalla, Ks., Rom 26
Carnot, Lazare Nicolas de 188 191
Carrel, Armand 208
Cassel, Schl. (1071) 83
–, Schl. (1328) 116
Castillon, Schl. (1453) 137
Cateau-Cambrésis, Frd. (1559) 150
Cauchon, Pierre, B., Beauvais 134
Cavaignac, Eugène 214 216
–, Godefroy 208
Cavour, Camillo Benso von 219
CD ↗Centre des Démocrats
Cemenelum 27
centenarius 58
Centre des Démocrats (CD) 268
Centuriation 33
Cerdagne, Gfsch. 141
CFDT ↗Confédération Française Démocratique du Travail
CGT ↗Confédération Générale du Travail
Chaban-Delmas, Jacques 268 269
Challe, Maurice 264
Châlons 89
Chambord, Henri de 225
Chambord, Vtg. (1552) 150
Champagne 41 86 89; s.a. Blois-Champagne
Changarnier, Nicolas Théodule 215 216
Charles Fernand, Hz., Berry 205
Chartier, Alain 134
Chartres 86
Chastellain, Georges 145
Chateaubriand, François René 205 206
Chatten 25
Chauken, Volksstamm 25 26
Chautemps, Camille 242 246
Chelles, Syn. (992) 76
Cherbourg 125
Chiappe, Jean 243
Childebert, Kg., Frankenreich 41
Childerich I., Merowingerkönig 38 40
–, II., Kg., Frankenreich 45
–, III., Kg., Frankenreich 49
Chilperich, Kg., Frankenreich 43
Chinon, Vtg. (1214) 95
Chirac, Jacques 269–271 273 [A] 273
Chlodomer, Kg., Frankenreich 41
Chlodwig (Chlodowech) I., Kg., Frankenreich 8 39–41 47
Chlothar I., Kg., Frankenreich 41 43
–, II., Kg., Frankenreich 44 47 49
Cholera 209
chouannerie 189
Chrétien de Troyes 101
Christentum, Christianisierung **36** 37–39 41 46 47
Christenverfolgungen 36
Chrodegang von Metz 39 61
Cimiez (Alt.) ↗Cemenelum
Cisalpinische Republik 196
Civitasrepubliken 39
civitates 22 23 **31** 32 38 45
Claudius, Ks., Rom 25 28 35
– Drusus, N. 24
– Nero, Ti. 31
Clemenceau, Georges 18 228 231 234–237 [A] 234
Clemens V., Pp. 110
–, VII., Pp. 127
Clericis laicos, Bulle 107 110
Clermont, Btm. 89
–, Konz. (1095) 83 90

Clichy, Demonstration (1937) 246
Cluny, Kl. 78 80 81 90 101 [A] 102
Cobden-Vertrag (1860) 218
Cocherel, Schl. (1364) 124
Code civil 196 204 [A] 195
Code Napoléon ↗Code civil
Code pénal 196
Coeur, Jacques 139
Cohabitation 273
Colbert, Jean Baptiste 164 166
Coligny, Gaspard de 151 152
colonia Claudia Ara Agrippinensium 31
colonia Ulpia Traiana 31
Combat, Widerstandsorganisation 253
Combes, Émile 230
Comité Français de la Libération 256
Communauté Française 262
Commynes, Philippe de 146
Conan I. von Rennes, Hz., Bretagne 84
– IV., Hz., Bretagne 86
Confédération Française Démocratique du Travail (CFDT) 271
Confédération Générale du Travail (CGT) 229 236 245 246 248 271
connétable 112
Conseil de Flandre 133
Conseil National de la Résistance 253 256
Constans, Innenminister 228
Constant de Rebecque, Henry-Benjamin 201 205
Constanze, Kgn., Frkr. 78 81
Constitutio Romana 56
Corbeil, Vtg. (1258) 98
Corbie, Kl. 63 66
Corneille, Pierre 167
Cornelius Sulla, L. 23
– Tacitus, P. 35
Corvey, Kl. 63 66
Cotentin, Gfsch. 84
Cottius I., Kg. 27
– II., Kg. 27
Coty, René 259–261
Coulaines, Vtg. (843) 67 68
Courtrai, Gfsch. 84
Coutumes 74
Couve de Murville, Maurice 268
Crécy, Schl. (1346) 118
Crédit mobilier 218
Crémieux, Isaak Adolphe 213
Crépy, Frd. (1544) 149
Cresson, Edith 274
Cromwell, Oliver 162
curia regis 112

D

Dänen 9
D'Alembert, Jean Baptiste le Rond 175
Dagobert I., Kg., Frankenreich 44 47 49
Dahomey 229
Daladier, Édouard 242 243 248 249
Dalmatien 54 197
Damme, Schl. (1213) 94
Dante Alighieri 108
Danton, Georges 182 184 187–189
Darlan, François 252
Daudet, Léon 241
Daumier, Honoré [A] 225
Dauphin, Titel 118
Dauphiné 23 118
Dawes-Plan 238
Déat, Marcel 241
Debré, Michel 262–264
Decazes, Elie Hz. de 205
Deflationspolitik 241 243 244 247
Delcassé, Théophile 230
Delessert, Bankiersfamilie 202
Den Haag, EG-Gipfel (1969) 268
Descartes, René 166 167
Desiderius, Kg., Langobarden 52
Desmoulins, Camille 182 189
Detmold, Schl. 53
Deutsch, Sprache 63 65
Deutsch-Französischer Krieg (1870–1871) 17 222 **223–225**
Deutschland, Deutsches Reich (1871–1918) 230 231 236
–, Deutsches Reich (1918–1933) 239 240

–, Deutsches Reich (1933–1945) 244 247
–, Bundesrepublik (seit 1949) 259 260 274
–, DDR 274
Deutschlandpolitik 237 255 258
Devolutionskrieg 168
Dezentralisierung 268
DGSE, Geheimdienst 272
Diderot, Denis 175
Diedenhofen 60
–, Erbfolgeregelung (806) 54
Dijon 86
Diktatur des Proletariats 269
Ding, echtes und gebotenes 58
Diokletian, Ks., Rom 26 28
Dionysius, Heiliger 87 88
Dionysius Areopagita 65
Direktorialverfassung 191
Direktorium 14 190–192
Dol, Ebtm. 68
Dôle 72
Domitian, Ks., Rom 25
Domitius Ahenobarbus, Cn. 23
Domschulen 62
Donnus, Präfekt 27
Dormans, Guillaume de 122
Dormans, Jean de 122
Douai 109 125
Doumergue, Gaston 243
Dreibund 229
Dreifelderwirtschaft 60
Dreißigjähriger Krieg 159
Dreyfus, Alfred 229
Dreyfus-Affäre 229 232 [A] 230
Drieu la Rochelle, Pierre 241
Dritte Kraft, Regierung der 258 259
Dritte Republik ↗Republik, Dritte
Dritter Stand 14 143 178 180 181
Druiden 22 35
Du Bellay, Joachim 150
Dubarry, Marie Jeanne 173
Duhamel, Jacques 268 270
Dumouriez, Charles François 187
Dünkirchen (1940) 249
Dupleix, Joseph François 172
Durocortorum 27
dux, Titel 30 58

E
Ebroin, HM 45
Eburonen 23
Économie Concertée 257
Edictum Chlotharii 44
Eduard der Bekenner, Kg., Engl. 82
– I., Kg., Engl. 107
– III., Kg., Engl. 11 114 116–118 121
– IV., Kg., Engl. 141
– VI., Kg., Engl. 140
–, Pr., Engl. 119
EG ↗Europäische Gemeinschaft
EGKS ↗Europäische Gemeinschaft für Kohle und Stahl
Eichstätt, Btm. 62
Eindämmungspolitik 248
Einhard, Abt 64
Eisenbahn 202 218
Eisenhower, Dwight D. 252
Elba 199
Eleonore von Aquitanien, Kgn., Frkr. 86 90 91
Elfenbeinküste 262
Elisabeth Charlotte von der Pfalz, Hzn., Orléans 170
Elisabeth von Göritz 132
Elsaß 132 160 223
Elsaß-Lothringen 236
Emigration 155
Empire, erstes (1804–1814) **15** 196–200
–, Zweites (1852–1870) **15–17** **216–219** 222
Engern 52
England (MA) 84 105
Englisch-Französischer Krieg (1194–1199) 92
Ennodius 36
Enragés 187 188
Entente cordiale 210 211 230
Entkolonialisierung 256 259 261 262 264; s.a. Kolonien
Equestris 31
Erbfolgerecht 74 87 97 113

Eresburg 52
Erfurt, Btm. 62
Erich, Mgf., Friaul 53
Erispoe, Gf., Bretonische Mark 68
Erminfried, Kg., Thüringer 41
Étampes 89
–, Konz. (1130) 89
État français 252
Etrurien 197
EURATOM ↗Europäische Atomgemeinschaft
Euro-Corps 274
Europa, Integration 258 259 271
–, napoleonische Kriege [K] 197
Europäische Atomgemeinschaft (EURATOM) 261
Europäische Gemeinschaft (EG) 259 268
–, Politische Union 274
–, Währungsunion 274
Europäische Gemeinschaft für Kohle und Stahl (EGKS, Montanunion) 259
Europäische Verteidigungsgemeinschaft (EVG) 259 260
Europäische Wirtschaftsgemeinschaft (EWG) 261
Europäisches Parlament 272
EVG ↗Europäische Verteidigungsgemeinschaft
Évian, Vertrag (1962) 264
Évreux, Dyn. 125
EWG ↗Europäische Wirtschaftsgemeinschaft
Eyck, Hubert van 147
–, Jan van 147

F

Fabius, Laurent 272
Fabre, Robert 269
Faschismus 242 246 247
Faschoda-Krise (1898) 229
Favre, Jules 223 224
Februarrevolution (1848) 16
–, russische (1917) 235
Fehdewesen 89 90 98 122
Fénelon, François, Eb. 168
Ferdinand, Kg., Aragón 149
Ferrand, Gf., Flandern-Hennegau 94
Ferry, Jules 224 227 228
Feudalsystem 9 12 13 14 58 **61** 67 71 179 181 182
Feuillants 184 185
Finanzkrise (1934) 243
Finanzpolitik 239 241 243 245 246
Finanzreform 244
Finanzverwaltung (MA) **112–113**
–, (16.–18. Jh.) 155
Finnland 249
Flandern 71 73 **84** 89 90 107 **109–110** **114** **116** 125 126 128 **133** 141 150 162
Flandin, Pierre Étienne 243 251
Flémalle, Meister von 147
Fleurus, Schl. (1794) 189
Fleury, André Hercule de 172 174
Fleury-sur-Loire, Kl. 63 81
FLN ↗Front de Libération National
Florenz 108 141
FRNI 266
Foch, Ferdinand 235 [A] 234
Foix, Dyn. 138
Fontainebleau, Revokationsedikt (1685) 169
Fontenay, Schl. (841) 57
Force de frappe 266
Forces Françaises de l'Intérieur 253
Forum Iulii 31
fossa Corbuloris 31
fossa Mariana 31
fossae Drusinae 31
Fouché, Joseph 192 200 201 204
Fouquet, Jean 147
Franc-Tireurs 253
Franche-Comté 11 12
Francia, Name 46
Franken, Volksstamm 8 26 27
Frankenreich (Merowingerzeit, 482–714) 8 9 **39–49** [K] 42
–, –, Grundstrukturen **45**
–, (Karolingerzeit, 714–843) **40** **49–67**
–, –, Verfassung **57–58**
–, (Westfrankenreich, 843–987) **67–72**

Frankfurt, Friede (1871) 223
–, Synode (794) 53
Franz II., röm.-dt. Ks. 192
–, Hz., Anjou 153
– II., Hz., Bretagne 143
– I., Kg., Frkr. 12 149
– II., Kg., Frkr. 151
Franz von Guise, Hz. 151
Franzien 71
Französisch, Sprache 71 [T] 100
Französisch-Kongo 229 231
Französische Revolution 14 15 **179–193**
Frau, Stellung (SMA) 145
Fredegunde, Kgn., Frankenreich 43
Freie 48
Freihandel 210 218 220
Freiheit, persönliche 48
Freimaurerlogen 229
Fréjus (Alt.) ↗Forum Iulii
Fremdenverkehr (Alt.) 33
Friaulische Mark 58
Friedrich I., röm.-dt. Ks. 91
– II., röm.-dt. Ks. 98
– III., röm.-dt. Ks. 132
Friedrich Wilhelm, Kurft., Brandenburg 169
– - II., Kg., Preußen 184
Friesen 25
Friesland 132
Frisavonen 28
Froissart, Jean 146
Froissart-Chronik [A] 123
Froment, Nicolas 147
Fronde-Aufstand 161
Frondienste 175 182; s.a. Grundherrschaft
Front de Libération Nationale (FLN) 264
Front National (FN) 271 272
Frühsozialisten 208
Fürstentümer **73 80**
Fulco III. Nerra, Ft., Anjou 86
Fulda, Kl. 63 65
Fulko, Gf., Anjou 83
Fulrad von St. Denis 61
Fulvius Flaccus, M. 22

G
gabelle 113 174
Gabinius Secundus 25
Gaillard, Château 94
Gaillard, Félix 261
Galizien 197
Gallien **22–38**
–, Name 8
–, röm. Provinzen **27** 32 38 [K] 29
Gallikanische Freiheiten 136 148 168
Gambetta, Léon 223 224
Garigliano, Schl. (1503) 149
Garnier-Pagès, Republikaner 208 212 213
Gascogne 22 44 71 86 121
Gaston, Hz., Orléans 157
Gaue (Alt.) 22 32 58
Gaulle, Charles de 19 20 249 251 253–257 259 261–263 267 268 [A] 254
Gavere, Schl. (1453) 133
Geldern, Gfsch. 116
Geldwirtschaft (SMA) **106**
Geldwirtschaft 106; s.a. Münzwesen
Generalplanungskommissariat 257
Generalstände 14 142 143 158 178 180 181
Generalstreik (1934) 243
– (1936) 246
– (1968) 266
– (1976) 270
Genf, Protokoll (1924) 238
–, Verträge (1954) 260
Gent 84 109 114 116 126
Genua 128 196
–, Kfz. (1922) 237
Geoffroi Gaimar 99
Gerberga, Kgn., Italien 72
Gerbert von Aurillac, Eb. 76
Gergovia, Schl. (52 v. Chr.) 23
Germanen 8 22 37
Germanenreiche 38
Germanicus, Gaius Iulius Caesar 25
Germanien, röm. Provinzen 25 **28** 31
Germinalprozesse 189
Geschichtsschreibung (MA) **146**
Gesundheitswesen, Karolingerreich 63 64

Gewaltenteilung 175 182 191
Gewerbe ↗Handwerk und Gewerbe
Gewerbeordnung 183
Gewerkschaften 229 237 241 244–246 248 266 271
Gewohnheitsrecht 74
Giangaleazzo, Hz., Mailand 127
Gilden 109 126
Gipfeltreffen, dt.-frz. (1990) 274
Giraud, Henri-Honoré 252 253
Giraut de Bornelh 99
Girondisten 184–187 190
Giscard d'Estaing, Valéry 20 263 265 266 269 271 272
Gisors 92
Glaubenskriege **151**
Gleichgewichtspolitik 171
Godomar, Kg., Burgunder 41
Götter, röm. 35
Göttrik, Kg., Dänen 55
Gotik **102–104** [T] 103–104
Gottesfriedensbewegung **89–90**
Gottfried, Martell, Gf., Anjou 81 82
– V. Plantagenet, Hz., Anjou 86 90 91
– Pr., Engl. 86
Gouin, Félix 257
Grafen (HMA) 80
Grafschaften, Westfrankenreich **71 72**
Grafschaftsverfassung 48 52 57 **58**
grand chambellan 112
Graubündner Tal 159
Greban, Arnoul 145
Greenpeace 272
Gregor IV., Pp. 56
– V., Pp. 76
– VII., Pp. 83
– X., Pp. 107
– XI., Pp. 125
– von Tours 36 43 46
Grenelle-Abkommen (1968) 267
Grévy, Jules 224 226
Griechen, antike Handelsniederlassungen 7
Griechenland 249
Grimoald, HM 44
Großbritannien 230 238 249 251 258 261 268
Großgrundbesitz (Alt.) 32
Großsiegelbewahrer, Amt 112
Grundherrschaft 33 **59–61** 63 163 182 188
Grundholde 60
Guesclin, Bertrand du 124 125
Guesde, Jules 233
Guinea 262
Guinea, Golf von 219
Guinegate, Schl. (1479) 141
Guines 121
Guise, Dyn. 151
Guizot, François 206
Guizot, Guillaume de 208 209 211 212
Gundobad, Kg., Burgunder 41
Gustav II. Adolf, Kg., Schweden 159
Gutshöfe (Alt.) 33
Guy von Dampierre, Gf., Flandern 109
Guyenne 86 98 107 108 110 117 121 137 138; s.a. Aquitanien

H

Habsburg, Dyn. 13 149 162
Hadrian I., Pp. 52 53
–, Ks., Rom 26
Haeduer 23 25
Hamburg, Ebtm. 56
Handel (Alt.) 22 **33**
–, (MA) 73 80 139 142
–, (16.–18. Jh.) 171 172
Handelsgesetzbuch 196
Handelswege, Antike 7
Handwerk und Gewerbe, (Alt.) 22 **33**
–, (SMA) 139 142
–, (16.–18. Jh.) 171 172 175
Handwerker, frz. Revolution **180**
Hanotaux, Gabriel 229
Harald, Kg., Dänen 56
Harun ar-Raschid, Kalif 54
Hase, Schl. 53
Hausmeier, Amt 9 44 45 **49**
Haussmann, Georges-Eugène 218
Hébert, Jacques-René 188
Hébertisten 188 189 191
Heerbann, Heerfolge 48 63
Heeresreform (1445) **137**

Heerwesen (MA) 112 142
Heilige Allianz 205 206 208
Heilige Liga 144 153 154
Heinrich II., röm.-dt. Ks. 79 81
- III., röm.-dt. Ks. 81 82
- IV., röm.-dt. Ks. 83
- V., röm.-dt. Ks. 88 89
- Hz., Brabant 94
- I., Kg., Engl. 88
- II., Kg., Engl. 84 86 91 92
- III., Kg., Engl. 97 98
- V., Kg., Engl. 130–132
- VI. Lancaster, Kg., Engl. 136 137 140
- I., Kg., Frkr. 78 81 82
- II., Kg., Frkr. 149 150
- III., Kg., Frkr. 151 153
- IV. von Navarra, Kg., Frkr. 13 151 153 **155** 156 160 166 [A] 154
- von Trastámara, Kg., Kastilien 124
- Hz., Montmorency 157
Heliand-Dichtung 65
Helvetier 23 32
Helvetische Republik 192
Hemming, Kg., Dänen 55
Hennegau(-Holland) 84 116 132 133 162
Heristal 60
Hernu, Charles 272
Herriot, Édouard 238 240 242
Herrschaft der Hundert Tage **200–202**
Hersfeld, Kl. 65
Herzöge (HMA) 80 84
Herzogtümer 57 **71 72** 84; s.a. Stammesherzogtümer
Hiémois, Gfsch. 84
Hilarius von Poitiers 36
Hincmar von Reims, Eb. 64 69
Hitler, Adolf 19 248 249 251 252
Ho Chi Minh 258
Hofämter, Merowingerreich **48–49**
Hofkapelle, fränkische 57 59
Hoftage 58
Hohenlinden, Schl. (1800) 194
Holland 132 133; s.a. Hennegau(-Holland)
Hoover-Moratorium 241
Hottinger, Bankiersfamilie 202
Houphouet-Boigny, Félix 262
Hrabanus Maurus, Eb. 65
Hruodland, Gf. 52
Hübner 60
Hugenotten 151 152 154 155 157 169 170
Hugo Capet, Kg., Frkr. 10 71 74–76
- Mitkg., Frkr. 78 79
- Magnus, Hz., Franzien 70 71
- Gf., Vienne 72
- von Auxerre, Bf. 78
Hugo, Victor 212 216
Humbert II., Dauphin 118
Hundertjähriger Krieg 11 105 **117–138**
Hundertschaft, germanische 58
Hungersnöte, MA 11
Hunnen 38

I
Illyrien 197
imperator augustus, Titel 55
Imperialismus 227
Indien 230
Indochina 219 256 258
Indochina-Krieg, Erster 258 260
Industrialisierung 16 17 174 202–204 208 218
Inflation 236 238 246
Ingeborg von Dänemark, Kgn., Frkr. 93
Ingelheim 60
–, Reichsversammlung 53
Innozenz II., Pp. 89
- III., Pp. 93 94 96
Investiturstreit 83 84
Irminsul 52
Isabeau von Bayern-Ingolstadt, Kgn., Frkr. 127 128 131
Isabella, Kgn., Engl. 114 127
- von Hennegau, Kgn., Frkr. 84 92
Islam 99
Istrien 53
Italien 12 43 196 230
iudex 58
Iulius Agricola, Cn. 34

- Caesar, C. 8 23 27
- Civilis 25
- Classicus 25
- Sabinus 25
- Secundus 35
- Tutor 25
- Vindex, C. 25 34
ius hospitalitatis 45

J
Jacquerie 121
Jacques Bonhomme, Spottname 121
Jacques de Molay, Großmeister 111
Jakobäa von Hennegau, Gfn., Brabant 132
Jakobiner 184 186 187 190 192 207 226
Jansenismus 167
Jaurès, Jean 228 231 232
Jeanne d'Arc 134 136 145
Jefferson, Thomas 182
Jérôme, Kg., Westphalen 197
Jeunesses patriotes 242
Joffre, Joseph Jacques-Césaire 233
Johann II., Kg., Aragón 141
- Hz., Bedford 132 136
- I., Hz., Berry 123
- Gf., Brabant 116
- IV., Gf., Brabant 132
- Kg., Böhmen 118 144
- III. von Montfort, Hz., Bretagne 117 124 125
- ohne Furcht, Hz., Burgund 127 128 130 131
- I. Ohneland, Kg., Engl. 86 93–95
- II. d. Gute, Kg., Frkr. 118–122
- III., Gf., Namur 132
Johanna, Hzn., Blois 117
- Hzn., Brabant 127
- von Navarra, Kgn., Frkr. 86
- von Évreux, Kgn., Navarra 114
- Gfn., Toulouse 87
Johannes XV., Pp. 76
- Parvus 128
- Scotus Eriugena 65
Johanniterorden 111
Joinville, Jean de 146
Jours Généraux 133
Jouvenel, Jean 130
Judenverfolgungen 111
Judith, Kgn., Frankenreich 56
Jülich, Gfsch. 116
Jülich-Clevischer Erbfolgestreit 155
Juli-Monarchie 212
Juli-Ordonnanzen 207
Julian, Ks., Rom 26
Julirevolution (1830) 16 203 207 208
Jumièges, Kl. 101
Juthungen 26 27

K
Kabinett der Nationalen Einigung 243
Kämmerer, Amt 48
Kaisertum, fränkisches 10 **40**
–, frz. 15
–, röm.-dt. 160
Kalender, republikanischer 188
Kalter Krieg 19
Kampagne der Bankette 212
Kanada, frz. Kolonie 155 166 173
Kanalbauten (Alt.) **31**
Kanzler, Amt 112
Kapetinger, Dyn. 10 11 71 73 74 **80** 87 92 122 [S] 77 115
Karl I. d. Große, Ks., Frankenreich 9 39 40 51 52 54 55 57 58 61 64 66 68
- II. d. Kahle, Ks., Frankenreich 10 56 57 65 67–69
- III. d. Dicke, Ks., Frankenreich 69 72
- V., röm.-dt. Ks. 12 149 150
- Hz., Anjou 106 107
- das Kind, Kg., Aquitanien 68
- Hz., Berry 139
- Hz., Blois 117 124
- von Bourbon 150
- d. Kühne, Hz., Burgund 11 139–141
- d. Jüngere, Kg., Frankenreich 54 55
- IV. d. Schöne, Kg., Frkr. 113
- V. d. Weise, Kg., Frkr. 113 120 **122–124** 125 [A] 123
- VI. d. Wahnsinnige, Kg., Frkr. 126 127 130 132

– VII. d. Siegreiche, Kg., Frkr. 11 130 131 133 136–139
– VIII., Kg., Frkr. 142 144 148
– IX., Kg., Frkr. 151
– X., Kg., Frkr. 16 206–208
– IV., Hz., Lothringen 168
– d. Böse, Kg., Navarra 120 121 124 125
– Hz., Niederlothringen 71 74 75
– Hz., Orléans 128 145
– Gf., Valois 107–109
– III. d. Einfältige, Kg., Westfrankenreich 69 70
– Martell, HM 9 39 40 49 63 68
– Wilhelm Ferdinand, Hz., Braunschweig 185
Karle, Guillaume 121
Karlmann, HM 49 51 62
–, Kg., Frankenreich 51 52
–, Kg., Neustrien 69
Karolinger, Dyn. 8–10 39 49
Karolinger, Dyn. (Pippiniden) 43 [S] 50
Karolingerreich ↗Frankenreich
Kastilien, Kgr. 141
Katalaunische Felder, Schl. (451) 38
Katalonien 98
Katharer ↗Albigenserkriege
Katharina, Hzn., Burgund 131
– von Medici, Kgn., Frkr. 149 151 152
–, T. Philipp II. d. Kühnen von Burgund 132
Katholizismus, Katholiken 12 13 151 153 163 183
Kaufmannsgilden 109 126
Kaunitz, Wenzel Anton, Gf. 172
Kelten 8 22
Keramikproduktion (Alt.) **33**
Kirche (Alt.) 9 38 48
– (HMA) 12 39 67 68 **73** 80 88–91 96
– (SMA) 105 122 **106 136 137** 122 142
– (NZ-- 20. Jh.) 14–16 18 148 151 183 198 215 218
– bretonische 68
–, s.a. Reichskirche
Kirchenrecht 41
Kirchenstaat 40 51 54 56 192 195 197 198 220
Kirchenverfassung (1789) 183
Kirchenzehnt 182
Klerikalismus 229
Klosterreform 55 64 76 **80**
Klosterschulen 62–64
Klosterwesen, Karolingerreich **62–65**
–, Merowingerreich 47
Koalitionskrieg, Erster (1792–1797) 184
Köln (Alt.) ↗colonia Claudia Ara Agrippinensium
Königsboten ↗missi dominici
Königsfreie 48
Königshof (SMA) 112
Königtum (HMA) 8 10–13 **57 73** 75 **80 87** 88 **105 106 148**
Königtum (1789–1799) 185 186
Kohl, Helmut 274
Kolonien, Kolonialreich 18–20 155 **164 166** 172 173 218 219 228 229
Kolonisation, röm. **31**
Komintern 243
Komitee für die nationale Befreiung 253
kommunale Bewegung 98
Kommune-Aufstand (1871) 17 **223–226**
Kommunistische Partei Frankreichs (KPF), Kommunisten 18 243 245 246 255 258 269
Kommunistische Internationale 237
Konkordat (1516) 148 149
– (1801) 195
Konrad II., röm.-dt. Ks. 81
–, Kg., Burgund 78
Konstantin, Ks., Rom 26 28
Konsulatsverfassung **193**
Kontinentalsperre 196 202
Konventsherrschaft (1792–1794) 186
Korsika 268
Kortrijk, Schl. (1302) 109
KPF ↗Kommunistische Partei Frankreichs
Krakau 211

Kreuzzug, Erster (1096–1099) 83
– Zweiter (1147–1149) 91
– Dritter (1189–1192) 92
– Sechster (1248–1254) 98
– Siebter (1270–1275) 99
Kriegs(folge)lasten 235 236 262
Kriegsschulden-Moratorium 242
Krönungsevangeliar 67
Krönungsritus 87
Kronepiskopat 82
Kronflandern 84; s.a. Flandern
Kultur (Alt.) **34–36** **37** 38
– Merowingerreich **46**
– Karolingerreich **62–63**
Kunst, Merowingerreich 46
– Karolingerreich 63 **65–67**
– (HMA) **99–104**
– (SMA) **144–147**
– (16.–18. Jh.) **166–168**
Kunsthandwerk, Karolingerreich 64

L
l'Eure, Dupont de 208 212
La Bruyère, Jean de 167
La Fayette, Marie Joseph de Motier de 176 182–184 207 209
La Fontaine, Jean de 167
La Hogue, Schl. (1692) 170
La Marche 86
La Rochefoucauld, François IV., Hz. 167
La Rochelle, Schl. (1372) 125
La Rocque, François de 242 243
La Sale, Antoine de 145
La Trémouille, Georges de 133 136
Lacoste, Robert 261
Laffitte, Bankiersfamilie 202
Laffitte, Jacques 207–209
Laizismus 215 231
Lamartine, Alphonse de 212 213
Landau 200 202
Landois, Großkämmerer, Bretagne 143
Landwirtschaft (Alt.) 22 **32**
– (MA) 73 106
– (16.–18. Jh.) 155 164 172
– (1789–1799) 183
– (19. Jh.) 202 203
Langobarden(reich) 9 52
Langobardenfeldzüge 51
Langres 86
Languedoc 22 23 92 97 98
Laodikaia, Schl. (1147) 91
Laon 75 89
Larevellière-Lépeaux, Louis-Marie 191
Latein, Sprache 46 63
Lausanne, Konferenz (1932) 242
Laval, Pierre 240 242 244 251 252 255
Law, John 171 174
Le Chapelier, Gesetz 183
Lebrun, Albert 251
–, Charles François 194
Lecanuet, Jean 268 270
Ledru-Rollin, Alexandre Auguste 208 212 213 215
Legitimisten 225
Lehnseid 9
Lehnswesen 9 59 **61** 69 73 80
Leibherrschaft 59
Leipzig, Völkerschlacht (1813) 199
leliaerts 109
Leo III., Pp. 54 66
– IX., Pp. 82
– XIII. Pp. 228
Leopold II., röm.-dt. Ks. 184
LePen, Jean-Marie 271
Lérins 46
Lesseps, Ferdinand de 219
Letourneur, Direktor 191
Levée en masse 188
Lex Alamannorum 48
– Baiuvariorum 48
– Ribuaria 48
– Salica 48 113
– Saxonum 59
Libération 253
liberi 48
Libri Carolini 53
Ligen 243 244
Ligue de Croix-de-Feux 242
Ligue du bien public 139

Ligurer, Volksstamm 22
Ligurien 43
Ligurische Republik 192 196
Lilienbanner 200
Lille 125
Limburg 132
Limburg, Brüder von (Paul, Hermann, Jan) 147
Limes 26
Lingonen 23 28
Linkskartell 238
Literatur, Karolingerreich **64–65**
– (HMA) **99–101**
– (SMA) **144–146**
– (16.–18. Jh.) **166–168**
Locarno, Vtg. (1924) 238
Lombardei 192
Lombarden 111
London, Vtg. (1474) 140
Londonder Empfehlungen (1948) 258
Looz, Gfsch. 116
Lorsch, Kl. 63
Lothar I., Ks., Frankenreich 55–57
–, Kg., Westfrankenreich 70
Lotharingien 10 69
Lothringen (16.–18. Jh.) 70 133 159 162 168–170 172 223 235
Loucheur, Louis 236
Louis II., Pr., Condé 161
– Antoine Henri de Bourbon, Hz., Enghien 195
– Napoleon ↗Napoleon III.
– Philippe, Kg., Frkr. 16 207 208 210–212
Louisiana, Kolonie 166 171
Louvois, François Michel le Tellier, Marquis de 163
Louvre 122
Ludovico il Moro, Hz., Mailand 144
Ludwig III. d. Blinde, röm.-dt. Ks. 72
– IV. d. Bayer, röm.-dt. Ks. 116
– I., Hz., Anjou 123
– II., Hz., Anjou 127
– III., Kg., Aquitanien 69
– Kg., Burgund 72
– I., Pr., Condé 151
– I. d. Fromme, Ks., Frankenreich 9 52 54–56 61
– II., Ks., Frankenreich 69
– II. d. Deutsche, Kg., Ostfrankenreich 55–57
– III. d. Jüngere, Kg., Ostfrankenreich 69
– IV. das Kind, Kg., Ostfrankenreich 70
– II. d. Stammler, Kg., Westfrankenreich 68 69
– IV. d. Überseeische, Kg., Westfrankenreich 70
– V. der Faule, Kg., Westfrankenreich 71 74
– VI. d. Dicke, Kg., Frkr. 10 73 84 86–90
– VII. d. Junge, Kg., Frkr. 10 86 90–92
– VIII. d. Löwe, Kg., Frkr. 10 86 95–97
– IX. d. Heilige, Kg., Frkr. 10 97 98
– X. d. Zänker, Kg., Frkr. 113
– XI. d. Grausame, Kg., Frkr. 11 12 106 132 139–141 **142**
– XII., Kg., Frkr. 149
– XIII., Kg., Frkr. 156
– XIV., Kg., Frkr. 13 18 161 162 **163** 168–171
– XV., Kg., Frkr. 171–173 177
– XVI., Kg., Frkr. 14 173 177 178 181 182 184 187 [A] 186
– XVIII., Kg., Frkr. 199–202 204–206
– Gf., Nevers 116
– Hz., Orléans 127 128
– von Maele, Gf., Flandern 125 126
– von Nevers, Gf., Flandern 114
Lügenfeld, Schl. (833) 56
Lüttich, Btm. 132
Lugdunum 27 31 36
Luitpoldinger, Dyn. 58
Lully, Jean-Baptiste 168
Lusignan, Dyn. 93
Luxemburg 132 133 169 221
Luxeuil 47
Lyon (Alt.) ↗Lugdunum
Lyon, Arbeiteraufstand 209
Lyoner Messen 142

M
Maastricht, EG-Gipfel (1990) 274
Machaut, Guillaume de 144
Mac-Mahon, Marie Edme 17 224–226
Madagaskar 166 228
Madrid, Frd. (1526) 149
Magenta, Schl. (1859) 220
Magistratur 22
Magnus Ausonius, D. 35
Mailand 141 149
Maine 86
Mainfranken 41
Mainz (Alt.) ↗Mogontiacum
Maiunruhen (1968) 263 266 267
[A] 267
Malerei (16.–18. Jh.) 102 103 168
146–147
Malestroit, Vtg. (1343) 117
Malet, General 198
Mallet, Bankiersfamilie 202
Malthusianismus 232
Mantuanischer Erbfolgestreit 159
Manufakturen 164
Marat, Jean-Paul 182 184
Marcel, Étienne 119–121
Marchais, Georges 269 271
Marche, Olivier de la 145
Marcus Aurelius, Ks., Rom 26
Marengo, Schl. (1800) 194
Margarete von Anjou, Kgn., Engl. 137 140
– von Hennegau-Holland, Hzn., Burgund 127
– von York, Hzn., Burgund 140
– Hzn., Burgund 125
– von der Provence, Kgn., Frkr. 107
– Kgn., Navarra 152
Maria Theresia, Ksn. 172
– -, Kgn., Frkr. 162
Maria von Brabant, Kgn., Frkr. 107
– von Medici, Kgn., Frkr. 156 157
–, Erzhzn., Österreich 141
Marie Louise, Ksn., Frkr. 198
Marie-Antoinette, Kgn., Frkr. 177
Marienbourg 202
Marignano, Schl. (1515) 149
Mark, Gfsch. 116
Marken 58
Markgraf, Titel 58
Markgrafen (HMA) 80
Markomannen 24 26
Marly, Schloß 163
Marmont, Auguste Viesse de 200
marmousets 127
Marne, Schl. (1914) 233
Maroboduus, Kg., Markomannen 24
Marokko 230 231 259 261
Marokko-Krise, erste (1905) 230
–, zweite (1911) 231
Marquet, Adrien 241
Marschall, Amt 48
Marseille (Alt.) ↗Massilia
– (MA) 46
Marsfeld, Kundgebung (1791) 184
Marshall-Plan 258
Martigny (Alt.) ↗Octodurus
Martin IV., Pp. 107
Martinac, Jean Baptiste Gay de 206
Massilia 22
Matignon-Verträge (1936) 245
Maubeuge, Schl. (57 v. Chr.) 23
Maupeou, René Nicolas Charles Augustin de 177
Maupertuis, Schl. (1356) 119 120
Mauren 9
Mauroy, Pierre 272
Maurras, Charles 229 241
Maximian, Ks., Rom 26
Maximilian I., röm.-dt. Ks. 141 143 144 149
Maximinus Thrax, Ks., Rom 26
Maximum-Gesetz 188 190
Mayrisch, Emil 239
Mazarin, Jules 13 156 159–163
Mazarini, Giulio ↗Mazarin, Jules
Meersen, Vtg. (870) 69
Mehmet Ali 210
Mélentois, Gfsch. 84
Mempisc, Gfsch. 84
Mendès-France, Pierre 259 260
Menschenrechte 182
Menschenrechtsliga 229
Merkantilismus 164 174 176
Merowinger, Dyn. 8

Merowingerreich ↗Frankenreich
Messewesen 139 142
Messmer, Pierre 268 269
Metropolitanverfassung 64
Metternich, Clemens von 210
Metz (MA) 44 45 47 49
–, Btm. 12 150 160
Mexiko 221
Mézières, Philippe de 122
Michael I., Ks., Byz. 55
Milet, Jacques 145
Millerand, Alexandre 228 230 237
Minuskel, karolingische 66
Mirabeau, Honoré Gabriel de Riqueti de 181 183
–, Victor de Riqueti de 176
missi dominici 57 58
Mission, christliche 61
Mitterrand, François 20 266 268 269 271–274 [A] 273
Mönchtum, Karolingerreich 46 47 **62–64**
Mogontiacum 24
Molière 167
Molinet, Jean 145
Mollet, Guy 260–263
Mompelgard 200
Monarchie, konstitutionelle 183 190 207
Mont-St-Michel 101
Montagnards 215
Montagnon, Sozialist 241
Montaigne, Michel Eyquem de 150
Montesquieu, Charles de Secondat, Baron de la Brède et de 175 176
Montpellier 118
Monzon, Vtg. (1626) 158
Morini, Volksstamm 24
Mosaiken 66
Moulin, Jean 253
Mounier, Emmanuel 241
Mouzon, Syn. (995) 76
München, Abkommen (1938) 248
–, dt.-frz. Gipfeltreffen (1990) 274
Münzwesen 22 29 43
Munatius Plancus, L. 24 31
Municipien, röm. 31
Munizipalverfassung 73
Murbach, Kl. 63
Muret, Schl. (1213) 96

N
Namur, Gfsch. 132
Nancy, Schl. (1477) 141
Nantes, Edikt (1598) 154 169
Nantes, Gfsch. 68
Napoleon I., Ks., Frkr. 15 191 192 **193** 194–196 198 199 201 202
– III., Ks., Frkr. 16–18 209 210 213 214 216 219 220–222
Narbonensis, röm. Diözese 28
Narbonne 51 97
Nassau 116
Nationale Revolution, Politik der 252
Nationale Union 240 247
Nationaler Block 236 237 239 240 242 248
Nationalfeiertag 226
Nationalgarde 183 213
Nationalismus 229 244
Nationalkomitee der freien Franzosen 251
Nationalkonvent (1792) 185 190; s.a. Konventsherrschaft
Nationalsozialismus 19
Nationalversammlung (1789) 181 182 257
Nationenbildung 7 12 160
NATO 258 260 263 266
Naturrecht 176
Neapel, Kgr. 12 143 144 148 149 196
Necker, Jacques 174 177 180 181
Nemeter 24
Nero, Ks., Rom 25
Neufrankreich, Kolonie 164
Neukaledonien 272
Neustrien 8 43–45 49 69
Nevers, Gfsch. 89
New Deal 244
Ney, Michel 200 201 204
Niederlande 132 133 141 168 169
Niederländischer Krieg (1672–1678) 168 169

Nikaia, Konz. (787) 53
Niketas, bogumilischer B. 95
Nîmes, Tempel [A] 36
–, Edikt (1629) 157
Nimwegen 60
–, Frd. (1678–1689) 169
Nithard 64
Nördlingen, Schl. (1634) 159
Nominoe, Gf., Bretonische Mark 68
Nordafrika(-Politik) 230 252 260 261
Nordalbinger 53 54
Normandie 70 **84** 88 90 92 98 137 253
Normannen 9
Normanneneinfälle 56 67 69 70
Notabeln-Herrschaft **202–212**
Notabeln-Monarchie 182–185
Notker Balbulus 65
Novara, Schl. (1513) 149
Novempopulana, röm. Provinz 28

O

OAS ↗Organisation de l'Armée secrète
Oberschlesien 236
Occitanisch, Sprache 71
Octodurus 28
Odilo, Hz., Bayern 62
Odo I., Gf., Blois-Chartres 78
– II., Gf., Blois 79 81
–, Kg., Westfrankenreich 69 70
Odo-Heinrich, Hz., Burgund 78
Odo-Wilhelm, Gf., Mâcon 78
Ökologiebewegung 271 274
Ölkrise (1973) 269
Österreich 116 199 210 247
Österreichischer Erbfolgekrieg (1740–1748) 172
Ollivier, Emile 222
oppidum 22 33
Orange (Alt.) ↗Arausio
Orbieu, Schl. (793) 53
Orchies 125
Orden, Aufhebung 183
Ordinatio imperii 55–57
Oresme, Nicolas 122
Organisation Civile et Militaire 253
Organisation de l'Armee secrète (OAS) 264
Orientkrise (1839–1841) 210
Oriflamme 87 88
Orléanisten 224 225
Orléans (MA) 41 47 49 89
–, Dyn. **138** 148 [S] 115 165
–, Schl. (1428) 133
Orsini, Felice 220
Ost-West-Konflikt 20
Ostblock 263
Ostfränkisches Reich 10
Ostrebant, Gfsch. 84
Otfried von Weißenburg 65
Otto I. d. Große, röm.-dt. Ks. 70
– II., röm.-dt. Ks. 71
– III., röm.-dt. Ks. 67 76
– Hz., Burgund 86
– IV., Pfalzgf., Burgund 108
– Wilhelm, Freigf., Burgund 72
– Hz., Niederlothringen 71 75
Overschelde 84

P

Pactus 48
Paderborn, Reichstag 52
pagus 22 32 58
Pairswürde 209
Palais Bourbon, Marsch auf das (1934) 243
Palladius, Schriftsteller 36
Pamiers, Btm. 108
Pamplona 52
Papsttum (HMA) 40 73 78 83 84 125
–, Avignonesisches (1309–1377) 110 125 126
Paris 41 44 47 49 74 89 121
–, Aufstand (1944) 253
–, Befreiung (1944) 255 256
–, Edikt (1585) 153
–, Erster Frd. (1814) 199
–, Frd. (1763) 173
–, Friedenskongr. (1856) 219
–, Marsch auf (1815) 201
–, Verträge (1954) 260
–, Vtg. (1229) 86 96 97
–, Vtg. (1258) 86

–, Weltausstellungen 218
–, Zweiter Frd. (1815) 202
Pariser Bluthochzeit 152
Pariser Kommune ↗Kommune-Aufstand
Parlament (Hofgericht) 98 112 158 161–163 171 177 180
Parthenopäische Republik 192
Parti de l'ordre 208–210 214 215
Parti du Mouvement 208 209 212
Parti radical 229
Parti Républicain (PR) 270
Parti social français 246 247
Parti socialiste 229 232 241
Pascal, Blaise 167
Paschalis II., Pp. 84
Patay, Schl. (1429) 134
patricius Romanorum, Titel 51
Paul-Boncour, Joseph 242
Paulinus von Aquileja 64
Paulus Diaconus 64
Pauperismus 204
pax et treva Domini 90
Pentapolis 51 52
Péraun, Philippe 235
Pereire, Bankiersfamilie 218
Périer, Bankiersfamilie 202
Périer, Casimir 208 209
Périgord 86
Périgueux 98
Perosa-Paß 159
Personenverbandsstaat 48 61
Pest 11 118 155
Pétain, Philippe 249–251 255
Peter II., Ft., Aragón 96
– III., Kg., Aragón 107
– II. von Beaujeu 142
– I. d. Grausame, Kg., Kastilien 124
– von Castelnau, päpstl. Legat 96
Petillius Cerialis, Q. 25
Petit, Jean 128
Petrus von Pisa 64
Pfälzischer Krieg (1688–1697) 170
Pfalzen 49 60
Pfalzkapellen 65 66
Pflimlin, Pierre 262
Pflug 60
Philip, André 241
Philipp von Saint-Pol, Gf., Brabant 132
– II. d. Kühne, Hz., Burgund 122 123 125–128
– d. Gute, Hz., Burgund 131–134 136
– von Schwaben, dt. Kg. 94
– I., Kg., Frkr. 82–84
– II. Augustus, Kg., Frkr. 10 84 92–95
– III. d. Kühne, Kg., Frkr. 106 107
– IV. d. Schöne, Kg., Frkr. 86 105 107–112
– V. d. Lange, Kg., Frkr. 108 113
– VI., Kg., Frkr. 114 117 118
– II., Hz., Orléans 171
– II., Kg., Span. 150
– V. von Anjou, Kg., Span. 170
Philippeville 202
Physiokraten 164 176
Picardie 12
Picquigny, Vtg. (1475) 141
Piemont 150
Pillnitzer Deklaration (1791) 184
Pinarius Clemens, Cn. 26
Pinerolo-Paß 159
Pippin I., Kg., Aquitanien 55 56
– II., Kg., Aquitanien 68
– I. d. Ältere, HM 44
– II. d. Mittlere, HM 9 45 49
– III. d. Jüngere, HM 9 49 ↗Pippin I., Kg., Franken
– I., Kg., Franken 51 57 62
– Kg., Italien 52–54
Pippiniden, Dyn. ↗Karolinger
Pippinische Schenkung 51 52
Pisan, Christine de 144
Pius VI., Pp. 183
– VII., Pp. 195 196
– IX., Pp. 215
– X., Pp. 136
Plantagenet, Dyn. 10 11
Plastik (HMA) **102 146–147**
Platière, Jean Marie Roland de la 184
Plektrudis, G. Pippins II. 49
Pleven, René 259
Pleven-Plan 259
Poincaré, Raymond 231 234 236–240

Poitou 86 97 121 125
Polen 236 249
Polignac, Jules Armand de 206
Politikverdrossenheit 271
Politische Union 274
Polnischer Thronfolgekrieg 172
Pompadour, Jeanne Antoinette Poisson de 173
Pompeius Trogus 35
Pompidou, Georges 20 264 266 268 269
Poquelin, Jean Baptiste ↗Molière
Portugal 197
Poujade-Bewegung 260
Poussin, Nicolas 168
PR ↗Parti Républicain
Präfektensystem 194
Pragmatische Sanktion (1438) **136** 142
Praguerie 138
Preisentwicklung (1781–1913) [T] 217
Presles, Raoul de 122
Pressefreiheit 207 208 210
Preußen 173 197 199 221
Protektionismus 241
Protestanten 12 13
Protestantenverfolgungen ↗Hugenotten
Provence 8 12 22 23 43 72 86 141
Provenzalisch, Sprache 71 99
Pyrenäenfrieden (1659) 162 163

Q
Quaden 27
Quadrupelallianz 205
Quercy 87 97
Quesnay, François 176
Quierzy-sur-Oise, Kapitular (877) 69
Quinctilius Varus, P. 24

R
Rabelais, François 150
Racine, Jean Baptiste 167
Radagaesus 27
Rätien, röm. Provinzen **28** 31 38
Raimund V., Gf., Toulouse 92
– VI., Gf., Toulouse 96
– VII., Gf., Toulouse 87
– VIII., Gf., Toulouse 97
Ramadier, Paul 257 258
Rameau, Jean-Philippe 168
Rassemblement du Peuple Français (RPF) 258
Rassemblement pour la République (RPR) 270
Rat der Republik 257
Raurica 31
Ravaillac, François 155
Ravenna, Exarchat 51 52
Rechnungskammer (SMA) 112 **113**
Rechtsextremismus 271
Rechtsstaatlichkeit 176
Rechtswesen, röm. **31** 48
– Merowingerreich 46 **48**
– Karolingerreich **58–59**
– (HMA) 74 98 133
– (Kaiserreich) 196
Réformateurs 268 269
Reformklöster ↗Klosterreform
Reformprogramm, sozialistisches 271
Regensburger Stillstand 169
Regierung, Provisorische (1944) 254 255
Regino von Prüm, Abt 64
Regionalisierung 268
Reichenau, Kl. 63 65
Reichsaristokratie, fränkische 9 **40** 47 49 **57–58** 59
Reichsflandern 84; s.a. Flandern
Reichskirche, fränkische 9 **39** 57 **61–62** 67 71
Reichsklöster, karolingische 63
Reichsreform, fränkische 40
Reichsversammlung (SMA) 112
Reichsvikariat 12
Reims (Alt.) ↗Durocortorum
– (MA) 41 44 49 87–89
–, Syn. (1049) 82
Reimser Bistumsstreit 75 76
Reisekönigtum 49
Religion (Alt.) 35 **37**; s.a. Kirche
Religionskriege 12 13
Remaclus, Bf., Stablo 62
Remer 23
Remigius, Heiliger 87

Remonstrationsrecht 171
Renaissance **150**
–, italienische 12
–, karolingische 65
Rennes, Gfsch. 68
Reparationen, napoleonische Kriege 202 205
–, deutsch-französischer Krieg 223
–, Erster Weltkrieg 236–238 240 241
Republik, Erste (1792–1804) **14** 186–196
–, Zweite (1848–1852) **212–216**
–, Dritte (1871–1940) **17–19 223–232**
–, –, Grundstrukturen **226–227**
–, –, Organe [G] 227
–, –, Verfassung 226 256
–, Vierte (1947–1959) **19** 20 **255–262**
–, Fünfte Republik (seit 1958) **20 262–274**
Republikanismus 213
Résistance 233 253 **251–254** 255
Retz 68
Reubell, Direktor 191
Réunionen 169 170
Revolution, französische ↗Französische Revolution
–, spanische 206
Revolutionsausschüsse 188
Revolutionstribunal 188
Reynaud, Paul 248–250
Rezession 266
Rheinbund 162
Rheinland 236 240
Rhônetal (Alt.) 23
Rialto 55
Ribemont, Vtg. (880) 69
Richard I. Löwenherz, Kg., Engl. 92
– II., Kg., Engl. 127
Richelieu, Armand Jean du Plessis 13 156–160 166
–, Armand-Emmanuel du Plessis 204–206
Rijswijk, Frd. (1697) 170
Rittertum **73** 119
Rivière, Bureau de la 122
Robert, Hz., Burgund 81
– d. Friese 83
– II. d. Fromme, Kg., Frkr. 74 76 78 79 86
– Kurzhose, Hz., Normandie 83
– I., Kg., Westfrankenreich 70
Robertiner, Dyn. 67
Robespierre, Maximilien de 184 188–190
Rocard, Michel 273 274
Rochefort, Henri de 223
Rocroi, Schl. (1643) 160
Rodez, Gfsch. 97
Römer 8
Römische Republik 192
Römisches Reich 8 9 22
Rollo, Hz., Normannen 70
Rom 10
–, Dukat 51
–, Konz. (1302) 108
–, Verträge (1957) 261
Romania 45
Romanik **101**
Ronsard, Clemerit Marot Pierre de 150
Roosebeke, Schl. (1382) 126
Rorgoniden, Dyn. 67
Rothschild, Bankiersfamilie 202
Rottweil ↗Arae Flaviae
Rouen 84 131 137
Rousseau, Jean-Jacques 176
Roussillon 12
Roussillon, Gfsch. 141
Rouvier, Maurice 230
Royalisten 187 190 192
Royer-Collard, Pierre-Paul 205
RPF ↗Rassemblement du Peuple Français
RPR ↗Rassemblement pour la République
Rudolf I., Kg., Burgund 72
– II., Kg., Burgund 72
– III., Kg., Burgund 72 81
– Kg., Westfrankenreich 70
Rueff-Plan 263
Ruhrgebiet 238
Rumänien 249
Rußland 235 244
Rußlandfeldzug (1812) 15 198

Russisch-französische Militärkonvention (1892) 229
Russisch-Türkischer Krieg 219
Rutilius Namatianus 36

S
Saar-Statut 260
Saarbrücken 200 202
Saarland 236 260
Saarlouis 200 202
Sachsen 9 40 41
Sachsenfeldzug 54
Sachsenkriege 52
Säkularisationen, Karolinger 39
Saint-Claire-sur-Epte, Vtg. (911) 70
Saint-Denis, Kl. 63 65
Saint-Germain-en-Laye, Edikt (1570) 151
–, Frd. (1679) 169
Saint-Simonismus 218
Saintogne 97
Salan, Jouhaud 264
Salan, Raoul 264
Salland 60
Salvator mundi, Bulle 108
Salzburg, Ebtm. 54
Salzsteuer 113; s.a. gabelle
Samo, Kg., Slawen 44
Sansculotten 187 188
Sansculotten-Aufstand 190
Santo Domingo 173
Sarraut, Albert 242 244
Saucourt, Schl. (881) 69
Savoyen 23 150
Schenk, Amt 48
Schisma (1054) 91
–, Großes abendländisches 106 126 128
Schlesien 173
schola palatii 48
Schottland 108
Schriftkultur 46 62 66
Schuldenkrise 241
Schulgesetzgebung 215
Schulpolitik 272
Schuman, Robert 259
Schwentine, Schl. (798) 54
Section Française de l'Internationale Ouvrière (SFIO) 232 236
Sedan, Schl. (1870) 222
Seeland (SMA) 132
Sées, Gfsch. 84
Ségur, Philippe-Henri de 177
Segusio 27
Seidengewerbe 142
Sembat, Marcel 233
Senat (Zweites Empire) 217
Senegal 166 219
Septennalitätsgesetz 206
Septimanien 51
Sequaner 28
Sequenzliteratur 65
Servan-Schreiber, Jean-Jacques 268 270
Servatus Lupus, Abt 64
Sextius Calvinus, C. 22
Seydoux, François 236
Sicherheitsausschuß 188
Sicherheitspolitik 258
Siebenjähriger Krieg (1756–1763) 172
Siedleraufstand 264
Sieyès, Emmanuel Joseph 180 181 192 193
Sigibert I., Kg., Frankenreich 43
– III., Kg., Frankenreich 44
Sigiburg 52
Simon von Montfort, Gf., Leicester 96
Sizilien 108 109
Slawen 9
Sluis, Schl. (1340) 116
Sluter, Claus 147
Soissons (MA) 41 47 49 89
–, Schl. (486) 40
Solferino, Schl. (1859) 220
Sollius Modestus Apollinaris Sidonius, C. 36
Somme, Schl. (1916) 234
Sonderbund, Schweiz 211
Sorben 54
Soult, Nicolas Jean de 200 209 211
Soziale Bewegung 245
Sozialfaschisten 243
Sozialgesetzgebung 231

Sozialismus 229 269
Sozialisten/Sozialistische Partei 214 231 238 241 243
Sozialpolitik 231 246
Sozialprodukt (1781–1913) [T] 217
Sozialreformen 244 255
Sozialstruktur (Alt.) **34**
–, Merowingerreich **45**
–, Karolingerreich **59–62**
Spanien, Kgr. 12 197
–, Bürgerkrieg 246
Spanienfeldzug (778) 52
Spanischer Erbfolgekrieg (1701–1714) 170
St-Basle/Verzy, Syn. (991) 76
St-Benigne, Kl. 81
St-Denis 89
St-Denis, Kl. 87
St. Emmeram, Kl. 63
St-Etienne, Kl. 101
St. Gallen, Kl. 63
– -, Klosterplan 63
St-Germain-de-Prés 63
St-Gilles, Konz. (1041–1042) 90
St. Helena 202
St. Lorenzbucht 166
St-Martin, Kl. 101
St-Remi, Kl. 101
St-Trinité, Kl. 101
St-Victor, Kl. 81
Staatlichkeit, moderne 13
Staatskrise (1934) 243
Staatsrat (SMA) 112 133 193 217
Staatsverwaltung (SMA) **112–113**
–, Burgund (SMA) **133**
Stabilisierungspolitik 238 240
Städtewesen (HMA) **73**
Stahl 238 239
Stahlkartell 239
Stammesgemeinden 22 23 **32**
Stammesherzogtum 53 58
Stammesrechte 48
Stanislaus I. Leszczyński, Kg., Polen 172
Staufer, Dyn. 94 98
Stavelot, Evangeliar [A] 66
Stavisky, Alexandre 242
Stephan II., Pp. 51
– IV., Pp. 55
–, Hz., Blois-Champagne 90
Sternenorden 119
Steuer (16.–18. Jh.) 11 14 112 **113** 123 125 126 137 158 163 164 **174** 178
Steuerpacht 174
Steuerpflicht 182
Steuerwesen, Merowingerreich 46
Stockholm, sozialistische Konferenz (1917) 235
Strafgesetzbuch 196
Straßburg 169
Straßburg (Alt.) ↗Argentorate
Straßburger Eide 57
Straßenbau (Alt.) **30**
Streikrecht 218
Streiks 18 245 247; s.a. Generalstreik
Stresemann, Gustav 238 [A] 239
Strukturkrise 259
Studentenunruhen (1968) 20 266
Sudan 229
Sudetenland 248
Sueben 23
Süntel, Schl. (782) 53
Sueskanal 219
Sueskrieg 261
Sugambrer 24
Suger von St-Denis, Abt 87–89 91
Sulla ↗Cornelius Sulla, L.
Sully, Maximilian de Béthune, Hz. 153 155 156
Sundgau 160
Susa (Alt.) ↗Segusio
Svend Estridsson, Kg., Dänemark 82
Syagrius 38 40
Syrien 256

T
Tag der Barrikaden 161
taille 174
Talbot, John, Earl of Shrewsbury 137
Talleyrand, Charles Maurice de 192 196 199 200 204 207 210
Tardieu, André 240 242 243
Tassilo III., Hz., Bayern 51–53
Taittinger Pierre 242

Tempelbauten, röm. [A] 36
Templerorden 111
Tenkterer 23
Teppichweberei 147
Territorialherren 9 10
Terror, weißer 190 204
Terrorherrschaft (1793) 187–189
Terrorismus 264
tertia 45
Tertry, Schl. (687) 9 45
Teutoburger Wald, Schl. (9) 24
Textilgewerbe **33** 164 174 202
Theobald IV., Kg., Navarra 86
Theodulf von Orléans, B. 53 64
Therese, Erzhzn., Österreich 210
Thermidorianer 190 191
Thérouanne, Unter-Gfsch. 84
Theudebert, Kg., Frankenreich 43
Theuderich, Kg., Frankenreich 41
Thiers, Adolphe 206–211 216 223–225
Thomas Becket, Eb., Canterbury 91
Thomas, Albert 233
Thorez, Maurice 243
Thronfolge ↗Erbfolgerecht
Thüringerreich 41
Tiberius, Ks., Rom 24 25
Titius Similis, C. 34
Togo 229
Tongking 228
Tortosa 55
Toul 108
–, Btm. 12 150 160
Toulouse 71
Toulouse (HMA) **86** 87
Tournai, Gfsch. 84
Tourraine 46 86 98
Tours, Ebtm. 92
–, Kl. 63
–, Parteitag (1920) 237
–, Schl. (732) 49
–, Waffenstillstand (1444) 137
trésorier 112
Treuga Dei 90
Treverer 23–25
Trianon, Schloß 163
Triboker 24
Trier 45
–, Ebm. 116
Trikolore 200 208 213
Tripelallianz 168
Tripolis 230
Trochu, Louis Jules 223
Troubadour-Lyrik 99
Troyes 86
–, Konz. (1107) 84
–, Vtg. (1420) 131 134
Truppenreduzierung 274
Tschechoslowakei 248
Tuchgewerbe 116 132
Türken 12
Tuilerien, Marsch auf die 185
Tunesien 228 259 260 261
Tungrer 28
Turenne, Henri de la Tour d'Auvergne 160 161
Turgot, Anne Robert Jacques 177
Turin, Vtg. (1632) 159

U
Ubier 24
UDF ↗Union pour la Démocratie Française
UDR 266–268 270
UdSSR 248 249 263
UDT 265 266
Ultramontanismus 206
Unabhängigkeitskrieg, amerikanischer (1775–1783) 176
Unam sanctam, Bulle 109 110
Ungarn, Volksstamm 9
Union Française 257
Union pour la Démocratie Française 270
Union pour la Nouvelle République (UNR) 263 265 266
Union Sacrée 232 233 235
Universitäten (SMA) 106
UNR ↗Union pour la Nouvelle République
Unruhen 242
Unruochinger, Dyn. 58
Unstrut, Schl. (531) 41
Unterschichten, städtische 14 175 180
Urban II., Pp. 83 90

– VI., Pp. 126
Urbanisierung (Alt.) 34 38
Urbarmachung 47 155
USA 234 238 242 256 258 263
Usipeter 23
Utrecht, Btm. 62 132
–, Frd. (1713) 171

V
Valentia 31
Valentinian I., Ks., Rom 27 28
Valerius Asiaticus, D. 34
Valmy, Schl. (1792) 186
Valois, Dyn. 11 12 105 114 148 [S] 115 129
Vandalen 27
Vangionen 24
Vannes, Gfsch. 68
Vasallensystem 9 12 71 73 80
Vauban, Sébastien le Prestre de 163
Veltlin-Affäre 158
Venaissin 97 200
Vendée-Aufstand (1793) 187 188
Venedig 54 55
Veneter 23
Venetien 43 196
Ventôse-Dekrete (1794) 188
Vercingetorix 23
Verden a.d.A., Strafgericht (782) 53
Verdun 45
–, Btm. 12 150 160
–, Schl. (1916) 234
–, Vtg. (843) 57 67 68
Verfassung 14 17 **48–49** 181 **182–183** 193 **194–195** 199 200 214 **216–218** 262
Vergniaud, Pierre-Victurnien 184
Vergobret 22
Vermandois, Gfsch. 89
Vernunft-Kulte 188
Verona, Kongr. (1822) 206
Versailles, Friede (1919) 236
–, Königshof 13
–, Präliminarfrieden 223
–, Schloß 163 [A] 167
–, Vtg. (1756) 172
–, Zug nach (1789) 182
Verstaatlichung 256 257 270
Verteidigungspolitik 274
Vervins, Frd. (1598) 154
Verwaltungsstruktur, Merowingerreich **47–49**
Vesoul 72
Vespasian, Ks., Rom 25
Vexin 83 88 92
via Claudia 31
via Domitia 23 31
Vichy-Regierung 233 **251–254** 255
vicus 32 33
Vienne 31 36
–, Konz. (1311–1312) 111
Viennensis, röm. Diözese 28
Vier Ambachten 84
Vierte Republik ↗Republik, Vierte
Vietnam-Krieg 258
Viktor IV., Pp. 91
Viktoria, Kgn., Engl. 211
villae rusticae 33
Villèle, Joseph de 206
Villon, François 145
Vipsanius Agrippa, M. 24
Visconti, Valentina 127
Völkerbund 236
Völkerbundsarmee 236
Völkerschlacht (1813) 199
Vogesen 47
Volksfront-Regierungen 19 244 **245–247** 248
Volkssouveränität 182
Volksuniversität 229
volonté générale 186
Voltaire 175
Vouglé, Schl. (507) 41

W
Waesland, Gfsch. 84
Wahlrecht 14 17 193 213 215
Währungsunion 274
Waifar, Hz., Aquitanien 51
Walahfrid Strabo, Abt 65
Walcheren 84
Waldeck-Rousseau, Pierre Marie 230
Wallis 197
Waltharius-Lied 65

Warschau, Ghtm. 197
Waskonen 52
Waterloo, Schl. (1815) 15 201
Wehrpflicht 14 188
Welfen, Dyn. 67 94
Wellington, Arthur Wellesley Hz. von 201
Weltkrieg, Erster 18 **232–235**
–, Zweiter 19 233 **249–254** [K] 250
Weltwirtschaftskrise 18 233 240
Werden, Kl. 66
Westfälischer Frieden (1648) 160 163
Westfränkisches Reich 10
Westgotenreich 38
Westphalen, Kgr. 197
Westwerke 66
Weyden, Rogier van der 147
Weygand, Maxime 249
Widerstandsbewegungen 253
Widerstandsrat, nationaler 253
Widukind, Hz., Sachsen 52 53
Wien, Vorfrd. (1735) 172
Wilhelm IX., Hz., Aquitanien 89
– X., Hz., Aquitanien 90
– I. d. Eroberer, Kg., Engl. 82 83
– I., Gf., Provence 78
– III. von Oranien, Kg., Ndld., Engl. 169 170
– von Nogaret 110 111
– Hz., Normandie 88
– von Salisbury 94
– von Toulouse, Gf. 53
Willibald 62
Willibrord 39 61 62
Wilzen 55
Wilzenfeldzug 53
Winterkrieg, sowjetisch-finnischer (1939–1940) 249
Wirtschaft (Alt.) 22
–, (SMA) 105 118
–, (16.–18. Jh.) **158 164 174–175**
–, (Kaiserreich) 198
–, (Vierte Republik) 255 256
Wirtschaftsdaten (1979–1981) [T] 270
Wirtschaftskrieg 238
Wirtschaftskrise 245 247 261
–, (1931) **241–244**
–, (1983) 272
Wirtschaftspolitik 227 255 271
Wirtschaftsreform 244
Wirtschaftswissenschaft (SMA) 122
Wissenschaft 63 **166–168**
Witichis, Kg., Ostgoten 43
Wohlfahrtsausschuß 187 188
Worms 60
Würzburg, Btm. 62

X

Xanten (Alt.) ↗colonia Ulpia Traiana

Y

Young-Plan (1930) 240

Z

Zaragoza 52
Zensur ↗Pressefreiheit
Zensuswahlrecht 182 191 203
Zentralismus 13 233
Zentralregierung 255
Zola, Émile 229
Zoll (SMA) **113**
–, (16.–18. Jh.) 164 174
–, (1789–1799) 183
Zünfte 117 126 183
Zwangsarbeiter 252
Zweidritteldekret (1795) 191